Dominik Trump / Dominik Leyendecker (Hg.)

Rechtshandschriften des frühen Mittelalters

Quellen und Forschungen zum Recht im Mittelalter

Herausgegeben von Ludger Körntgen und Karl Ubl
Band 15

JAN THORBECKE VERLAG

Rechtshandschriften
des frühen Mittelalters

Herausgegeben von
Dominik Trump und Dominik Leyendecker

JAN THORBECKE VERLAG

Gedruckt mit Unterstützung der Nordrhein-Westfälischen Akademie der Wissenschaften und der Künste

Die Verlagsgruppe Patmos ist sich ihrer Verantwortung gegenüber unserer Umwelt bewusst. Wir folgen dem Prinzip der Nachhaltigkeit und streben den Einklang von wirtschaftlicher Entwicklung, sozialer Sicherheit und Erhaltung unserer natürlichen Lebensgrundlagen an. Näheres zur Nachhaltigkeitsstrategie der Verlagsgruppe Patmos auf unserer Website www.verlagsgruppe-patmos.de/nachhaltig-gut-leben
Übereinstimmend mit der EU-Verordnung zur allgemeinen Produktsicherheit (GPSR) stellen wir sicher, dass unsere Produkte die Sicherheitsstandards erfüllen. Näheres dazu auf unserer Website www.verlagsgruppe-patmos.de/produktsicherheit. Bei Fragen zur Produktsicherheit wenden Sie sich bitte an produktsicherheit@verlagsgruppe-patmos.de

Bibliografische Information der Deutschen Nationalbibliothek
Die Deutsche Nationalbibliothek verzeichnet diese Publikation in der Deutschen Nationalbibliografie; detaillierte bibliografische Daten sind im Internet über http://dnb.d-nb.de abrufbar.

Alle Rechte vorbehalten
© 2025 Jan Thorbecke Verlag
Verlagsgruppe Patmos in der Schwabenverlag AG, Senefelderstr. 12, 73760 Ostfildern
www.thorbecke.de

Umschlaggestaltung: Finken & Bumiller, Stuttgart
Umschlagabbildung: St. Paul im Lavanttal, Stiftsbibliothek, Cod. 4/1, fol. 1v
Satz und Repro: Schwabenverlag AG, Ostfildern
Druck: Beltz Grafische Betriebe GmbH, Bad Langensalza
Hergestellt in Deutschland
ISBN 978-3-7995-6095-5

Inhalt

Vorwort 7

Dominik Trump
Einleitung 9

Britta Mischke
Zerpflückt und durch einen „skrupellosen Transmitter" entstellt:
Die Fragmente der italienischen „Collectio Thuana" 17

Sören Kaschke
Munich, Bayerische Staatsbibliothek, Clm 3853 and the Collectio
Augustana: *Nachleben* of Carolingian Legal Texts in the 10th Century 41

Daniela Schulz
Never judge a book by its cover. Einige Beobachtungen zur Handschrift
Wolfenbüttel, Herzog August Bibliothek, Cod. Guelf. 50.2 Aug. 4° 55

Magali Coumert
Producing Norms in Breton Centres during the Carolingian Period
(9th–10th Centuries) 81

Benedikt Lemke
Paris, Bibliothèque nationale de France, Lat. 4627. Anfertigung und
Gebrauch eines Handbuchs in der erzbischöflichen Kanzlei zu Sens 101

Horst Lößlein und Christoph Walther
Eine Formelsammlung aus Flavigny und die „Rechtshandschrift" Paris,
Bibliothèque nationale de France, Lat. 2123. Die Genese der Sammlung
und ihr Überlieferungskontext 115

Helena Geitz
Päpstliches Recht vs. eigene Initiative: Die Synode von 721 im Rahmen
der Corbie-Redaktion der Collectio Vetus Gallica 141

Sven Meeder
More than the Sum of its Parts. The Existence of the Collectio
Burgundiana 171

Till Stüber
Kirchenrecht in der späten Karolingerzeit. Beobachtungen zur Collectio
duorum librorum prima im Codex Ambrosianus A 46 inf. 187

Matthijs Wibier
The View from the Margins. The Antiquarian Annotations of the
Lex Romana Visigothorum in Five Medieval Manuscripts 221

Register der Handschriften und Archivalien 291

Register der Personen und Rechtstexte 295

Vorwort

Der vorliegende Sammelband geht zurück auf die Tagung „Rechtshandschriften des 8. und 9. Jahrhunderts", die am 23. und 24. März 2023 an der Universität zu Köln veranstaltet wurde. Die Tagung wurde aus Mitteln des Projekts „Edition der fränkischen Herrschererlasse", das von der Nordrhein-Westfälischen Akademie der Wissenschaften und der Künste gefördert wird, finanziert. Wir sind der Akademie und dem Leiter des Projekts, Professor Dr. Karl Ubl, für die großzügige finanzielle Unterstützung der Tagung sowie für die Übernahme der Druckkosten zu großem Dank verpflichtet.

Während der Tagung und bei der Redaktion des Bandes haben uns Maximilian Lange und Clara Oepen unterstützt. Ihnen sei für Ihre Mühen ganz herzlich gedankt. Daneben griffen uns vor und während der Tagung unsere lieben Kolleg*innen Dr. Sören Kaschke, Dr. Britta Mischke, Alina Ostrowski und Daniela Schulz unter die Arme, wofür wir ihnen ebenfalls herzlich danken möchten. Den Referent*innen und Tagungsteilnehmer*innen danken wir für fruchtbare und engagierte Diskussionen sowie eine angenehme und produktive Tagungsatmosphäre.

Abschließend möchten wir dem Jan Thorbecke Verlag und insbesondere Jürgen Weis für die hervorragende Betreuung und die reibungslose Drucklegung, und Professor Dr. Ludger Körntgen und Professor Dr. Karl Ubl für die Aufnahme des Bandes in die Reihe „Quellen und Forschungen zum Recht im Mittelalter" danken. Es gibt wohl kaum einen passenderen Ort, an dem ein Sammelband zu Rechtshandschriften des frühen Mittelalters erscheinen könnte.

München / Köln, im August 2024
Dominik Trump und Dominik Leyendecker

Einleitung

Dominik Trump

Die Idee hinter diesem Band und der ihm zugrundeliegenden Tagung war, dass sich Rechtshistoriker*innen zusammenfinden, um Handschriften als materielle Überlieferungsträger weltlichen und kirchlichen Rechts des frühen Mittelalters in den Fokus zu stellen und danach zu fragen, welche Besonderheiten sich beispielsweise in Bezug auf ihre Genese und Materialität, auf die in ihnen enthaltenen Texte und auf die Rezeption der Codices beobachten lassen. Daraus ergaben sich u. a. folgende Leitfragen: Gibt es konstitutive Merkmale einer Rechtshandschrift? Welche Benutzungs- und Gebrauchsspuren sowie Rezeptionskontexte lassen sich beobachten? Was verrät die Produktion von Rechtshandschriften über die frühmittelalterliche Gesellschaft?[1] Dass die genaue Betrachtung und Analyse der Handschriften für die Rechtsgeschichte von zentraler Bedeutung ist, ist evident und seit langem gängige Praxis.[2] Es fällt allerdings auf, dass es bisher kaum Tagungen gab, die sich explizit mit frühmittelalterlichen Rechtshandschriften beschäftigten, insbesondere jenen der karolingischen Epoche.[3] Jenseits der Frühmittelalterforschung sind dagegen durchaus Konferenzen abgehalten worden, die sich auf Rechtshandschriften fokussieren.[4] Um die frühmittelalterliche Epoche, die sich durch eine äußerst

---

1   Vgl. die Tagungsankündigung: https://www.hsozkult.de/event/id/event-133071 (abgerufen am 17. Mai 2024).
2   Verwiesen sei hier nur beispielhaft auf die älteren Handbücher von Max CONRAT zum römischen Recht (Geschichte der Quellen und Literatur des römischen Rechts im früheren Mittelalter, Bd. 1, Leipzig 1891) und Friedrich MAASSEN zum kanonischen Recht (Geschichte der Quellen und der Literatur des canonischen Rechts im Abendlande bis zum Ausgange des Mittelalters, Bd. 1: Die Rechtssammlungen bis zur Mitte des 9. Jahrhunderts, Graz 1870). Für das kanonische Recht sei zudem noch auf das zweibändige Handbuch von Paul FOURNIER und Gabriel LE BRAS verwiesen: Histoire des collections canoniques en Occident depuis les Fausses Décrétales jusqu'au Décret de Gratien, 2 Bde., Paris 1931/1932.
3   Es finden sich einzelne Sessions beim International Medieval Congress in Leeds und einzelne Workshops, wie z. B. „Die neuentdeckten Glossen der karolingischen Rechtshandschrift Paris, BN lat. 4416, das Römerwergeld im Frankenreich und das römische Recht im frühen Mittelalter", der am 23.–24. März 2015 in Freiburg i. Br. stattfand (vgl. http://www.hsozkult.de/event/id/event-77266; abgerufen am 17. Mai 2024). Auch beschäftigen sich Einzelbeiträge der Kölner Handschriftensymposien mit Rechtshandschriften der Kölner Diözesan- und Dombibliothek. Das japanisch-deutsche Kooperationsprojekt „Legal Culture(s) in the Frankish World" hat explizit frühmittelalterliche Rechtshandschriften zum Gegenstand. Im März und September 2024 veranstaltete das Projekt Tagungen in Tokio und Köln. Frucht dieser beiden Tagungen wird ein Handbuch zu frühmittelalterlichen Rechtshandschriften sein.
4   Exemplarisch genannt sei hier die Tagung „Rechtshandschriften des deutschen Mittelalters. Produktionsorte und Importwege", die 2011 stattfand und deren Beiträge 2015 veröffentlicht wur-

reiche Überlieferung von Rechtshandschriften auszeichnet,[5] zu würdigen, fand im März 2023 in Köln eine Tagung statt, deren Beiträge zu einem großen Teil in diesem Band versammelt sind.

Angeregt wurde die Tagung zudem dadurch, dass sich die rechtsgeschichtliche Forschung aktuell sehr vital zeigt, insbesondere in Bezug auf die Grundlagenforschung in Form von Editionen. In Hamburg, Köln und Mainz bzw. Kassel sind große Langzeit-Editionsprojekte angesiedelt, die – jeweils von den Akademien gefördert – Neueditionen der Formulae, der Kapitularien und des Dekrets Burchards von Worms erarbeiten.[6] Allein 2023/2024 sind drei große Editionen von Rechtstexten bei den Monumenta Germaniae Historica erschienen: das Sendhandbuch Reginos von Prüm, das Wilfried Hartmann ediert hat, der erste Band der neuen Kapitularienedition, und die Walcausina-Redaktion des Liber Papiensis, herausgegeben von Charles Radding.[7] Im Jahr 2022 hat Detlef Liebs eine Edition der sogenannten Fuldaer Epitome (Scintilla) der Lex Romana Visigothorum vorgelegt und damit eine Edition in einem Bereich, der seit langem nur vergleichsweise wenig Aufmerksamkeit in der rechtshistorischen Forschung erhält: die Geschichte des römischen Rechts im frühen Mittelalter.[8] Traditionell ist die Fokussierung der kanonistischen Forschung auf die Analyse einzelner Handschriften größer als im Bereich des weltlichen Rechts, da es sehr viele unterschiedliche Kirchenrechtssammlungen gibt, die zudem öfter nur unikal überliefert sind. Dies erklärt, warum im kanonistischen Bereich insgesamt weniger ediert wird. Erweiterte man im Übrigen das Spektrum der Rechtstexte, so dürfte man großzügig auch die zahlreich entstehenden Editionen von Urkunden mit hinzuzählen. Aber nicht nur die Editionen, sondern

---

den: Patrizia Carmassi / Gisela Drossbach (Hrsg.), Rechtshandschriften des deutschen Mittelalters. Produktionsorte und Importwege (Wolfenbütteler Mittelalter-Studien 29), Wiesbaden 2015. In ihrer Einleitung (S. 9–18) skizzieren die beiden Herausgeberinnen die Prämissen und Ziele des Bandes (vgl. insbesondere S. 14), die sich grundsätzlich von unseren unterscheiden. Darüber hinaus ist das frühe Mittelalter nur über den Beitrag von Abigail Firey, der sich mit der kanonistischen Sammelhandschrift Wolfenbüttel, Herzog August Bibliothek, Cod. Guelf. 1062 Helmst. beschäftigt, vertreten.

5   Vgl. hierzu die Bibliotheca legum-Datenbank (https://www.leges.uni-koeln.de/; abgerufen am 17. Mai 2024) und Dominik Trump / Karl Ubl, Bibliotheca legum. Das Wissen über weltliches Recht im Frankenreich des 9. Jahrhunderts, in: Lars Reuke / Andreas Speer (Hrsg.), Die Bibliothek – The Library – La Bibliothèque. Denkräume und Wissensordnungen (Miscellanea Mediaevalia 41), Berlin / Boston 2020, S. 46–58.

6   Vgl. hierzu die jeweiligen Internetseiten der Projekte (jeweils abgerufen am 17. Mai 2024): https://www.formulae.uni-hamburg.de/, https://capitularia.uni-koeln.de/, https://burchards-dekret-digital.de/.

7   Capitularia regum Francorum a. 814 – a. 840, edd. Stefan Esders / Sören Kaschke / Britta Mischke / Steffen Patzold / Dominik Trump / Karl Ubl (MGH Capit. N.S. 4), Wiesbaden 2024; Libri duo de synodalibus causis, ed. Wilfried Hartmann (MGH Coll. can. 1), Wiesbaden 2023 und The Recensio Walcausina of the Liber Papiensis, ed. Charles Radding in collaboration with Antonio Ciaralli (MGH LL nat. Germ. 7), Wiesbaden 2024.

8   Scintilla de libro legum. Römisches Vulgarrecht unter den Merowingern. Die Fuldaer Epitome der Lex Romana Visigothorum. Rekonstruiert, übersetzt und kommentiert von Detlef Liebs mit einem Beitrag von Gerhard Schmitz (Freiburger Rechtsgeschichtliche Abhandlungen N.F. 82), Berlin 2022.

auch die Erforschung von Rechtshandschriften des frühen Mittelalters allgemein hat in den letzten Jahrzehnten einen spürbaren Aufschwung erfahren.

Es gibt seit der Jahrtausendwende zahlreiche Studien, die sich der Aufarbeitung der handschriftlichen Überlieferung von Rechtstexten widmen, deren Gebrauch, Funktion und Relevanz untersuchen oder in Mikrostudien einzelne Manuskripte betrachten. Eine wichtige Arbeit, die breit rezipiert wurde und gewissermaßen den Startschuss für eine intensivere Beschäftigung mit Rechtshandschriften gab, ist Rosamond McKittericks grundlegende Studie zur karolingischen Schriftlichkeit, die 1989 erschien.[9] Ähnlichen Charakter hat Patrick Wormalds „The Making of English Law", dessen Erstausgabe von 1999 datiert, und der den Handschriften ebenfalls breiten Raum einräumt.[10] In der Folge erschienen immer mehr der Grundlagenforschung zuzuordnende Studien. Nur um einige wenige Beispiele zu nennen: Hubert Mordek arbeitete die komplette ihm bekannte Überlieferung der Kapitularien in Form eines umfassenden Handschriftenkatalogs auf,[11] Lotte Kéry stellte die Handschriften frühmittelalterlicher Kirchenrechtssammlungen zusammen[12] und Wolfgang Kaiser legte 2004 eine grundlegende Studie zur Epitome Iuliani, dem wichtigsten Text justinianischen Rechts im frühmittelalterlichen westlichen Europa, vor.[13] Aus dem Bereich des in Westeuropa breiter rezipierten römischen Rechts wurde zuletzt die handschriftliche Überlieferung der Epitome Aegidii untersucht.[14] Seit 2012 gibt es mit der von Karl Ubl initiierten „Bibliotheca legum" eine sich explizit den weltlichen Rechtshandschriften des frühen Mittelalters widmende Datenbank.[15] Mit der Clavis canonum-Datenbank, die derzeit einer umfangreichen Überarbeitung und Aktualisierung unterzogen wird, oder dem Carolingian Canon Law Project von Abigail Firey existieren ähnliche digitale Hilfsmittel für den kanonistischen Bereich.[16] 2017 veröffentlichte Karl Ubl seine Studie zur Lex Salica und 2023 erschien Magali Coumerts Arbeit zu diesem Rechtsbuch.[17]

---

9 Rosamond McKitterick, The Carolingians and the Written Word, Cambridge 1989.
10 Patrick Wormald, The Making of English Law: King Alfred to the Twelfth Century, Bd. 1: Legislation and its Limits, Oxford 2001, vor allem S. 53–70, 162–263.
11 Hubert Mordek, Bibliotheca capitularium regum Francorum manuscripta. Überlieferung und Traditionszusammenhang der fränkischen Herrschererlasse (MGH Hilfsmittel 15), München 1995.
12 Lotte Kéry, Canonical Collections of the Early Middle Ages (ca. 400–1140). A Bibliographical Guide to the Manuscripts and Literature (History of Medieval Canon Law), Washington, D.C. 1999.
13 Wolfgang Kaiser, Die Epitome Iuliani. Beiträge zum römischen Recht im frühen Mittelalter und zum byzantinischen Rechtsunterricht (Studien zur europäischen Rechtsgeschichte 175), Frankfurt/Main 2004.
14 Dominik Trump, Römisches Recht im Karolingerreich. Studien zur Überlieferungs- und Rezeptionsgeschichte der *Epitome Aegidii* (Quellen und Forschungen zum Recht im Mittelalter 13), Ostfildern 2021.
15 Vgl. Anm. 5.
16 https://data.mgh.de/ext/clavis/ und https://ccl.rch.uky.edu/ (abgerufen am 17. Mai 2024).
17 Karl Ubl, Sinnstiftungen eines Rechtsbuchs. Die Lex Salica im Frankenreich (Quellen und Forschungen zum Recht im Mittelalter 9), Ostfildern 2017 und Magali Coumert, La loi salique. Retour aux manuscrits (Collection Haut Moyen Âge 47), Turnhout 2023.

Zum langobardischen Recht und zum Liber Papiensis wird Thom Gobbitt zwei Monographien vorlegen.[18] Grigorii Borisov hat die nur relativ selten untersuchten Leges Thuringorum und Frisionum in seiner 2023 fertiggestellten Dissertation untersucht.[19] Als Beispiele für die Untersuchung einzelner Rechtshandschriften verdienen die beiden aktuellen Monographien zum Codex St. Paul im Lavanttal, Stiftsbibliothek, 4/1 Erwähnung.[20] Aus dem Bereich des Kirchenrechts sticht der von Stephan Dusil und Andreas Thier herausgegebene und 2023 erschienene Sammelband heraus, der sich nur mit einer einzigen Handschrift – St. Gallen, Stiftsbibliothek, 673 – beschäftigt. In insgesamt elf Aufsätzen werden dort die Besonderheiten und Merkmale dieses Codex, der eine spezielle Form des Decretum Gratiani tradiert, die für die Textgeschichte hohe Relevanz besitzt, untersucht.[21] Diese Arbeiten zeigen, wie wichtig der grundwissenschaftliche Zugang für die rechtshistorische Forschung ist, der dadurch zudem immer weiter an Bedeutung gewinnt. Forschende müssen tiefgehende Kenntnisse insbesondere der Paläographie, Kodikologie und Philologie haben, müssen die Provenienzgeschichte einer Handschrift verfolgen, sich mit Glossierung und Annotierung der sie interessierenden Texte befassen, nach Handschriftenbenutzer*innen, Schreiber*innen sowie Auftraggeber*innen fragen etc. Sind solche Studien der Beweis dafür, dass man sich der Bedeutung der Überlieferungsträger sehr bewusst ist, so kann die Konsequenz letztlich nur lauten, dass auch mehr ediert bzw. neu ediert werden müsste – eine Konsequenz, die allerdings die meisten Forscher*innen abschrecken dürfte. Aufgrund des schieren Umfangs der meisten Texte und der teils hochkomplexen Überlieferungssituation ist eine Edition nur noch im Team und mit einer entsprechenden finanziellen Ausstattung zu gewährleisten.[22] Die oben angesprochenen Akademie-Projekte weisen bereits in die Zukunft rechtshistorischer Editionstätigkeit. Nichtsdestotrotz bleiben Studien zur handschriftlichen Überlieferung der frühmittelalterlichen Rechtstexte zweifelsohne essentiell für die Erforschung der frühmittelalterlichen Rechtslandschaften.

---

18   Thom GOBBITT, Books of Law in the Long Tenth Century (in Druckvorbereitung) und DERS., The Liber Papiensis in the Long Eleventh-Century: Manuscripts, Materiality and Mise-en-page, Leeds: Kismet Press (im Druck).

19   Grigorii BORISOV, Zeitschichten karolingischer leges. Studien zur Überlieferung der Lex Frisionum und der Lex Angliorum, Werinorum hoc est Thuringorum in Basel und Corvey und zu ihrer Entstehung unter Karl dem Großen (Relectio. Karolingische Perspektiven), Ostfildern 2025 [in Druckvorbereitung].

20   Vgl. Massimiliano BASSETTI, Un codice e una lista. I codici di leggi e il loro uso in età carolingia. Note intorno al Kruftische Codex (Sankt Paul im Lavanttal, Stiftsbibliothek, 4/1) (Studi. Fondazione CISAM Spoleto 24), Spoleto 2023 und Stefan ESDERS / Massimiliano BASSETTI / Wolfgang HAUBRICHS, Ein Verzeichnis vereidigter Personen aus dem Norden des regnum Italiae zur Zeit Ludwigs II. (Bibliothek des Deutschen Historischen Instituts in Rom 148), Berlin / Boston 2024.

21   Stephan DUSIL / Andreas THIER (Hrsg.), Creating and Sharing Legal Knowledge in the Twelfth Century. Sankt Gallen, Stiftsbibliothek, 673 and Its Contexts (Medieval Law and Its Practice 35), Leiden / Boston 2023.

22   Vgl. hierzu auch: Wilfried HARTMANN, Brauchen wir neue Editionen der Leges?, in: Rudolf SCHIEFFER (Hrsg.), Mittelalterliche Texte. Überlieferung – Befunde – Deutungen (MGH Schriften 42), Hannover 1996, S. 233–245.

Auch wenn der Band aus praktischen Gründen im Folgenden in Sektionen aufgeteilt ist, die zwischen Handschriften weltlichen und kirchlichen Rechts unterscheiden, bedeutet dies nicht, dass von einer strikten Trennung dieser beiden Rechtsbereiche ausgegangen wird. Das Gegenteil ist im frühen Mittelalter (und darüber hinaus) der Fall: die unterschiedlichen Texte bedingen, durchdringen und rezipieren sich gegenseitig und sind ohne den jeweiligen Kontext nicht verständlich. Der Fokus liegt insgesamt auf Handschriften des 8. und 9. Jahrhunderts. Gerade das 8. und 9. Jahrhundert ist ein Zeitraum, in dem man sich intensiv mit Fragen des Rechts beschäftigte und in dem die Produktion von Rechtstexten einen beträchtlichen Umfang erreichte. Man denke nur an die ihren Höhepunkt erreichende Kapitulariengesetzgebung unter Karl dem Großen und Ludwig dem Frommen[23] und an den signifikanten Anstieg der Produktion römischrechtlicher und kanonistischer Handschriften. Zugleich ist diese Zeit geprägt durch teils tiefgreifende Änderungen der politischen und gesellschaftlichen Ordnung und der kirchlichen Organisation. Dies alles musste rechtlich abgesichert und gestaltet werden. Im karolingischen Vielvölkerreich kam es zudem stark auf die lokalen und regionalen Begebenheiten an, die den rechtlichen Rahmen erst vorgaben. Greifbarer Ausdruck dieser jeweils ganz spezifischen rechtlichen Rahmenbedingungen sind die jeweils als individuelle Zeugnisse zu betrachtenden Rechtshandschriften, die wir heute als einzigartige Artefakte der merowingischen und karolingischen Epoche greifen können.

Die Beiträge nehmen vor allem die Genese der Handschriften und deren individuelle Zusammenstellung und Kompilationstechnik in den Blick. Einschränkend muss daher hinzugefügt werden, dass kunsthistorische Aspekte in diesem Band nicht Gegenstand der Untersuchung sind, auch wenn sie für manche Manuskripte eine nicht unerhebliche Bedeutung haben und neue Perspektiven des Verständnisses der jeweiligen Handschrift bieten können.[24]

Der vorliegende Band vereint Beiträge aus allen klassischen Bereichen des Rechts; mit der Zeitschrift der Savigny-Stiftung für Rechtsgeschichte mit ihren drei Abteilungen im Sinn könnte man davon sprechen, dass es auch im vorliegenden Band „germanistische", „kanonistische" und „romanistische" Aufsätze geben wird. Dass dabei die „kanonistischen" und „germanistischen" Beiträge in der Überzahl sind, verwundert – wie bereits angeklungen – nicht: Beiträge zu römischrechtlichen Handschriften sind gerade in der jüngeren Forschung nicht häufig anzutreffen.

Die folgenden Beiträge werden daher nicht chronologisch geordnet sein, sondern thematisch. Den Anfang machen zwei Aufsätze, die sich schwerpunkt-

---

23 Vgl. hierzu Sören KASCHKE / Britta MISCHKE, Capitularies in the Carolingian Period, in: History Compass 17 (2019), S. 1–11, hier S. 2.
24 Vgl. hierzu z. B. die Tagung „The Illuminated Legal Manuscript from the Middle Ages to the Digital Age. Forms, Iconographies, Materials, Uses and Cataloguing", die im September 2021 online stattfand (https://calenda.org/910839?file=1; abgerufen am 17. Mai 2024). Vgl. auch den Sammelband Kristin BÖSE / Susanne WITTEKIND (Hrsg.), AusBILDung des Rechts. Systematisierung und Vermittlung von Wissen in mittelalterlichen Rechtshandschriften, Frankfurt/Main u. a. 2009.

mäßig mit Kapitularien beschäftigen. Britta Mischke und Sören Kaschke arbeiten im Kölner Akademie-Projekt an der Neuedition der fränkischen Herrschererlasse. Während Mischke in ihrem Beitrag den Fokus auf italienische Kapitularien legt, und die sogenannte „Collectio Thuana" in der Handschrift Paris, Bibliothèque nationale de France, Lat. 4613 analysiert, richtet Kaschke das Augenmerk auf die Handschrift München, Bayerische Staatsbibliothek, Clm 3853 und die sogenannte „Collectio Augustana".

Die nächsten beiden Aufsätze bilden wiederum eine eigene Sektion und zwar diesmal eine sehr „germanistische". Daniela Schulz (Universität zu Köln / Herzog August Bibliothek Wolfenbüttel) nimmt in ihrer Tiefenbohrung die Lex Salica-Handschrift Wolfenbüttel, Herzog August Bibliothek, Cod. Guelf. 50.2 Aug. 4° in den Blick. Gehört die Lex Salica zweifelsohne zu der wohl am besten untersuchten und auch am besten überlieferten Lex des frühen Mittelalters, so kann man dies nicht von den sogenannten Excerpta de libris Romanorum et Francorum behaupten, die Magali Coumert (Université de Tours) in ihrem Aufsatz behandelt. Die Excerpta sind eine aus der Bretagne stammende Rechtskompilation. Coumerts Beitrag tangiert damit einen Raum, der in der Forschung zur frühmittelalterlichen Rechtsgeschichte im Ganzen betrachtet eher zu den randständigen gehört. Umso wichtiger ist es, auch die Rechtstraditionen dieser Räume in den Blick zu nehmen.

Die daran anschließende Sektion vereint zwei Beiträge, die ihren Schwerpunkt in Gottesurteilen und vor allem Formulae haben. Benedikt Lemke (Universität zu Köln) analysiert die Handschrift Paris, Bibliothèque nationale de France, Lat. 4627 und zeichnet minutiös die intensive Nutzung des Codex über einen lange währenden Zeitraum hinweg nach. Horst Lößlein und Christoph Walther, beide Mitarbeiter des Hamburger Akademie-Projekts zur Neuedition der Formulae, fokussieren sich auf die Handschrift Paris, Bibliothèque nationale de France, Lat. 2123 und können anhand ihrer detaillierten Analyse zeigen, wie genau die im Codex enthaltene Formelsammlung kompiliert wurde.

In der vorletzten Sektion des Bandes ändert sich der inhaltliche Schwerpunkt der Beiträge, da sich sowohl Helena Geitz und Sven Meeder als auch Till Stüber mit Themen aus dem Bereich der Kanonistik beschäftigen. Helena Geitz, Mitarbeiterin im Mainzer Akademie-Projekt „Burchards Dekret Digital", betrachtet die sogenannte Corbie-Redaktion der Collectio Vetus Gallica und untersucht detailliert die Additiones dieser Redaktion, also Zusatztexte, die in Corbie zusammengestellt wurden. Sven Meeder (Radboud Universiteit Nijmegen) nimmt die Kirchenrechtssammlung der Collectio Burgundiana in den Blick, die nur in einem Brüsseler Codex auf uns gekommen ist, und fragt danach, was genau eigentlich eine Kirchenrechtssammlung definiert. Till Stüber (Österreichische Akademie der Wissenschaften, Wien) stellt ebenfalls eine einzige Handschrift in den Mittelpunkt seiner Untersuchung, den Codex A. 46 inf. der Mailänder Biblioteca Ambrosiana. Dieser Codex ist wahrlich kein Unbekannter in der rechtshistorischen Forschung, wurde oft analysiert und besteht aus vielen einzelnen Sammlungen kirchlichen und weltlichen Rechts. Stüber nimmt sich die kirchenrechtlichen Sammlungen vor und kann zeigen, welche

Absichten der Kompilator hatte und was dies hinsichtlich des Entstehungsortes aussagt.

Den Abschluss des Bandes bildet der Beitrag von Matthijs Wibier (University of Cincinnati). Wibier analysiert die Glossen in ausgewählten Handschriften der Lex Romana Visigothorum, der bedeutendsten römischrechtlichen Textsammlung des frühen Mittelalters. Glossen sind wichtige Paratexte, auch und gerade in Handschriften des frühen Mittelalters, finden aber in der Forschung zumeist nur am Rande Beachtung. Wibier rückt diese in den Mittelpunkt und untersucht sie vor allem in Hinblick auf ihre textkritische Aussagekraft.

Die Beiträge des vorliegenden Sammelbandes wollen zeigen, wie ertragreich die genaue Analyse einzelner Handschriften für das Verständnis der Rechtspraxis der jeweiligen Zeit ist, aus der sie stammen. Sie wollen zeigen, dass es sich bei Rechtshandschriften um lebendige Objekte handelt, die ihrem jeweiligen Zeitkontext verhaftet sind, sich aber auch weiterentwickeln können, um mit den sich verändernden Zeitumständen Schritt zu halten. Und die Beiträge wollen zeigen, wie man über die Analyse der Handschriften Rückschlüsse auf die vielfältigen Intentionen und Motive der jeweiligen Schreiber und Kompilatoren ziehen kann.

Dies alles hat seine Grundlage in der Einsicht, dass sich die Rechtskultur des frühen Mittelalters am unmittelbarsten in den materiellen Hinterlassenschaften, nämlich den Codices, spiegelt, und dass man ohne vertiefte grundwissenschaftliche Kenntnisse die gleichsam oszillierende Welt der frühmittelalterlichen Rechtstexte nicht verstehen kann.

Zerpflückt und durch einen „skrupellosen Transmitter" entstellt: Die Fragmente der italienischen „Collectio Thuana"

Britta Mischke

Mit dem Kunsttitel „Collectio Thuana" bezeichnete der große Kenner der Kapitularien Hubert Mordek eine in Italien entstandene Rechtssammlung, die in der Handschrift mit der Signatur Lat. 4613 der Pariser Bibliothèque nationale überliefert ist. Der Name nimmt Bezug auf die Provenienz der Handschrift, die sich im 17. Jahrhundert, als Étienne Baluze sie für seine Kapitularienedition benutzte, in der Bibliothek des Jacques-Auguste de Thou (1553–1617) befand.[1] In den folgenden Jahren wechselte sie mehrfach den Besitzer und gelangte schließlich in die Bibliothèque du Roi, die heutige Bibliothèque nationale.[2] Die Handschrift, im Folgenden mit ihrer von Mordek vergebenen Sigle P_5 bezeichnet[3], tradiert an erster Stelle die Leges Langobardorum und schließt daran eine Kapitulariensammlung mit Texten aus dem Zeitraum von 779 bis 856, also von Karl dem Großen bis zu Ludwig II. an. Die Sammlung wird daher auf nach 856 datiert, während die Handschrift P_5 nach Mordeks Einschätzung aus dem 10. Jahrhundert stammt.[4] Nach einer noch unpublizierten Vermutung Antonio

---

1   Capitularia regum Francorum, Bd. 1, ed. Étienne BALUZE, Paris 1677, Sp. 361–367, hier Sp. 361–362: „Nunc primum edita ex veteri codice Langobardico MS. bibliothecae Thuanae." Wahrscheinlich handelt es sich um den Codex, der im zuerst 1679 im Druck erschienenen Katalog der Bibliothek de Thous unter dem Titel „Leges Longobardor. Capitula Regum Francor." erscheint: Catalogus bibliothecae Thuanae, Hamburg 1704, S. 460 (2. Teil), http://mdz-nbn-resolving.de/urn:nbn:de:bvb:12-bsb11266707 (abgerufen am 26. Januar 2024).
2   Nach de Thous Tod wurde seine Bibliothek zunächst von den Brüdern Dupuy verwaltet. Wohl über de Ménars, der die Bibliothek 1680 erwarb, kam sie in den Besitz Colberts († 1683), dessen Bibliothek wiederum 1732 von der Bibliotheca regia gekauft wurde. Vgl. Alfred Louis August FRANKLIN, Les anciennes bibliothèques de Paris, Bd. 1, Paris 1867, S. 171; Wilhelm Alfred ECKHARDT, Die von Baluze benutzten Handschriften der Kapitularien-Sammlungen, in: Mélanges offerts par ses confrères étrangers à Charles Braibant, Brüssel 1959, S. 113–140, hier S. 128, 136; Hubert MORDEK, Bibliotheca capitularium regum Francorum manuscripta. Überlieferung und Traditionszusammenhang der fränkischen Herrschererlasse (MGH Hilfsmittel 15), München 1995, S. 469.
3   MORDEK (wie Anm. 2), S. 469–476.
4   Ebd., S. 470: „nach 856"; Hubert MORDEK, „Quod si se non emendent, excommunicentur". Rund um ein neues Exzerpt des Capitulare generale Kaiser Karls des Großen (802), in: Kathleen CUSHING / Richard GYUG (Hrsg.), Ritual, Text and Law. Studies in Medieval Canon Law and Liturgy presented to Roger E. Reynolds, Aldershot 2004, S. 171–183, hier S. 172; Steffen PATZOLD, Normen

Ciarallis könnte sie hingegen auch erst im frühen 11. Jahrhundert in Süditalien entstanden sein.[5]

Die heute noch erhaltenen 100 Folia stellen nicht den ursprünglichen Umfang der Handschrift dar. Mehrere Lagen sind verlorengegangen; im hier interessierenden Kapitularienteil ist dies mindestens eine Lage nach fol. 91 und eine unbestimmte Anzahl am Ende der Handschrift. Der italienische Ursprung der Sammlung wird nicht nur aus der gemeinsamen Überlieferung mit dem Langobardenrecht deutlich, sondern auch durch die vielen in ihr enthaltenen Kapitularien, die speziell für das Königreich Italien bestimmt waren. Enthalten sind aber auch viele Kapitularien, die reichsweite Geltung hatten; darunter auch einige Unikate wie das berühmte Capitulare missorum generale, das um 802 im Zusammenhang mit der großen Rechtsreform Karls des Großen entstanden sein dürfte und in dem unter anderem die Art und Weise festgelegt wird, in der der allgemeine Treueid auf den neuerworbenen Kaisertitel geleistet werden sollte.[6]

Die Sammlung ist grob chronologisch geordnet, was ein gängiges Ordnungsprinzip, vor allem für italienische Kapitulariensammlungen, ist. Ungewöhnlicher ist aber, dass jeweils mehrere verschiedene Kapitularien oder Auszüge aus diesen in zusammenhängenden Listen mit einer fortlaufenden Kapitelzählung zusammengefasst werden. Dadurch ist es oft schwierig zu erkennen, wo ein Kapitular aufhört und ein anderes anfängt. Manchmal sind sogar Kapitularien mehrerer Gesetzgeber in einer Liste verbunden. Von diesen Listen gibt es (im noch erhaltenen Teil der Handschrift) insgesamt sechs (siehe Abb. 1).

---

    im Buch. Überlegungen zu Geltungsansprüchen so genannter „Kapitularien", in: Frühmittelalterliche Studien 41 (2007), S. 331–350, hier S. 338.

5   Den Hinweis auf die neue Datierung und Lokalisierung der Handschrift verdanke ich Charles Radding.

6   Capitulare missorum generale, ed. Alfred Boretius (MGH Capit. 1), Hannover 1883, Nr. 33, S. 91–99.
    Weitere Unikate: Capitulare missorum, ebd., Nr. 25, S. 66–67; Capitula cum Italiae episcopis deliberata, ebd., Nr. 96, S. 202–203; Capitula Italica c. 4–5, ebd., Nr. 105, S. 216 sowie Capitula singillatim tradita Hlotario vel Hludowico II. adscripta c. 3–4, edd. Alfred Boretius / Victor Krause (MGH Capit. 2), Hannover 1897, Nr. 219, S. 97. Hinzu kommt weiteres Zusatzmaterial mit ungeklärtem Status, siehe dazu weiter unten.

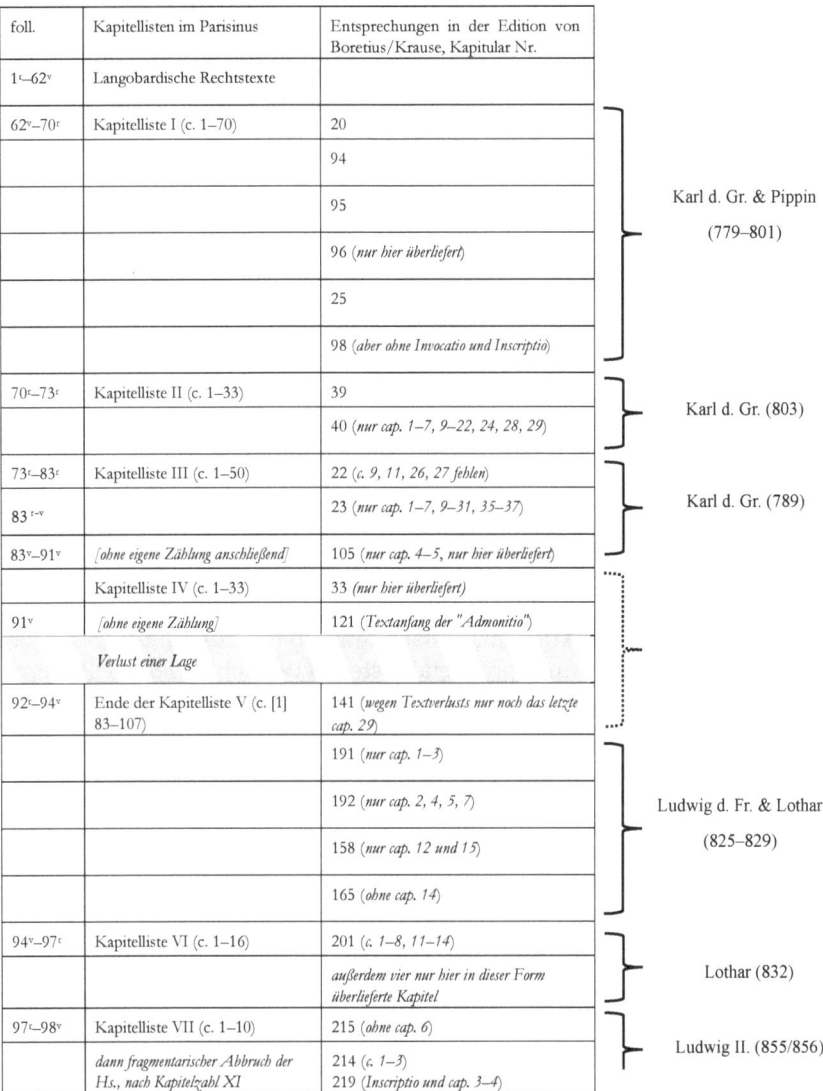

Abb. 1: Die Kapitellisten aus P₅ (aus PATZOLD *[wie Anm. 4], S. 337).*

Gerade für die unikal in P₅ überlieferten Kapitellisten stellt diese Struktur aus editorischer Sicht ein Problem dar. So ist es zum Beispiel strittig, ob die Liste von 33 teils sehr umfangreichen Kapiteln, die Boretius als das bereits erwähnte Capitulare missorum generale edierte[7], wirklich als ein zusammengehöriger Text konzipiert oder nicht doch erst nachträglich aus verschiedenen Listen zu-

---

7 Capitulare missorum generale (wie Anm. 6). In P₅ erstreckt sich der Text über 17 Seiten (fol. 83v–91v). Boretius teilte ihn abweichend von der Zählung in P₅ in 40 Kapitel ein.

sammengestellt wurde, womöglich sogar erst vom Sammler der Collectio Thuana selbst.[8] Welches Prinzip der Sammler mit der Einteilung in mehrere Kapitularien umfassende Listen verfolgte, konnte bisher nicht zufriedenstellend geklärt werden. Die Zuordnung zu jeweils einem Gesetzgeber kann nicht das Kriterium gewesen sein, und auch eine Blockeinteilung nach inhaltlichen Gesichtspunkten ist nicht zu erkennen.[9] Dass für den Kompilator der Sammlung neben der chronologischen Ordnung aber auch inhaltliche Kriterien bei der Textauswahl und Zusammenstellung eine Rolle gespielt haben dürften, lässt sich im fünften Block erkennen. Von dieser Liste mit 107 Kapiteln hat sich wegen des Blattverlusts nach fol. 91 nur der Schluss ab c. 83 mit Kapitularien Ludwigs des Frommen und Lothars erhalten. Von Ludwigs Wormser Kapitularien von 829 und dem Memorandum, das Lothar 823 an die italienischen Grafen adressierte, wurden nur wenige Kapitel ausgewählt, und zwar hauptsächlich diejenigen, die sich mit dem Schöffenwesen und dem Notariat befassen.[10]

Angesichts der zahlreichen nur hier überlieferten Texte ist es umso bedauerlicher, dass der Codex viele Blätter verloren hat. Bezüglich des Seitenverlusts nach fol. 91 ist anzunehmen, dass mindestens eine ganze Lage, bestehend aus einem Quaternio, verlorengegangen sein muss. Der Text bricht auf fol. 91v mit dem Anfang der Missi cuiusdam admonitio[11] ab und setzt auf fol. 92r im letzten Kapitel (c. 29) von Ludwigs Capitulare missorum von 818/819[12] wieder ein, das die Kapitelzählung LXXXIIII hat. Je nachdem, ob die auf fol. 91v bei c. XXXIII durch den Lagenverlust unterbrochene Liste auf den fehlenden 16 Blättern wei-

---

8 Patzold (wie Anm. 4); Matthew Innes, Charlemagne, justice and written law, in: Alice Rio (Hrsg.), Law, custom and justice in Late Antiquity and the Early Middle Ages, London 2011, S. 155–203, hier S. 192–203; Rosamond McKitterick, Karl der Große (Gestalten des Mittelalters und der Renaissance), Darmstadt 2008, S. 261–262; Shigeto Kikuchi, Herrschaft, Delegation und Kommunikation in der Karolingerzeit. Untersuchungen zu den Missi dominici (751–888), 2 Teile (MGH Hilfsmittel 31), Wiesbaden 2021, S. 104–111.

9 Arnold Bühler und Thomas Martin Buck wollten ein dreiteiliges System erkennen: Im ersten Block seien die Kapitularien mit italienischem Schwerpunkt zusammengefasst worden, im zweiten die für das gesamte Reich geltenden weltlichen und im dritten die reichsweit gültigen kirchlichen; Arnold Bühler, Capitularia Relecta, in: Archiv für Diplomatik 32 (1986), S. 305–501, hier S. 375–376; Thomas Martin Buck, Admonitio und Praedicatio. Zur religiös-pastoralen Dimension von Kapitularien und kapitulariennahen Texten (507–814) (Freiburger Beiträge zur mittelalterlichen Geschichte 9), Frankfurt/Main 1997, S. 174–178. Aber auch diese Klassifizierung kann nicht restlos überzeugen, denn das Kapitular von Herstal Karls des Großen von 779 (Capitulare Haristallense, ed. Alfred Boretius [MGH Capit. 1], Hannover 1883, Nr. 20, S. 46–51), das die Sammlung prominent eröffnet, ist nach allgemeiner Ansicht ein Kapitular mit Geltung für das gesamte Reich (es handelt sich um die sogenannte Forma communis des Kapitulars und nicht um die sogenannte Forma langobardica, eine in Italien entstandene Überarbeitung). Außerdem erscheint eine solche kleinteilige Systematik doch eher aus moderner Sicht einleuchtend als aus mittelalterlicher.

10 Nr. 42 c. 1–3, ed. Steffen Patzold (MGH Capit. N.S. 4), Wiesbaden 2024, S. 536–538; Nr. 43 c. 2, 4, 5, 7, ed. Steffen Patzold, ebd. S. 554–556; Nr. 20 c. 12 und Nr. 21a, ed. Stefan Esders (MGH Capit. N.S. 4), Wiesbaden 2024, S. 258 und S. 262–267.

11 Missi cuiusdam admonitio, ed. Alfred Boretius (MGH Capit. 1), Hannover 1883, Nr. 121, S. 238–240.

12 Nr. 11, ed. Karl Ubl (MGH Capit. N.S. 4), Wiesbaden 2024, S. 155–173.

tergeführt oder ob bereits mit dem (unnummerierten, aber als neuer Abschnitt erkennbaren) Beginn der Missi cuiusdam admonitio eine neue Liste eröffnet worden wäre, fehlen 49 oder 83 Kapitel. Boretius vermutete, dass auf den verlorenen Seiten, zusätzlich zum Schluss der Missi cuiusdam admonitio und den ersten 29 Kapiteln des Capitulare missorum Ludwigs, die beiden Diedenhofener Kapitularien Karls des Großen von 805[13] gestanden haben könnten, da sie von den meisten italienischen Sammlungen überliefert werden.[14] Sören Kaschke hat hingegen mit überzeugenden Argumenten vorgeschlagen, dass sich dort stattdessen die übrigen Texte der Aachener Gesetzgebung Ludwigs des Frommen von 818/819 (wenigstens in Auszügen) befunden haben dürften, zu denen auch das Capitulare missorum zählt. Dieses Kapitular für die Missi von 818/819 ist nämlich ansonsten nie alleine überliefert, sondern ausschließlich im Kontext mit anderen Stücken der Aachener Gesetzgebung von 818/819.[15]

Im Kontrast zur Bedeutung der Handschrift steht ihre auffallend schlechte Textqualität, wofür zwei Beispiele angeführt seien. Kapitel 64 aus der Admonitio generalis von 789, deren Überlieferung in P_5 Mordek in einem Aufsatz untersucht hat[16], lautet:

Item de arboribus vel petris vel fontibus, ubi aliqui stulti luminaria vel alias observationes faciunt, omnino mandamus, ut iste pessimus usus et deo execrabilis, ubicumque inveniatur, tollatur et distruatur.[17]

Übersetzung: „Ebenso erteilen wir hinsichtlich der Bäume und Felsen und Quellen, wo einige Toren (also: törichte Menschen) Lichter anbringen oder andere Kulte abhalten, überhaupt den Befehl, diesen überaus schlechten und Gott widerwärtigen Brauch, wo immer er vorgefunden wird, zu beseitigen und niederzureißen."

Die Fassung des Textes in P_5 (fol. 78r–v) bietet hingegen:

---

13   Capitulare missorum in Theodonis villa datum primum, mere ecclesiasticum, und Capitulare missorum in Theodonis villa datum secundum, generale, ed. Alfred Boretius (MGH Capit. 1), Hannover 1883, Nr. 43 und 44, S. 121–126.
14   Alfred Boretius, Capitularien im Langobardenreich, Halle 1864, S. 85. Der Vermutung schloss sich Buck an, der zusätzlich zu beiden Kapitularien noch das Vorhandensein des Capitulare missorum Niumagae datum, ed. Alfred Boretius (MGH Capit. 1), Hannover 1883, Nr. 46, S. 130–132, annimmt; Buck (wie Anm. 9), S. 176.
15   Vgl. Sören Kaschke, Handschrift des Monats Juli 2018: Paris, BnF, Lat. 4613, in: Capitularia. Edition der fränkischen Herrschererlasse, bearb. von Karl Ubl und Mitarb., Köln 2014ff. URL: https://capitularia.uni-koeln.de/blog/handschrift-des-monats-juli-2018-paris-bnf-lat-4613/ (abgerufen am 26. Januar 2024) sowie die Einleitung zu Nr. 7–11 (818/819), ed. Karl Ubl (MGH Capit. N.S. 4), Wiesbaden 2024, S. 55–59.
16   Mordek (wie Anm. 4).
17   Admonitio generalis c. 64, edd. Michael Glatthaar / Hubert Mordek / Klaus Zechiel-Eckes (MGH Fontes iuris 16), Wiesbaden 2013, S. 216.

Item de arboribus vel de petris vel de fontibus ubi aliquis instulti luminaria vel alia subservatione omnino damnamus ut isto proximo usus et deo etsecrabilis ubicumque inveniat ac tollatur et dextruatur.

Sie wortwörtlich zu übersetzen, dürfte schwierig werden. Jedenfalls werden in ihr die „Toren" zu „Nicht-Toren", der „schlechte Brauch" zum „nächsten Brauch" und dessen Beseitigung nicht „befohlen", sondern „verdammt". Das zweite Beispiel ist der Beginn von c. 11 des ‚weltlichen' Kapitulars Lothars I., das 825 anlässlich einer Versammlung in Corteolona entstand.

De his, qui proprietates suas habent et spontaneae alicui delegant et postea fraudulenter ab alio aliquo ignoranti praetium easdem res venundantes accipiunt et his, cui easdem res prius tradite fuerant, cognito negotio annum integrum silens non contradixerit, sed propter inlusionem tacens sinit emptorem inludere …[18]

> Übersetzung: „Bezüglich derjenigen, die Eigengüter haben und diese freiwillig an jemand anderen übertragen und danach betrügerisch von jemand anderem, der davon nichts weiß, für den Verkauf derselben Güter Geld annehmen, und derjenige, dem dieselben Güter zuerst übertragen worden sind, in Kenntnis dieses Geschäftes schweigt und ein Jahr lang nicht widerspricht, sondern es zulässt, dass der Käufer getäuscht wird, indem er wegen dieser Täuschung schweigt …"

Hier wiederum die Textfassung aus P$_5$ (fol. 94r):

De his qui proprietatem suam habent et eas spontaneę pro alii delegant et postea fraudulenter ab alio aliquo ignorantur pretium easdem rex uenundaces accipiunt et his cui easdem res prius tradite fuerint cognita negotio agnum integrum si lex non contradixerit sed pro inlusionem tacens sine tempore inludere …

Hier wird aus dem „Gut" ein „König", aus dem „Jahr" ein „Lamm", und aus demjenigen, der „schweigend nicht widersprochen hat", wird der Vorbehalt, „falls das Recht dem nicht entgegensteht". Bei solch kreativen (scheinbaren?) Missverständnissen kann man Mordeks Stoßseufzer gut nachempfinden, der sich angesichts der Verunstaltung der Admonitio generalis fragte: „Womit hat solch ein bedeutender Text einen derart skrupellosen Transmitter verdient?"[19]

Tatsächlich gehen die Schreiberfehler weit über das hinaus, was wir von mittelalterlichen Kopisten gewohnt sind. Wie Mordek richtig bemerkte, wird durch diese Manipulationen die Aussage des ursprünglichen Textes nicht etwa verbessert oder modifiziert, sondern entstellt und in weiten Teilen sogar aufgehoben.[20] Die Frage, die sich die Herausgeber der neuen Edition der Admonitio generalis stellten, ist also berechtigt: War der Kopist wirklich nur ein unfähiger

---

18 Nr. 31 c. 11, ed. Britta MISCHKE (MGH Capit. N.S. 4), Wiesbaden 2024, S. 408.
19 MORDEK (wie Anm. 4), S. 174.
20 Ebd., S. 173.

„Banause" oder nicht vielmehr ein besonders raffinierter „Querkopf"[21], der sich mit seiner „ruinösen Reproduktion" vielleicht sogar bewusst gegen die fränkische Herrschaft in Italien stellen wollte?[22]

Gegen die schlampige Arbeit eines Banausen spricht die sorgfältige Ausführung der Kopie und die (zumindest für Kapitulariensammlungen) ungewöhnlich aufwendige Ausstattung der Handschrift mit Schmuckinitialen. Mordek vermutete, dass es sich um eine saubere Reinschrift einer Kopie mit bereits verderbtem Text handele und dass zwischen P$_5$ und dem Original der Sammlung also mindestens eine weitere verlorene Zwischenstufe anzunehmen sei.[23] Glücklicherweise kann man den Text einiger der enthaltenen Unikate mithilfe einer Rezeption zumindest teilweise emendieren. Die in Süditalien zu Beginn des 11. Jahrhunderts entstandene Fünf-Bücher-Sammlung, die für eine kanonistische Sammlung ungewöhnlich viele weltliche Rechtstexte rezipiert hat, kannte nämlich offenbar eine noch unverderbte Fassung der Collectio Thuana. Wie hilfreich diese Sammlung für die Emendation des von P$_5$ gebotenen Textes sein kann, sei an einem Beispiel illustriert.

In P$_5$ ist ein größerer Auszug des sogenannten Capitulare Papiense überliefert, das Kaiser Lothar I. 832 in Pavia erließ.[24] Es enthält Wiederholungen verschiedener Bestimmungen der Vorgänger Lothars, die dieser noch einmal bestätigte. Am Ende der in P$_5$ aus 12 Kapiteln bestehenden Liste[25] folgen noch vier weitere Zusatzkapitel, die in fortlaufender Zählung angeschlossen werden. Der Status dieser Kapitel ist unklar; sicher ist nur, dass sie nicht zum Capitulare Papiense selbst gehören, da sie in der gesamten übrigen Überlieferung fehlen. Drei von ihnen befassen sich mit dem Status von Ehepaaren, die einen unterschiedlichen Rechtsstatus haben, was vielleicht der Grund dafür sein könnte, warum die Kapitel an dieser Stelle eingefügt wurden. Das Capitulare Papiense hat in c. 12 nämlich ebenfalls eine Bestimmung zu diesem Thema.[26] Das zweite der vier Zusatzkapitel (fol. 96v) lautet:

Statutum est, ut, si qua femina libera cum servum alterius se copulaverit et parentes eius eam anni spatium ad vindictam non dederit, volumus, ut curtis regia adquirat se ipsa femina cum ipso servum annu et diem steterit, habeat eam, cuius servo est, et filii, qui ex ea nati fuerint, sic servi sicut pater eorum.[27]

---

21 Beide Zitate: Michael GLATTHAAR, in: Admonitio generalis (wie Anm. 17), S. 78.
22 MORDEK (wie Anm. 4), S. 172–174.
23 Ebd., S. 178–179.
24 Nr. 51, ed. Britta MISCHKE (MGH Capit. N.S. 4), Wiesbaden 2024, S. 653–673.
25 Das Kapitular hat eigentlich 14 Kapitel, c. 9 und 10 fehlen in P$_5$.
26 *Ut per XXX annos servus liber fieri non possit, si pater illius servus aut mater illius ancilla fuit; similiter et de aldionibus*, Nr. 51 (wie Anm. 24) c. 12, S. 670. Zu den Zusatzkapiteln vgl. Britta MISCHKE, Kapitel des Monats April 2023: Zusatzkapitel zu BK 201 in Paris, BNF, lat. 4613, in: Capitularia. Edition der fränkischen Herrschererlasse, bearb. von Karl UBL und Mitarb., Köln 2014ff. URL: https://capitularia.uni-koeln.de/blog/kapitel-des-monats-april-2023-zusatzkapitel-zu-bk-201-in-paris-bnf-lat-4613/ (abgerufen am 26. Januar 2024).
27 P$_5$, fol. 96v. Vgl. die Transkription in der digitalen Edition: Paris, Bibliothèque nationale de France, Lat. 4613, in: Capitularia. Edition der fränkischen Herrschererlasse, bearb. von Karl UBL und Mit-

Es geht darin um die Heirat einer freien Frau mit einem Unfreien und die daraus resultierenden Rechtsfolgen für das Paar und dessen Nachkommenschaft. Der Text in P₅ ist wieder schwer verständlich: In etwa steht dort, dass, wenn die Eltern der freien Frau diese nicht innerhalb eines Jahres zur Bestrafung übergeben, es in den Besitz des Fiskus übergehen soll. Das würde einer Bestimmung des langobardischen Rechts entsprechen.[28] Danach steht allerdings unvermittelt, dass die beiden, wenn sie Jahr und Tag verbunden bleiben, samt ihrer Nachkommenschaft in den Besitz des Herrn des unfreien Ehemanns übergehen. Das scheint nicht recht zusammenzupassen. Licht in das Dunkel kommt erst, wenn man sich die Überlieferung desselben Textes in der Fünf-Bücher-Sammlung ansieht.

Statutum est, ut, si qua femina libera cum servo alterius se copulaverit et parentes eius ante anni spatium de ea vindictam non dederint, nolumus ut curtis regis eos acquirat; sed si ipsa femina cum ipso servo anno et die steterit, habeat eam cuius servus est et filios, quos ex ea habuerit, ipsi servi sint illius cuius et pater eorum.[29]

Erst hier wird der eigentliche Sinn des Textes verständlich, und es ergibt sich an einer entscheidenden Stelle eine Abweichung zur Fassung in P₅: Anstelle des *volumus* steht dort *nolumus*. D.h., das statusmäßig ungleiche Paar soll eben nicht, wie es das langobardische Recht vorsah, in den Besitz des Fiskus fallen, sondern samt ihren Kindern in den Besitz des Herrn des unfreien Mannes übergehen. Damit entspricht das Kapitel inhaltlich, wenn auch nicht wörtlich, einer Bestimmung Kaiser Lothars, die dieser in seiner Concessio generalis von 823 verfügte.[30] Auch die übrigen Zusatzkapitel entsprechen inhaltlich bereits bekannten Kapitularienbestimmungen, sind aber etwas anders formuliert. Dass es sich um Fälschungen handelt, ist sehr unwahrscheinlich, da im Wesentlichen nur das wiederholt wird, was bereits in Geltung stand. Theoretisch

---

arb., Köln 2014ff. URL: https://capitularia.uni-koeln.de/mss/paris-bn-lat-4613/ (abgerufen am 26. Januar 2024).

28 Edictus Rothari 221, ed. Friedrich BLUHME (MGH LL 4), Hannover 1868, S. 53–54: *Si servus liberam mulierem aut puellam ausus fuerit sibi in coniugium sociare, animae suae incurrat periculum, et illa, qui servum fuerit consentiens, habeant parentes potestatem eam occidendi aut foris provincia transvindendi et de res ipsius mulieris faciendi quod voluerint. Et si parentes eius hoc facere distulerint, tunc liciat gastaldium regis aut sculdhais ipsam in curte regis ducere et in pisele inter ancillas statuere.* Bekräftigt und erweitert durch Leges Liutprandi 24, ebd., S. 118: *Si mulier libera servum tolerit, et parentes eius intra anni spatium in ea vindicta dare neglexerit, sicut in anteriore edicto contenit, tunc quandocumque post ipsum anni spatium inventa fuerit, sit ancilla palatii; et ipse servus ad puplicum replecetur, et filii qui ex eis nati fuerent, curtis regiae omnino derserviant. Nam si parentis ipsius mulieris, vel dominus servi conpleverent intra suprascriptum anni spatium: quod anterior edictus contenit, sic permaneat.*

29 Edition in: Valeska KOAL, Studien zur Nachwirkung der Kapitularien in den Kanonessammlungen des Frühmittelalters (Freiburger Beiträge zur mittelalterlichen Geschichte 13), Frankfurt/Main 2001, S. 225.

30 *… volumus … ut cuiuscumque servus liberam feminam sibi ea consentiente in coniugio copulaverit et infra anni spatium ad vindictam traditi non fuerint, sicuti lex tales personas nostro fisco sotiat, ita nos nostra liberalitate concedimus, ut in potestate et servitio domini illius, cuius servus fuit, ambo revertantur.* Nr. 23 Prolog und c. 1, ed. Stefan ESDERS (MGH Capit. N.S. 4), Wiesbaden 2024, S. 306.

könnten wir es mit Auszügen aus unbekannten Erlassen zu tun haben, doch die holprige Formulierung und die Tatsache, dass sich die Texte in diesem Wortlaut nur in P_5 finden, lässt andere Erklärungen naheliegender erscheinen: Entweder hat der Kompilator der Collectio Thuana an dieser Stelle andere ihm bekannte Bestimmungen, die ihm zu den gerade kopierten Texten zu passen schienen, in relativ freier Formulierung referiert, oder er übernahm diese Texte aus anderen Handschriften, in denen Juristen Verfügungen zu bestimmten Themen dossierartig zusammenstellten.[31]

Wie erwähnt, sind am Ende von P_5 eine unbekannte Anzahl von Seiten verlorengegangen. Der Text bricht ab in einem Kapitular Ludwigs II. von 856, das den Terminus post quem für die Datierung der Collectio Thuana setzt. Da die Sammlung weitgehend chronologisch angelegt wurde, könnte sich dieser allerdings durchaus nach hinten verschieben, wenn Teile der verlorenen Lagen wieder aufgefunden würden. Tatsächlich scheinen wir in diesem Fall Glück zu haben: Es gibt ein Fragment, das zur Fortsetzung der Sammlung gehören könnte – und das nicht etwa neu entdeckt wurde, sondern bereits lange bekannt ist.

Es handelt sich um zwei Doppelblätter in einem Miszellancodex der Biblioteca Apostolica Vaticana mit der Signatur Reg. Lat. 263 (im Folgenden mit Mordeks Sigle V_{10} bezeichnet). Die Sammelhandschrift wurde der Vaticana im 17. Jahrhundert von Königin Christina von Schweden geschenkt. Sie befand sich vorher im Besitz von Alexandre Petau, der sie von seinem Vater, Paul Petau, geerbt hatte; Letzterer war es wohl auch, der die beiden Doppelblätter zusammen mit anderen Fragmenten, die größtenteils aus den Archiven französischer Klöster stammten, zu einem Band zusammenbinden ließ.[32] Es ist also belegt, dass sich die Fragmente zur Zeit von Paul Petau (1568–1614), einem Zeitgenossen und Bekannten Jacques-Auguste de Thous, in Paris befanden. Wie und warum sie von der Handschrift separiert worden sein könnten, lässt sich aber wohl nicht mehr klären.

Dass die Fragmente aus V_{10} einst zu P_5 gehörten, lässt sich an verschiedenen Beobachtungen festmachen. In Format und Layout stimmen die beiden Teilhandschriften weitestgehend überein,[33] ebenso in der Textgliederung in einzelne Absätze mit einleitenden, meist über zwei Zeilen reichenden Initialen

---

31 Im Liber Papiensis (Anfang 11. Jahrhundert) wird Nr. 23 c. 1 (wie Anm. 30) = Liber Legis Langobardorum Papiensis dictus, Loth. 75, ed. Alfred Boretius (MGH LL 4), Hannover 1868, S. 552, das dem 1. Zusatzkapitel (gezählt als XIII) in P_5 entspricht, durch eine Glosse in Verbindung gebracht mit Leges Liutprandi 24 (wie Anm. 28); das 2. Zusatzkapitel (gezählt als [X]IIII) ähnelt Letzterem in der Formulierung. Eine Entstehung dieser Zusätze im Umfeld der Paveser Juristen ist also durchaus plausibel.
32 Matthias M. Tischler, Einharts Vita Karoli. Studien zur Entstehung, Überlieferung und Rezeption, 2 Bde. (MGH Schriften 48), Hannover 2001, S. 1296 mit Anm. 1195–1196.
33 Maße für Seitengröße und Schriftspiegel (nach Mordek [wie Anm. 2], S. 469 und 807): P_5: 280–285 x 160–168 mm, Schriftspiegel: 200–205 x 120–125 mm, Zeilen: 25–27; V_{10}: 268–270 x 165–172 mm, Schriftspiegel: 210–214 x 125–130 mm, Zeilen: 26. Die geringfügigen Abweichungen der Maße können größtenteils auf Seitenbeschnitt zurückgeführt werden. Die folgenden Ausführungen zum Aussehen der Handschriften können an den Online-Digitalisaten nachvollzogen wer-

sowie einer Kapitelzählung, die in den freigebliebenen Raum der einem neuen Absatz vorangehenden Zeile gesetzt wurde. Die Texttinte ist dunkelbraun, für die Rubriken (in Capitalis rustica oder einer Mischform aus Minuskeln und Majuskeln) sowie die Kapitelzählung wurde entweder orangerote Tinte oder die dunkelbraune Texttinte mit roten Schattenstrichen verwendet. Die Initialen wurden in Texttinte mit orangeroter Füllung gestaltet und sind phantasievoll verziert mit Ornamenten, Ranken oder Flechtbändern.[34] Besonders häufig in beiden Teilhandschriften zu finden ist die charakteristische Verzierung der Initialbögen mit Knospen und Zähnen.[35] Allein die Tatsache, dass in beiden Fragmenten regelmäßig aufwendig gestaltete Initialen zu finden sind, ist eine nicht zu unterschätzende Gemeinsamkeit, denn in der Regel haben Kapitularienhandschriften bis auf einfache farbige Initialen gar keinen Buchschmuck. Eine besonders augenfällige Gemeinsamkeit der beiden Fragmente sind die Anweisungen an den Rubrikator, bei denen der Text der Rubrik am äußeren Seitenrand parallel zur Blattkante in kleiner Schrift notiert wurde. Die meisten dieser Anweisungen sind, wie es vermutlich vorgesehen war, beim Beschnitt der Seiten entfernt worden, doch an einigen Stellen sind sie stehengeblieben; so auf fol. 83v in P_5 und auf fol. 28v in V_{10}. Das Erscheinungsbild der Schrift stimmt ebenfalls überein; es handelt sich um eine sorgfältig ausgeführte spätkarolingische Minuskel mit wenigen Kürzungen und Ligaturen (vor allem et und ri sowie gelegentlich nt am Wortende), Serifen an den unteren Ausläufern der Buchstabenschäfte und spatelförmig verdickten Oberlängen.[36] Neben den klaren karolingischen Buchstabenformen begegnen auch einige Merkmale der italienischen Kursive; so verwendet der Schreiber regelmäßig eine ri-Ligatur mit weit in die Unterlänge gezogenem i und gelegentlich eine ro-Ligatur sowie eine 8-förmige ti-Ligatur bei assibiliertem t.[37] Orthographische Besonderheiten, die sich in beiden Fragmenten zeigen, sind zum Beispiel *sup* statt *sub* oder b statt u/v: *bassalli* (P_5: fol. 92r, Z. 3; V_{10}: fol. 230r, Z. 6), *biles* (V_{10}: fol. 227r, Z. 16). Das bei anderen zeitgenössischen Schreibern häufig begegnende epenthetische p nach m wird hier nicht verwendet; der Schreiber schreibt zum Beispiel *contemnere* statt *contempnere* (P_5: fol. 93v, Z. 19; V_{10}: fol. 228v, Z. 5) sowie *presumserit*

---

    den: https://gallica.bnf.fr/ark:/12148/btv1b9066866b (abgerufen am 26. Januar 2024) (P_5) und https://digi.vatlib.it/view/MSS_Reg.lat.263 (abgerufen am 26. Januar 2024) (V_{10}).

34 Z. B. H-Initiale mit um den Schaft geschlungener Ranke auf fol. 12v und 27v in P_5 und auf fol. 228r in V_{10}; Flechtbandinitiale auf fol. 79r in P_5 und auf fol. 228v in V_{10}. Im ersten Teil von P_5, der die Leges Langobardorum enthält (fol. 1r–62v), finden sich deutlich mehr aufwendig gestaltete Initialen als im Kapitularienteil (fol. 62v–98v), darunter auch solche mit Tierköpfen (z. B. auf fol. 30v, 35r, 44r).

35 Z. B. in P_5: fol. 66v und 67r; in V_{10}: fol. 227r und 229v.

36 Nach freundlicher Mitteilung von Charles Radding nimmt auch Antonio Ciaralli eine Zusammengehörigkeit der beiden Fragmente aufgrund paläographischer Kriterien an.

37 Beispiele für die ri-Ligatur in P_5: fol. 77v, Z. 10–11: *peregrinus* und Z. 23f: *periurium* oder fol. 79r, Z. 5: *presbiteri*, Z. 18: *ministri*; in V_{10} z. B. fol. 227v, letzte Zeile: *uuidrigildum*; fol. 228r, Z. 8–9: *nutrimine*; fol. 229, Z. 21: *liberi*; Beispiele für die ro- und ti-Ligatur finden sich nur in P_5: fol. 83r, Z. 2: *romanum*; fol. 77r, Z. 14: *omnitione*; fol. 79v, Z. 16: *conplitionem* sowie fol. 83r, Z. 10: *renuntiare*. Vgl. zu diesen Merkmalen der corsiva nuova italiana Paolo CHERUBINI / Alessandro PRATESI, Paleografia latina. L'avventura grafica del mondo occidentale, Vatikanstadt 2010, S. 267.

statt *presumpserit* (P₅: fol. 95v, Z. 6; V₁₀: fol. 228v, Z. 13). Außerdem begegnet die außergewöhnliche Kürzung *propr.* für *propter* (P₅: fol. 95v, vorletzte Zeile; V₁₀: fol. 228r, Z. 2).[38]

Neben diesen Gemeinsamkeiten ist es aber vor allem die kreative Verunstaltung des Wortlautes, die beiden Fragmenten gemeinsam ist. Ausgelassene Wörter oder übersprungene Textpassagen, die Zusammenziehung mehrerer Wörter zu einem, Nonsens-Wörter und die Ersetzung von Begriffen durch andere, die eine ähnliche Schreibweise oder einen ähnlichen Klang haben, aber an der betreffenden Stelle überhaupt keinen Sinn machen – all dies findet sich hier wie dort. Dem bereits oben angeführten Beispiel aus P₅ seien dafür zwei weitere aus V₁₀ hinzugefügt.

Editionstext nach Boretius / Krause	Textfassung in V₁₀ (fol. 228r)[39]
Capitulare Mantuanum secundum, generale, c. 8: ... *id est, eligantur quattuor vel octo homines, vel prout opus fuerit, de singulis plebibus iuxta qualitatem, ut ipsi inter sacerdotes et plebem testes existant ubi date vel non date fuerint* ....[40]	... *id est exigantur quattuor et octo optimi homini velut opus fuerit per singulis pedibus ut inter sacerdotes et plebentes existant ubi doces fuerint* ....
Capitula incerta Italica, c. 1: *Numquam obreptor patrimonio nostro nescio qua perfida mente adseruit militantes in palatio Christi terrenae curiae obduci: iussimus manus eius implumbari* ....[41]	*Numquam obrecto patrimonio in palatio Christi arre cure obducit iussimus manum implumbari* ....

Es spricht also einiges dafür, in V₁₀ einen Teil des verlorengegangenen Schlusses der Collectio Thuana zu sehen. An welcher Stelle der Handschrift das Fragment aber einzuordnen wäre, ist nicht sicher zu bestimmen. Die beiden Doppelblätter mit der heutigen Zählung fol. 227–230 können in der Handschrift nicht direkt aufeinander gefolgt sein, weil es keine direkten Textanschlüsse zwischen ihnen gibt. Das Doppelblatt fol. 228 und 229 bildete die Mitte einer

---

38   Weitere Beispiele aus P₅ bei MORDEK (wie Anm. 4), S. 173–174; Detlev ZIMPEL, Unliebsame Herrscher-Erlasse im Frankenreich. Über die Sabotage von Kapitularien, in: Oliver MÜNSCH / Thomas ZOTZ (Hrsg.), Scientia veritatis. Festschrift für Hubert Mordek zum 65. Geburtstag, Ostfildern 2004, S. 127–136, hier S. 129–130 und Admonitio generalis (wie Anm. 17), S. 78; Beispiele aus V₁₀: Wolfgang KAISER, Authentizität und Geltung spätantiker Kaisergesetze. Studien zu den *Sacra privilegia concilii Vizaceni* (Münchener Beiträge zur Papyrusforschung und antiken Rechtsgeschichte 96), München 2007, S. 258.

39   Vgl. die digitale Transkription: Vatikan, Biblioteca Apostolica Vaticana, Reg. Lat. 263, in: Capitularia. Edition der fränkischen Herrschererlasse, bearb. von Karl UBL und Mitarb., Köln 2014ff. URL: https://capitularia.uni-koeln.de/mss/vatikan-bav-reg-lat-263/ (abgerufen am 26. Januar 2024).

40   Capitulare Mantuanum secundum, generale, ed. Alfred BORETIUS (MGH Capit. 1), Hannover 1883, Nr. 93, S. 196–198; c. 8 auf S. 197.

41   Capitula incerta Italica, edd. Alfred BORETIUS / Victor KRAUSE (MGH Capit. 2), Hannover 1897, Nr. 232, S. 127–128; siehe dazu KAISER (wie Anm. 38), S. 266 (Neuedition ebd. S. 270–272).

Lage. An welcher Stelle innerhalb der verlorenen Blätter sich das zweite Doppelblatt befand, ist unklar; zwischen fol. 227 und 230 fehlt eine unbekannte Anzahl von Seiten. Nimmt man an, dass sich beide Blätter in derselben Lage befunden haben, ergibt sich die Reihenfolge, in der sie auch heute in die Sammelhandschrift V_{10} eingebunden sind (siehe Abb. 2).

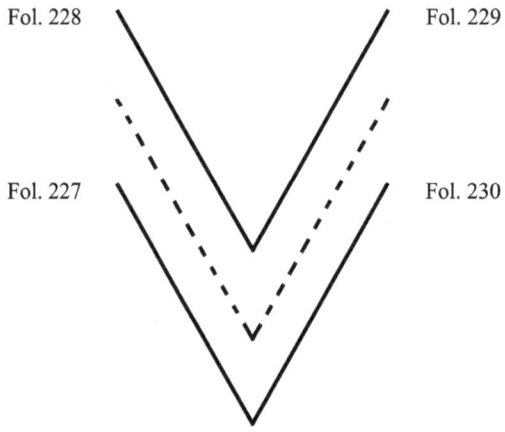

Abb. 2: Rekonstruierte Reihenfolge der beiden Doppelblätter des Fragments V_{10} innerhalb der Handschrift; die gestrichelte Linie zeigt eine unbekannte Anzahl verlorener Doppelblätter an.

Fol. 227 enthält zwei fragmentarische Kapitellisten:
– Die fünf letzten Kapitel einer 34-Kapitel-Liste, die aus einem Kapitular Kaiser Ludwigs II. für seine Missi stammen[42];
– Daran schließt eine weitere Kapitelliste an, die in c. 6 abbricht; die ersten vier Kapitel, die hier unikal überliefert sind, wurden von Boretius als eine zusammenhängende Liste interpretiert und Karl dem Großen zugeschrieben (Capitula de rebus ecclesiasticis)[43], bei den beiden folgenden Kapiteln handelt es sich um c. 11 des zweiten Diedenhofener Kapitulars Karls von 805 und c. 9 eines Kapitulars Kaiser Widos von 891.[44]

Die zweite Kapitelliste ist überschrieben mit der Rubrik STATVTA A DOMNO LODOICVS GLORIOSISSIMO IMPERATORE. Die vier ansonsten unbekannten Kapitel behandeln den Schutz und die Rechte von Kirchen, nämlich in c. 1 die

---

42 Hlotharii capitulare missorum c. 2 (fragmentarisch)–6, edd. Alfred BORETIUS / Victor KRAUSE (MGH Capit. 2), Hannover 1897, Nr. 202, S. 63–64; von Boretius / Krause noch Lothar zugeordnet, aber von Mathias GEISELHART, Die Kapitulariengesetzgebung Lothars I. in Italien (Freiburger Beiträge zur mittelalterlichen Geschichte 15), Frankfurt/Main 2002, S. 201–205 Ludwig II. zugeschrieben und auf nach 844 (?)–vor Ostern 850 datiert.
43 Ed. Alfred BORETIUS (MGH Capit. 1), Hannover 1883, Nr. 87, S. 185–186.
44 Capitulare missorum in Theodonis villa datum secundum, generale (wie Anm. 13) und Widonis imperatoris capitulare Papiense legibus addendum, edd. Alfred BORETIUS / Victor KRAUSE (MGH Capit. 2), Hannover 1897, Nr. 224, S. 107–109.

Verpflichtung zur Instandhaltung von Kirchen durch diejenigen, die dort Sakramente empfangen; in c. 2 das Inquisitionsrecht für Kirchen und in c. 3–4 die Verpflichtung zur Zahlung des Zehnten.

Boretius zweifelte daran, dass es sich bei dem Aussteller tatsächlich, wie die Rubrik behauptet, um einen Kaiser Ludwig handelte – also entweder Ludwig der Fromme oder Ludwig II. Er vermutete, die Rubrik sei vom Kompilator der Sammlung später ergänzt worden. Da hier Versatzstücke ganz unterschiedlicher Herkunft kombiniert worden seien und das 5. Kapitel der Liste auf Karl den Großen zurückgehe, seien auch die ersten vier Kapitel eher diesem zuzuschreiben. Boretius sah inhaltliche Parallelen zu den Zehnbestimmungen von Kapitularien- bzw. Konzilstexten aus der Zeit Karls des Großen und datierte den Text daher vermutungsweise in die Jahre 787–813. Das Thema Zehnt ist jedoch omnipräsent in der italienischen Kapitulariengesetzgebung von Karl dem Großen bis zu Ludwig II., wobei das Mantuaner Kapitular immer wieder in diesem Zusammenhang zitiert wird (so auch in P_5, siehe unten). Diese inhaltliche Parallele bietet also keinen Anhaltspunkt für eine Datierung der Kapitelliste in V_{10} in die Zeit Karls. Wenn man hingegen annimmt, dass das Fragment zur Collectio Thuana gehörte und wie diese ihr Material in chronologischer Abfolge der Aussteller ordnete, dann spricht alles dafür, die Zuschreibung der Rubrik ernst zu nehmen und Ludwig II. als Aussteller anzusehen, da dessen Kapitular an seine Missi von ca. 850 direkt vorangeht.

Auf dem Doppelblatt fol. 228 und 229 haben sich drei Kapitellisten erhalten:

– Liste I: Die letzten beiden Kapitel einer 13-Kapitel-Liste mit dem Text des Capitulare Wormatiense Ludwigs des Frommen von 829, in dem zwei Stellen aus der Kapitulariensammlung des Ansegis zu den Zehnten zitiert werden[45];
– Liste II besteht nur aus zwei Kapiteln, die mit der Überschrift *Capitula Lotharii regi* eingeleitet werden; ein Kapitel aus dem Capitulare Olonnense ecclesiasticum primum Lothars von 825[46], das sich ebenfalls mit dem Zehnt befasst, und c. 8 des Mantuaner Kapitulars von 813 zu den Zehnten[47], auf das sich wiederum das Kapitel Lothars bezieht.

---

45 Mordek identifizierte die beiden Texte noch als Auszüge aus der Kapitulariensammlung des Ansegis (Ansegis 1,157 und Ansegis 2,21); Mordek (wie Anm. 2), S. 808. Es handelt sich aber um eine fragmentarische Fassung von Nr. 42 c. 5, ed. Steffen Patzold (MGH Capit. N.S. 4), Wiesbaden 2024, S. 538–539, in der die beiden Ansegis-Stellen zitiert werden, was durch den Übergang zwischen den beiden Zitaten deutlich wird (*item in capitulare nostro in libro II*), der sich wortgleich in ebendiesem Kapitel findet.
46 Nr. 29 c. 9, ed. Britta Mischke (MGH Capit. N.S. 4), Wiesbaden 2024, S. 380. Es handelt sich dabei eigentlich nur um eine Bezugnahme auf das entsprechende Kapitel Lothars, das nach der Vermutung Mordeks „wohl ein Konzil oder ein Nachfolger Lothars […] bestätigt" habe; Mordek (wie Anm. 2), S. 809.
47 Capitulare Mantuanum secundum, generale (wie Anm. 40), S. 197.

– Liste III: Kapitular Kaiser Widos von 891[48], das in c. 6 fragmentarisch abbricht.

Fol. 230 tradiert zehn Kapitel einer einzigen, am Anfang und Schluss fragmentarischen Kapitelliste ([IX] –XV[I]). Diese umfasst
– ein Kapitel von Kaiser Lambert von 898 (wieder zu den Zehnten)[49];
– eine aus vier Kapiteln bestehende apokryphe Konstitution der Kaiser Theodosius und Valentinian, die auch in anderen italienischen Handschriften im Zusammenhang mit Kapitularien überliefert wird,[50]
– und einen Auszug von vier Kapiteln (c. 3, 5, 8, 12) aus dem Kapitular von Herstal (779) in einer für italienische Rezipienten wohl Ende des 9. Jahrhunderts überarbeiteten Fassung.[51]

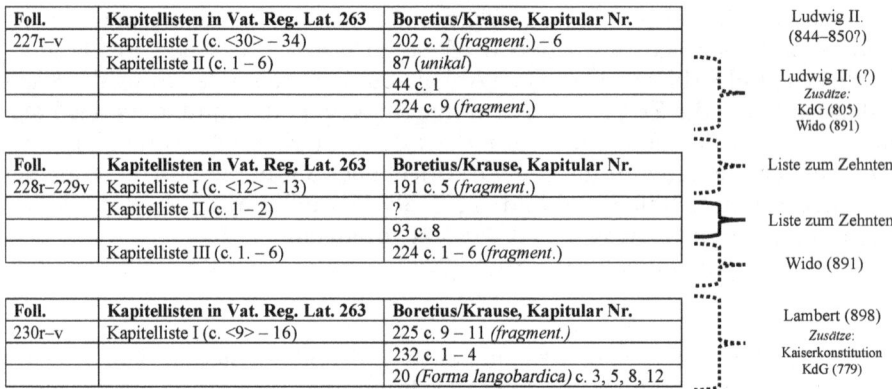

Abb. 3: Die Kapitellisten aus V_{10}.

Diese Reihenfolge der Texte innerhalb der beiden ineinandergelegten Doppelblätter stimmt auch mit der chronologischen Abfolge der in den Fragmenten überlieferten Kapitularien Ludwigs II. sowie der Kaiser Wido und Lambert überein; insbesondere, wenn man das Kapitular in der zweiten fragmentarischen Liste auf fol. 227r–v in V_{10} Ludwig II. und nicht Karl dem Großen zuschreibt.

Die Zusammenführung der beiden Fragmente führt dazu, dass wir unser Wissen über die Collectio Thuana und ihre Überlieferung etwas revidieren müssen. Zunächst einmal verschiebt sich der Terminus post quem für die Ent-

---

48 Widonis imperatoris capitulare Papiense legibus addendum (wie Anm. 44).
49 Lamberti capitulare Ravennas c. 9, edd. Alfred BORETIUS / Victor KRAUSE (MGH Capit. 2), Hannover 1897, Nr. 225, S. 109–110 (c. 9 auf S. 110) = Konzil von Ravenna 898, ed. Wilfried HARTMANN (MGH Conc. 5), Hannover 2012, S. 440–442 (c. 9 auf S. 441).
50 Capitula incerta Italica (wie Anm. 41).
51 Capitulare Haristallense, Forma langobardica, ed. Alfred BORETIUS (MGH Capit. 1), Hannover 1883, Nr. 20, S. 46–51.

stehung der Sammlung nach hinten: Da das jüngste Kapitular, das sich in den Fragmenten von V_{10} erhalten hat, ein Erlass Kaiser Lamberts von 898 ist, kann sie frühestens am Ende des 9., wenn nicht sogar erst Anfang des 10. Jahrhunderts zusammengestellt worden sein. Dies setzt allerdings voraus, dass die von P_5 und V_{10} tradierte Sammlung dort in ihrem ursprünglichen Zustand enthalten ist und nicht bereits im Zuge der Abschrift erweitert wurde. Der jüngste Text, den die beiden Fragmente mit der Fünf-Bücher-Sammlung gemeinsam haben, ist ein Kapitular Ludwigs II. aus der Mitte des 9. Jahrhunderts[52]; was natürlich nicht heißen muss, dass die Vorlage der Fünf-Bücher-Sammlung mit diesem Kapitular endete.

Mit der Erweiterung der Handschrift P_5 durch die Fragmente von V_{10} vergrößert sich außerdem die Materialbasis für eine Analyse der Kompilationstechnik des Sammlers. Exemplarisch dafür wird im Folgenden ein Beispiel aus dem Fragment V_{10} genauer untersucht.

In V_{10} setzt der Text auf dem Doppelblatt fol. 228 fragmentarisch ein mit den letzten beiden Kapiteln einer 13-Kapitel-Liste. Sie enthalten den auf zwei Kapitel aufgeteilten Text von c. 5 des Capitulare Wormatiense Ludwigs des Frommen von 829 mit den beiden Ansegis-Zitaten zu den Zehnten. Wenn die angenommene Reihenfolge der Texte stimmt, wäre dies eine Unterbrechung der chronologischen Abfolge. Allerdings fällt auf, dass danach eine zweite Liste folgt, die sich ebenfalls mit dem Thema Zehnt befasst. Es könnte sich also hierbei um einen ähnlichen Einschub handeln wie bei den bereits erwähnten Zusatzkapiteln zum Capitulare Papiense, die nicht aufgrund der Chronologie, sondern aufgrund inhaltlicher Übereinstimmungen mit den kopierten Texten vom Sammler eingefügt wurden.

Die folgende Liste ist allerdings etwas merkwürdig und verdient eine genauere Betrachtung. Sie besteht aus nur zwei Kapiteln, wovon sich das zweite identifizieren lässt als c. 8 des Capitulare Mantuanum secundum, generale von 813.[53] Dieses Kapitel, das sehr detailliert regelt, wie die Verweigerung der Zehntzahlung bestraft werden soll, wird sehr oft in italienischen Kapitulariensammlungen überliefert, auch unabhängig vom Rest des Kapitulars von Mantua. Der ihm vorangestellte, als c. 1 gezählte Text ist allerdings in dieser Form sonst nicht bekannt:

Incipit capitula Lotharii regi. Hoc enim rectum nobis rectum (sic) *comparuit cum nostri iudicibus de nonis et decimis, quod domnus Lotharius imperator iussi primo anno, quod in Italia accessit, cum primatos iudices et episcopis et abbatibus et monachos et sacerdotes et pluribus hominibus, qui in suo placito fuerunt, in Alomna instituit.*

Der Text gibt sich als Einleitung zum folgenden Zehntkapitel von Mantua und behauptet, dass es sich dabei um ein Kapitel Kaiser Lothars handele, das dieser im ersten Jahr seiner Ankunft in Italien mit den ranghöchsten Richtern und

---

52 Hlotharii capitulare missorum (wie Anm. 42).
53 Capitulare Mantuanum secundum, generale (wie Anm. 40), S. 197.

Vertretern aller geistlichen Stände sowie weiterer Personen, die auf seiner Versammlung waren, in Alomna (verballhornt aus Olonna, heute Corteolona) erlassen habe.

Mordek vermutete, dass es sich bei der kleinen Liste um die Bestätigung eines Zehntkapitels handelte, das Lothar selbst auf einer Versammlung in Corteolona im Jahr 825 erlassen hatte, und mit dem wiederum das besagte Zehntkapitel von Mantua bestätigt wurde:

De decimis vero dandis statuimus, ut, sicut in capitulari continetur **quod in Mantua factum est**, *ita qui eam dare nolunt, distringantur atque perexsolvant.*[54]

Was für Mordeks Vermutung spricht, ist, dass das Zehntkapitel von Mantua von einigen italienischen Sammlern direkt nach Lothars Bestätigung von 825 im Wortlaut eingefügt wurde[55]; es könnte daher gut als eine Bestimmung Lothars rezipiert worden sein. Mordek meinte allerdings, die Bestätigung sei vielleicht von einem Nachfolger Lothars oder sogar einem Kirchenkonzil verabschiedet worden, was m. E. nicht sehr wahrscheinlich ist. Zum einen passt die gesamte übrige Formulierung des Kapitels nicht recht zu einem Kapitular, ebenso wenig wie zu einem Kirchenkonzil. Die einleitende Floskel *Hoc enim nobis rectum comparuit cum nostri iudicibus* weist deutliche Parallelen zum Stil der Leges Langobardorum auf: zum Beispiel Liutprandi Leges 78[56]: *... propterea nobis rectum cum nostris iudicibus conparuit esse ...*; Liutprandi Leges 136[57]: *... ita nobis et nostris iudicibus rectum paruit esse ...*; Ratchis Leges, Einleitung[58]: *... rectum nobis paruit esse una cum nostris iudicibus ...*

Gegen Mordeks Vermutung, dass es sich um eine Bestätigung eines Nachfolgers Lothars handeln könnte, spricht zum anderen die Rubrik, gemäß der es sich um ein Kapitel Lothars selbst handelt. Und schließlich passt auch die Jahresangabe *primo anno, quod in Italia accessit* nicht zu 825, denn Lothars erster Aufenthalt im Königreich Italien fand 822/823 statt.

Ich möchte eine andere Erklärung für das Zustandekommen dieser kleinen Liste vorschlagen. Eine Passage in der Formulierung des ersten Kapitels begegnet in ganz ähnlicher Form in einer anderen Sammlung, die in zwei Schwesterhandschriften überliefert ist, die zu Beginn des 11. Jahrhunderts in Süd- bzw. Mittelitalien geschrieben wurden: Vatikan, Biblioteca Apostolica Vaticana, Chigi F.IV.75 und Cava de' Tirreni, Biblioteca Statale del Monumento Nazionale Badia di Cava, 4. Dort findet sich eine Liste, die Auszüge aus einem Kapitular

---

54 Nr. 29 c. 9 (wie Anm. 46).
55 In den oberitalienischen Handschriften Ivrea, Biblioteca Capitolare, XXXIV, um 830 (fol. 52–56: 3. Viertel 9. Jahrhundert; I₁) und Wolfenbüttel, Herzog August Bibliothek, Cod. Guelf. 130 Blank., 3. Viertel 9. Jahrhundert (nach 856; W); in W wird das Kapitel auch in der Capitulatio als letztes Kapitel von Nr. 29 (wie Anm. 46, S. 370–381) aufgeführt: *XI Item de decimis dandis et de correctione corruptoribus earum inpendenda* (fol. 71v, Z. 21; Digitalisat: http://diglib.hab.de/mss/130-blank/start.htm?image=00150; abgerufen am 26. Januar 2024).
56 Ed. Friedrich BLUHME (MGH LL 4), Hannover 1868, S. 139.
57 Ebd. S. 167.
58 Ebd. S. 183.

Lothars von 822/823 präsentiert[59]. Diese Liste hat nur in der Chigi-Handschrift eine Rubrik mit dem Wortlaut:

Incipit capitulare quod domnus Lotharius imperator primo anno imperii sui quod Italiam accessit statuit in curtę Tholonna.[60]

Die Formulierung hört sich ganz ähnlich an wie diejenige in der Zwei-Kapitel-Liste in V_{10}. Allerdings sind in der Liste, die in der Chigi-Handschrift mit dieser Rubrik überschrieben ist, weder das Zehntkapitel Lothars von 825 noch dasjenige von Mantua von 813 enthalten. Es gibt aber eine zeitnah entstandene Handschrift, in der dies sehr wohl der Fall ist, und zwar die Handschrift Mailand, Bibliotheca Ambrosiana, O. 55 sup. (1. Hälfte 11. Jahrhundert; Mi_4). Dabei handelt es sich um die älteste Handschrift des Liber Papiensis, einer in Italien seit dem 11. Jahrhundert verbreiteten Rechtssammlung, in der das Langobardenrecht und die Kapitularien in einer gemeinsamen Sammlung zusammengeführt wurden. Was diese Sammlung von den älteren Kapitulariensammlungen unterscheidet, ist unter anderem die Strukturierung des Materials: Die Kapitularien werden darin, dem Vorbild des Langobardenrechts folgend, in Blöcken zusammengefasst, die jeweils einem Gesetzgeber zugeordnet sind. Als Folge dieser Struktur ist nicht mehr ersichtlich, welches Einzelkapitel ursprünglich zu welchem Kapitular gehörte. In der Mailänder Handschrift wird nun der Kapitularienteil, der Lothar zugeordnet ist, mit folgender Rubrik eröffnet:

Cap. que domnus Lotarius imperator anno imperii sui co aces (sic) *in Italia generale placitum curte Olonna.*[61]

Trotz der verballhornten Formulierung lässt sich erkennen, dass in der Vorlage des Sammlers der Mailänder Handschrift wohl eine Rubrik stand, die zumindest den Passus *primo anno imperii sui quod accessit in Italia* sowie die Erwähnung der *curtis Olonna* enthalten haben muss, zumal die Liste mit den Kapitularien Lothars in der Mailänder Handschrift mit demselben Kapitular beginnt, dem in Chigi diese Rubrik vorgeschaltet ist.[62] In der Mailänder Handschrift werden aber noch weitere Kapitel aus anderen Kapitularien mit fortlaufender Zählung angehängt, und darunter findet sich auch das Zehntkapitel des Kapitulars von Mantua, das hier wie auch in anderen Handschriften des Liber Papiensis in den Teil mit der Gesetzgebung Lothars einsortiert wurde.[63] Wenn der Sammler der Collectio Thuana das Kapitel zum Zehnt aus einer Vorlage ähnlich wie die Mailänder Handschrift kannte, musste er es für ein Kapitel Lothars halten. Die Rubrik, die vermeintlich dessen Herkunft aus einer Versammlung Lothars in Corteolona im ersten Jahr der Ankunft Lothars in Italien bezeugt,

---

59 Nr. 20, ed. Stefan Esders (MGH Capit. N.S. 4), Wiesbaden 2024, S. 245–259.
60 V_5, fol. 90r; Digitalisat: https://digi.vatlib.it/view/MSS_Chig.F.IV.75 (abgerufen am 26. Januar 2024).
61 Mi_4, fol. 53r; Digitalisat: https://digitallibrary.unicatt.it/veneranda/0b02da82800bed27 (24. Februar 2025).
62 Nr. 20 (wie Anm. 59).
63 Liber Legis Langobardorum Papiensis dictus (wie Anm. 31), Loth. 43, S. 546.

hätte er dann in Anlehnung an ihm bekannte Formulierungen aus dem langobardischen Recht ein wenig „frisiert", vielleicht, damit es eindrucksvoller klang. Die Beteiligung aller an der Versammlung Teilnehmenden und damit auch deren Zustimmung zum Erlass Lothars wird in der hier überlieferten Fassung jedenfalls stark betont.

Mit den beiden Handschriften, der Mailänder und dem Chigianus, hat unser Fragment auch noch mehr gemeinsam. Alle drei tradieren die apokryphe Kaiserkonstitution, die auf nicht mehr nachvollziehbarem Weg in den Kontext von Kapitularien geraten ist.[64] Inhaltlich geht es darin um Strafen für die Gewaltausübung gegen Kleriker. In V_{10} wurde die Konstitution im Anschluss an das jüngste Kapitular des Fragments, dasjenige Kaiser Lamberts von 898, mit fortlaufender Kapitelzählung angehängt. Danach folgen Auszüge aus dem Kapitular von Herstal Karls des Großen von 779 in der sogenannten Forma langobardica, die den Inhalt des Kapitulars teilweise umformuliert und nur in Italien verbreitet war. Auch in der von den Handschriften Cava und Chigi überlieferten Sammlung folgt das Kapitular von Herstal in der Forma langobardica auf die apokryphe Kaiserkonstitution. Laut Wolfgang Kaiser, der die Kaiserkonstitution neu ediert hat, geht die Textfassung dieser beiden Texte in V_{10} und der Sammlung von Cava und Chigi auf denselben Archetyp zurück.[65] Die Quelle für die Kaiserkonstitution könnte nach Kaisers Vermutung eine byzantinische Rechtssammlung gewesen sein, die weltliches Recht mit kirchlichem Bezug und Kirchenrecht vereinigte; solche Sammlungen waren vor allem in Süditalien verbreitet.[66]

---

64 Capitula incerta Italica (wie Anm. 41).
65 KAISER (wie Anm. 38), S. 263, 267.
66 Ebd., S. 352–355; vgl. auch Ennio CORTESE, Il diritto nella storia medievale, Bd. 1: L'alto medioevo, Rom 1995, S. 311–313. Kaisers Vermutung stützt sich auf die Rubrik *Ex codice monachorum sententia* (in Cava wegen Blattverlusts verloren), die er als Verballhornung von *Ex codice nomocanonum sententia* deutet (vgl. die Rubrik in V_{10}: *Ex codice nemo canonum sententia*). Dies deute nach Kaiser darauf hin, dass die Quelle für die apokryphe Konstitution eine Handschrift mit einem Nomokanon gewesen sein könnte. Laut Giovanni SANTINI, Le condizioni dello „studio del diritto" in Toscana nell'alto medioevo, in: Atti del 5° Congresso internazionale di studi sull'alto medioevo, Spoleto 1973, S. 389–447, hier S. 410 könnten byzantinische Nomokanones aber auch in Oberitalien (Lucca) bereits im 8. Jahrhundert zirkuliert sein. Allerdings finden sich in P_5 auch andere Texte, die auf eine Entstehung der Sammlung in Süditalien hinweisen; so etwa die darin enthaltene Fassung der Leges Langobardorum, die sonst nur noch in zwei beneventanischen Handschriften überliefert ist (eine der beiden ist die Handschrift aus Cava); MORDEK (wie Anm. 2), S. 470 und Walter POHL, Frontiers in Lombard Italy. The laws of Ratchis and Aistulf, in: Walter POHL / Helmut REIMITZ / Ian N. WOOD (Hrsg.), The transformation of frontiers from Late Antiquity to the Carolingians (The Transformation of the Roman World 10), Leiden 2001, S. 117–142, hier S. 126. Vgl. auch Maya MASKARINEC, Legal expertise at a late tenth-century monastery in central Italy, or Disputing property donations and the history of law in Benedict of Monte Soratte's Chronicle, in: Speculum 94 (2019) S. 1033–1069, hier S. 1063: Der Verfasser der in V_5 unikal überlieferten Chronik (Monte Soratte), Benedikt von Sant'Andrea, benutzte eine Rechtssammlung, die unter anderem das (selten überlieferte) erste Gesetz Aistulfs von 750 (Ahistulfi Leges 1–9, ed. Friedrich BLUHME [MGH LL 4], Hannover 1868, S. 195–197) sowie das Capitulare Italicum Karls des Großen (ed. Alfred BORETIUS [MGH Capit. 1], Hannover 1883, Nr. 98, S. 204–206) und das Widonis imperatoris capitulare Papiense legibus addendum (wie Anm. 44) enthielt; die ersten beiden Texte sind in P_5 enthalten,

Bei den acht Kapiteln, die in fortlaufender Zählung an das Kapitular Lamberts angeschlossen wurden, lässt sich kein gemeinsamer thematischer Schwerpunkt ausmachen wie bei den Zusatzkapiteln zur Unfreienehe und zum Zehnten, die in P_5 an das Capitulare Papiense angehängt wurden. Es müssen also andere Gründe dazu geführt haben, die betreffenden Auszüge verschiedener Kapitularien in einer Liste zu vereinen. Die Kombination der beiden Texte in der Collectio Thuana und der Sammlung von Cava und Chigi lässt es wahrscheinlich erscheinen, dass es sich um eine kleine Teilsammlung handelt, die vielleicht separat im Umlauf war und von verschiedenen Sammlern en bloc in ihre Kompilationen aufgenommen wurde. Die engen Verbindungen zwischen der Collectio Thuana und den drei anderen, etwa zeitgleich mit P_5 und V_{10} entstandenen Handschriften, die sich aus der neuen Zuordnung von V_{10} ergeben, geben Anlass, die Überlieferungszusammenhänge noch einmal neu zu überdenken.[67]

Fassen wir noch einmal zusammen, was wir über die Arbeitsmethode des Kompilators der Collectio Thuana wissen: Zum einen hat er seine Sammlung strukturiert, indem er eigentlich nicht zusammengehörige Texte in Listen mit durchgehender Zählung zusammengefasst hat. Welches Prinzip hinter dieser Einteilung steckt, konnte bisher nicht geklärt werden.[68] Es ist allerdings schwer zu entscheiden, ob die Zählung bereits in der ursprünglichen Sammlung angelegt war, oder ob sie erst auf einer späteren Überlieferungsstufe, möglicherweise sogar erst in P_5 und V_{10}, nachträglich hinzugefügt wurde. Die Zählung setzt mit wenigen Ausnahmen jeweils nur an den Stellen neu ein, an denen sich eine Rubrik findet; auch ein Kopist ohne jegliche Kenntnis des Inhalts, der nachträglich eine Zählung ergänzen wollte, hätte diese Stellen als Beginn eines neuen Textabschnitts auswählen können.[69] Solche über mehrere Stücke hinweg durch-

---

letzterer in V_{10}. Nicht zuletzt ist auch die von Mordek nachgewiesene, mit der süditalienischen Fünf-Bücher-Sammlung gemeinsame Vorlage ein Hinweis auf die Benutzung in Süditalien verbreiteter Quellen in der Collectio Thuana.

67 Eine weitere Gemeinsamkeit von P_5 und V_{10} mit Mi_4 ist die Verbindung der Kaiserkonstitution mit Texten, die in Ravenna entstanden sind: Lamberti capitulare Ravennas (898; wie Anm. 49) in V_{10} sowie c. 6 des Konzils von Ravenna 877 in Mi_4 (fol. 78r; ed. Wilfried HARTMANN [MGH Conc. 5], Hannover 2012, S. 69, ohne Erwähnung der Handschrift); vgl. KAISER (wie Anm. 38), S. 262, der dies aber als Zufall ansieht.

68 Siehe oben Anm. 9.

69 Ausnahmen: Auf fol. 70v beginnt eine neu gezählte Liste aus dem Capitulare legibus additum und dem Capitulare missorum von 803 (ed. Alfred BORETIUS [MGH Capit. 1], Hannover 1883, Nr. 39 und Nr. 40, S. 111–116), zu der es keine Rubrik gibt. Allerdings sind die ersten beiden Zeilen der Seite (für eine nachzutragende Rubrik?) freigeblieben und die Initiale des ersten Kapitels ist vergrößert und auffallend verziert, so dass man auch ohne die Rubrik erkennen kann, dass hier ein neuer Textabschnitt beginnt. Darüber hinaus wird an zwei Stellen eine Liste trotz deutlich als Rubrik gestalteter Zwischenüberschriften ohne Unterbrechung der Zählung fortgeführt: Eine Liste in P_5, die verschiedene Kapitularien Ludwigs II. enthält (Capitulare Papiense pro lege tenendum, edd. Alfred BORETIUS / Victor KRAUSE [MGH Capit. 2], Hannover 1897, Nr. 215, S. 90–91; Hludowici II. capitula Papiensia in legem data, ebd. Nr. 214, S. 88–89 und Capitula singillatim tradita Hlotario vel Hludowico II. adscripta c. 3–4, ebd. Nr. 219, S. 97), hat vor Capitula singillatim tradita Hlotario vel Hludowico II. adscripta c. 3 (gezählt als VIIII) eine solche Zwischenüberschrift

gezählten Listen finden sich ansonsten nur selten in Kapitularienhandschriften; aber gleich zwei Parallelfälle sind ausgerechnet die schon erwähnten Handschriften Mi_4 und V_5, die beide ebenfalls vom Beginn des 11. Jahrhunderts stammen. Die Schwesterhandschrift von V_5 aus Cava hat dagegen keine Kapitelzählung. Es ist also überlegenswert, ob die Praxis der übergreifenden Zählung der Kapitularien nicht eine Mode ist, die erst im (späten?) 10. Jahrhundert aufkam, und die der Collectio Thuana vielleicht sogar erst nachträglich übergestülpt wurde.

Charakteristisch für die Kompilationstechnik des Sammlers ist außerdem die Inserierung von Zusatzmaterial in Form kleiner thematischer Dossiers, die oft nicht den originalen Wortlaut der referierten Rechtssätze wiedergeben, sondern freier formuliert sind.[70] Man könnte darin eine frühe Form der Rechtskommentierung oder eine Materialsammlung eines Rechtspraktikers sehen. Wie Charles Radding in seinen Forschungen zum an der Wende vom 10. zum 11. Jahrhundert entstandenen Liber Papiensis gezeigt hat, arbeiteten auch die Juristen in Pavia auf ähnliche Weise, indem sie Material aus unterschiedlichen Handschriften auswählten und neu in zusammenhängenden Listen arrangierten.[71] Auch im Liber Papiensis wurden die Texte teilweise umformuliert oder erweitert, zum Beispiel um sie der geltenden Rechtspraxis anzupassen. Texteingriffe dieser Art müssen also nicht unbedingt auf Verfälschungen hindeuten, sondern können auch aus einer anderen Art des Umgangs mit Rechtstexten heraus erklärt werden, die für Notare und Juristen eben keine statischen, sondern lebendige Texte waren.

Davon zu trennen ist allerdings die Verunstaltung des Textes, die nicht dem Kompilator der Sammlung, sondern erst dem Schreiber von P_5 und V_{10} anzulasten ist.[72] Kehren wir zum Schluss noch einmal zur einleitend gestellten

---

(fol. 98v). In der Liste in V_{10}, die die Capitula incerta Italica (wie Anm. 41) enthält, steht vor dem als X(I) gezählten c. 2 ebenfalls eine Zwischenüberschrift (fol. 230v).

70 Ein eindrückliches Beispiel für diesen freien Umgang mit dem Wortlaut der Vorlagen (bzw. für die Textentstellungen des Schreibers von P_5) ist ein Kapitel über die Reichweite der Immunität, das von Benedictus Levita in seine Sammlung aufgenommen wurde (Ben. Lev. 1,279) und wahrscheinlich aus der Zeit Ludwigs des Frommen stammt (Nr. 48, ed. Steffen PATZOLD [MGH Capit. N.S. 4], Wiesbaden 2024, S. 615–621). Der Text findet sich in verstümmelter und nahezu unverständlicher Kurzform in P_5 auf fol. 62v zwischen den Gesetzen des langobardischen Königs Aistulf und dem Herstaler Kapitular Karls des Großen. Bluhme vermutete, es handele sich wohl eher um die Ergänzung eines Rechtskundigen als um ein Gesetz und druckte den Text unter der etwas irreführenden Bezeichnung Eiusdem Ahistulfi regis capitula spuria c. 24, ed. Friedrich BLUHME (MGH LL 4), Hannover 1868, S. 205; vgl. MORDEK (wie Anm. 2), S. 471.

71 Charles RADDING, Le origini della giurisprudenza medievale. Una storia culturale (La storia. Temi 32), Rom 2013, S. 101–103 sowie The Recensio Walcausina of the Liber Papiensis, ed. IDEM in collaboration with Antonio CIARALLI (MGH LL nat. Germ. 7), Wiesbaden 2024.

72 MORDEK (wie Anm. 4), S. 172–173 und ZIMPEL (Anm. 38), S. 132 und 134. MORDEK, ebd. S. 178–179, nimmt an, dass die Korruption des Textes bereits in einer heute verlorenen Zwischenstufe, in einem „Werksexemplar" eingetreten sein muss, das der Kopist von P_5 und V_{10} wortgetreu und sauber abgeschrieben habe, da sich sonst der Kontrast zwischen der ästhetisch anspruchsvollen graphischen Gestaltung der Handschrift und dem verdorbenen Inhalt nicht erklären ließe. Dass einem sorgfältig arbeitenden Kopisten aber nicht aufgefallen sein sollte, was für einen Unsinn er

Frage zurück, ob wir es bei ihm mit einem „Banausen" oder aber mit einem „Querkopf" zu tun haben: Lassen sich die zahlreichen, teils sinnentstellenden Fehler mit bloßer Unfähigkeit und Überforderung des Schreibers erklären, oder müssen wir dahinter (möglicherweise subversive) Absicht vermuten? Hierbei ist zunächst zu fragen, ob unser Schreiber eine Ausnahme darstellt oder ob es auch andere Beispiele für einen derartigen Umgang mit Texten beim Kopieren gibt. Zum Vergleich heranziehen lässt sich die bereits mehrfach erwähnte Mailänder Handschrift Mi_4, die ebenfalls eine sehr schlechte Textqualität hat.[73] Die Mailänder Handschrift wurde nun aber sicher nicht von einem „Banausen" geschrieben, sondern von einem Notar namens Secundus, bei dem es sich um einen in den Quellen recht gut greifbaren, erfahrenen Paveser Juristen handelte.[74] Secundus war wahrlich kein Philologe, sondern ein Mann der Praxis, der vermutlich so schrieb, wie er sprach. Einiges, was Secundus an auf den ersten Blick verballhornenden Schreibungen produziert, lässt sich also vermutlich als Anpassung der Orthographie an die mündliche Sprache erklären. Das könnte auch eine mögliche Erklärung zumindest für Teile der „Poesie" des Schreibers von P_5 und V_{10} sein. Um auf eines unserer Beispiele zurückzukommen: *res* mit x statt s zu schreiben war nichts Ungewöhnliches in Italien; ausgesprochen wurde das Wort wohl trotzdem als *res*, und auch das als *agnum* geschriebene *annum* war ausgesprochen wohl nur ein immer noch gut verständliches „anjum".[75]

Ein weiteres Beispiel für kreative Abschreibprozesse ist die italienische Überlieferung der Admonitio generalis, die ausnahmslos auf einen Archetyp zurückgeht, der bereits viele Korruptelen enthielt. Diese versuchten die Kopisten „mit teilweise findigen Vorschlägen" zu heilen, die „wenig mit dem ursprünglichen Wortlaut zu tun hatten".[76] Dass verderbte Textvorlagen verbessert oder Textlücken mit eigenen, freien Formulierungen aufgefüllt wurden, ist also erst einmal nicht ungewöhnlich. Auffallend ist allerdings, dass dem Schreiber von P_5 und V_{10} bei seinem (vermeintlichen?) Ringen um einen verständlichen Text oft inhaltlich sehr unpassende Wörter aus der Feder flossen. Ein eindrückliches Beispiel ist die Umbenennung des Papstes Gelasius in einen Papst „Scelus", also einen „Schurken".[77] An anderer Stelle lässt der Schreiber die karitative Aufnahme von Armen, Kranken und Gästen statt „an den unterschiedlichen Orten" „in verschiedenen Höhlen" stattfinden, und aus der „Ver-

---

abschrieb, ist ebenfalls schwer vorstellbar. Eine befriedigende Erklärung für dieses Missverhältnis steht weiterhin aus.

73 Siehe oben die Rubrik auf S. 33; für weitere Beispiele siehe die Teil-Transkription Mailand, Biblioteca Ambrosiana, O. 55 sup., in: Capitularia. Edition der fränkischen Herrschererlasse, bearb. von Karl UBL und Mitarb., Köln 2014ff. URL: https://capitularia.uni-koeln.de/mss/mailand-ba-o-55/ (abgerufen am 26. Januar 2024).
74 Collectio Walcausina, ed. RADDING (wie Anm. 71).
75 Peter STOTZ, Handbuch zur lateinischen Sprache des Mittelalters, Bd. 3: Lautlehre (Handbuch der Altertumswissenschaft 2,5,3), München 1996, S. 300–301, 315.
76 ZECHIEL-ECKES, in: Admonitio generalis (wie Anm. 17), S. 104–109, Zitat S. 106; vgl. auch ZIMPEL (wie Anm. 38), S. 128–131.
77 Admonitio generalis (wie Anm. 17), c. 59, S. 208; P_5: fol. 76v. Vgl. ZIMPEL (wie Anm. 38), S. 129.

geltung des großen Tages" wird das „Gemurre des großen Gottes".[78] Im letzteren Fall wäre eine Verlesung von *remuneratio* zu *murmuratio* schon paläographisch schwer zu erklären, und angesichts der im zeitgenössischen kirchlichen Diskurs eindeutig abwertenden Konnotation des letzteren Begriffs („Gemurre" als Zeichen von Aufsässigkeit, zum Beispiel gegenüber dem Abt eines Klosters[79]) wird ein bloßer Abschreibfehler noch unwahrscheinlicher. Auch an weiteren Stellen scheinen die abweichenden Varianten kaum zufällig gewählt worden zu sein: Es werden auffallend oft Verben des Befehlens und Anordnens, also zentrale Formulierungen der Kapitularien, so manipuliert, dass mit minimalen Veränderungen das Gegenteil des Intendierten ausgesagt wird; wie in unseren Beispielen *damnare* statt *mandare* und *nolle* statt *velle*[80]. Das alles unterscheidet unseren Schreiber deutlich von Secundus, dem Schreiber der Mailänder Liber Papiensis-Handschrift, der zwar einen teils unverständlichen Text produzierte, diesem aber keinen subtilen gegensätzlichen Sinn hinzufügte. Es spricht also einiges dafür, dass der Schreiber den Text absichtlich entstellte; ob dies aus „Frechheit" oder dem Willen zur „Destruktion" entstand oder ob harmlosere Gründe wie die Freude am Schabernack dahinterstanden, muss offenbleiben.[81]

Abstract

The so-called Collectio Thuana (Paris Lat. 4613) is an Italian legal manuscript from the tenth century, which combines Lombard laws and Frankish capitularies, including some uniquely transmitted texts. Unfortunately, the Paris manuscript has lost many folios and is written in a rather messed-up Latin. Hubert Mordek considered it to descend from a collection compiled in the second half of the ninth century. As is typical for Italian collections of capitularies, the texts are arranged chronologically. They are divided into several chapter lists, which combine capitularies by the same ruler or at least from roughly the same period with consecutive numbering. In between, however, these lists

---

78 Admonitio generalis (wie Anm. 17), c. 73, S. 226–227: ... *ut hospites, peregrini et pauperes susceptiones regulares et canonicas per loca diversa habeant, quia ipse dominus dicturus erit in remuneratione magni diei* ...; in P₅, fol. 79v–80r: ... *ut hospitem et peregrinum et pauperem susceptionem regularem et canonica spelunca diversa habeant quia ipse dominus dicturus erit murmurationem magni dei.*
79 Vgl. Courtney BOOKER, Murmurs and Shouts: Speaking the Conscience in Carolingian Narratives, in: Philippe DEPREUX / Stefan ESDERS (Hrsg.), La productivité d'une crise. Le règne de Louis le Pieux (814–840) et la transformation de l'Empire carolingien / Produktivität einer Krise. Die Regierungszeit Ludwigs des Frommen (814–840) und die Transformation des karolingischen Imperiums (Relectio. Karolingische Perspektiven 1), Ostfildern 2018, S. 343–358, hier S. 353–354.
80 Diese Vertauschung findet sich auch in einem der anderen Zusatzkapitel zu Nr. 51 (wie Anm. 24) – in einem ansonsten fast unverändert aus einem früheren Kapitular übernommenen Zitat: Zusatzkapitel XV = Nr. 23 c. 1 (wie Anm. 30), bis auf *eademque coniux cum ipso manere* **noluerit** statt *eademque coniux manere cum ipso* **voluerit**.
81 Die Zitate aus ZIMPEL (wie Anm. 38), S. 129. Vgl. MORDEK (wie Anm. 4), S. 172–173.

contain chapters that are not excerpts of capitularies, but rather from other legal texts or some kind of legal commentary.

This article suggests furthermore that two further leaves preserved in the Biblioteca Vaticana (Reg. Lat. 263, fols. 227–230) were once part of the Paris manuscript. This is supported not only by the similarity of the script and the decorative initials but also by the messed-up wording and the specific arrangement of the text. If this assumption is accepted, the dating of the Collectio Thuana would shift slightly forward to the end of the ninth century, as the most recent capitulary would then no longer date from 856, but from 898. A comparison with other Italian collections of capitularies, which share some of the rare surviving texts included in our collection, suggests a certain proximity of the manuscript to the predecessors of the Liber Papiensis from the eleventh century.

Munich, Bayerische Staatsbibliothek, Clm 3853 and the Collectio Augustana: *Nachleben* of Carolingian Legal Texts in the 10th Century*

Sören Kaschke

Legal manuscripts of the early middle ages often include amongst their content royal decrees by Carolingian kings and emperors. These decrees, better known as capitularies, form an elusive genre.[1] Part of this elusiveness is due to their complicated transmission, and in particular an often underrated aspect thereof: capitulary collections. In contrast to e. g. royal charters, not a single capitulary has survived as an original. Instead, virtually the entire transmission (bar the occasional medieval reception) consists of copies within manuscripts, mostly produced between the 9th and 11th century. Such manuscripts usually feature other material besides capitularies, either interspersed with or merely juxtaposed with them. In this way, a single manuscript may contain several distinct clusters of text. Each cluster, as long as it contains at least some capitulary material, can be understood as a capitulary collection, with the entire manuscript in itself often referred to, somewhat unhelpfully, as a capitulary collection as well. With all modern editors of capitularies since the time of Étienne Baluze receiving the bulk of their material through the gateway of interlocking layers of capitulary collections, it is vital to analyse the latters' structures thoroughly. This requires looking beyond a single capitulary, or a single group of capitularies, and instead to include prospectively the entire manuscript in the process.

One particularly intriguing manuscript in this regard is Munich, Bayerische Staatsbibliothek, Clm 3853 which, together with two other manuscripts today in Heiligenkreuz and Paris,[2] contains a vast array of secular and ecclesiastical legal texts. The entirety of this material is also known under the moniker

---

*   I would like to express my profound gratitude to Dominik Trump and Dominik Leyendecker, my former colleagues and organisers of the "Rechtshandschriften des 8. und 9. Jahrhunderts" conference in Cologne for inviting me to contribute to this volume, for generously sharing their expertise, and for countless inspiring discussions at the Capitularia project. Britta Mischke kindly read the final version and provided valuable feedback. A precursor of this text was presented at the IMC in Leeds in 2023, and I owe further thanks to the audience's questions and suggestions.
1   For recent overviews cf. Gerhard Schmitz, Kapitularien, in: Handwörterbuch zur deutschen Rechtsgeschichte 2 (²2012), cols. 1604–1612; Sören Kaschke / Britta Mischke, Capitularies in the Carolingian Period, in: History Compass 17 (2019), pp. 1–11.
2   Heiligenkreuz, Stiftsbibliothek, 217; Paris, Bibliothèque nationale de France, Lat. 3878. Cf. Hubert Mordek, Bibliotheca capitularium regum Francorum manuscripta. Überlieferung und Traditions-

Collectio Augustana.³ As it has been established after protracted debates that the latter two manuscripts ultimately go back to the Munich manuscript,⁴ they can be left aside for the present study.

The manuscript⁵ dates from the third quarter of the 10ᵗʰ century and was written in Southern Germany, possibly in Augsburg,⁶ where it was situated in the middle of the 11ᵗʰ century at the latest. Its youngest texts that are not additions by later hands are selected canons from the councils of Tribur 895, Hohenaltheim 916 and Koblenz 922, indicating an East Frankish origin of the final redaction. With 318 folios it is one of the largest capitulary manuscripts there is, though in a rather modest format of 235 x 190 mm. The manuscript can be divided into two almost equal halves, with the first (fol. 1–158) concentrating on penitentials and canon law, and the second (fol. 159–318) on secular law, predominantly capitularies:

Part 1: Penitentials and canon law
fol. 1r–15r: Halitgar of Cambrai, Paenitentiale (without books 1, 2 and 6).⁷

---

zusammenhang der fränkischen Herrschererlasse (MGH Hilfsmittel 15), Munich 1995, pp. 158–172 and 444–451.

3   Cf. Hubert Mordek, Fränkische Kapitularien und Kapitulariensammlungen. Eine Einführung, in: Michael Glatthaar / Oliver Münsch (eds.), Hubert Mordek. Studien zur fränkischen Herrschergesetzgebung. Aufsätze über Kapitularien und Kapitulariensammlungen ausgewählt zum 60. Geburtstag, Frankfurt/Main 2000, pp. 1–53, at p. 46. Unfortunately, the same designation is also used for a 12ᵗʰ-century canonical collection that made use of Munich Clm 3853, cf. Klaus Zechiel-Eckes, Neue Aspekte zur Geschichte Bischof Hermanns von Augsburg (1096–1133). Die Collectio Augustana, eine Rechtssammlung aus der Spätzeit des Investiturstreits, in: Zeitschrift für Bayerische Landesgeschichte 57 (1994), pp. 21–43.

4   Cf. Silke Hansen, Die Rechtscorpora in den Handschriften Clm 3853, Heiligenkreuz 217 und Par. Lat. 3878 (Master's Thesis, Tübingen 1992), esp. pp. 8–12 and 71–93; Mordek (as n. 2), pp. 289–290; Collectio capitularium Ansegisi. Die Kapitulariensammlung des Ansegis, ed. Gerhard Schmitz (MGH Capit. N.S. 1), Hanover 1996, pp. 212–215.

5   Cf. Mordek (as n. 2), pp. 287–305; Juliane Trede (ed.) with collaboration of Anja Freckmann, Katalog der lateinischen Handschriften der Bayerischen Staatsbibliothek München. Die Handschriften aus Augsburger Bibliotheken, vol. 3: Domstift und Franziskanerobservantenkloster Heilig Grab Clm 3831–3919, Streubestände gleicher Provenienz und Clm 3941 (Catalogus codicum manu scriptorum Bibliothecae Monacensis 3, Series nova 3,3), Wiesbaden 2018, pp. 58–67. A black-and-white scan of the manuscript is available at https://mdz-nbn-resolving.de/details:bsb00060190 (accessed 11ᵗʰ July 2024).

6   Thus Hartmut Hoffmann, Schreibschulen des 10. und des 11. Jahrhunderts im Südwesten des Deutschen Reichs, mit einem Beitrag von Elmar Hochholzer, 2 vols. (MGH Schriften 53), Hanover 2004, vol. 1, p. 33.

7   Cf. Raymund Kottje, Die Bußbücher Halitgars von Cambrai und des Hrabanus Maurus. Ihre Überlieferung und ihre Quellen (Beiträge zur Geschichte und Quellenkunde des Mittelalters 8), Berlin 1980, esp. pp. 3–9 and 111–131; Mordek (as n. 2), p. 291; Rob Meens, Penance in Medieval Europe, 600–1200, Cambridge 2014, pp. 130–132; Trede (as n. 5), p. 59.

fol. 15r–41r: Paenitentiale mixtum Pseudo-Bedae-Egberti (with the reworked preface to Halitgar's book 6, and five appended canons from the councils of Tribur 895 and Hohenaltheim 916).[8]

fol. 44r–69v: Hrabanus Maurus, Paenitentiale ad Heribaldum.[9]

fol. 69v–81v: Mainz Penitential (a list of eleven chapters mainly focused on incest, extracted from two letters of Hrabanus Maurus, Gregory the Great's Libellus responsionum, and the council acts of Mainz 852).[10]

fol. 81v–128v: Worms Compilation (a list of 181 chapters combining 43 canons of the council of Worms 868 with additional material, including extracts from the Capitula Monacensia and other episcopal capitularies by Theodulf of Orléans, Herard of Tours and Hincmar of Reims, as well as further canons and decretals).[11]

fol. 129r–157r: 77-chapter-list (with canons mostly excerpted from the Epitome Hispana and the Collectio Dacheriana, but also further extracts from Gregory the Great's Libellus responsionum, from penitentials, and from council acts, up to the councils of Tribur 895 and Koblenz 922).[12]

fol. 157r–v: De pace ecclesiarum (a set of three canons from the 813 councils of Mainz, Arles and Tours).[13]

Part 2: Secular law
fol. 159r–181v: Prologue to the Lex Baiuvariorum (class H version), followed by the text of the Lex Alamannorum (class B version).[14]

---

8   Cf. Reinhold HAGGENMÜLLER, Die Überlieferung der Beda und Egbert zugeschriebenen Bußbücher (Europäische Hochschulschriften 3,461), Frankfurt/Main 1991, esp. pp. 246–273; MORDEK (as n. 2), p. 291; TREDE (as n. 5), p. 59. The supposed Hohenaltheim-canons may actually go back to a common source, cf. Hohenaltheim, ed. Horst FUHRMANN (MGH Conc. 6,1), Hanover 1987, pp. 1–40, at p. 3. The remaining pages (41r–43r) of the final quire in this section contain unrelated additions by a later hand.
9   Cf. KOTTJE (as n. 7), pp. 3–9 and 111–131; MORDEK (as n. 2), p. 291; MEENS (as n. 7), pp. 133–134; TREDE (as n. 5), p. 60.
10 Cf. HANSEN (as n. 4), pp. 35–37; MORDEK (as n. 2), pp. 291–292; Karl UBL, Inzestverbot und Gesetzgebung. Die Konstruktion eines Verbrechens (300–1100) (Millennium-Studien 20), Berlin 2008, p. 307 n. 83 and pp. 409–410 n. 123; TREDE (as n. 5), p. 60.
11 Cf. Victor KRAUSE, Die Münchener Handschriften 3851, 3853 mit einer Compilation von 181 Wormser Schlüssen, in: Neues Archiv 19 (1894), pp. 85–139, at pp. 98–109; Paul FOURNIER / Gabriel LE BRAS, Histoire des collections canoniques en Occident depuis les Fausses Décrétales jusqu'au Décret de Gratien, vol. 1: De la réforme carolingienne à la réforme grégorienne, Paris 1931, pp. 280–283; HANSEN (as n. 4), pp. 37–41; MORDEK (as n. 2), p. 292; Lotte KÉRY, Canonical Collections of the Early Middle Ages (ca. 400–1140). A Bibliographical Guide to the Manuscripts and Literature (History of Medieval Canon Law), Washington, D.C. 1999, pp. 182–183; TREDE (as n. 5), pp. 60–61 (with additional detail on pp. 48–51).
12 Cf. FOURNIER / LE BRAS (as n. 11), pp. 277–280; HANSEN (as n. 4), pp. 41–58; KÉRY (as n. 11), p. 183; Wilfried HARTMANN, Kirche und Kirchenrecht um 900. Die Bedeutung der spätkarolingischen Zeit für Tradition und Innovation im kirchlichen Recht (MGH Schriften 58), Hanover 2008, pp. 170 and 290; TREDE (as n. 5), p. 61.
13 Cf. HANSEN (as n. 4), p. 59; MORDEK (as n. 2), p. 293; SCHMITZ (as n. 4), p. 80. The remaining pages (157v–158v) of the final quire in this section contain several unrelated additions by later hands.
14 Cf. MORDEK (as n. 2), p. 294; TREDE (as n. 5), p. 62.

fol. 181v–182v: Two capitularies from Charlemagne 803 and Louis the Pious 816/819 (with the former introduced as "chapters to be added to the law of the Bavarians").[15]

fol. 183r–247v: Ansegisus, Collectio capitularium from 827 (without its three regular appendices, but with a series of extracts from mostly Italian capitularies, appended in bulk at the end of the Collectio, with notes specifying the book into which they ought to be inserted, and concluding with a separate copy of Ansegisus 3,57).[16]

fol. 248r–254r: List I, in 33 chapters with a preceding capitulatio (combining material from several capitularies issued by Louis the Pious in 829).[17]

fol. 254r–256r: List II, in 19 chapters with a preceding capitulatio (Pippin III's near-complete Decretum Vermeriense from 756).[18]

fol. 256r–262v: List III, in 46 chapters with a preceding capitulatio (extracts from capitularies by Pippin III, Charlemagne and Louis the Pious issued between 751–829, from Ghaerbald of Liège's so-called first episcopal capitulary – which may in fact be an anonymous episcopal report for the emperor[19] –, and finally three chapters from the Appendices 1 and 2 of Ansegisus).[20]

fol. 264r–266r (capitulatio), 268r–292r (text): List IV, in 100 chapters (extracts from capitularies by Charles the Bald and his grandson Carloman issued between 857–884, including three chapters also known from the capitulary collection by Benedictus Levita, and interspersed with material from West Frankish church councils of 845/846 and 853; thereafter, in a chronological leap back, extracts from capitularies issued by Pippin of Italy and Charlemagne between 787–803).[21]

fol. 266r–268r (capitulatio), 292r–314v (text): List V, in 72 chapters (extracts from capitularies by Pippin of Italy and Lothar I issued between 787–825, rounded

---

15   No. 68, ed. Alfred Boretius (MGH Capit. 1), Hanover 1883, pp. 157–158; no. 3, ed. Karl Ubl (MGH Capit. N.S. 4), Wiesbaden 2024, pp. 15–27 (only c. 1–2). Cf. Mordek (as n. 2), p. 294; Trede (as n. 5), pp. 62–63.

16   Cf. Mordek (as n. 2), pp. 294–296; Schmitz (as n. 4), pp. 102–104 and 112–115; Trede (as n. 5), p. 63.

17   Nos. 42, 43, 44, 45c (without c. 3) and 48, ed. Steffen Patzold (MGH Capit. N.S. 4), Wiesbaden 2024, pp. 516–579, 594–599 and 615–621; on the list see ibid., pp. 462–463. Furthermore cf. Mordek (as n. 2), pp. 296–297; Trede (as n. 5), p. 63; Sören Kaschke, Sammlung des Monats Mai 2020: Ein Scheinkapitular in 33 Kapiteln aus dem Umfeld Lothars I.?, in: Capitularia. Edition der fränkischen Herrschererlasse, ed. by Karl Ubl et al., Cologne 2014ff. URL: https://capitularia.uni-koeln.de/blog/sammlung-des-monats-mai-2020-ein-scheinkapitular-in-33-kapiteln-aus-dem-umfeld-lothars-i/ (with some positions that I hold no longer; accessed 11th July 2024).

18   No. 16, ed. Alfred Boretius (as n. 15), pp. 39–41 (without c. 14–16). Cf. Mordek (as n. 2), p. 297; Trede (as n. 5), p. 64.

19   Thus Rudolf Pokorny, in: MGH Capit. episc. 4, Hanover 2005, pp. 93–96.

20   Cf. Mordek (as n. 2), pp. 297–299; Schmitz (as n. 4), p. 103; Trede (as n. 5), pp. 64–65. The remaining pages (263r–v) of the quire contain several unrelated additions by later hands.

21   Cf. Mordek (as n. 2), pp. 300–302; Trede (as n. 5), pp. 65–66. Due to various counting errors in both the capitulatio and the text, only 92 chapter numbers (I–XCII) were allocated in both cases.

off from fol. 295v onwards by the sizeable first part of a summary of the Paris council acts of 829).[22]

Almost without exception the capitularies of the second part of the manuscript are organised into smaller collections with preceding capitulationes, or tables of content, which provide short rubrics for each chapter. One of these collections is the work of Ansegisus, which takes up roughly the same space as the following five lists combined. Usually, these lists combine selected chapters taken from several capitularies (the sole exception being List II), though occasionally entire capitularies are included within a list. The youngest texts in this part are two West Frankish capitularies from 864 and 884 respectively.[23] In total, the five lists contain about 260 chapters (for comparison: the four books of Ansegisus contain over 370 chapters). The exact numbers are hard to determine, as the numbering of the lists is partly faulty, and, to exacerbate matters further, an original chapter was sometimes split into two separately numbered units, and vice versa several original chapters might be combined to form a single unit in the lists. Of these 260 chapters, around 90 are not taken from 'proper' royal capitularies but from proceedings of church councils and similar texts.[24] The impression of a neat ecclesiastical – secular divide between the two halves of the manuscript is thus slightly tempered but remains correct in essence.

In comparison to the first, 'ecclesiastical' part of the manuscript, the chapters of the second part cover a significantly smaller range of time in regard to their respective date of composition. Ignoring the Lex Alamannorum, all texts were produced between 751–884, with no Merovingian, Lombard or Roman law being included. Geographically, both parts feature texts from across the former Frankish empire, including some Carolingian capitularies for Italy. However, for the time after 843, capitulary legislation from beyond the borders of the West Frankish kingdom is no longer represented. The latter observation is unsurprising, given the general dearth of such material in the East Frankish kingdom. More telling for the creation of the Collectio Augustana is the fact that for the time after 884, only material that originated at East Frankish church councils (Tribur 895, Hohenaltheim 916, Koblenz 922) has been employed. In combination with the presence of the Lex Alamannorum (prefaced by the prologue to the Lex Baiuvariorum) as the only law code(s) considered by the anonymous compiler, this chimes in with the palaeographic localisation of the collection's three surviving manuscripts to Southern Germany.[25]

---

22 Cf. MORDEK (as n. 2), pp. 302–303; TREDE (as n. 5), pp. 66–67. The remaining pages (315r–318v) of the final quire in this section contain several unrelated additions, partly by later hands. Due to counting errors in both the capitulatio and the text, only 70 chapter numbers (I–LXX) were allocated in both cases.
23 Nos. 273 and 287, edd. Alfred BORETIUS / Victor KRAUSE (MGH Capit. 2), Hanover 1897, pp. 310–328 and 371–375.
24 Mainly from the acts of the council of Meaux/Paris 845/846 (making up c. 8–48 of List IV) and the summary of the council of Paris 829 (c. 30–70 of List V).
25 Cf. MORDEK (as n. 2), pp. 158 (Heiligenkreuz), 287 (Munich) and 444 (Paris).

What can be said about the sources available to the compiler of the Collectio Augustana? For the first, canonistic part, the situation is quite straightforward: Most of its material has been copied, with some rearrangements and minor omissions, from a manuscript that was very similar to the codex Munich, Bayerische Staatsbibliothek, Clm 3851 whose most recent content pertains to the 868 council of Worms.[26] The only sizeable addition to this model in the Collectio Augustana is a list of 77 canons near the end, compiled mainly from older canonical collections (Dacheriana, Epitome Hispana). There is no discernible thematic, chronological or regional order, but the list's four most recent canons (from the councils of Tribur 895 and Koblenz 922) point to a Southern German origin, probably sometime between 922 and 1000.[27]

Things get more complex in the second part where at least five different models can be discerned. Fortunately, for all but one of these models manuscripts have survived that are very close to what the models must have looked like, even if no direct use of any of those manuscripts can be proven.

The first section in Munich Clm 3853 based on such a model runs from fol. 159r to fol. 182v. As detailed previously, it includes the Lex Alamannorum prefaced by the prologue of the Lex Baiuvariorum, and is followed by two capitularies from 803 and 816/819 respectively. The exact same sequence of texts, belonging to the same text classes, can be found in a Southern German codex from the 11th-century, Munich, Bayerische Staatsbibliothek, Clm 4460, on fol. 1r–24v.[28] That the last chapter of the final capitulary is missing in Munich Clm 3853 might indicate that the model used for the Collectio Augustana was mutilated. But this is by no means certain, as most capitularies used in the Collectio Augustana are only represented by a small to moderate selection of its chapters.

After these texts, Munich Clm 4460 also features a somewhat defective copy of Ansegisus, in a version belonging to the A class of that capitulary col-

---

26 On the manuscript see Krause (as n. 12); Patrick J. Geary, Der Münchener Cod. Lat. 3851 und Ellwangen im 10. Jahrhundert, in: Deutsches Archiv 33 (1977), pp. 167–170; Kottje (as n. 7), pp. 36–38; Haggenmüller (as n. 8), pp. 74–76; Capitula Monacensia, ed. Rudolf Pokorny (MGH Capit. episc. 3), Hanover 1995, pp. 155–165, at p. 160; Bernhard Bischoff, Katalog der festländischen Handschriften des neunten Jahrhunderts (mit Ausnahme der wisigothischen), vol. 2: Laon – Paderborn (Veröffentlichungen der Kommission für die Herausgabe der mittelalterlichen Bibliothekskataloge Deutschlands und der Schweiz), Wiesbaden 2004, no. 2958, p. 226; Trede (as n. 5), pp. 46–52. The long-held assumption that the manuscript had served as the direct model for Munich Clm 3853 has now been convincingly refuted, especially by Wilfried Hartmann (Das Konzil von Worms 868. Überlieferung und Bedeutung [Abhandlungen der Akademie der Wissenschaften in Göttingen. Philologisch-Historische Klasse 105], Göttingen 1977, pp. 18–19 and 107), Raymund Kottje (as above, pp. 115–118) and Reinhold Haggenmüller (as above, pp. 250–252 and 264–266).

27 Cf. Hartmann (as n. 12), p. 290. If the paleographic dating of Munich Clm 3853 to the third quarter of the 10th century listed by Trede (as n. 5), p. 58 can be trusted, the dating might be narrowed down further to 922–975.

28 Cf. Mordek (as n. 2), pp. 308–312; for the capitulary from 816/819 see Karl Ubl, in: MGH Capit. N.S. 4 (as n. 15), pp. 19–20.

lection.²⁹ At first glance, this too could be assumed to have been used in the Collectio Augustana, as the following text there is also an A-class copy of Ansegisus (in Munich Clm 3853: on fol. 183r–247v), albeit without its three appendices. However, this was apparently not the case. Instead, the Ansegisus version encountered here probably derives from a combination of two different versions of that text available to the compiler, both belonging to the A class. Variants strongly suggest that one of those was first copied wholesale (though without the three appendices – assuming they were present in the model), and only then compared with the second Ansegisus model. Surplus material detected during that comparison was appended at the end of the copy of the first model, though strangely, even though the second model almost certainly included all three appendices, these were again ignored. Notes indicated at which position in the four books of the Ansegisus collection the surplus material was supposed to fit in. However, the text itself was not modified, i.e. the compiler did not produce a new, mixed text of Ansegisus.³⁰

For the second model, a closely related manuscript has survived in Berlin, Staatsbibliothek – Preußischer Kulturbesitz, Lat. qu. 931.³¹ The manuscript's only content is a copy of Ansegisus with all three appendices and several additions. These additions include: (1) various chapters that were mostly taken from Italian capitularies by Lothar I and which are, here, fully integrated into Ansegisus' four original books; (2) a redundant second copy of Ans. 2,1–13 at the end of Ansegisus' regular text, followed by (3) a selection of three canons from the 813 synods at Mainz, Arles and Tours entitled *De Pace Ecclesiarum*, followed by (4) a separate copy of Ans. 3,57, entitled *In Capitularibus Karoli*.

Crucially, most of these additions to Ansegisus are also encountered in Munich Clm 3853. The three canons, including their heading, have been moved right to the end of the canonical section of that manuscript. The additional chapters, firmly integrated into the four books in Berlin Lat. qu. 931, have been added at the end of the already existing copy of Ansegisus, with the aforementioned notes to which book and with which numbering they belong. With the exception of the last two chapters, these numbers match exactly the ones in the Berlin manuscript.³² Finally, after these additional chapters, the Ansegisus-text

---

29 Cf. SCHMITZ (as n. 4), pp. 104–106 and 195–197.
30 Cf. SCHMITZ (as n. 4), pp. 212–215.
31 For a detailed description of the manuscript see MORDEK (as n. 2), pp. 43–47 and SCHMITZ (as n. 4), pp. 79–81.
32 In the Berlin manuscript, these last two chapters are integrated into book 4 of Ansegisus on fol. 78v–79r and 79v–80r respectively, and located after Ans. 4,71 and 4,74. The chapter count was adjusted accordingly, with Ans. 4,71 appearing as LXXI, followed by the first additional chapter as LXXII, followed later by Ans. 4,74 as LXXV and by the second additional chapter as LXXVI. In Munich Clm 3853, fol. 247r, the two added chapters are numbered as LXXIII and LXXVI due to a scribal misunderstanding: for in Munich's text, at fol. 245r, the chapter numbering was retrospectively changed in an attempt to reflect the two additions. In that process, the reviser also added a rubric and a chapter number for the first addition in the right margin at the end of Ans. 4,71. However, as the rubric to Ans. 4,72 had already been written in the same line in which the text of Ans. 4,71 finished, the additional rubric was placed right after the rubric to Ans. 4,72, followed in

is concluded by a copy of Ans. 3,57, again with the same title as in the Berlin manuscript.

For the first Ansegisus model used in the Collectio Augustana, no manuscript matching its specific properties has survived. But one trait of this model stands out, linking it to the following text (List I) in Munich Clm 3853: This list contains several chapters issued by Louis the Pious in 829, in which Louis had repeatedly quoted from his own, earlier capitulary legislation – but he had relied for these quotes not on copies from the court archive, but instead explicitly referred to Ansegisus' collection, which incorporates those chapters. In List I from the Collectio Augustana, most of these quotes have been omitted,[33] presumably because that list was accompanied by a complete copy of Ansegisus, and with the help of the retained references to book and chapter in Ansegisus readers could easily look up the relevant passages there. But Louis the Pious had not simply quoted himself, he had slightly modified his previous stipulations. The lost Ansegisus model used for the Collectio Augustana is the only known case in which an attentive scribe had noticed those differences, and had changed the original text of Ans. 4,13 and 4,30 to match the updated version from 829.[34] This intervention into a perfectly correct copy of Ansegisus only made sense if the scribe in question knew that future readers of a specific copy of the 829 chapters would have to turn to Ansegisus in order to get the full picture of Louis' revised provisions – which could only be the case if the scribe himself had previously removed those very same passages from the 829 text. In theory, the scribe responsible for this change could have been involved in the initial compilation of the Collectio Augustana. However, such a level of attention to detail does not fit with the usual modus operandi of the compiler(s) of the Collectio, who after all had not bothered with integrating the additional Italian chapters at their proper place. Therefore, the model for both Ansegisus and List I with its 33 chapters issued by Louis the Pious in 829 must have reached the compiler in the form of a single capitulary collection that had 'updated' Ansegisus with an 'appendix' of material from 829.[35] Possibly, this collection's copy of Ansegisus had not included the latter's three appendices. But it is

---

the margin by the chapter number LXXII. The chapter number for Ans. 4,72, now corrected to read LXXIII, had been aligned (as usual) with the beginning of the text of the chapter proper, i.e. in the next line and thereby below the number for the added chapter. Apparently, when the text of the added chapters was copied in on fol. 247r, the scribe assumed that the higher-placed chapter number (for the first addition) was meant to apply to the first rubric (to Ans. 4,72), and that hence the chapter he was writing, which matched the second rubric on fol. 245r, would correspond to the second, lower-placed chapter number in the margin.

33 Cf. SCHMITZ (as n. 4), p. 103; Steffen PATZOLD (as n. 15), p. 462.
34 Cf. Gerhard SCHMITZ, Intelligente Schreiber. Beobachtungen aus Ansegis- und Kapitularienhandschriften, in: Hubert MORDEK (ed.), Papsttum, Kirche und Recht im Mittelalter. Festschrift für Horst Fuhrmann zum 65. Geburtstag, Tübingen 1991, pp. 79–93, at pp. 91–92 (with n. 78); SCHMITZ (as n. 4), pp. 212 and 214–215.
35 Similar attempts to fuse the new regulations from 829 with Ansegisus are known and may have been created as early as August 829, see Britta MISCHKE and Karl UBL, Einleitung, in: MGH Capit. N.S. 4 (as n. 15), p. XXVII.

equally plausible that leaving them out had been a conscious editorial decision, as the compiler(s) of the Collectio Augustana repeatedly passed over the chance to add the appendices from one of the other copies of Ansegisus available to them – of which there were at least two, and possibly three.

For the next four items in the Collectio Augustana, Lists II–V, two models can be identified. To start with the first, Lists II, III and the first part of List IV were compiled from a copy of the so-called Collectio Senonica (extant in Paris, Bibliothèque nationale de France, Lat. 9654 and Vatican, Bibliotheca Apostolica Vaticana, Pal. Lat. 582), a massive collection of capitularies, with links to the archbishopric of Sens.[36] However, the compiler (or compilers?) of the Collectio Augustana was mostly content to extract only a selection of chapters from the abundance of capitularies at his disposal, and he chose fewer and fewer the further he progressed into the Collectio Senonica. This is in contrast to the approach with the previous models (including the main model for the 'ecclesiastical' first part) from which, as far as can be told, almost the entire legal material had been copied into the Collectio Augustana, bar obvious duplicates.

Thus List II consists of an almost complete copy of a single capitulary by Pippin III, and the following List III starts with a complete copy of another capitulary by Pippin,[37] before then proceeding to only include very few chapters from a further 14 texts of the Collectio Senonica.[38] What is more, besides those 15 texts used by the compiler, in its first and second part (that provided the material for List III) his model had offered a further 34 texts, mostly capitularies. But these were entirely ignored and left no trace in the compilation of the Collectio Augustana. Interestingly, the second part of the Collectio Senonica also contains another copy of Ansegisus, including the appendices 1 and 2. This time the compiler – though by now perhaps a different compiler than the one responsible for the Collectio Augustana's earlier copy of Ansegisus – chose to extract something from the appendices to feature in List III, albeit just three chapters.[39] The majority of the material from the appendices thus continued to be excluded from the Collectio Augustana.

The pattern of selective extraction continued in List IV with its 92 (numbered) chapters, of which the first 59 derive from the Collectio Senonica's third (c. 1–57, 59) and second (c. 58) part. The chapters taken from the third part belong to just six of its 14 texts, and the single chapter taken from the second part is an addition encountered at the end of book 2 in that part's copy of Ansegisus, specifically three (conjoined) chapters otherwise mainly known as part of the

---

36 On this collection, cf. Arnold Bühler, Capitularia Relecta. Studien zur Entstehung und Überlieferung der Kapitularien Karls des Großen und Ludwigs des Frommen, in: Archiv für Diplomatik 32 (1986), pp. 305–501, at pp. 369–372; Mordek (as n. 3), pp. 45–46. See also the detailed overview of the two surviving manuscripts by Mordek (as n. 2), pp. 562–578 and 780–797.

37 These are no. 16, ed. Boretius (as n. 15), pp. 40–41 (without c. 14–16) and no. 15, pp. 37–39 respectively.

38 There is a single capitulary that cannot be found in the extant manuscripts of the model, no. 131 ("Capitula de Iudaeis"), ed. Boretius (as n. 15), pp. 258–259. Presumably, the lost Collectio Senonica copy used for the Collectio Augustana had featured some additions over its siblings.

39 Ans. App. 1,10 and 34; App. 2,35, ed. Schmitz (as n. 4), pp. 666, 669 and 676–677.

capitulary collection of Benedictus Levita.[40] It should be stressed that texts from all parts of the Collectio Senonica were copied into the Collectio Augustana, and with just two exceptions[41] the extracts always follow in the exact same relative sequence as in the Senonica, thereby proving that it was indeed this collection that was being used, and not a common source, for example a smaller capitulary collection available to both compilations.

For the second half of List IV and the entirety of List V, a 9th-century legal collection from Italy known as the "Liber Legum" of an anonymous Lupus[42] appears to have been used.[43] Besides several leges, Lupus' collection also provided its readers with 20 capitularies that had been issued between 779–829. Again, the sequence of texts found in the Collectio Augustana mostly accords with their sequence in Lupus' work. However, while Lupus had provided his collection with rubrics and capitulationes of his own, these do not appear in the Collectio Augustana. Finally, the sparing use of texts – only eleven of the 20 capitularies found in Lupus have been excerpted for the Collectio Augustana – resembles the practice already noted with the Collectio Senonica. What is new, and hard to explain, is the combination of extracts from two different models (Collectio Senonica and Lupus) into a single list, irrespective of chronological regressions – although these are not uncommon in other sections of the Collectio Augustana as well – and the unprecedented choice to have the capitulatio to List V follow immediately on that to List IV, and only then to proceed to the text proper of both lists.

Looking back, the Collectio Augustana, as preserved in Munich Clm 3853, represents a fascinating mixture of consistency and variance. On the one hand, throughout both sections of the Collectio, great care has been taken to avoid duplicates, even when extracting twice in different lists from the same capitulary, as happened with Charlemagne's 779 Herstal capitulary, processed once in List III from a copy in the Collectio Senonica, and once more in List IV from a

---

40 Specifically, Benedictus Levita 1,36, 37 and 186, ed. Georg Heinrich Pertz (MGH LL 2,2), Hanover 1837, pp. 48 and 55; for Benedictus 1,186 see also the new edition as no. 54c, ed. Dominik Trump (as n. 15), pp. 698–703. See also Schmitz (as n. 4), pp. 135 and 157.

41 The exceptions being the last two Senonica-based chapters (c. 58–59) in List IV; c. 58 (= the conjoined Benedictus Levita chapters) was extracted from the earlier copy of Ansegisus; c. 59 consists of the abbreviated proceedings of the church council at Soissons 853 which, in the Collectio Senonica, had formed the last item in a block of material deriving from West Frankish councils between 845–853. This block is related to a similar block in Vatican, Biblioteca Apostolica Vaticana, Reg. Lat. 980, at fol. 19r–34v, a fragment of a now mostly lost legal collection from Beauvais; cf. Mordek (as n. 2), pp. 836–837.

42 Cf. Takuro Tsuda, Zur Entstehung der "Kapitulariensammlung" im *Liber legum* des Lupus und zur Vielfalt der "Kapitularien" Karls des Großen, in: Deutsches Archiv 79 (2023), pp. 1–71; Britta Mischke, Lupus, der (un)bekannte Verfasser des Liber legum, in: Zeitschrift der Savigny-Stiftung für Rechtsgeschichte. Germanistische Abteilung 141 (2024), pp. 499–511. Contrary to long-propagated views, this Lupus was almost certainly not the famous West Frankish scholar Lupus of Ferrières.

43 Only two manuscripts preserve sizeable parts of this collection: Modena, Archivio Capitolare, O. I. 2 and Gotha, Forschungsbibliothek, Memb. I 84. Modena is usually considered to represent the original form of Lupus' collection more closely than Gotha, cf. Mordek (as n. 2), pp. 256–257.

copy provided by Lupus.⁴⁴ This practice strongly hints at two things: First, at the compilation having been the work of a group of people, who were collaborating on a single, vast legal collection but with individual interpretations of which chapters would be relevant for the common purpose. And second, at some level of overarching redaction which prevented duplicates to a remarkable degree, considering that eight of Lupus' 20 capitularies were also present in the Collectio Senonica, but only one of those had both of its copies excerpted, and then without causing any overlap between the two sets of extracts.

Another aspect revealing a common purpose behind the entire collection is the use of capitulationes, or tables of content. In general, capitulationes are very rare in capitulary manuscripts. But the Collectio Augustana is awash with them, and not only in the first, canonical section for which the main model (a sibling of Munich Clm 3851) had already featured several capitulationes.⁴⁵ In the second section, almost every text is accompanied by a capitulatio. Two of those, for the Lex Alamannorum and for Ansegisus, have always been part of these texts. But of the five capitulationes for Lists I–V, at most that for List I may have been present in its lost model already. All the other capitulationes were created specifically for the Collectio Augustana, as their models either did not contain a capitulatio (in the case of the Collectio Senonica), or in the case of Lupus did contain capitulationes,⁴⁶ but these were ignored by the compilers who preferred to create new versions from scratch. The only capitularies within the Collectio Augustana that are not covered by a capitulatio are the two solitary pieces located between the Lex Alamannorum and Ansegisus, which were presumably copied from the same model as the Lex and may have been perceived by the compiler as a supplement to it.⁴⁷ Interestingly, while the provision of capitulationes thus appears to have been a universally agreed measure for the Collectio Augustana, the precise way in which those capitulationes should be constructed was obviously left to the discretion of each compiler, or possibly even delegated to individual scribes: Mostly, the capitulationes are in

---

44 No. 20a, ed. BORETIUS (as n. 15), pp. 46–51. Munich Clm 3853 contains c. 11 and 23 in List III on fol. 261r, and in List IV copies of c. 1–4, 8–10, 17 and 21 on fol. 290r–v.

45 The existing capitulatio to 40 canons of the 868 Worms council (in Munich Clm 3851 on fol. 53r–v) has been vastly extended in the Collectio Augustana to also cover the diverse material (no longer from the Worms council) that was following in Munich Clm 3851 and that had, naturally, not been included in the capitulatio. In Munich Clm 3853, this extended version, claiming to offer *CAPITVLA SINODI UUORMACENSIS*, provides rubrics from I to CLXXVIII on fol. 81v–85v. Cf. also HARTMANN (as n. 26), pp. 18–19. Strangely, the only sizeable addition of text to the first section, the list of 77 canons of unknown origin (in Munich Clm 3853 on fol. 129r–157r), was not fitted with a capitulatio by the compilers of the Collectio Augustana.

46 On Lupus' capitulationes cf. Oliver MÜNSCH, Der Liber legum des Lupus von Ferrières (Freiburger Beiträge zur mittelalterlichen Geschichte 14), Frankfurt/Main 2001, who edits and discusses the relevant capitulationes at pp. 225–265.

47 The two capitularies are separated by a single blank line from the Lex, with no obvious rubrics on display and no chapter numbers. This may have been a feature of the lost model already, as on fol. 22v, the 11th-century codex Munich Clm 4460 shows a similar lack of chapter numbers and rubrics, with the exception of the first line of the first capitulary which presents as *CAPITVLA Que DOMINVS KAROLVS*.

single column – but with the exception of List II and the final two sections of List IV.[48] The rubrics preceding the lists are phrased quite differently, with List I starting with *INCIPIVNT CAPITVLA* and identifying the two issuing rulers (Louis the Pious and his son Lothar), no rubric at all for List II (as the scribe had left two lines blank, this may be due to a negligent rubricator), List III offers only a bland *INCIPIVNT CAPITVLA*, List IV reads *DE CAPITVLARE CAROLI QVOD IN DIVERSIS LOCIS EST PERPETRATVM*, while List V shows some parallels with the previous rubric but omits to identify the issuing ruler: *CAPITVLARE QVOD CONSTITVIT IN PAPIA*.[49] Finally, the chapter rubrics from the capitulationes are repeated in the text of List I and List II, but not in the remaining three lists.

Unfortunately, it is not possible to locate and date the compilation of the Collectio Augustana precisely. What can be said of this impressive legal collection is that the usual localisation to 'Southern Germany' should be narrowed down to the region of Alemannia. Despite having had access, via Lupus, to the Leges Baiuvariorum, Langobardorum, Ribuariorum as well as the Lex Salica, the compilers made the conscious decision to only copy a single lex: that of the Alemanni. Furthermore, the broader localisation that included Bavaria was at least partly based on the observation that both Munich Clm 3851 and Clm 3853 eventually ended up in Augsburg. But Munich Clm 3851 is now recognised as merely a sibling of the actual model used in compiling the Collectio Augustana, and Munich Clm 3853 cannot be the original of the Collectio Augustana.[50] This removes the two main arguments for a Bavarian origin of the Collectio. It is probably worthwhile to look more closely at other models (or siblings of models) that were used by the compilers and which point to East Francia,[51] Alemannia[52] or Lotharingia,[53] but never specifically to Bavaria, and to consider the most

---

48 Cf. Munich Clm 3853, fol. 265v–266r (forcing the start of List V to follow suit, though the single-column layout is immediately restored – by another scribe – from fol. 266v onwards); however, as the two sections coincide with a change of hand in this manuscript, it is uncertain whether this deviation was an original feature of the Collectio Augustana or created by later copyists.

49 The rubrics are located in Munich Clm 3853 on fol. 248r (List I), 254r (List II), 256r (List III), 264r (List IV) and 266r (List V).

50 In Munich Clm 3853, fol. 262v, the last chapter of List III breaks off in mid-sentence, with the remaining three lines of the page left blank. In the left hand margin someone noted: *hic semiscriptum*, which indicates that the model used for the text was either incomplete itself, or (less likely) no longer at hand. This defect is not present in either of the two extant manuscripts of the Collectio Senonica used here. The chapter in question is c. 1 of no. 47, ed. Steffen PATZOLD (as n. 15), p. 610.

51 A copy of Lupus is present in Gotha, Forschungsbibliothek, Memb. I 84, a manuscript written in Mainz (10th/11th century). In the early 10th century, Regino of Prüm, working by then in Trier, is known to have had access to a manuscript similar to the Collectio Senonica, cf. Gerhard SCHMITZ, Ansegis und Regino. Die Rezeption der Kapitularien in den Libri duo de synodalibus causis, in: Zeitschrift der Savigny-Stiftung für Rechtsgeschichte. Kanonistische Abteilung 74 (1988), pp. 95–132.

52 In the case of Berlin, Staatsbibliothek – Preußischer Kulturbesitz, Lat. qu. 931 (Alemannia, perhaps St-Gall).

53 In the case of Paris, Bibliothèque nationale de France, Lat. 9654 (Lotharingia, perhaps Metz) and Munich Clm 3851, the latter not via its presumed paleographic origin but with regard to a histor-

recent material included in the Collectio, canon 9 from the council of Koblenz 922, a council that was only attended by eight bishops, all from the archbishoprics of Cologne and Mainz.[54]

From its content, the Collectio Augustana might have appealed in particular to a 10th-century bishop, who was not only tasked with supervising his clerics and his flock (for which the canonical excerpts and penitentials from the first section would have been useful), but who had by now also some duties to perform in the field of secular law (*Sendgericht*)[55] – for which, considering the transmission of 10th- and 11th-century manuscripts incorporating capitularies, and going by the success of Regino of Prüm's De synodalibus causis from 906,[56] Carolingian legal texts were still being judged as important and relevant well into the Ottonian period. It might even be speculated that, had Regino's work spread just a bit faster into Alemannia, the Collectio Augustana might never have seen the light of day.

Abstract

Die Handschrift München, Bayerische Staatsbibliothek, Clm 3853 enthält die besterhaltene Überlieferung der sogenannten Collectio Augustana, einer im 10. Jahrhundert wohl in Alemannien kompilierten Sammlung kirchlichen und weltlichen Rechts. Während der erste Teil der Sammlung kanonistische Texte, darunter viele Bußbücher, enthält, bietet der zweite Teil vor allem Auszüge aus karolingischen Kapitularien des 8. und 9. Jahrhunderts, die in mehreren Listen organisiert sind. Der Beitrag diskutiert mögliche Vorlagen, die für die Kapitulariensammlung verwendet worden sein dürften sowie Besonderheiten hinsichtlich der Auswertung der Vorlagen und der Erschließung der Listen durch eigens angefertigte Kapitelverzeichnisse (Capitulationes). Im Ergebnis dürfte die Kompilation der Sammlung durch mehrere parallel tätige Bearbeiter er-

---

ical note on Louis the Younger's death that betrays Western Lotharingian sentiment hostile to Louis, and which somehow found its way into Munich Clm 3851, fol. 74v (even if the note itself was probably only added later, in Ellwangen), cf. Rudolf SCHIEFFER, Von Saint-Quentin nach Ellwangen. Eine Notiz über König Ludwig den Jüngeren, in: Sylvain GOUGUENHEIM (ed.), Retour aux sources. Textes, études et documents d'histoire médiévale offerts à Michel Parisse, Paris 2004, pp. 965–970.

54 Cf. HARTMANN (as n. 12), p. 290; Koblenz, ed. Ernst-Dieter HEHL (MGH Conc. 6,1), Hanover 1987, pp. 57–74, at pp. 57–59; the attending bishops were the metropolitans of Cologne and Mainz, joined by their suffragans from Würzburg, Minden, Osnabrück, Worms, Strasbourg and Paderborn (ibid., p. 68). Some abbots were also in attendance, but these were unfortunately not identified in the prologue.

55 Cf. HARTMANN (as n. 12), pp. 245–260, with Munich Clm 3851 and Clm 3853 discussed on pp. 253–254.

56 Now available in a new edition: Regino Prumiensis libri duo de synodalibus causis. Regino von Prüm, Sendhandbuch, ed. Wilfried HARTMANN (MGH Coll. can. 1), Wiesbaden 2023.

folgt sein, möglicherweise für die Verwendung durch einen Bischof auf seinen Visitationsreisen und im Sendgericht.

Never judge a book by its cover. Einige Beobachtungen zur Handschrift Wolfenbüttel, Herzog August Bibliothek, Cod. Guelf. 50.2 Aug. 4°

Daniela Schulz

Bei der Wolfenbütteler Handschrift mit der Signatur Cod. Guelf. 50.2 Aug. 4° handelt es sich um einen kleinformatigen, etwa 18,5 x 12 cm großen Rechtscodex, der allgemein in die erste Hälfte des 9. Jahrhunderts datiert wird. Er umfasst 63 Blätter. Fol. 1r bis 50v enthalten die Lex Salica in der Karolina-Fassung. Danach folgen Kapitularien aus der Zeit Karls des Großen und Ludwigs des Frommen. Am Ende finden sich ein (zum Teil kaum noch lesbarer) liturgischer Text (fol. 61r–62v) sowie Federproben auf dem letzten Blatt.

Der Beginn der Kapitularien fällt mit dem Wechsel einer Lage zusammen. Es handelt sich um das Capitulare legibus additum von 803 (Boretius/Krause[1] Nr. 39, fol. 51r–53v)[2], die beiden Kapitularien von Diedenhofen, also das Capitulare missorum in Theodonis villa datum primum, mere ecclesiasticum (BK 43, fol. 53v–54v) und das Capitulare missorum in Theodonis villa datum secundum, generale (BK 44, fol. 54v–59v) – alle aus dem Jahr 805 bzw. 806[3] –, sowie Auszüge aus den Capitula legibus addenda von 818/819 (BK 139[4], fol. 60r–61r). Letztere wurden jedoch von einer leicht späteren Hand nachgetragen und gehören somit nicht zum ursprünglichen Bestand der Handschrift. Dafür spricht auch, dass nach dem Text von BK 44 auf fol. 59v, Z. 19 unten nach

---

1   Im Folgenden „BK". Die Angabe der Nummern bezieht sich auf die Kapitularien-Edition von Alfred Boretius bzw. Alfred Boretius und Victor Krause: Capitularia regum Francorum, Bd. 1, ed. Alfred Boretius (MGH Capit. 1), Hannover 1883 sowie Capitularia regum Francorum, Bd. 2, edd. Alfred Boretius / Victor Krause (MGH Capit. 2), Hannover 1897.

2   BK 39 ist insgesamt in 54 Textzeugen überliefert, wobei die Handschrift Cluny 443 verloren ist. Vgl. zu BK 39 „Capitulare legibus additum" [BK 39], in: Capitularia. Edition der fränkischen Herrschererlasse, bearb. von Karl Ubl und Mitarb., Köln 2014ff. URL: http://capitularia.uni-koeln.de/capit/pre814/bk-nr-039/. Sofern nicht anders vermerkt, wurden alle Internetressourcen am 27. Januar 2024 abgerufen.

3   Zum Doppelkapitular von Diedenhofen vgl. Michael Glatthaar, Die drei Fassungen des Doppelkapitulars von Diedenhofen/Thionville (805/806). Entwurf – Erlass – Revision, in: Deutsches Archiv 69 (2013), S. 443–477.

4   In der neuen Edition ist dies Kapitular Nr. 9. Vgl. Capitularia regum Francorum a. 814 – a. 840, edd. Stefan Esders / Sören Kaschke / Britta Mischke / Steffen Patzold / Dominik Trump / Karl Ubl (MGH Capit. N.S. 4), Wiesbaden 2024, S. 101–139.

wenigen Füllzeichen außerhalb des Schriftraums *FINIT* vermerkt wurde. All diese Texte werden insgesamt recht häufig überliefert.

In der maßgeblichen Ausgabe der Lex Salica von Karl August Eckhardt wurde der Handschrift die Sigle K 57 zugewiesen. Eckhardt gibt jedoch selbst an, die Handschrift für seine Edition nicht benutzt zu haben.[5] Sie ist generell von der Forschung bislang nicht mit größerer Aufmerksamkeit bedacht worden.[6] Ziel dieses Beitrags ist es daher, die Handschrift umfassend zu beschreiben sowie die Benutzungsspuren einer intensiven Betrachtung zu unterziehen. Abschließend folgen noch einige Beobachtungen zur Provenienz der Handschrift.

---

5   Vgl. Pactus legis Salicae, ed. Karl August Eckhardt (MGH LL nat. Germ. 4,1), Hannover 1962, S. XXIII. Im Folgenden wird bei Bezügen zu Titeln dieser Ausgabe das Kürzel „PLS" verwendet, für Titel der Lex Salica Karolina „LS". Insgesamt beruht die Eckhardtsche Edition „auf einer nicht repräsentativen Auswahl von Handschriften", Karl Ubl, Sinnstiftungen eines Rechtsbuchs. Die Lex Salica im Frankenreich (Quellen und Forschungen zum Recht im Mittelalter 9), Ostfildern 2017, S. 26. Dies gilt insbesondere für die Karolina (K)-Handschriften, von denen Eckhardt weniger als die Hälfte berücksichtigte.

6   Ein Kurzkatalogisat inklusive der relevanten Literatur zur Handschrift ist online auf der „Bibliotheca legum"-Webseite verfügbar: https://www.leges.uni-koeln.de/mss/handschrift/wolfenbuettel-hab-aug-4-50-2/. Aufgrund der in ihr enthaltenen Kapitularien findet die Handschrift Erwähnung in Hubert Mordek, Bibliotheca capitularium regum Francorum manuscripta. Überlieferung und Traditionszusammenhang der fränkischen Herrschererlasse (MGH Hilfsmittel 15), München 1995, S. 586, 918–920, der ihr die Sigle W$_2$ gab. Eine ältere Beschreibung bietet Otto von Heinemann, Die Augusteischen Handschriften, Bd. 5: Cod. Guelf. 34.1 Aug. 4° bis 117 Aug. 4°. Nachdruck der Ausgabe 1903 (Kataloge der Herzog August Bibliothek. Neue Reihe 8), Frankfurt/Main 1966, S. 50, auf die an späterer Stelle noch näher einzugehen sein wird. Die Handschrift erhielt hier die Nummer 3530. In der 2016 erschienenen Studie von Thomas Faulkner, Law and Authority in the Early Middle Ages. The Frankish Leges in the Carolingian Period (Cambridge Studies in Medieval Life and Thought, Fourth Series 104), Cambridge 2016, wird die Handschrift lediglich kursorisch genannt, jedoch nicht in die Analyse miteinbezogen. Karl Ubl erwähnt die Handschrift nur zweimal in je einer Fußnote, vgl. Ubl (wie Anm. 5), S. 237, 241. In der Ausgabe der Lex von Jan Hendrik Hessels, Lex Salica. The ten Texts with the Glosses and the Lex Emendata, London 1880, Sp. XVIII wird sie von diesem als zur ersten Gruppe der vierten Textfamilie (Lex Salica emendata) gehörig erwähnt – mit dem Hinweis, dass sie 71 Titel enthalte. Sie wurde hier jedoch auch nicht miteinbezogen, und erhielt somit auch keine Sigle zugewiesen. Das gleiche gilt u. a. auch für die weiteren Wolfenbütteler Lex Salica emendata-Handschriften 299 und 327 Gud. Lat. sowie den Blankenburgensis 130. Nur der Cod. Guelf. 97 Weiss., welcher die älteste Lex Salica A-Fassung enthält und auch schon bei Pardessus als Text abgedruckt wurde, wird hier verwendet. Vgl. Jean-Marie Pardessus, Loi Salique ou recueil contenant les anciennes rédactions de cette loi et le texte connu sous le nom de *Lex Emendata*, Paris 1843. Die 2023 erschienene Studie von Magali Coumert geht über die reine Erwähnung der Handschrift hinaus und bietet neben einer Beschreibung auch eine Analyse ihrer Inhalte und Annotationen. Vgl. Magali Coumert, La loi salique. Retour aux manuscrits (Collection Haut Moyen Âge 47), Turnhout 2023, S. 15, 120, 123–124, 301–302, 305, 311–314, 318–321, 325, 328–329, 347.

Äußere Beschreibung

Die auf fol. 1r und 62v aufgedrückten Bibliotheksstempel zeigen, dass die Handschrift zu jenen Kulturgütern gehört, die 1805–1807 nach Paris verbracht wurden und 1815/1816 in die Herzogliche Bibliothek nach Wolfenbüttel zurückkehrten.[7] Unter dem Stempel der Wolfenbütteler Bibliothek ist noch deutlich der rote der damaligen Bibliothèque Imperiale zu erkennen. Ebenfalls auf fol. 1r unten findet sich mittig die (von der Hand Herzogs August des Jüngeren von Braunschweig-Lüneburg?) eingetragene Signatur „50.2. Msſ"[8], daneben leicht nach oben versetzt am rechten Rand die Notiz, dass die Handschrift zum Preis von acht Talern erworben wurde. Die Einrichtung des Schriftraums ist noch deutlich sichtbar auf dem festen Pergament, das sich stellenweise stark wellt und dessen obere Ecke über die gesamte Handschrift hinweg zu größeren Teilen fehlt.[9] Auf dem papiernen Vorsatzblatt ist ein Inhaltsverzeichnis eingetragen, das sechs Bestandteile unterscheidet und auch die Datierung in das 9. Jahrhundert nennt. Bei dem Vermerk zur Lex Salica (1) wird auf den hier enthaltenen 71. Titel hingewiesen.[10]

Die obere rechte Ecke dieses Blatts, wie auch diejenige des am Ende eingehefteten zeigen nicht die gleichen Verfallserscheinungen wie die Pergamentblätter, sodass davon ausgegangen werden kann, dass sich deren schlechter Zustand zur Zeit der Neueinbindung in der Mitte des 18. Jahrhunderts bereits eingestellt hatte. Im vorderen Teil scheinen einige Blätter konservatorischen Maßnahmen unterzogen worden zu sein (fol. 2, 8, 11 und 16). Pergamentblock und Einband sind nicht (mehr) sonderlich fest miteinander verbunden. Vorne sind deutlich mehrere Bünde erkennbar. Die Pergamentblätter sind von uneinheitlicher Größe. Teils finden sich kleinere und größere Löcher (z. B. fol. 6), auf die der jeweilige Schreiber Rücksicht genommen hat. Auch scheint es so, als ob das Pergament vereinzelt von vornherein nicht immer die erforderliche Größe

---

7   Zu den von Frankreich requirierten Handschriften und Drucken der Herzog August Bibliothek vgl. Isabelle Kratz, Die Herzog August Bibliothek unter Napoleon. Aspekte französischer Kulturpolitik 1806–1815, in: Wolfenbütteler Beiträge. Aus den Schätzen der Herzog August Bibliothek 10 (1997), S. 79–160. Der Augusteus wird hier im Katalog erwähnt auf S. 152.

8   Zur Vergabe der Punktsignaturen bei den Augusteern vgl. Wolfgang Milde, Die Erwerbungsjahre der Augusteischen Handschriften der Herzog August Bibliothek. Supplement zum Katalog von Otto von Heinemann „Die Augusteischen Handschriften" Bd. 1–5, Wolfenbüttel 1890–1903, in: Wolfenbütteler Beiträge. Aus den Schätzen der Herzog August Bibliothek 14 (2006), S. 73–144, hier S. 77.

9   Nach Angabe von Frau Dr. Almuth Corbach, Restauratorin der Herzog August Bibliothek, handelt es sich hierbei vermutlich um Schafspergament, da sich aufgrund der Fettschicht Haar- und Fleischseite deutlich voneinander unterscheiden. Auch die Poren sind gut sichtbar. Die Fehlstelle, die im vorderen Teil der Handschrift ganz vereinzelt auch zu Textverlust führt, könnte von Mäusefraß und der Einwirkung von Feuchtigkeit verursacht worden sein. Ich danke Frau Corbach ganz herzlich für diese Informationen. Sowohl Mordek als auch von Heinemann weisen in ihren Beschreibungen auf den „Moder" an der oberen Ecke hin (wie Anm. 6). An einigen Stellen sind durch die Einrichtung des Schriftraums Risse im Pergament entstanden (z. B. fol. 40).

10 1) Lex Salica, sine glossis Malberg. f. 1-49 50. Tenet titulos LXXI quorum ultimus est inscriptus: De inuitus tritto.

aufwies bzw. es bereits Beeinträchtigungen an der oberen Ecke gab, da beispielsweise auf fol. 4 der Schriftraum leicht nach links geneigt und schmaler ist.

Die Anlage der Handschrift insgesamt ist hinsichtlich der Gestaltung nicht einheitlich. Strukturelemente, Initialschmuck und Farben ändern sich mehrfach, und oft fallen die Veränderungen nicht mit einem Lagenwechsel zusammen. Auch scheinen im Bereich der ursprünglich kompilierten Handschrift mehrere Schreiber am Werk gewesen zu sein, wenn sich zum Teil auch einige gemeinsame Charakteristika in Schrift und Ausgestaltung finden lassen. Sie seien an dieser Stelle nur kursorisch erwähnt. Die Titelrubriken sind in der Regel in Unziale und rot verfasst. Vereinzelt ist die rote Tinte allerdings fast komplett verblichen. Oftmals ist das Ende (bzw. ein Teil) der Titelrubriken in Texttinte geschrieben und gelb überstrichen[11], so beispielsweise auf fol. 14v beim Titel *XX DE EO QUI HOMINEM INNOCENTEM*[12] *ET ABSENTEM ACCUSAUERIT*, der teils mit hellerer Tinte umkreist und mit einem dem Paragraphenzeichen ähnlichen Symbol versehen wurde. Die Titelrubriken auf fol. 15r und 16r erscheinen gänzlich in Texttinte. Vor einigen steht vor der Nummerierung zusätzlich ein Paragraphenzeichen. Ein offenes cc-a (z. B. erste Zeile auf fol. 1r) tritt sporadisch neben doppelstöckigem und rundem a auf. Ligaturen (ct, et, nt[13], ri, rt, st) sind – wie auch das Majuskel-N mit einem nach unten verlängertem ersten Schaft – häufig. Ab fol. 3v sind die Initialen (meist S) mittig mit gelb ausgefüllt. Sie stehen links in die Versalienspalte ausgerückt am Zeilenanfang. Generell finden sich vereinzelt Initialen, die mit einfachen Ornamenten ausgestaltet sind (z. B. fol. 6r). Die Lagen sind jeweils an deren Ende mit Kustoden versehen, die teils einfach geschmückt sind.[14]

Die Handschrift als Rechtskompilation

Nur etwa ein Drittel der Handschriften, welche die Lex Salica Karolina tradieren, sind in der ersten Hälfte des 9. Jahrhunderts entstanden, und damit recht zeitnah nach der Kompilation dieser Fassung, die Karl Ubl im Kontext einer zweiten Leges-Reform um das Jahr 800 (802) datiert.[15] Es handelt sich beim

---

11 So auf fol. 9r, 10r–v, 12r, 15v, 25r, 41r.
12 *INNO* rubriziert.
13 Besonders ausgeprägt auf fol. 13v in der zweiten Zeile bei *debent*.
14 q I (8v), q II (16v), q III (24v), q IIII (32v), q V (40v), q VI (50v), q VII (58v). Lagenformel (nach Mordek [wie Anm. 6], S. 918): 5 IV^{40} + V^{50} + IV^{58} + (IV-3)^{63}.
15 Vgl. Ubl (wie Anm. 5), S. 174–181. In die erste Hälfte des 9. Jahrhunderts bzw. dessen Beginn werden weiterhin die folgenden Handschriften datiert: 1) Leiden, Universitätsbibliotheek, VLO 86 (K 18), welche nach Bischoff im Pariser Raum entstanden sein soll; 2) St. Gallen, Stiftsbibliothek, 728 (K 20); 3) Paris, Bibliothèque nationale de France, Lat. 4418 (K 24) aus der Hofschule Ludwigs des Frommen; 4) Paris, Bibliothèque nationale de France, Lat. 4759 (K 26); 5) Paris, Bibliothèque nationale de France, NAL 204 (K 27); 6) Paris, Bibliothèque nationale de France, Lat. 8801 (K 29); 7) Paris, Bibliothèque nationale de France, Lat. 4758 (K 38); 8) Paris, Bibliothèque nationale de France, Lat. 4632 (K 39), welche Mitte des 9. Jahrhunderts in St. Amand entstanden sein soll

Augusteus also um einen der früheren Textzeugen. Die Zusammenstellung von Lex Salica mit Kapitularien ist gewiss keine ungewöhnliche.[16] Neben dem 50.2 Aug. 4° bieten auch die Codices Ivrea, Biblioteca Capitolare, XXXIII (K 77), Paris, Bibliothèque nationale de France, Lat. 4626 (K 31), Paris Lat. 4628A (K 35), Paris Lat. 4631 (K 36), Paris Lat. 4995 (K 41), St. Paul im Lavanttal, Stiftsbibliothek, 4/1 (K 19) und Wolfenbüttel, Herzog August Bibliothek, Cod. Guelf. 130 Blank. (K 58) die Karolina emendata im Verbund mit BK 39, 43, 44 und 139. Die Handschrift Gotha, Forschungsbibliothek, Memb. I 84 (S 1) überliefert ebenfalls die gleichen Kapitularien, die hier allerdings im Verbund mit der systematisierten Fassung der Lex erscheinen, welche sonst nur in Modena, Biblioteca Capitolare, O. I. 2 (S 2) auf uns gekommen ist. Letztere enthält auch die drei Kapitularien Karls des Großen. Da es sich bei dem Text von BK 139 im 50.2 Aug. 4° lediglich um einen Auszug handelt – bestehend aus c. 3, 4, 7, 9 und 18 –, und dieses Kapitular hier auch von einer etwas späteren Hand nachgetragen wurde, lohnt auch ein Blick auf jene Handschriften, die die Lex Salica Karolina nur zusammen mit BK 39, 43 und 44 überliefern. Es sind dies Nürnberg, Stadtbibliothek, Cent. V, App. 96 (K 61) sowie die Parisini Lat. 9654 (K 32) und Lat. 10754 (K 45). Schon Mordek nennt letztere als Vergleichsobjekt für den Augusteus, da es sich um eine kleinformatige (180 x 105 mm), 101 fol. umfassende „einfache Gebrauchshs. im Taschenbuchformat" handelt, welche ebenfalls an weltlichen Rechtstexten nur die Lex mit den Kapitularien von 803 bzw. 805 tradiert.[17] Für beide Handschriften – Parisinus Lat. 10754 und 50.2 Aug. –

(Bischoff) und mit K 57 den Sondertitel *De invictu stricto* teilt; 9) Paris, Bibliothèque nationale de France, Lat. 4787 (K 42); 10) Paris, Bibliothèque nationale de France, Lat. 10754 (K 45); 11) Paris, Bibliothèque nationale de France, Lat. 18238 (K 46); 12) Lyon, Bibliothèque Municipale, 375 (K 50); 13) Wolfenbüttel, Herzog August Bibliothek, Cod. Guelf. 327 Gud. Lat. (K 60); 14) Nürnberg, Stadtbibliothek, Cent. V, App. 96 (K 61); 15) Bamberg, Staatsbibliothek, Jur. 35 (K 64); 16) Vatikan, Biblioteca Apostolica Vaticana, Vat. Lat. 857 (K 70); 17) Vatikan, Biblioteca Apostolica Vaticana, Reg. Lat. 991 (K 71); 18) Vatikan, Biblioteca Apostolica Vaticana, Reg. Lat. 1128 (K 73); 19) Würzburg, Universitätsbibliothek, M. p. j. q. 3 (K 80a); 20) St. Petersburg, Rossijskaja Nacional'naja Biblioteka, Q.v.II.11 (K 81).

16 So auch Patrick WORMALD, The Making of English Law: King Alfred to the Twelfth Century, Bd. 1: Legislation and its Limits, Oxford 2001, S. 66. Seine quantitative Analyse der Zusammenstellung der Handschriften ist jedoch dahingehend problematisch, dass er die der Lex Salica hinzugefügten Kapitularien als Teil der Lex Salica zählt und nicht als Kapitularien. Diese Kritik wird auch bei FAULKNER (wie Anm. 6), S. 137–140, formuliert, der korrekterweise betont, dass die als Hinzufügungen zu den Leges deklarierten Kapitularien besonders häufig im Verbund mit diesen erscheinen. Aber auch seine Übersichten sind nicht gänzlich korrekt, da er z. B. bei BK 39 von lediglich 51 Textzeugen ausgeht (statt 54 bzw. 55), sowie bei BK 139 von 32 (statt 36). Vgl. ebd., S. 141, Tab. 3.12. Teilweise lassen sich diese Abweichungen durch die Exklusion verlorener Textzeugen bzw. durch das Zusammenfassen von Handschriften, die ursprünglich zusammengehörten, erklären. Die Anzahl 30 für BK 44 stimmt ebenfalls nicht ganz mit der auf der Webseite des Kapitularienprojekts genannten Zahl (32) überein. Vgl. „Handschriften nach Kapitularien", in: Capitularia. Edition der fränkischen Herrschererlasse, bearb. von Karl UBL und Mitarb., Köln 2014ff. URL: http://capitularia.uni-koeln.de/mss/capit.

17 Vgl. MORDEK (wie Anm. 6), S. 918. Auf fol. 79v–100v folgt in dieser Handschrift ein Florilegium biblischen Rechts. Vgl. hierzu ausführlicher Karl UBL, Handschrift des Monats August 2017: Paris, BN, Lat. 10754, in: Capitularia. Edition der fränkischen Herrschererlasse, bearb. von Karl UBL und

wird Nordostfrankreich als Schriftheimat vermutet.[18] Michael Glatthaar hat darüber hinaus auf die enge Verwandtschaft in der Überlieferung des Doppelkapitulars von Diedenhofen hingewiesen. Beide Handschriften werden der 1. Untergruppe der Versio vulgata (Vul') zugeschrieben.[19]

Die meisten der anderen genannten Überlieferungsträger sind zum großen Teil weitaus umfassendere Zusammenstellungen, die über die genannten Inhalte hinaus auch andere Kapitularien, Leges und weitere Texte enthalten. Das üblicherweise uneindeutige Bild in der Überlieferung der mittelalterlichen Rechtstexte zeigt sich auch hier, weswegen es angeraten scheint, die einzelnen Bestandteile der Handschrift für sich genommen noch etwas genauer zu betrachten.

Die juridischen Bestandteile in Einzelbetrachtung

Lex Salica Karolina (fol. 1r–50v)

Nach dem Incipit INCIPIVNT[20] CAPITVLA LEGIS[21] SALICE[22], welches fast die gesamte obere Hälfte des Blatts einnimmt, folgt das Titelverzeichnis. Die Nummerierung steht hier jeweils in roter Tinte, die einzelnen Titel sind in brauner Tinte geschrieben. Bei den Titelanfängen wechseln sich unziales und kapitales D ab. Dem Titel der letzten Zeile von fol. 1r VIIII. De furtis apium folgen Füllzeichen. So auch auf fol. 1v. Der Titel De reippus (fol. 2r) wurde scheinbar zunächst vergessen und erscheint so ohne Nummerierung zwischen Titel XLV De homi-

---

Mitarb., Köln 2014ff. URL: http://capitularia.uni-koeln.de/blog/handschrift-des-monats-august-2017/. Eine Edition des Florilegiums – ebenfalls verantwortet von Karl Ubl – findet sich auf der „Bibliotheca legum"-Webseite unter https://www.leges.uni-koeln.de/materialien/transkriptionen/edition-florilegium-paris-10754/.

18 Zum Parisinus vgl. Bernhard BISCHOFF, Katalog der festländischen Handschriften des neunten Jahrhunderts (mit Ausnahme der wisigotischen), Bd. 3: Padua – Zwickau. Aus dem Nachlaß herausgegeben von Birgit EBERSPERGER (Veröffentlichungen der Kommission für die Herausgabe der mittelalterlichen Bibliothekskataloge Deutschlands und der Schweiz), Wiesbaden 2014, S. 167.

19 Die ursprüngliche Vul-Fassung sei nach Glatthaar vom Hof ausgegangen. Weitere Vertreter von Vul' sind die Parisini Lat. 4628A und Lat. 4631 sowie die Vaticani Reg. Lat. 1036 und 1728, letztere allerdings kontaminiert. Vgl. GLATTHAAR (wie Anm. 3), S. 448, 464. Vergleicht man die Varianten des mit einer Manicula versehenen Kapitulars BK 44, c. 7 mit den Angaben im Apparat der Edition von Boretius, fallen Lat. 10754 (dort Nr. 1) und 50.2 Aug. 4° (Nr. 3) tatsächlich häufig zusammen. Vereinzelt gibt es allerdings Unterschiede in der Schreibung von Eigennamen (z. B. Hredi und Hatto), wie auch 50.2 Varianten trägt, die – basierend auf der Edition – nur in dieser Handschrift vorkommen.

20 Geschrieben in brauner Tinte. I^2 und I^3 sind jeweils kleiner in die ihnen vorangehenden Buchstaben geschrieben. Es folgen Füllzeichen.

21 In roter Tinte. Auch hier verhalten sich die Buchstaben I, u und e jeweils analog zur ersten Zeile. Die erwähnten Bibliotheksstempel ragen in LEGIS hinein, sodass das e nicht sichtbar ist.

22 Einzeilig und damit deutlich kleiner als die beiden vorherigen Zeilen in brauner Tinte geschrieben.

cidiis in conuiuio factis und *XLVII De eo qui uillam alienam occupauerit uel si XII mensibus eam*[23] *tenuerit*. Im Folgenden scheint es zu Korrekturen der Nummerierung gekommen zu sein, was durch das fleckige Pergament aber nicht deutlich sichtbar ist. Gerade in der oberen Hälfte ist die Nummerierung (vermutlich infolge eines Wasserschadens) teils komplett verblasst, was sich auch auf der recto-Seite fortsetzt. Die Nummerierung – so viel ist am Ende des Titelverzeichnisses auf fol. 2v zu sehen – wurde aber scheinbar korrekt bzw. korrigiert fortgesetzt. Auffällig ist, dass das Titelverzeichnis mit Titel *LXXI* endet, welcher *De inuitus tritto* lautet. Von diesem wird im Folgenden noch die Rede sein. Auf fol. 3r steht über dem Incipit *EXPLICIUNT CAPITULA*. Das Incipit selbst, *INCIPIT LIBER*[24] *LEGIS SALIGE*[25] folgt einer ähnlichen Anlage wie das des Titelverzeichnisses, indem auch hier einige der Vokale inkrustiert erscheinen, das Farbschema jedoch genau umgedreht ist. Nach der Rubrik *I DE MANNIRE* beginnt in neuer Zeile der Text mit einer fünfzeiligen S-Initiale in Texttinte, in deren unteren Bogen das I eingesetzt wurde.[26] Die Hand unterscheidet sich von jener, die das Titelverzeichnis geschrieben hat. Sie wirkt weniger gedrungen und aufrechter. Das Schriftbild ist einheitlich und der Schriftraum, dessen Einrichtung auch hier noch zu erkennen ist, wird eingehalten. Die einzelnen Wörter des Titels beginnen jeweils in einer neuen Zeile. Der dadurch verbleibende Freiraum wird nicht gefüllt.[27] Diese Anlage wird jedoch im Folgenden nicht immer beibehalten, wie auch am Text der Lex Salica insgesamt mehrere Schreiber beteiligt gewesen zu sein scheinen. Auf fol. 11r wurden zweimal beim Titel *XIIII DE INGENUIS HOMINIBUS QUI INGENUAS MULIERES RAPIUNT* Textpassagen getilgt (nach PLS 13,1 und 13,3). Bei Titel PLS 47,1 (in der Handschrift *XLVIIII*) auf fol. 37v findet sich am rechten Rand ein nicht eindeutig identifizierbares Zeichen. Vermutlich handelt es sich auch hier um ein Paragraphenzeichen, da es Ähnlichkeiten mit dem in der Handschrift später verwendeten Zeichen aufweist, welches sich beispielsweise auf fol. 55r–v findet. Auf fol. 38v wurde eine ausgelassene Textpassage am Rand nachgetragen und mit einem Kreuz als Verweiszeichen eingebunden. Scheinbar wurde zunächst der Versuch unternommen, das Vergessene zwischen den Zeilen nachzutragen. Es handelt sich um den letzten Teil von PLS 47,2 *ad placitum uenire debuisset et alios tres similiter habeat quod publice cum eo negotiasset*. Die Lex schließt auf fol. 50v ohne Explicit. Ihr Ende fällt auch mit dem Ende der sechsten Lage zusammen.

Es gibt einige Handschriften, die nicht aufgrund z. B. einer missglückten Nummerierung oder versehentlichen Dopplung mit mehr als den für die Karolina-Fassung üblichen 70 Titeln aufwarten. Eckhardt nennt in seiner Edition für

---

23 Von anderer Hand oberhalb eingefügt.
24 In roter Tinte.
25 In Texttinte. Es folgen wiederum Füllzeichen.
26 So auch bei PLS 2,1, der durch eine etwa 3,5-zeilige S-Initiale eingeleitet wird, wie auch PLS 9,1 (fol. 7v).
27 Neben den erwähnten Füllzeichen auf der Höhe der Incipits (fol. 1r und 3r) finden sich solche auf den folgenden Folia zum Ende der jeweils letzten Zeile: fol. 1r, 1v, 8r, 9r, 11r, 12v, 23r, (28r?), (32v?), 33r, 43r, 59v (vor *FINIT* am Ende des Kapitulars BK 44).

das Titelverzeichnis jedoch lediglich *De terra condempnata* als Sondergut, welches sich in den Handschriften Paris Lat. 4632 (K 39), Bonn, Universitäts- und Landesbibliothek, S. 402 (K 65) und Vatikan Reg. Lat. 1036 (K 66) finden soll.[28] Für K 65 und K 66 stimmt diese Angabe auch. Im Titelverzeichnis von K 39, welches auf fol. 8v endet, gibt es diesen Titel jedoch nicht, sondern nur im Text, wo er auf fol. 29v vor dem hier interessierenden Titel *De inuictu stricto* erscheint.[29] Das gleiche Phänomen tritt bei der Nürnberger Handschrift (K 61) auf, bei der ebenfalls auf *De terra condempnata* (Rubrik ohne Nummerierung, der Text aber durch eine Initiale eingeleitet) der Titel *LXXI De inuitus tritto* folgt.[30] So auch bei den beiden Handschriften K 39, und St. Petersburg, Rossijskaja Nacional'naja Biblioteka, Q.v.II.11 (K 81), wo die zwei Titel allerdings nachgetragen sind.[31] Die Handschrift Cologny, Fondation Martin Bodmer, Cod. Bodmer 107 (K 62), die häufig als mit K 61 eng verwandt deklariert wird, enthält ebenfalls beide Titel. Allerdings erscheinen diese hier nicht als Teil der Lex

---

28 Vgl. ECKHARDT (wie Anm. 5), S. 15.
29 Vgl. das bei Gallica verfügbare Digitalisat der Handschrift Lat. 4632 https://gallica.bnf.fr/ark:/12148/btv1b90668952/f10.item (fol. 8v) und https://gallica.bnf.fr/ark:/12148/btv1b90668952/f31.item (fol. 29v). Das Vorkommen des Titels im Text wird von Eckhardt auch in seiner Edition erwähnt. Er erscheint dort ebenfalls nach *De terra condempnata* als Titel *LXXII* und bekam von Eckhardt die Nummer 32,9 zugewiesen. Vgl. ECKHARDT (wie Anm. 5), S. 235. Zu den Lex Salica-Titeln 71 und 72 vgl. Lex Salica zum akademischen Gebrauche, ed. Heinrich GEFFCKEN, Leipzig 1898 unter „Extravagantia" mit Erläuterungen, S. 283. Er gibt in dieser Ausgabe die Lex auf Basis der Handschrift Paris, Bibliothèque nationale de France, Lat. 4404 wieder, bezieht jedoch auch weitere Textzeugen in seine Textrekonstruktion mit ein. Vgl. GEFFCKEN, S. VIII.
30 ECKHARDT (wie Anm. 5), S. XXIII merkt zur Nürnberger Handschrift, die er ebenfalls nicht für seine Edition herangezogen hat, missverständlich an, dass die Lex Salica hier mit „angehängten Titeln LXXI und LXXII" erscheine. Bethmann hat im Archiv 1847 Auskunft über die Handschriften des Herrn Dr. Meier in Nürnberg gegeben, zu welchen auch eine Lex Salica gehörte, die die beiden Titel enthält, vgl. Ludwig Conrad BETHMANN, Reise durch Deutschland und Italien in den Jahren 1844–1846, in: Archiv der Gesellschaft für ältere deutsche Geschichtskunde 9 (1847), S. 513–658, hier S. 550. Der hier gebotene Text lautet: *LXXI. De invitus tritto. Si quis pitto alterius excusserit maß inuitus tritto sol. III. cul. iudicetur. Explicit Lex Salaga.* Es folgen Zeichen (fol. 26v), die nach Martin Hellmann Tironiana mit der Bedeutung *de...amen* sind, vgl. Martin HELLMANN, Index Tironianorum. Verzeichnis stenographischer Schriftdenkmäler des lateinischen Mittelalters, URL: http://www.martinellus.de/index/indexti.htm. Nach MORDEK (wie Anm. 6), S. 401 wurde die heute in der Nürnberger Stadtbibliothek befindliche Handschrift 1854 vom Magistrat der Stadt ersteigert.
31 Im Falle der St. Petersburger Handschrift findet sich dieser Nachtrag erst nach dem Explicit von einer deutlich abweichenden Hand als der Haupthand (fol. 33v), wobei weder Rubrik noch Text des hier mit *LXXII* nummerierten Titels auf dem vorliegenden Digitalisat lesbar sind. Wiarda ließ 1808 den Text der Ausgaben von Herold und Lindenbrog nebeneinander abdrucken. Bei Lindenbrog erschienen wohl schon die beiden zusätzlichen Kapitel, sodass er seiner Ausgabe wohl einen Abdruck des Parisinus Lat. 4632 zugrunde legte. Vgl. Tilemann Dotias WIARDA, Geschichte und Auslegung des Salischen Gesetzes und der Malbergischen Glossen, Bremen/Aurich 1808; Friedrich LINDENBROG (Hrsg.), Codex Legvm Antiqvarvm, Frankfurt 1613. Auch Feuerbach vermerkt, dass sich der Titel im „Codex Mazarinus der Pariser Bibliothek" finde. Vgl. Eduard August FEUERBACH, Die Lex Salica und ihre verschiedenen Recensionen. Ein historisch-kritischer Versuch auf dem Gebiete des Germanischen Rechts, Erlangen 1831, S. 22.

Salica, die sich – am Beginn fragmentarisch – auf fol. 22r–56r befindet, sondern folgen fol. 135v direkt auf das Capitulare legibus additum (BK 39, fol. 133r–135v), sodass sie auf den ersten Blick als diesem zugehörig erscheinen.

Der Augusteus ist also der einzige Textzeuge, der den Titel als *LXXI De inuitus tritto* ohne *De terra contempnata* überliefert (fol. 50v) und diesen auch im Titelverzeichnis schon entsprechend ankündigt. Trotz dieses Alleinstellungsmerkmals soll der Text des Titels in diesem Codex mit denen der anderen überliefernden Handschriften verglichen werden[32]:

K 57	K 39	K 61	K 62	K 81
LXXI DE INUITUS TRITTO	DE INUICTU STRICTO	LXXI. De invitus tritto.	DE INUITUS TRITTO	LXXII
Si quis . pitto . alterius excusserit malb.[33] inuitus tritto . cxx *denariis* qui faciunt . sol*idos* . III . cul*pabilis* iud*icetur* Si uero contra uoluntate domni et negare uoluerit . Et ei fuerit ad probatum capitale <u>in locum</u> restituat . Et in super . I . ccctos *denariis* qui faciunt . sol*idos* xxx . cul*pabilis* iud*icetur* . <u>excep*to* cap*itale* et delat*ura*</u>	Si quis pitto alterius excusserit inuitu stricto . c . xx denariis qui faciunt solidos . III . culpabilis . si uero contra uoluntatem domni et negare uolurit et ei fuerit ad probatum capitale restituat et in super icccc . denariis qui faciunt solidos xxxv culpabilis iudicetur	Si quis pitto alterius excusserit mał inuitus tritto sol. III. cul. iudicetur.	Si quis pitto alterius excusserit mał inuitus tritto. cxx . dinariis qui faciunt solidos . III . culpabilis iudicetur	[S]i qui pito alteriu excusserit mł... solidos . III .

Der in der letzten Zeile befindliche Teil, wie auch *in locum* finden sich ausschließlich in dieser Handschrift.[34] Die Schlusswendung *excepto capitale et delatura* steht sonst nicht am Ende der Titel in K 57. Sie enden üblicherweise formelhaft mit *cul iud* (*culpabilis iudicetur*), sodass spekuliert werden kann, dass dieser letzte Titel ursprünglich aus einer anderen Vorlage als der Rest der Lex übernommen wurde. Dafür spricht auch die Platzierung am Ende der Lex.

---

32 Das in der Handschrift enthaltene „Sondergut" wurde von der Verfasserin durch Unterstreichung gekennzeichnet. Initialen sind in Fettdruck hervorgehoben.
33 Kürzungsstrich durch die Schäfte von „lab".
34 So auch ECKHARDT (wie Anm. 5), S. 235 Anm. e–e, f–f.

Capitulare legibus additum (BK 39, fol. 51r–53v)

Auf einer neuen Lage wird der Kapitularienteil der Handschrift durch das breit überlieferte Capitulare legibus additum eingeleitet. Vermutlich stammt es ebenfalls von der Hand des Schreibers, der am Ende der Lex Salica tätig war. Auch die grundlegende Anlage, was Auszeichnungsschrift (Unziale), Tinte und gelbe Hervorhebungen betrifft, wird hier weitergeführt. Der Kapitularienteil beginnt mit INCIPIUNT . CAPITULE QUE IN LEGE SALICA DOMNUS AUGUSTUS CAROLUS ANNO INCARNATIONIS DOMINI NOSTRI IHESU CHRISTI . DCCCIII . IMPERII UERO SUI[35] ANNO TERTIO PRAEPONENDO ADDERE IUSSIT[36]

Der folgende Text ist einheitlich arrangiert, indem die jeweilig einleitenden Majuskel-Q direkt untereinanderstehen und mit einem horizontalen gelben Strich hervorgehoben wurden. Gegenüber dem in der Kapitularien-Edition von Boretius/Krause gebotenen Editionstext, weicht hiesiger zu Beginn stellenweise ab.

BK 39 in 50.2 Aug. 4°	BK 39 in Boretius/Krause (Obertext, S. 113)
I . CAPITULUM . De homicidiis clericorum .	De homicidiis clericorum.
Qui subdiaconum occiderit solidi CCC culpabilis iudicetur .	Si quis[37] subdiacorum occiderit, CCC solidos componat;
Qui diaconum solidi CCCC culpabilis iudicetur .	qui diaconum, CCCC;
Qui presbiterum solidi DC culpabilis iudicetur .	qui presbiterum, DC;
Qui episcopum solidi DCCCC culpabilis iudicetur .	qui episcopum, DCCCC solidos componat;
Qui monachum solidi CCCC culpabilis iudicetur .	qui monachum, CCC solidis culpabilis iudicetur
II . CAPITULUM . Si quis inmunitatem damnum aliquid fecerit solidi DC culpabilis iudicetur .	Si quis in emunitatem damnum aliquid fecerit, DC solidos componat.

---

35 Tilgung eines m? Schon MORDEK (wie Anm. 6), S. 918–920 vermutet eine entsprechende Korrektur.
36 FAULKNER (wie Anm. 6), S. 107–109 gibt an, dass dieser Titel für BK 39 – bei ihm „(2)" benannt, da es sich um den zweithäufigsten nach CAPITULA QUE IN LEGE SALICA MITTENDA SUNT handelt – erst ab der zweiten Hälfte des 9. Jahrhunderts belegt sei. Er führt hier auch den Augusteus mit der allgemein akzeptierten Datierung in die erste Hälfte des 9. Jahrhunderts auf, obwohl dies etwas widersprüchlich zu der vorherigen Aussage erscheint. Von den bei Faulkner aufgeführten Zeugen, die (2) überliefern (Paris Lat. 10754 und Lat. 10758, St. Gallen 728, Cambrai, Bibliothèque municipale, 625 und Wolfenbüttel, Gud. Lat. 299) erscheint der Augusteus als frühester. In der Edition von Boretius/Krause wird die dem Augusteus nahestehende Variante *Incipiunt capitula que in lege Salica domnus Augustus Karolus anno ab incarnatione domini nostri Iesu Christi DCCCIII. Imperii vero sui anno tertio praeponendo addere iussit* für die Handschriften Nr. 8–14 und 42 genannt. Dem Augusteus ist in der Edition als Sigle die Nr. 17 zugewiesen worden. Für diesen (wie auch für die Handschriften Nr. 7, 19, 28, 31, 35, 36, 39) geben Boretius/Krause „Abest denique inscriptio" an, vgl. Capitulare legibus additum, in: Capitularia regum Francorum, Bd. 1, ed. Alfred BORETIUS (MGH Capit. 1), Hannover 1883, S. 111–114, hier S. 112.
37 *Qui* auch hier als Variante der übrigen (*rell.*) Handschriften angegeben. Vgl. Anm. c.

Es wird in der Handschrift also konsequent die auch in der Lex Salica übliche Schlusswendung in einheitlicher Form übernommen. Dies bleibt auch im Folgenden so. Bei c. 2 wurde auf fol. 51r *mandet comis uel episcopus* zunächst vergessen und am rechten Rand in mittlerer Höhe nachgetragen. Die Verbindung zum Text, in die der Einschub gehört und der sich erst weiter unten findet, wurde mittels eines Verweiszeichens hergestellt. Insgesamt weicht der im Augusteus gebotene Text nur leicht von dem der Edition ab. Allerdings sind dort nicht alle im Codex vorkommenden Varianten im Apparat dokumentiert.

Ab fol. 53v ändert sich die Ausgestaltung dahingehend, dass die Nummerierungen, die vorher in diesem Teil lediglich durch Paragraphenzeichen vor der Zahl hervorgehoben wurden, nun oben und unten durch mehrere horizontale Striche, an deren Ende sich jeweils eine weitere gebogene Linie findet, verziert werden. Sie wechseln sich nun in unregelmäßiger Folge mit den Paragraphenzeichen ab. Zu Beginn des letzten Kapitels, c. 11, steht eine O-Initiale, in der wiederum der nachfolgende Buchstabe eingeschlossen ist.

Das Doppelkapitular von Diedenhofen (BK 43, fol. 53v–54v und BK 44, fol. 54v–59v)

BK 43 beginnt direkt unterhalb von BK 39 und wurde von der gleichen Hand geschrieben. Am Anfang steht *KAP(ITULUM)* mit einer dreizeiligen K-Initiale in Texttinte, deren Schaft gelb ausgemalt wurde. Gelb hervorgehoben sind weiterhin die folgenden Nummerierungen bzw. die jeweils ersten Buchstaben. C. 7 lautet hier nur *De medicinalia*, nicht *De medicinalia arte*, wie in der Edition angegeben.

Der Beginn von BK 44 wird durch die Unzialrubrik *AD OMNES GENERALITER* eingeleitet, die jedoch nur in Texttinte erscheint. Die Einzelkapitel beginnen jeweils mit einfach verzierten D-Initialen (ohne Füllung), welche jedoch eher an den Buchstaben O erinnern. Die dazugehörige Nummerierung steht hier meist jeweils in der vorangehenden Zeile hinter einem Paragraphenzeichen. Die Zahlen auf fol. 59v sind gelb hervorgehoben. Der auf fol. 56r getilgte Text, wird – analog zum erwähnten Nachtrag auf fol. 51r – am Rand nachgetragen. Das Verweiszeichen ist im Text noch gut sichtbar, am Rand – wie auch der Nachtrag selbst – nur noch zu erahnen. Es muss hier aber *recludantur* gestanden haben.[38]

---

38 Die Buchstaben cl und tu sind noch zu erkennen.

Capitula legibus addenda (BK 139, fol. 60r–61r)[39]

Das ebenfalls sehr breit überlieferte Kapitular mit dem Kunsttitel Capitula legibus addenda beschließt den juridischen Teil der Handschrift. Es handelt sich hier allerdings nur um einen Auszug, der lediglich die c. 3, 4, 7, 9 und 18 umfasst, die von *I* bis *V* gezählt werden, und der – wie eingangs bereits erwähnt – nicht ursprünglich zur Handschrift gehörte. Für das Incipit INCIPIUNT CAPITULA QUE LEGIBUS ADDENDA SUNT QUE ET MISSI ET COMITES ET HABERE ET CETERIS NOTA FACERE DEBENT wird ein Mischalphabet verwendet.[40]

Der liturgische Text am Ende der Handschrift

Abschließend soll nun noch ein kurzer Blick auf den am Ende, ab fol. 61r, Z. 7 von deutlich anderer Hand eingetragenen Text geworfen werden. Es handelt sich um eine Psalmenlitanei bzw. ein Gebet zur ersten Stunde (Prim) bzw. ab fol. 62v zur Vesper.[41] Der Beginn des Textes, der im weiteren Verlauf leider kaum noch lesbar ist, lautet:

AD PRIMA	
Et ne nos inducas in tempcionem sed libera nos a mala .,.	Pater noster
Credo dominum uitam eternam . Amen	
Repleatur os meum . Laude ut cantem gloriam tuam ;	Ps. 70,8
tota die magnitudinem tuam .;.	
auerte faciem tuam a peccatis meis , et omnes inquitates meas dele .,.	Ps. 50,11
Cor mundum crea in me deus .	Ps. 50,12
Ne proicias me a facie tua .	Ps. 50,13
Redde mihi leticiam salutaris tui	Ps. 50,14
[E]ripe me domine as o... malo ... a iniquo eripe me .	
Eripe me den... micis meis deus meus .	Ps. 143,9
Et ab insatibus in me libera me .	
Eripe me ... operi uitibus iniquitates ...	Ps. 59,2
... sanguinum salua me [fol. 61v]	
... lm... dici nomi tuo bi sanctum fel...d reddam uotu mea die in diem sanctus deus sanctus fortis sanctus et inmortalis agnus dei qui tollis peccata mundi misere nobis .,. Spiritus tuus bonus deduce me... in terra recta propter nomen tuum domine uiuificabis me in aquitate tua .,. Benedic animo mea Domino dei et damnu que intra me sunt domini sanctu eius ; Benedic anima ...a domino et noli obliui sancti omnes .	

---

39 Auf eine detaillierte Beschreibung dieses Teils der Handschrift wird hier verzichtet, da ausführliche Informationen wie auch eine annotierte Transkription auf der Webseite des Kapitularienprojekts bereits verfügbar sind. Vgl. „Wolfenbüttel, Herzog August Bibliothek, 50.2 Aug. 4°", in: Capitularia. Edition der fränkischen Herrschererlasse, bearb. von Karl UBL und Mitarb., Köln 2014ff. URL: http://capitularia.uni-koeln.de/mss/wolfenbuettel-hab-aug-4-50-2.

40 Vgl. die editorische Vorbemerkung zur Transkription auf der Handschriftenseite des Kapitularienprojekts (wie Anm. 39). Auf fol. 60r scheint außerhalb des Textblocks ein Buchstabe zu stehen (V?). Eventuell handelt sich hierbei um eine Anweisung für den Rubrikator.

41 MORDEK (wie Anm. 6), S. 920 weist auf einen Blattverlust nach fol. 61 bzw. 62 hin.

Die Handschrift im Gebrauch – Von Korrekturen und Annotationen

An einigen Stellen finden sich im Bereich der Lex Salica wie auch bei den früheren Kapitularien ad hoc-Korrekturen, die vom Schreiber selbst ausgeführt wurden, wie das Nachtragen eines vergessenen Wortes oder – wie oben bereits vermerkt – zunächst ausgelassener Passagen.[42] Im Bereich des Titelverzeichnisses der Lex Salica ist die Handschrift jedoch von einer späteren Hand einer Korrektur unterzogen worden.[43]

Mehrfach sind Stellen durch Maniculae[44], welche sich jeweils auf dem äußeren Rand befinden, hervorgehoben. Diese Markierungen finden sich sowohl im Text der Lex Salica (achtmal), als auch bei den sich ihr anschließenden Kapitularien BK 39 (zweimal) und BK 44 (einmal). Da sich die Maniculae teils recht deutlich in ihrer Form unterscheiden und folglich wohl von mehreren Benutzern stammen, können Annotationsschichten unterschieden werden (vgl. die nachfolgende Tabelle). In beiden Fällen handelt es sich aber um spätere Anmerkungen, die deutlich nach der Abfassung der Handschrift entstanden sind. Die annotierten Titel werden hier in Reihenfolge ihres Vorkommens in der Handschrift präsentiert. Die Zählung folgt den Editionen von Karl August Eckhardt (PLS) bzw. Boretius/Krause (BK). In der Handschrift zusätzlich durch Unterstreichung hervorgehobene Wörter sind hier ebenfalls unterstrichen.

Die erste Manicula findet sich auf fol. 12r bei Titel PLS 14,2 (*DE EO QUI HOMINEM INGENUUM EXPOLIAUERIT*), der die Bußsummen festsetzt für die Beraubung eines Franken durch einen Römer.[45] Die zweite Manicula steht

---

42 Z. B. wurde auf fol. 6v beim Titel *De furtis auium* (LS K 7) *iud* für *iudicetur* interlinear nachgetragen. Gleich mehrere Nachtragungen bzw. Verbesserungen finden sich auf fol. 12r und 12v. Auf fol. 13r wurde bei PLS 14,10 die vermeintlich korrekte Passage *et postea parentes* gestrichen, vermutlich da dieser Passus in einer neuen Zeile beginnen sollte. Der gleiche Text folgt dann auch auf die Streichung. Eine weitere Streichung folgt auf fol. 28v. Der korrigierte Text wurde oberhalb eingefügt (PLS 39,2). Auf fol. 13v wurden bei PLS 16,1 zwei (?) Wörter zwischen *misit* und *parentibus* getilgt. Sie sind heute nicht mehr lesbar. Das gehäufte Vorkommen von Korrekturen in diesem Bereich der Handschrift könnte dem Zustand einer eventuellen Vorlage geschuldet sein, oder aber Ausdruck für mangelnde Konzentration des Schreibers. Eine weitere Tilgung befindet sich auf fol. 17r.

43 Z. B. fol. 1r im Titelverzeichnis: LS K 10 (PLS 9), wo zu *messe* korrigiert wird, sowie LS K 20 (PLS 18), wo die korrekte Endung interlinear ergänzt wird und LS K 28 (PLS 26), bei dem *ad missis* zu *dimissis* verbessert wird.

44 Dieses Symbol einer Hand mit einem (oftmals verlängerten) Zeigefinger, wurde zwischen dem 12. und 18. Jahrhundert oftmals am Rand von Büchern verwendet, um Aufmerksamkeit auf bestimmte Textpassagen zu lenken. Vgl. allgemein zu dieser „Zeigehand" William H. Sherman, Towards a History of the Manicule, FOR/2005/04/001, URL: http://www.livesandletters.ac.uk/ bzw. das gleichnamige Kapitel in William H. Sherman, Marking Readers in Renaissance England, Philadelphia 2008, S. 25–52. Einführend zum Thema weiterhin Paul McPharlin, Roman Numerals, typographic leaves and pointing hands. Some notes on their origin, history and contemporary use, New York 1942, S. 47–76 sowie aktuell Keith Houston, Shady Characters. The Secret Life of Punctuation, Symbols & Other Typographical Marks, New York/London 2013, S. 167–185.

45 Zu PLS 14,2 vgl. Heinrich Brunner, Deutsche Rechtsgeschichte, Bd. 1 (Systematisches Handbuch der deutschen Rechtswissenschaft 2,1,1), Berlin ²1906, S. 384 und Heinrich Brunner / Claudius Freiherr von Schwerin, Deutsche Rechtsgeschichte, Bd. 2 (Systematisches Handbuch der deut-

im oberen Drittel von fol. 23r bei PLS 30,6 (*DE CONUITIIS*), welcher in der K-Fassung üblicherweise der 32. Titel ist. So auch hier. Es wird der (fälschliche) Vorwurf, jemand habe seinen Schild weggeworfen bzw. sei aus Feigheit geflohen, unter Strafe gestellt.[46] Direkt auf der Verso-Seite von fol. 23 ist eine weitere Textstelle markiert. Die Hand findet sich in mittlerer Höhe am linken, äußeren Rand. Zwar ist die Rubrik stark verblichen, dennoch ist deutlich zu erkennen, dass es sich um den Titel *DE EO QUI HOMINEM INGENUUM SINE CAUSA LIGAUERIT* (PLS 32) handelt, dessen dritter Abschnitt (PLS 32,3) hervorgehoben wurde.[47] Wie bei PLS 14,2 wurde hier wiederum jener Passus markiert, der die Bußsumme dafür festlegt, wenn ein Römer Urheber einer Missetat an einem Franken – in diesem Fall die Fesselung eines Franken ohne Rechtsgrund – ist. Fol. 24r folgt eine weitere Manicula bei PLS 33,2 (*DE UENATIONIBUS*), in welchem das Töten bzw. Stehlen eines zahmen, zur Jagd abgerichteten Hirsches unter Strafe gestellt wird.[48] Die Manicula auf fol. 25v steht zwischen Titel 35,4 und 35,5 (*DE HOMICIDIIS SERUORUM UEL ANCILLARUM*). Dies ist wohl auch dem Annotator aufgefallen, der durch einen zusätzlichen Strich eine eindeutigere Zuweisung ermöglichen wollte. PLS 35,4 veranschlagt für das Auspeitschen eines fremden Sklaven, der dadurch 40 Nächte nicht arbeiten kann, eine Bußsumme von einem Solidus und einem Triens.[49] Auf fol. 29r ist die erste Passage von *XLII. DE SERUO QUI DE FURTU FUERIT INTERPELLATUS* (PLS 40,1)[50] annotiert, welche mit einer fast dreizeiligen S-Initiale beginnt. In diesem Passus wird ein Unfreier für einen Diebstahl, bei dem ein Freier 15 Solidi hätte zahlen müssen, zu 120 Hieben verurteilt. Auch PLS 40,6 ist mit einer Manicula bedacht worden, welcher das Vorgehen bei der körperlichen Bestrafung eines bei einer verbrecherischen Tat ertappten Unfreien festlegt.[51] Auf fol. 45r ist Titel PLS 56,2 *DE EO QUI AD MALLUM UENIRE CONTEMPSERIT* hervorgehoben, der zwölf Zeugen verlangt, die beschwören, bei der Verurtei-

---

schen Rechtswissenschaft 2,1,2), Berlin ²1928, S. 502, 519, 521, 546 sowie Knut Jungbohn CLEMENT, Forschungen über das Recht der Salischen Franken vor und in der Königszeit. Lex Salica und Malbergische Glossen. Herausgegeben und mit einem Vorworte und Register versehen von Dr. Heinrich ZOEPFL (Bibliothek für Wissenschaft und Literatur 3. Staats- und rechtswissenschaftliche Abtheilung 1), Berlin 1876, S. 131.

46 Dass dieser Vorwurf der feigen Flucht nicht belegt werden kann, wird in der K-Fassung nicht expliziert, sondern ergibt sich aus dem allgemeinen Kontext des Titels. Vgl. BRUNNER / VON SCHWERIN (wie Anm. 45), S. 460. Zum Titel allgemein vgl. GEFFCKEN (wie Anm. 29), S. 144 mit weiteren Literaturhinweisen sowie Elmar SEEBOLD, Die Behandlung von Schmähungen und Verleumdungen in der „Lex Salica", in: Beiträge zur Geschichte der deutschen Sprache und Literatur 134 (2012), S. 330–343.

47 Vgl. zum Titel 32 BRUNNER (wie Anm. 45), S. 441 und BRUNNER / VON SCHWERIN (wie Anm. 45), S. 631–633, 870, sowie Wolfgang SCHILD, Art. „Binden", in: Handwörterbuch zur deutschen Rechtsgeschichte 1 (2008), Sp. 592–594, zitiert nach HRGdigital, URL: https://www.hrgdigital.de/HRG.binden.

48 Vgl. BRUNNER / VON SCHWERIN (wie Anm. 45), S. 502, 504 sowie die Erläuterungen bei GEFFCKEN (wie Anm. 29), S. 148.

49 Vgl. BRUNNER (wie Anm. 45), S. 313.

50 Vgl. BRUNNER / VON SCHWERIN (wie Anm. 45), S. 554, 787, 866.

51 Ebd., S. 727, 786.

lung anwesend gewesen zu sein, und dass der Verurteilte den Gerichtsbeschluss missachtet habe.[52]

Bei den Kapitularien wurden auf fol. 52v und fol. 53r c. 5 und 7 von BK 39[53] sowie auf fol. 55v c. 7 von BK 44[54] annotiert. BK 39 c. 5 verlangt das Herantreten an die neun glühenden Pflugscharen, wenn jemand verneint, einen anderen erschlagen zu haben, um durch das Gottesurteil geprüft zu werden. BK 39 c. 7 legt die Berechnung des Wergelds fest, wenn eine Freilassungsurkunde nicht vorliegt, da sie von jemandem zerstört wurde, der den Besitzer der Urkunde in die Unfreiheit führen wollte. BK 44 c. 7 handelt von Handelsbestimmungen und nennt Kontrollplätze, die einzelnen *missi* zugeteilt werden sollen.[55]

12r		PLS 14,2	Si romanus homo franccu*m* expoliauerit . II . dtis[56]. qui faciunt . sol*idos* LXII s*emis*[57] cul*pabilis* iud*icetur* .
23r		PLS 30,6	Si q*uis* alteri inputauerit quod scutum suum proiecisset in hoste . u*el* fugiendo prae timore . CXX d*enariis* . qui faciunt sol*idos* . III . cul*pabilis* iud*icetur* .
23v		PLS 32,3	Si uero romanus Francum ligauerit sine causa . ICC[58]tis d*enariis* qui faciunt . sol*idos* . XXX . cul*pabilis* . iud*icetur* .

---

52 Ebd., S. 752.
53 Vgl. zu BK 39 BRUNNER (wie Anm. 45), S. 323, 333, 423, 430, 544, 559; BRUNNER / VON SCHWERIN (wie Anm. 45), S. 224–225, 392, 396, 401, 429, 466, 493, 506, 534, 550, 787, 792–793, 798, 820.
54 Vgl. zu BK 44 BRUNNER (wie Anm. 45), S. 226, 299, 322, 374–375, 411; BRUNNER / VON SCHWERIN (wie Anm. 45), S. 77, 189–190, 257, 280, 285, 287, 297, 322, 327, 343, 365, 414, 471, 473, 475, 480, 534, 617, 696, 713, 784, 787, 821, 877.
55 Vgl. GLATTHAAR (wie Anm. 3), S. 451 mit weiteren Literaturangaben (Anm. 26), sowie Matthias HARDT, Die Ersterwähnung Magdeburgs im Diedenhofener Kapitular von 805. Das Diedenhofener Kapitular und die Ostgrenze des Karolingerreiches, in: Matthias PUHLE (Hrsg.), Magdeburg 1200. Mittelalterliche Metropole – Preußische Festung – Landeshauptstadt. Die Geschichte der Stadt von 805 bis 2005, Stuttgart 2005, S. 42–43. Hier wird auch eine Abbildung der Augusteer-Handschrift geboten.
56 Für MMD. Die Währungsangabe wurde hier vergessen.
57 Vgl. ECKHARDT (wie Anm. 5), S. 65 Anm. o–o), der die hier vorkommende Schreibung *LXIIç* ebenfalls für die Handschriften K 18, 33, 46 und 56 angibt.
58 Für MCC.

24r		PLS 33,2	Si quis ceruum domesticu*m* . signu*m* habentem . aut occiderit . aut furauerit . qui ad uenationem faciendam mansue factus[59] est . et cum testibus[60] conprobare dominus eius potuerit quod eum in uenatione . habuisset . et cum ipso duas . aut tres feras occidisset . I . DCCCtis de*nariis* qui faciunt . sol*idos* . XLV . cul*pabilis* iu*dicetur* .
25v		PLS 35,4	[25r] Si q*uis* seruum alienum flagellauerit ut[61] in XL . noctibus . [25v] operare non potuerit . XL . de*nariis* qui faciunt . sol*idum* unu*m* . et trianti uno quod est tertia pars solidi . cul*pabilis* iu*dicetur* .
29r		PLS 40,1	Si cuius seruus de furtu fuerit . interpellatus si talis causa es*t* unde ingenuus . DCtos de*nariis* qui faciunt . sol*idos* XV . conponere debeat . seruus super scamnum tensus . CXX . ictos[62] accipiat .
30r		PLS 40,6	Si autem seruus de quolibet crimine inculpates fuerit . et dominus serui ipsius praesens adfuerit ab eo qui repetit ammoneatur . ut seruum suum ad iusta supplitia[63] dare non differat . Et qui repetit uirgas paratas debet habere quae in similitudinem minimi digiti grossitudinem habeant . et scamnum paratum habere debet ubi seruum ipsum tendere possit .
45r		PLS 56,2	Et ibidem duodecim testes esse debent qui per singula placita iurando dicant . quod ibidem fuissent . ubi reginburgi[64] ei iudicassent . Et ille decretum iudicium contempsisset
52v		BK 39, c. 5	[...] Et si negauerit[65] illum occidisse ad nouem[66] uomeres ignites iuditio dei .- examinand*us* accedat .-

---

59 Das Wort *mansuefactus* findet sich nach der Eckhardtschen Edition ebenfalls in den Handschriften K 19, 21, 56, 71. Vgl. Eckhardt (wie Anm. 5), S. 124 Anm. i–i).
60 m nach einer Lücke nach *testi* expungiert.
61 In der Edition *et* ohne weitere Varianten. Vgl. Eckhardt (wie Anm. 4), S. 131.
62 In der Edition *ictus* ohne weitere Varianten. Vgl. ebd., S. 145.
63 In der Edition *supplicia* mit den Varianten *subplicia* (K 18) und *subplitia* (K 17, 46). Vgl. ebd., S. 149, Anm. h.
64 In der Edition *rachinburgi* mit zahlreichen Varianten, jedoch keine mit e, wie in dieser Handschrift. Vgl. ebd., S. 211, Anm. q.
65 Vor *nega* ein Buchstabe?
66 Die Tinte erscheint beim Passus *illum occidisse ad nouem* dunkler als die umgebenden Textstellen.

53r		BK 39, c. 7	[...] Si uero carta non paruerit sed iam ab illo qui eum in seruire uoluerit disfacta *est* uuidrigyldum eius conp̄.[67] duas partes illi qui in seruire uoluerit .- tertia*m* regi .- Et ille iterum p*er* praeceptu*m* regis libertatem suam conquirat .
55v		BK 44, c. 7	VII. De negotiatori*bus* qui partibus sclauorum . et auarorum pergunt .quousq*ue* procedere . cu*m* suis negociis debeant . Id est partibus saxoniae usque ad bardenuuih . ubi prae*u*ideat . hredi . et ad skaesla . ubi madalgaud*us* prae*u*ideat .- Ad magadoburg*a* . prae*u*ideat . hatto . Ad erpisfurt . madalgaud*us* . Ad halaz.stad. prae*u*ideat . madalgaud*us* . Ad foracheim ad breemberg*a* . Et ad ragenisburg*a* . Audulfus . et as lauriacum . Vuarnarius . et ut arma . et brunias non ducant ad uenundandum . quod si inuenti fuerint portantis .omne[68] substantia eorum auferat[69] ab eis dimidia quidem pars . partib*us* palacii . [56r] alia uero medietas . inter iam dictos missos inuentorem deuidatur .

Betrachtet man die annotierten Stellen, lässt sich augenscheinlich kein eindeutiges Themenfeld ausmachen. Lediglich die erste und die dritte Manicula heben jeweils jene Passagen hervor, die sich mit Taten von Römern gegen Franken befassen. Einige Stellen handeln von Missetaten von Unfreien, die jeweils mit Körperstrafen belegt werden. Die übrigen Stellen lassen sich thematisch kaum zusammenfassen, da sie unterschiedliche Verbrechen von Schmähungen, Fahnenflucht oder die Rechtmäßigkeit von Verfahren thematisieren. Neben den Bußsummen und Körperstrafen wird mit BK 39 c. 5 einmal ein Gottesurteil gefordert.

Neben den Maniculae, deren Eintragung kaum datiert werden kann, die vermutlich aber dem Hoch- bzw. Spätmittelalter bzw. der frühen Neuzeit zuzuschreiben sind, hat sich im Bereich von BK 139 auf fol. 60 ein eindeutig neuzeitlicher Nutzer durch Verweise auf die Edition von Baluze in die Handschrift eingeschrieben.[70] Auf fol. 60r steht am linken Rand in dunkelbrauner Tinte *Baluz. T. I. p. 599.*, darunter *l.c. p. 600*. Auf fol. 60v folgt – ebenfalls am linken Rand – *v. Capitulare I. Ludovici Pii. Baluz. Capit. T. I. p. 597 600*, darunter *Ib. p. 604*. Da die Kapitularienedition von Étienne Baluze erst 1677 veröffentlicht wurde, gilt dies als *terminus post quem* der Anmerkungen. Zu dieser Zeit hat sich die Handschrift bereits im Bestand der Wolfenbütteler Bibliothek befunden.[71] Es ist daher nicht unwahrscheinlich, dass es sich bei dem Annotator um

---

67 *conponat*.
68 Diese Variante kommt so scheinbar nur in dieser Handschrift vor, während die anderen Handschriften mit *ut omnis* den Nominativ haben.
69 Die anderen Handschriften haben *auferatur*, also die Passivform.
70 Capitularia regum Francorum, Bd. 1, ed. Étienne BALUZE, Paris 1677 bzw. Capitularia regum Francorum, Bd. 2, ed. Étienne BALUZE, Paris 1677.
71 Vgl. MILDE (wie Anm. 8), S. 133.

einen Benutzer der Bibliothek oder einen Bibliotheksmitarbeiter gehandelt hat. Natürlich könnten die Einträge auch während der Pariser Zeit des Codex gemacht worden sein. Möchte man davon ausgehen, dass jeweils auf die aktuelle Edition referenziert wird – die Neuedition der Kapitularien durch Pertz erfolgte erst 1835 – wäre dies der mögliche *terminus ante quem*. Die anderen enthaltenen Kapitularien sind nicht mit solchen Anmerkungen versehen worden, sodass das Interesse des Annotators ausschließlich bei diesem Kapitular lag.

Zur Frage der Provenienz

Die Geschichte der Handschrift, bevor sie Teil des Wolfenbütteler Bestands wurde, liegt weitestgehend im Dunkeln. Ihre Entstehung wird allgemein in das nordöstliche Frankreich lokalisiert (Schriftheimat), als Provenienz einzig Weißenburg genannt. Diese Zuschreibung beruht allerdings lediglich auf einer falschen Beobachtung Otto von Heinemanns und kann daher angezweifelt werden. Von Heinemann hatte angenommen, dass der einheitliche braune Schweinsledereinband, den die sog. Weißenburger Handschriften zum großen Teil bis zu ihrer Neubindung in den 1950er und 1960er Jahren hatten, ein Beleg für deren Zugehörigkeit zur alten Bibliothek des elsässischen Klosters Weißenburg sei und diesen daher in das 17. Jahrhundert datiert.[72] Für die Weißenburgenses ist dieser Lapsus schon zu Beginn des 20. Jahrhunderts von Gustav Milchsack aufgedeckt worden.[73] Die Eintragung „Neubekleidung der Weißenburger Codices" findet sich im Rechnungsbuch mit der Signatur HAB BA II, 709 und ist auf das Jahr 1753 datiert. Die Weißenburger Handschriften wurden nachweislich also erst Mitte des 18. Jahrhunderts in Wolfenbüttel vom Buchbinder Wiedemann gebunden.[74] Cod. 50.2 Aug. 4° hat heute noch einen Einband,

---

72 Die Weißenburger Sammlung wurde 1689 von der Herzoglichen Bibliothek angekauft und kam im folgenden Jahr nach Wolfenbüttel. Der Vorbesitzer war Heinrich Julius Blume, der bereits einige Jahre zuvor versucht hatte, die Handschriften an Herzog August zum Preis von 2000 Talern zu verkaufen. Die Umstände, unter denen er die Handschriften akquiriert hatte, sind undurchsichtig. Vgl. hierzu ausführlicher Hans BUTZMANN, Die Weissenburger Handschriften (Kataloge der Herzog August Bibliothek Wolfenbüttel, Neue Reihe 10), Frankfurt/Main 1964, S. 4–18 und Theodor GOTTLIEB, Die Weißenburger Handschriften in Wolfenbüttel (Sitzungsberichte der K. Akademie der Wissenschaften in Wien. Phil.-hist. Klasse 163,6), Wien 1910.

73 Vgl. Otto VON HEINEMANN, Die Handschriften der Herzoglichen Bibliothek zu Wolfenbüttel, Abt. 4: Die Gudischen Handschriften (verfasst von Gustav MILCHSACK), Wolfenbüttel 1913, S. 165–166. Diese Entdeckung führte dazu, die Provenienzgeschichte der Weißenburgenses kritisch zu hinterfragen. Nur einige dieser Handschriften besitzen einen Eintrag, der sie tatsächlich eindeutig als Bestand der alten Klosterbibliothek ausweist.

74 Zu den Wolfenbütteler Buchbindern vgl. Ute Maria ETZOLD, Die Buchbinder und ihr Handwerk im Herzogtum Braunschweig von den Gildegründungen unter Herzog August bis zum ersten Weltkrieg 1651–1914 (Quellen und Forschungen zur Braunschweigischen Landesgeschichte 43), Braunschweig 2007. Eine Übersicht der Buchbinder findet sich auf S. 349–351. Für den Zeitraum von 1743 bis 1786 ist Friedrich Bartholomäus Wiedemann als Hof- und Bibliotheksbuchbinder belegt (S. 350).

der stark an diese alten Einbände der Weißenburger Codices erinnert. In seiner Beschreibung der Handschrift im Katalog der Augusteer-Handschriften (1903), veranlasste dies von Heinemann zu der Aussage, dass der „mit dem der Weißenburger Manuskripte völlig übereinstimmende Einband" vermuten ließe, „dass die Handschrift ursprünglich der Weißenburger Klosterbibliothek angehört hat."[75] Zum gleichen Ergebnis kam in den 1960er Jahren – also lange nachdem der braune Einband nicht mehr als Indiz für Weißenburger Provenienz gelten konnte – seltsamerweise auch Karl August Eckhardt, der Editor der heute noch maßgeblichen Ausgabe der Lex Salica. Es verbleibt unklar, ob seine Beobachtung, dass der Einband dieser Handschrift (K 57) mit jenem von Cod. Guelf. 97 Weiss. (A2) übereinstimme, von Eckhardt selbst stammt – sein Name taucht nicht auf dem Benutzerzettel des Augusteus auf und er hat den Handschriften der Karolina-Fassung insgesamt nur wenig Aufmerksamkeit geschenkt – oder ob er die Information von Otto von Heinemann lediglich übernahm, ohne dies explizit anzugeben.[76] Zwar ist die Fehleinschätzung von Heinemanns für die Weissenburgenses seit langem allgemein bekannt, doch für Cod. Guelf. 50.2 Aug. 4° ist diese Angabe bisher nicht infrage gestellt worden, sodass dessen vermeintliche Weißenburger Provenienz bis heute tradiert wird.[77]

Als weiteres Zeichen einer Zugehörigkeit zum elsässischen Kloster gilt für dessen Handschriften heute neben Besitzvermerken in der Form *Codex monasterii sanctorum Petri et Pauli apostolorum in Wissenburg* oder ähnlich, welche im 15. oder 16. Jahrhundert einigen Weißenburger Handschriften eingeschrieben wurden, auch der Eintrag eines Signaturbuchstabens, der nach Bernhard Bischoff etwa aus der 2. Hälfte des 14. Jahrhunderts stammen soll.[78] Auch diese beiden Merkmale weißt der Augusteus nicht auf.[79] In den überlieferten mittelalterlichen Bücherlisten des Weißenburger Klosters aus dem 9. bzw. 11. Jahr-

---

75 Otto von Heinemann, Die Augusteischen Handschriften, Bd. 5: Cod. Guelf. 34.1 Aug. 4° – 117 Aug. 4° und Anhang: Handschriften in Sammelbänden, Frankfurt/Main 1903 (ND 1966), S. 50. Nach den Angaben von Frau Corbach wirken die Einbände der beiden Handschriften äußerlich zwar gleich, sind jedoch gänzlich unterschiedlich gebunden. Während die Augusteer-Handschrift auf Schnur gebunden wurde, sind im alten Einband des Weißenburgensis, der heute noch in der Wolfenbütteler Bibliothek aufbewahrt wird, flache (Pergament?)Streifen verwendet worden. Allerdings scheinen die Bindungen der Weißenburgenses insgesamt keinem ganz einheitlichen Schema zu folgen, wie aus den Unterlagen hervorgeht, die anlässlich der Neubindung der Handschriften Ende der 1950er bis Anfang der 1960er Jahre angefertigt wurden. Ich danke Frau Corbach für die Möglichkeit der Einsichtnahme in diese Unterlagen und für ihre Hilfe bei der Untersuchung der Einbände.
76 Vgl. Eckhardt (wie Anm. 5), S. XXIII.
77 Zuletzt bei Karl Ubl im Blogpost „Lex Salica, Kapitularien und biblisches Recht" zur Handschrift des Monats August 2017 (Paris Lat. 10754): Karl Ubl, „Handschrift des Monats August 2017: Paris, BN, Lat. 10754", in: Capitularia. Edition der fränkischen Herrschererlasse, bearb. von Karl Ubl und Mitarb., Köln 2014ff. URL: https://capitularia.uni-koeln.de/blog/handschrift-des-monats-august-2017/; vorsichtiger bei Coumert (wie Anm. 6), S. 311.
78 Vgl. Butzmann (wie Anm. 72), S. 19–23.
79 In der Weißenburger Sammlung gibt es aber auch Handschriften, die Besitzvermerke anderer Bibliotheken tragen, sodass die Abwesenheit des Weißenburger Vermerks kein zwingendes Kriteri-

hundert – letztere ist erhalten in Cod. Guelf. 30 Weiss., fol. 105vb–106rb – werden keinerlei Rechtshandschriften erwähnt.[80] Dies muss allerdings nichts bedeuten, da diese Listen ob ihrer thematischen Eingrenzung auf liturgische und patristische Texte augenscheinlich nicht den kompletten Bestand der Bibliothek wiedergeben. Ein weiteres Weißenburger Verzeichnis mit einem deutlichen Schwerpunkt auf liturgischen Büchern enthält Cod. Guelf. 35 Weiss. an seinem Ende (fol. 113v–114r). Hier handelt es sich um ein altes Ausleihverzeichnis wohl aus der 2. Hälfte des 10. Jahrhunderts, in dem zahlreiche Einträge getilgt wurden.[81] Wenn auch die thematische Breite der hier erwähnten Bücher etwas breiter scheint, so können hier dennoch keine weitergehenden Schlüsse bezüglich des vermeintlichen Vorhandenseins weltlicher Rechtshandschriften in der Weißenburger Bibliothek gezogen werden.

Nach den Ausführungen von Wolfgang Milde, der die Erwerbungsjahre der Augusteer Handschriften zu rekonstruieren versucht hat, wurde die Handschrift 1652/1653 vom Herzog angekauft.[82] Der Eintrag „Leges Caroli Magni" findet sich im vierten Band des Bücherradkatalogs (BA I, 325) auf S. 4171 (unter der Rubrik L.II.). Auch hier ist somit keine Verbindung zu den Handschriften der Weißenburger Sammlung zu sehen, die erst 1689 nach Wolfenbüttel gelangten, sich zuvor aber ab spätestens 1666 im Besitz von Heinrich Julius Blume befunden haben müssen. Zusammenfassend lässt sich also konstatieren, dass für die Annahme, der Cod. Guelf. 50.2 Aug. 4° sei Teil der alten Weißenburger Bibliothek gewesen, tatsächlich keinerlei Beweise vorliegen.

Ist es aber dennoch möglich, noch etwas über die Geschichte der Handschrift zwischen ihrer Entstehung in der ersten Hälfte des 9. Jahrhunderts auf nordostfranzösischem Gebiet und ihrem Eingang in den Bestand der Wolfenbütteler Bibliothek Mitte des 17. Jahrhunderts herauszufinden? Wie bereits erwähnt, lässt sich durch die Analyse der mit Maniculae versehenen Stellen kein eindeutiger Nutzungskontext erkennen, der mit einer bestimmten Region, Zeit oder einem konkreten Ereignis in Zusammenhang gebracht werden könnte. Bei allen Schwierigkeiten der Erforschung mittelalterlicher Bibliothekskataloge und insbesondere der Identifikation von dortigen Einträgen mit heute noch

---

um sein muss. Gleiches gilt für die Signaturbuchstaben, die ebenfalls bei weitem nicht alle Handschriften aufweisen. Auch fallen beide Merkmale nicht immer zusammen.

80 Vgl. Gustav Heinrich BECKER, Catalogi bibliothecarum antiqui, Bonn 1885, S. 37–38 sowie Émile LESNE, Les Livres, „Scriptoria" et Bibliothèques du commencement du VIIIe a la fin du XIe siècle, Lille 1938 (ND New York 1964), S. 705. Auch Butzmann äußert sich in der Einleitung zum Katalog der Weissenburgenses ausführlich zu den älteren Bücherverzeichnissen der Bibliothek und versucht sich an der Zuweisung der noch existenten Handschriften. Vgl. BUTZMANN (wie Anm. 72), S. 35–42.

81 Vgl. BUTZMANN (wie Anm. 72), S. 39–42. Das Verzeichnis wurde unter anderem abgedruckt bei Franz Anton KNITTEL, Ulphilae Versionem Gothicam Nonnvllorvm Capitvm Epistolae Pavli Ad Romanos, Braunschweig 1762, S. 246–247 und Otto LERCHE, Das älteste Ausleihverzeichnis einer deutschen Bibliothek, in: Zentralblatt für Bibliothekswesen 27 (1910), S. 441–450. Letzterer schlägt für den Eintrag auf fol. 114r, Z. 2, „decreta pontificum romanorum", vor, dass damit eine Dionysio-Hadriana-Handschrift gemeint gewesen sei.

82 Vgl. MILDE (wie Anm. 8), S. 133.

existenten Handschriften, scheinen diese Quellen – neben Einträgen in der Handschrift selbst – dennoch einen der wenigen Zugänge zur Provenienzgeschichte zu bieten. Leider ist die Zusammenstellung der in der Handschrift 50.2 Aug. 4° enthaltenen Texte mit Lex Salica und Kapitularien so allgemein und üblich, dass diese wohl kaum mit einem konkreten Katalogeintrag identifiziert werden könnte, selbst wenn sie darin erwähnt wäre.

Eine bisher noch nicht angesprochene Quelle sind weitere handschriftliche Eintragungen in der Handschrift selbst. Auf fol. 47r und fol. 59r wurde jeweils am unteren Rand der Handschrift auf dem Kopf stehend „Ratgoz" geschrieben. Ein weiterer Eintrag befindet sich, ebenfalls unterhalb des Schriftraums und auf dem Kopf stehend, auf fol. 37r (s. Abb. 1).

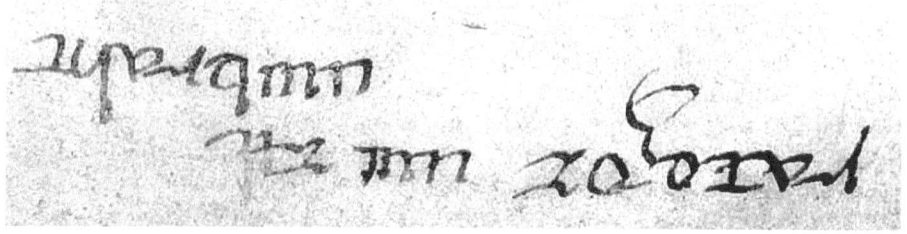

Abb. 1: Cod. Guelf. 50.2 Aug. 4°, fol. 37r
(http://diglib.hab.de/mss/50-2-aug-4f/start.htm?image=00077)

Das nach „ratgoz" Verzeichnete ist nicht ganz eindeutig zu entziffern, es könnte hier aber etwa „uuizil" und „uuibraht" zu lesen sein. Da „ratgoz" in mehreren Quellen als Name bezeugt ist, ist es naheliegend, dass es sich hierbei um weitere Personen handelt. Eigennamen, die auf „-brat", „-braht", „-breht", „-preht" oder ähnlich enden, scheinen nicht unüblich gewesen zu sein, wie auch Formen von „Wizil" für das frühe Mittelalter belegt sind.[83]

In Verbrüderungsbüchern finden Personen mit Namen „Ratgoz" gleich mehrfach Erwähnung: Das St. Galler Verbrüderungsbuch nennt einen für die Jahre 785 und 787 belegten „Ratgoz" (I 376$_9$), das Reichenauer unter den „nomina fratrum de congregatione sancti Bonifacii de Monasterio quod Fulta nominatur" eine 834 verstorbene Person (II 138$_{15}$). Weiterhin kommt im Reichenauer Verbrüderungsbuch unter II 399$_{34}$ und II 572$_{13}$ der Name ebenfalls vor.[84] Im Necrologium Augiae Divitis erscheint ein an den 2. Nonen des April verstorbener „Ratgoz" bzw. „Rahtcoz".[85] Im Necrologium Faucense (Füssen) wie

---

[83] Vgl. Moritz HEYNE, Altniederdeutsche Eigennamen aus dem neunten bis elften Jahrhundert, Halle 1867, S. 29, 31. In der Datenbank „Nomen et Gens" (URL: https://neg.ub.uni-tuebingen.de/gast/startseite.jsp) konnte kein Eintrag gefunden werden.

[84] Vgl. Libri Confraternitatum Sancti Galli, Augiensis, Fabariensis, ed. Paul PIPER (MGH Necr. Suppl.), Berlin 1884, S. 112 (I 376$_9$), S. 195 (II 138$_{15}$), S. 268 (399$_{34}$), S. 327 (572$_{13}$).

[85] Vgl. Necrologium Augiae Divitis, ed. Franz Ludwig BAUMANN, in: MGH Necr. 1, Berlin 1888, S. 271–282, hier S. 274.

auch im Necrologium Ottenburanum ist ein „Ratgoz" als Abt von Ottobeuren mit dem Sterbedatum 9. September 1082 bezeugt.[86] Mit gleichem Datum findet sich auch eine Erwähnung im Necrologium Monasterii S. Udalrici Augustensis Civitatis (Augsburg) in der Schreibweise „Radgosus".[87] In den Annales Necrologici Fuldenses wird ein an den 5. Nonen des Mai 779 verstorbener „Ratgoz" erwähnt,[88] sowie zwei weitere, im Jahr 834[89] bzw. 856[90] verstorbene Personen gleichen Namens. In der von Walahfrid Strabo in der ersten Hälfte des 9. Jahrhunderts verfassten Vita des heiligen Otmar von St. Gallen erscheint in c. 10 ein „vir potens" namens „Ratgoz".[91] Im Schenkungsbuch des Klosters St. Emmeram in Regensburg taucht ein „Ratgoz" als Zeuge einer Schenkung auf, die in die Zeit des Abbatiats von Ramwolt (975–1001) fällt.[92] Auch in einer St. Galler Urkunde von 787 wird ein „Ratgoz" als Zeuge genannt.[93]

Die Interpretation der bisherigen Auflistung im Hinblick auf eine mögliche Übereinstimmung mit dem „Ratgoz" der Wolfenbütteler Handschrift ist nun gänzlich davon abhängig, ob man den Urheber dieser Eintragung mit der genannten Person gleichsetzen möchte. Geht man davon aus, das Ratgoz sich im Cod. 50.2 Aug. 4° selbst verewigt hat, können die Nennungen dieses Namens für Personen, welche vor der angenommenen Entstehung der Handschrift (saec. IX½) lebten, ausgeschlossen werden. Dies grenzt das Spektrum jedoch nur unwesentlich ein. Und möchte man umgekehrt davon ausgehen, dass der Urheber der Eintragungen nicht mit einer der dort genannten Personen zusammenfällt, führt der Versuch ins Leere, über die Identifikation des Einträgers einen Aufenthaltsort der Handschrift vor ihrem Eingang in den Wolfenbütteler Bestand zu ermitteln. Ähnliches gilt für die weiteren beiden potenziellen Namensnennungen „uuibraht" und „uuizil".

Der Name „uuibraht" erscheint in einem Güterverzeichnis von 1211 aus dem Kloster Eberbach im Rheingau.[94] Ein „Wiberat" bzw. „Wibrat" findet Erwähnung in der um 1000 entstandenen Vita s. Udalrici des Gebhard von Augs-

---

86 Er folgte 1064 auf Abt Eberhard.
87 BAUMANN (wie Anm. 85), S. 85, 113, 125.
88 Annales Necrologici Fuldenses, ed. Georg WAITZ, in: MGH SS 13, Hannover 1881, S. 161–218, hier S. 167.
89 Ebd., S. 173.
90 Ebd., S. 178.
91 Walafridi Strabonis vita S. Otmari, ed. Georg Heinrich PERTZ, in: MGH SS 2, Berlin 1829, S. 41–47, hier S. 45.
92 Vgl. Franz Michael WITTMANN (Hrsg.), Schenkungsbuch des Klosters St. Emmeram zu Regensburg, in: Quellen und Erörterungen zur bayerischen und deutschen Geschichte, Bd. 1, München 1856, S. 10 sowie Josef WIDEMANN (Hrsg.), Die Traditionen des Hochstifts Regensburg und des Klosters S. Emmeram (Quellen und Erörterungen zur bayerischen Geschichte N.F. 8), München 1943 (ND Aalen 1988). Zum Verhältnis des Hochstifts Regensburg und der Klosters St. Emmeram vgl. ebd. S. V–VI.
93 Vgl. Hermann WARTMANN (Hrsg.), Urkundenbuch der Abtei Sankt Gallen, Teil 1: Jahr 700–840, Zürich 1862, S. 107, Nr. 113.
94 Vgl. Heinrich MEYER ZU ERMGASSEN (Hrsg.), Der Oculus Memorie, ein Güterverzeichnis von 1211 aus Kloster Eberbach im Rheingau, Teil 2 (Veröffentlichungen der Historischen Kommission für Nassau 31,2), Wiesbaden 1984, S. 394.

burg (Berichtszeit 890–973).[95] Eine Liste der „nomina fratrum de monasterio quod Wizzunburc vocatur" führt einen „Wibrat" auf (I 183$_7$). Diese Schreibweise kommt jener in der Wolfenbütteler Handschrift zumindest nahe.[96] Blickt man in das der Edition der Libri confraternitatum Sancti Galli, Augiensis, Fabariensis mitgelieferte Namensverzeichnis, so lassen sich einige Eigennamen finden, die jenem ähneln. Generell scheint dieser Name in bestimmten Regionen (im Friesischen) recht verbreitet zu sein.

Im Schenkungsbuch des Stifts Obermünster wird „Wizil" als Angehöriger eines Klosters gelistet, dem Arnolt vorsteht. Weiterhin erscheint jemand dieses Namens auf einer Zeugenliste, zweimal auch als Schenker.[97] Ein an den 5. Iden des Februar (9. Februar) verstorbener „Wizil" wird in den Necrologia Cremifanensia (Kremsmünster) erwähnt, ein weiterer in den Necrologia Monasterii S. Floriani (Linz) zu den 12. Kalenden des Dezember (21. Dezember) sowie in den Notae necrologicae et fragmentum necrologii monasterii Lambacensis (Lambach) zu den 9. Kalenden des März (24. März).[98] Auch in Corvey ist ein „Wizil" beim Datum 24. Dezember 1078 belegt.[99] „Uuizili" kommt vor im Martyrolog-Necrolog von St. Emmeram zu Regensburg als „Uuizili pbr mon" zum 3. September.[100] So auch im Verbrüderungsbuch der Abtei Reichenau.[101] Wenn auch über die Analyse der drei eingetragenen Namen bislang keine eindeutige Zuweisung zu einem bestimmten Kloster oder zu einem bestimmten Ort erfolgen konnte, lässt sich eventuell – wegen des vermehrten Vorkommens zumindest ähnlicher Namensformen – sehr vorsichtig ein zeitweiliger Verbleib der Handschrift im süddeutschen Raum vermuten. Dies setzt allerdings die Annahme voraus, dass der Einträger nicht lediglich ein Reisender war, sondern dem gleichen Kloster angehörte, in dem auch der Codex aufbewahrt wurde.

---

95 Vgl. Gerhardi vita S. Oudalrici episcopi Augustani, ed. Georg WAITZ, in: MGH SS 4, S. 377–428, hier S. 386.
96 Vgl. PIPER (wie Anm. 84), S. 112 (II 183$_7$).
97 Vgl. Franz Michael WITTMANN (Hrsg.), Schenkungsbuch des Stiftes Obermünster zu Regensburg, in: Quellen und Erörterungen zur bayerischen und deutschen Geschichte, Bd. 1, München 1856, S. 179, 182, 198, 202.
98 Vgl. Necrologia Cremifanensia, ed. Maximilian FASTLINGER, in: MGH Necr. 4, Berlin 1920, S. 197–238, hier S. 203; Necrologia monasterii s. Floriani, ed. Maximilian FASTLINGER, in: MGH Necr. 4, Berlin 1920, S. 260–325, hier S. 274; Fragmentum necrologii Lambacense, ed. Maximilian FASTLINGER, in: MGH Necr. 4, Berlin 1920, S. 406–416, hier S. 413.
99 Vgl. Catalogus Abbatum et Nomina Fratrum Corbeiensium, ed. Georg WAITZ, in: MGH SS 13, Hannover 1881, S. 274–277, hier S. 276.
100 Vgl. Das Martyrolog-Necrolog von St. Emmeram zu Regensburg, edd. Eckhard FREISE / Dieter GEUENICH / Joachim WOLLASCH (MGH Libri mem. N.S. 3), Hannover 1986, S. 166, 169, 176, 237.
101 Vgl. Das Verbrüderungsbuch der Abtei Reichenau, edd. Johanne AUTENRIETH / Dieter GEUENICH / Karl SCHMIDT (MGH Libri mem. N.S. 1), Hannover 1979, S. 175.

Fazit

Zusammenfassend ist festzustellen, dass selbst eine genaue Analyse der vielschichtigen materiellen und inhaltlichen Aspekte einer frühmittelalterlichen Handschrift nicht zwingend dazu führt, die zahlreichen Lücken der Überlieferungsgeschichte zu schließen. Weder die juridischen Teile des Augusteus, die – wie erwähnt – in dieser Zusammenstellung durchaus nicht unüblich sind und sich so auch in einigen anderen juristischen Sammelhandschriften des Frühmittelalters finden, noch der sich anschließende (nachgetragene) liturgische Text lassen konkrete Rückschlüsse auf die Entstehung der Handschrift zu. Die textlichen Besonderheiten der Lex Salica, vor allem der nur in dieser Form so überlieferte Titel *DE INUITUS TRITTO*, sollten aber belegen, dass eine breit angelegte und intensive Untersuchung der Lex Salica Karolina-Handschriften, die in der Edition von Karl August Eckhardt kaum hinreichend Berücksichtigung gefunden haben, weiterhin ein Desiderat der rechtsgeschichtlichen Forschung darstellt. Die handschriftenzentrierte Studie von Magali Coumert ist hier ein Schritt in die richtige Richtung. Während die in der Handschrift tradierten Kapitularien aus der Zeit Karls des Großen (BK 39, 43 und 44) weitestgehend vollständig überliefert sind, lässt die Zusammenstellung der Titel aus dem nachgetragenen Kapitular BK 139 auf sehr spezifische Interessen des Kompilators schließen, ohne dass diese thematische Auswahl, die schutzwürdige Personengruppen, Tötungsdelikte sowie das Münzwesen anspricht, in einen konkreten Zusammenhang eingeordnet werden kann.

Um das Nachleben dieser juristischen Sammelhandschriften und damit jene Kontexte, in denen sie verwendet wurden, näher zu beleuchten, sollten jegliche Arten von Nutzungsspuren in die Untersuchung miteinbezogen werden. Dass auch im Fall des Augusteus, wie in vielen anderen der „einfachen" Gebrauchshandschriften ob der thematischen Breite der Annotationen keine eindeutige Zuweisung zu einer bestimmten Nutzungssituation möglich ist, führt zu der Annahme, dass die Handschrift sehr wahrscheinlich nicht für einen konkreten Rechtsfall durchgesehen wurde, sondern vermutlich verschiedentlich als Rechtskompendium verwendet wurde bzw. die Interessen der Nutzer oder des Nutzers durchaus divers waren.

Vermutlich ließen sich im Wolfenbütteler Bibliotheksarchiv noch Unterlagen zum Ankauf, wie Korrespondenzen des Herzogs mit seinen zahlreichen Buchagenten, finden, die zumindest Hinweise auf den direkten Vorbesitzer der Handschrift geben könnten, bevor diese in den Bestand der Bibliothek kam. Eine systematische Aufarbeitung zum Erwerb der Augusteer-Handschriften findet – basierend auf den Vorarbeiten von Wolfgang Milde – aktuell durch den ehemaligen stellvertretenden Bibliotheksdirektor Werner Arnold statt.[102] Diese

---

102 Vgl. zu seinen Forschungen zum Bestandsaufbau z. B. Werner ARNOLD, Bibliotheca Augusta. Erwerbung von Handschriften im 17. Jahrhundert, in: Patrizia CARMASSI (Hrsg.), Retter der Antike. Marquard Gude (1635–1689) auf der Suche nach den Klassikern (Wolfenbütteler Forschungen 147), Wiesbaden 2016, S. 87–109.

ist jedoch noch nicht abgeschlossen. Kurzfristig kann als Faktum zumindest festgehalten werden, dass für die nun lange in der Forschung tradierte Annahme, die Handschrift habe sich in Weißenburg befunden, keinerlei stichhaltige Gründe vorliegen.

Abstract

The Wolfenbüttel manuscript with the shelfmark Cod. Guelf. 50.2 Aug. 4° is a small-format legal compilation that is generally dated to the first half of the 9th century. It contains the Lex Salica in the Karolina version and capitularies from the time of Charlemagne and Louis the Pious as well as a barely legible liturgical text. The aim of this article is to provide a comprehensive description of the codex, which has so far been rather neglected by scholars, and the specificities of the legal texts it contains, and to take a closer look at the traces of usage. It concludes with some observations on the provenance of the manuscript. It can be stated that there are no valid reasons for the long-standing assumption in research that the manuscript was ever part of the old Weissenburg monastery library.

Producing Norms in Breton Centres during the Carolingian Period (9th–10th Centuries)

Magali Coumert

Since the 5th century, the laws enacted by Barbarian rulers may have had an ethnic or a territorial application, but they all mention ethnic identities as a way to categorize people.[1] The ethnic classification, recognized and promoted by such laws, played an important role in the transformation of the Roman world in the various Christian kingdoms of the Early Middle Ages.[2] It was continuously used by the Frankish kings to deal with political communities inside their kingdom.[3] This legal tradition based on ethnic distinctions makes the list of legal articles introduced by the title "Excerpta de libris Romanorum et Francorum", "Extracts from the books of the Franks and the Romans", all the more exceptional, as ethnic classification is mentioned in the title but never in the legal entries.[4] We cannot locate its origins precisely, but we can study this list as a product of Breton centres in the 9th century, and by that try to explain its title.

A product of Breton centres

Between the 9th and the 11th century, the Excerpta were copied in six manuscripts,[5] five of them also containing the Collectio canonum Hibernensis.[6]

---

1 For example, Codex Euriciani, ed. Karl ZEUMER (MGH LL nat. Germ. 1), Hanover / Leipzig 1902, pp. 3–27.
2 Water POHL, Christian and Barbarian Identities in the Early Medieval West. Introduction, in: Walter POHL / Gerda HEYDEMANN (eds.), Post-Roman Transitions. Christian and Barbarian Identities in the Early Medieval West (Cultural Encounters in Late Antiquity and the Middle Ages 14), Turnhout 2013, pp. 1–46.
3 Alice RIO, Merovingian legal cultures, in: Bonnie EFFROS / Isabel MOREIRA (eds.), The Oxford Handbook of the Merovingian World, Oxford 2020, pp. 489–507; Magali COUMERT, Transformations of Identities: Barbarians and Romans in the Merovingian Realm, in: ibid., pp. 99–116.
4 Magali COUMERT, Existe-t-il une "Ancienne Loi des Bretons d'Armorique"? Identités ethniques et tradition manuscrite au haut Moyen Âge, in: La Bretagne linguistique 18 (2014), pp. 227–264.
5 All manuscripts but X belong to the Breton transmission of the Hibernensis. See Roy FLECHNER, Aspects of the Breton transmission of the Hibernensis, in: Jean-Luc DEUFFIC (ed.), La Bretagne carolingienne. Entre influences insulaires et continentales (Pecia 12), Saint-Denis 2008, pp. 27–44.
6 The Hibernensis, vol. 1: A Study and Edition, ed. Roy FLECHNER (Studies in Medieval and Early Modern Canon Law 17,1), Washington, D.C. 2019. Mss. A, B, O and P are complete copies of the Hibernensis A version, ms. H is a complete copy of the B version.

Mss. ABOP are supposed to derive from the same exemplar for the A version of the Collectio canonum Hibernensis, but it is impossible to clearly identify potential links between them.[7]

The manuscripts of the Excerpta de libris Romanorum et Francorum

A: Orléans, Bibliothèque municipale, 221, p. 206–212 (9th c.)[8]

B: Paris, Bibliothèque nationale de France, latin 3182, p. 160–164 (10th/11th c.)[9]

H: Oxford, Bodleian Library, Hatton 42, fol. 130r–132v (first half of the 9th c.)[10]

O: London, British Library, Cotton Otho E. XIII, fol. 132r–v, fol. 139r–141v (10th/11th c.)[11]

P: Paris, Bibliothèque nationale de France, latin 12021, fol. 135r–138r (9th c.)[12]

X: Cambridge, Corpus Christi College, 265, p. 100–104 (11th c.)[13]

Ludwig Bieler recognised the importance of the text, edited and translated it in English, but chose to name it "Canones Wallici", despite the lack of any evocation of episcopal or Welsh origins.[14] The extracts consist of a list of 63 to 67 legal entries, which provide fees for homicide, wounds, illicit sexual intercourse, thefts etc. Neither a precise authority nor any personal name is mentioned, but legal institutions appear through a court,[15] a judge[16] and elders.[17] The social

---

7 FLECHNER (as n. 6), pp. 117*–121*.
8 See the discussion by FLECHNER (as n. 6), pp. 125*–128*. Elisabeth PELLEGRIN / Jean-Paul BOUHOT (eds.), Catalogue des manuscrits médiévaux de la bibliothèque municipale d'Orléans, Paris 2010, pp. 304–308.
9 FLECHNER (as n. 6), pp. 128*–132*. Hubert MORDEK, Bibliotheca capitularium regum Francorum manuscripta. Überlieferung und Traditionszusammenhang der fränkischen Herrschererlasse (MGH Hilfsmittel 15), Munich 1995, pp. 433–435.
10 FLECHNER (as n. 6), pp. 133*–135*; MORDEK (as n. 9), pp. 404–406. I thank Collen Curran for her help on this manuscript.
11 FLECHNER (as n. 6), pp. 135*–137*.
12 Ibid., pp. 137*–141*.
13 MORDEK (as n. 9), pp. 95–97.
14 Canones Wallici, ed. Ludwig BIELER, in: IDEM, The Irish Penitentials (Scriptores Latini Hiberniae 5), Dublin 1975 (first publication 1963), pp. 136–159.
15 Excerpta de libris Romanorum et Francorum [Excerpta] A § 3.
16 Excerpta A § 30, A § 36, A § 37, P § 41.
17 Excerpta A § 36.

system can be described as post-Roman,[18] as a fisc,[19] a *tributarius*,[20] *villae*,[21] provinces,[22] and a *civitas*[23] are mentioned. The depicted society is Christianised, as there are allusions to a Catholic,[24] to churches,[25] to a *clericus*,[26] to judgment by bishops,[27] to confession to a priest,[28] to the invocation of God as witness,[29] and to a condemnation by the exclusion from the Church of God and from the table of every Christian.[30]

The community clearly distinguished itself from the barbarians:

A § 61: *Si quis catholicus capillos promisserit more barbarorum, ab aecclesia Dei alienus habeatur et ab omni Christianorum mensa donec delictum emendat.*
"If any Catholic lets his hair grow in the fashion of the barbarians, he shall be held an alien from the Church of God and from the table of every Christian until he mends his fault."

The articles mention the purchase of horses from a group named, following the manuscripts, *Saxones*,[31] *Galli*,[32] *Calpei*,[33] or *Calfaices*,[34] which could be linked to an insular or western continental location.

Ludwig Bieler separated two versions of the list, A and P, the latter only attested in the manuscript P of Paris, Bibliothèque nationale de France, latin 12021 with the title *Incip(it) iudit(ium) culpar(um)*. He thought that these legal entries were from Wales, because some of them have been copied in the laws attributed to Hywel Dda, king in Wales in the 10th century, written in Welsh and in Latin in the 13th century.[35] Moreover, fees in nature exist in the

---

18 Michele GRAZIA, I Canones Wallici: uno statuto rurale europeo. L'eclettismo giuridico di una compilazione normativa altomedievale, in: I quaderni del MAES 11 (2008), pp. 141–178.
19 Excerpta A § 45, P § 49.
20 Excerpta A § 30.
21 Excerpta A § 18, P § 11.
22 Excerpta A § 23.
23 Excerpta A § 63, only copied in mss. A and B after the Canones Adomnani.
24 Excerpta A § 61.
25 Excerpta A § 4, P § 3, P § 16.
26 Excerpta A § 43, P § 44–45.
27 Excerpta A § 37.
28 Excerpta A § 37.
29 Excerpta A § 44, P § 48.
30 Excerpta A § 59, A § 61.
31 A § 20, in all the manuscripts, and P § 29.
32 A § 20 in ms. A, fol. 208r, ms. B, p. 161b and the correction of ms. H (see below).
33 A § 20 in ms. H, fol. 130v: *calpeis* is corrected for *gallis*.
34 P § 29 in ms. P, fol. 126v. In contradiction to Bieler's edition, a word was erased after, and not before this word.
35 Stanley Glyn WATKIN, Welsh Law, in: The Oxford International Encyclopedia of Legal History (Oxford Reference, accessed 3rd May 2024); Thomas M. CHARLES-EDWARDS, The Welsh Laws, Cardiff 1989.

Irish and Welsh legal traditions, and the compurgation appears here as it does in the Welsh legal practice.[36]

His hypothesis was refuted by Léon Fleuriot[37] in favour of Breton origins. The Excerpta, in A and P versions are linked to a Brittonic-speaking community as mss. ABHO and P contain Britonnic glosses. These glosses concern the text of the Excerpta only in ms. A. Furthermore, four manuscripts show Breton names: the names of scribes Junobrus (ms. A, p. 212), Maeloc (ms. B, p. 356), Arbedoc (ms. P, fol. 139r) and the names of sponsors Matguoret (ms. H, fol. 22r) and abbot Haelhucar (ms. P, fol. 139r). As David Dumville states, "The Breton manuscript-tradition is not a guarantee of Breton origin" but it belongs to a "Breton connexion".[38] For him, the Excerpta contain a quotation of the Collectio canonum Hibernensis, whose redaction is datable through the authorities it quotes, after 669, and through its first use before 748,[39] so he supposed that the Excerpta were written in the 8th century. The dating of composition of the Excerpta is conjectural, as it is always difficult to prove that the quotation was made directly from a collection and not from the canons it selected.[40]

Soazic Kernéis[41] and Jean-Pierre Poly[42] attempted to link the Excerpta to a very early redaction of the Salic law, in the 4th century. As I have previously discussed these hypotheses, I will focus on the interpretation of the Excerpta, including their link to the Lex Salica as a written text, which was only disseminated from the 6th century under the authority of the Merovingian kings. The manuscript tradition of the Lex Salica transmitted to us begins in the second part of the 8th century; for the Excerpta, it begins in the 9th century. As Roy Flechner wrote, "Brittany was one of the principal gateways through which

---

36 Ludwig BIELER, Towards an interpretation of the so-called "Canones Wallici", in: John Anthony WATT / John B. MORALL / Francis Xavier MARTIN (eds.), Medieval Studies. Presented to Aubrey Gwynns, S.J., Dublin 1961, pp. 387–392.
37 Léon FLEURIOT, Les très anciennes lois bretonnes. Leur date. Leur texte, in: Landévennec et le monachisme breton dans le haut Moyen Âge. Actes du colloque du 15e centenaire de l'abbaye de Landévennec 25-26-27 avril 1985, Landévennec 1986, pp. 65–84.
38 David DUMVILLE, On the dating of the early Breton law codes, in: Études celtiques 21 (1984), pp. 207–221, at p. 209.
39 FLECHNER (as n. 6), pp. 59*–61*. About the authorship of the Collectio canonum Hibernensis and the role of Ruben of Dairinis and Cú Chuimine of Iona, mentioned in ms. P, fol. 127v, ibid., pp. 53*–59*. About the link between the Collectio and the Excerpta, ibid., p. 100*.
40 COUMERT (as n. 4).
41 Magali COUMERT, Les Excerpta de libris Romanorum et Francorum, dits aussi Canones Wallici: existe-t-il une Ancienne loi des Bretons d'Armorique?, in: Jean-Christophe CASSARD / Pierre-Yves LAMBERT / Jean-Michel PICARD / Bertrand YEURC'H (eds.), Mélanges offerts au professeur Bernard Merdrignac (Britannia monastica 17), Landévennec 2013, pp. 109–120. Hypothesises by Soazick Kernéis are hold in Orazio LICANDRO, L'irruzione del legislatore romano-germanico. Legge, consuetudine e giuristi nella crisi dell'Occidente imperiale (V–VI sec. d.C.) (Publicazioni del Dipartimento di Scienze Giuridiche, Università degli Studi di Roma La Sapienza 95), Naples 2015, p. 37, but under the wrong name of "Canones Wallaci", maybe taken from PELLEGRIN / BOUHOT (as n. 8), pp. 304–308.
42 Magali COUMERT, La loi salique. Retour aux manuscrits (Collection Haut Moyen Âge 47), Turnhout 2023, pp. 196–203.

Insular texts entered the continent" and he claimed that a letter from pope Leo IV (847–855) to Breton bishops may contain an allusion to the Hibernensis.[43] The common exemplar of mss. ABOP contained the collection in A version, the Excerpta and short normative Irish and British texts like the Canones Adomnani.[44] They bear witness of the encounter of the insular and continental normative traditions in the continental manuscript tradition.[45]

With the exception of ms. X, copied in Worcester in the middle of the 11th century,[46] the manuscripts of the Excerpta reflect a continental transmission, before some of them arrived on the island in a second stage. Ms. A was kept in the library of the monastery of Fleury throughout the Middle Ages.[47] Ms. B, copied in Caroline minuscule, was kept in the monastery Sainte-Trinité of Fécamp, probably since the 12th century.[48] Ms. P was copied in Caroline minuscule in Fleury and was "clearly conceived as a thematically coherent assemblage of legal material, mainly of canon law and penitentials".[49] Ms. H, copied on the continent in Caroline minuscule, was kept in Great Britain around 1000: The first quire was rewritten by a copyist in Christ Church in Canterbury,[50] and Wulfstan, bishop of Worcester and archbishop of York, (1002–1023) annotated it.[51] Ms. O, also in Caroline minuscule, was in St. Augustine of Canterbury in the 13th century.[52]

Bernhard Bischoff described insular characteristics of the script of the ms. A, that he thought to come from Brittany,[53] but he noted the need of Breton glosses and hisperic Latin, along Insular abbreviations, to identify Breton manuscripts:

---

43 FLECHNER (as n. 5).
44 BIELER (as n. 14), pp. 21–24.
45 COUMERT (as n. 4).
46 See the references ibid., pp. 256–261.
47 It was described as *92. Breviarium collectum de canonibus conciliorum* in the Catalogus librorum qui in bibliotheca coenobii Benedicti Floriacensis ad Ligerim reperti sunt postridie nonas decembris, anno Domini 1552, Paris, Bibliothèque nationale de France, NAL 137, fol. 14r. See Léopold DELISLE, Notice sur plusieurs manuscrits de la bibliothèque d'Orléans, Paris 1883, pp. 70–83.
48 The gift was recorded by a hand of the 12th century: Ms. B, p. 19: *IIII kalendis septembris obiit Godefredus sacerdos hunc Sancte Trinitati concessit librum*.
49 FLECHNER (as n. 6), pp. 137*–141*.
50 David DUMVILLE, Wulfric Cild, in: Notes and Queries 40,1 (1993), pp. 5–9, at p. 7.
51 David DUMVILLE, English Caroline Script and Monastic History. Studies in Benedictinism, AD 950–1030, Woodbridge 1993, p. 3 n. 12 and p. 49, as example of a continental manuscript, written in Caroline script, reaching Worcester in the 10th century.
52 Ms. O, London, British Library, Cotton Otho E. XIII, fol. 2r: marks of ownership and shelfmark. See http://searcharchives.bl.uk/permalink/f/79qrt5/IAMS040-001102921 (accessed 11th October 2023).
53 Bernhard BISCHOFF, Katalog der festländischen Handschriften des neunten Jahrhunderts (mit Ausnahme der wisigothischen), vol. 2: Laon – Paderborn (Veröffentlichungen der Kommission für die Herausgabe der mittelalterlichen Bibliothekskataloge Deutschlands und der Schweiz), Wiesbaden 2004, p. 347, no. 3727.

"Of the ninth- and early tenth-century Breton manuscripts in caroline script only Orléans, Bibl. Munic., MS 221 (193) – one of the scribes is Junobrus – shows intermingling of the Insular *g*. The Breton script is often conspicuous either for its angular forms or for particularly developed rounding. It can betray itself through Insular abbreviations and, not infrequently, through Breton glosses. Also characteristic are the relatively numerous subscriptions in hisperic Latin, whose other remains have been transmitted principally from Brittany".[54]

To identify the Breton origin of a manuscript is a hypothesis, built on scribal characteristics as much as other elements of the manuscript's content and history, that can be more or less firmly supported,[55] but Breton glosses and names as well as the continental manuscript transmission allow us to analyse the Excerpta as a production of the Breton centres in the 9th century, whatever their origins were. Under Louis the Pious, Carolingian authority covered all Brittany and the emperor wrote to the abbot of Landévennec, in the extreme western part of it.[56] During the civil wars that ended his reign, his *missus* Nominoë was loyal to the emperor, but did not support his son Charles the Bald and Nominoë's son, Erispoë, defeated Charles and became king (851–857). His cousin Salomon (857–874) succeeded him during disturbed times, due to the pressure of Viking attacks. Some Breton monastic communities had to flee eastwards,[57] and the Breton centres where the manuscripts of the Excerpta were produced could have been in or outside Brittany. Their whole production was carefully examined recently by Jacopo Bisagni:[58] it flourished between the middle of the 9th century to the middle of the 10th century and Fleury played an important part in it, two aspects clearly recognisable in the transmission of the Excerpta.

The Roman and Frankish legal heritage

The title in four manuscripts (mss. A, B, H and X), "Excerpta de libris Romanorum et Francorum", mentions the encounter of two different traditions, the *Romani* and the *Franci*. It has been used to sustain a Breton origin of the text, as

---

54 Bernhard BISCHOFF, Latin Palaeography. Antiquity and the Middle Ages, translated by Dáibhí ó CRÓINÍN and David GANZ, Cambridge 1990 (first German edition 1972, revised in 1986), p. 117.
55 COUMERT (as n. 4), pp. 242–243 and remarks by Jacopo BISAGNI (with contributions by Sarah CORRIGAN), A Descriptive Handlist of Breton Manuscripts, c. AD 780–1100: https://ircabritt.nuigalway.ie/handlist (accessed 25th October 2023).
56 Yves COATIVY (ed.), Landévennec 818–2018. Une abbaye bénédictine en Bretagne. Actes du colloque de Landévennec des 6, 7 et 8 juin 2018 (Collectif), Brest 2020.
57 Stéphane LEBECQ, Les moines de Landévennec à Montreuil-sur-Mer: retour aux sources, in: Magali COUMERT / Yvon TRANVOUEZ (eds.), Landévennec, les Vikings et la Bretagne. En hommage à Jean-Christophe Cassard (Collectif), Brest 2015, pp. 157–170.
58 BISAGNI (as n. 55).

David Dumville wrote: "This could be most easily explained in a Breton context, the Romani being the once romanised Bretons and the Franci their Frankish neighbours",[59] but it might be explained otherwise. In the Excerpta, access to the law is not conditioned by ethnic belonging: None of these entries contain reference to the ethnicity of the wrongdoer or its victim, contrary to the *leges* of the Frankish world or the Anglo-Saxon codes. The Lex Salica probably existed in written form since the 6th century and while ethnicity is frequently mentioned, the royal authority concerns all.[60] The approach is clearly different in the Excerpta. Despite their title, they rely neither on ethnicity nor on kingship and produce universal principles suitable for any early medieval Christian community.[61]

The Excerpta contain a legislation of unknown origins, with a blurry title. It was changed twice:
- In ms. P, fol. 135r: *Incip(it) iudit(ium) culpar(um)*. It appears clearly as a title, and designs a list of fines.
- In ms. O, fol. 139r: *Sinod(us) rom(ana). Incipi(unt) pauca colomella*. The beginning of the new text is only marked by a return to the line. The first words echo the Collectio canonum Hibernensis while the title introduces a list in columns, as if the form was the principal characteristic of the text. These changings show that the title was not clear for one third of the copyists. This could indicate, that they did not identify the direct borrowings from Roman or Frankish legislation.

While there are no direct quotes, the influence of the Lex Salica on the text can be seen in the passages dealing with the murder of slaves and injuries. As there is no verbal borrowing, so we cannot specify which version of the Lex Salica was used.[62] There is also one hint on the influence of the Roman principle 'one judgment only in one case' (A § 41) but there is also a biblical and Roman tradition of this principle,[63] and it does not appear in the Epitome Gai, the book based on Gaius in the Breviarium Alarici.

---

59   DUMVILLE (as n. 38), p. 208.
60   Karl UBL, Im Bann der Traditionen. Zur Charakteristik der Lex Salica, in: Mischa MEIER / Steffen PATZOLD (eds.), Chlodwigs Welt. Organisation von Herrschaft um 500 (Roma Aeterna. Beiträge zu Spätantike und Frühmittelalter 3), Stuttgart 2014, pp. 423–445.
61   Contra: GRAZIA (as n. 18), p. 152: "anche, i Britannici dei Canones Wallici, cercarono di preservare la propria identità nazionale, conservando un proprio diritto, che privilegiava la personnalità della propria etnia".
62   DUMVILLE (as n. 38), pp. 213–215; GRAZIA (as n. 18), pp. 160–163.
63   Michèle DUCOS / Michèle FRUYT, Origine de l'adage juridique Non bis in idem, in: Revue de Linguistique Latine du Centre Alfred Ernout (De Lingua Latina) 13 (2017), https://hal.sorbonne-universite.fr/hal-03382746v1/document (accessed 26th February 2024).

Parallels between the Excerpta and Roman and Frankish laws

A § 5	P § 4	Pactus legis Salicae[64] 35,8, or Lex Salica, K version[65] 37,1 and 5
A § 8–9	P § 7	Pactus legis Salicae 29,1 and 4, or Lex Salica, K version 31,1 and 4
A § 10	P § 8	Pactus legis Salicae 17,6, or Lex Salica, K version 19,5
A § 11	P § 9	Pactus legis Salicae 17,4, or Lex Salica, K version 19,4
A § 12	P § 51	Pactus legis Salicae 17,8, or Lex Salica, K version 19,2
A § 13	P § 36	Pactus legis Salicae 17,9, or Lex Salica, K version 19,7
A § 33	P § 38	Pactus legis Salicae 35,8, or Lex Salica, K version 37,1 and 8
A § 41		Gaius, Institutiones IV, 107/108[66]

In some of the manuscripts, the Excerpta are linked to the Roman legal tradition. In ms. H,[67] the first book of the Epitome of Gaius, from the Breviarium of Alaric, was copied only a few pages after them (fol. 134v–138r).[68] Frankish legal texts also appear grouped together with the Excerpta in some manuscripts:
– In ms. B, two capitularies of Charlemagne of 803, p. 312a–315a and the Lex Salica K version, p. 315a–338b, next to the Statuta of bishop Theodulf of Orleans.[69]
– In ms. X, some chapters from the collection of capitularies by Ansegisus (p. 71–72), extracts from the Admonitio generalis (p. 83–91) and of the canons of the council of Aachen in 816, p. 91–93.[70]
– In ms. O, fol. 136v, some extracts of the Carolingian capitularies.[71] The copyists of the manuscripts of the Excerpta clearly knew elements of the Frankish and Roman laws, but did not choose to quote them.

More than the encounter of the Roman Code and the *leges* of the Frankish world, I think we should interpret the title, "Excerpts from the books of the Franks and

---

64 Lex Salica A and C versions: Pactus legis Salicae, ed. Karl August Eckhardt (MGH LL nat. Germ. 4,1), Hanover 1962.
65 Lex Salica K version: Karl August Eckhardt, Pactus legis Salicae 2,2: Kapitularien und 70-Titel-Text (Germanenrechte. N.F. Abt. Westgermanisches Recht 2), Göttingen / Berlin / Frankfurt 1956, or Eckhart (as n. 64).
66 Gaius, Institutiones, ed. Johannes Baviera (Fontes juris romani antejustiniani in usum scholarum 2), Florence ²1968, pp. 3–257, here p. 174–175; Grazia (as n. 18), pp. 158–159.
67 Ms. H, Oxford, Bodleian Library, Hatton 42, https://ircabritt.nuigalway.ie/handlist/catalogue/118 (accessed 14th May 2024).
68 Flechner (as n. 6), pp. 133*–134*. In ms. H, the Collectio Dionysio-Hadriana (fol. 142v–188v), the collection of Ansegisus (fol. 189r–204v) and the end of the Breviary of Alaric (fol. 204v) belong to another manuscript, even if they were bound together in the 12th century. See Mordek (as n. 9), pp. 404–406. In ms. P, Paris, Bibliothèque nationale de France, latin 12021, some leaves of an older copy of the Breviarium Alarici were also added later, see Flechner (as n. 6), p. 140*.
69 Ms. B, Paris, Bibliothèque nationale de France, latin 3182. Mordek (as n. 9), pp. 433–434; Flechner (as n. 6), p. 131*.
70 Ms. X, Cambridge, Corpus Christi College, 265. Mordek (as n. 9), pp. 95–97.
71 See details below, n. 120 and 122.

the Romans", as a reflection of the distinction inside the Collectio canonum Hibernensis. The Hibernensis cites conciliar canons from two origins, from the Sinodus Hibernensis, or from Hibernenses (91 citations) and from the Sinodus Romana, or from Romani (53 citations).[72] However, as Roy Flechner emphasized, "although the canons are attributed to two distinct groups, the stipulations of one group never contradict the stipulation of the other".[73] Ten of the 53 canons attributed to the Romani can be traced to Irish sources and they may represent a faction within the Irish church,[74] but the Hibernensis reconciles it.

After the title, the Excerpta testify to the will to avoid contradictions in their contents and to build a practical synthesis of Christian norms from various origins. The text itself shows some hints to numerous corpuses (for example: *legibus* in P § 67, see below) and uses of these norms. The wording *Si quis* emulates some canons and the Salic Law, and the fees are in nature, precious metal pounds and slaves, as in the old Irish laws. As for the Hibernensis, we can interpret the title of the Excerpta as a will to incorporate new elements into the Irish tradition, but also to participate to the common ground of a Christian society, the authors posing as equals to other continental legal experts.

To equal the Roman and Frankish legal traditions

Whilst author and origin remain unknown, the Excerpta nevertheless employ a first person plural asserting the law in some chapters:

> A § 58: *Si quis intercidendo litem plagatus fuerit et mendax eum percuserit, secundum plagam se nouerit rediturum; quod si a ueraci, demedio uerax et demedio mendax* **iubemus** *mediate soluere. Simili modo et de morte sic* **sancximus**.
> "If anyone interposing in a quarrel is struck and it is the lying by whom he is struck, (the liar) shall be prepared to make restitution according to the blow; if the blow is struck by the one who is speaking the truth, we command that the truthful one and the liar pay on half each. In like manner we lay down the law in the case of (the peace-maker's) death."

> P § 67: *Si quis litem intercederit et a mendace feritus fuerit, secundum plagam legibus se nouerit conponendum. Quod si <a> uerace fuerit feritus, mediam a uerace et mediam a mendace conpossitionem* **iubemus** *accipere. Hoc et de morte simili modo* **dicimus**.
> "If anyone intercedes in a dispute and is struck by the one who is lying, he shall be prepared to make composition by the laws according to the blow. But if he was struck by the one who is speaking the truth, we command that

---

72 List in FLECHNER (as n. 6), pp. 151*–155*.
73 Ibid., p. 70*. Roy FLECHNER, The Problem of Originality in Early Medieval Canon Law: Legislating by Means of Contradictions in the *Collectio Hibernensis*, in: Viator 43,2 (2012), pp. 29–47.
74 FLECHNER (as n. 6), pp. 154*–155*.

he receive composition half from the one who is speaking the truth and half from the liar. In like manner also we say this (to be done) in case of (his) death."

Such an intervention of an anonymous authority, expressed in a first person plural, frequently appears in Frankish texts such as the Lex Salica:

> Lex Salica K version, 8,3: *Hanc quoque legem et de uitibus furatis obseruari **iussimus**.*
> "We order that this law must be also observed about stolen vines."

The K version was composed under the reign of Charlemagne but if it is really the involvement of the Frankish king that we hear in the unique passage with *iussimus*,[75] it became anonymous as the oldest copies of the text mention no precise authority.[76] Prologues, such as the long prologue in the ms. B (p. 315a–b), were only added to the K version of the Lex Salica in the second half of the 9th century. The same prologues were used for the various versions of the Lex Salica and their content was not coherently arranged.[77] They just refer to the Merovingian kings and to the Frankish tradition as the origins of the Lex Salica while not explaining its different versions.[78] The origin of the law appears to not have been important for the readers, as Christian rulers shared the goal of building a Christianized society. From such a global moral perspective, even legislation of famous kings such as Charlemagne was merely integrated in a vast Christian heritage: In ms. X for example, chapters from his Admonitio generalis are introduced by the simple rubric *De fide catholica*.[79] Rules that were not ascribed to any authority were common in the Continental tradition and the Excerpta implemented this corpus.

Even in a dissemination limited to six manuscripts, we can notice the selection, rewordings and reorganisation of the articles of the Excerpta. The differences between the two lists of version A and P show rewording, as with the first article:

> A § 1: *Si quis homicidium ex contentione commisserit, ancellas .iii. seruos .iii. reddat, securus fiat.*
> "If anyone commits homicide as a result of a strife, he shall pay three female slaves [and] three male slaves, [and] be safe".

---

75 Karl UBL, Sinnstiftungen eines Rechtsbuchs. Die Lex Salica im Frankenreich (Quellen und Forschungen zum Recht im Mittelalter 9), Ostfildern 2017, p. 178.
76 COUMERT (as n. 42), pp. 299–319.
77 Ibid., pp. 177–196.
78 Magali COUMERT, Les origines de la loi salique: Textes, collections de texte et manuscrits, in: I Franchi (Atti delle Settimane di Spoleto 69), Spoleto 2023, pp. 59–96.
79 Ms. X, Cambridge, Corpus Christi College, 265, p. 83.

P § 1: *Si quis homicidium ex intentione commisserit, ancellas .iii. et seruos .iii. reddat et securitatem accipiat.*
"If anyone commits homicide by intention, he shall pay three female slaves and three male slaves and shall receive immunity".

But some articles in each version are in various places, when others do not have parallels, as:

A § 2: *Si quis inuidia homicidium fecerit, ancellas .iiii. totidemque seruos reddat et ipse securitatem habebit.*
"If anyone commits homicide out of envy, he shall pay four female slaves, and he shall have immunity".

P § 35: *Si quis percusserit alterum in faciem sic ut os suum superius fregerit, uaccas .iii. reddat.*
"If anyone strikes another so that he fractured his forehead, he shall pay three cows".

There is no way to identify which version may be considered to be the oldest. Furthermore, even among the manuscripts of the A version of the Excerpta, there are numerous rewordings, as noted by Ludwig Bieler in his edition.

The aforementioned number of six manuscripts and two versions pales in comparison with the dissemination of some early medieval codifications: 88 manuscripts for the Lex Salica, or 38 for the Lex Ribuaria. However, the manuscript transmission of the legal collections composed during Charlemagne's reign such as the Ewa ad Amorem (2), Lex Saxonum (2), Lex Thuringorum (1) and Lex Suavorum (0) is equally poor.[80]

I tried to show that the Lex Salica was a living text, continuously revised and changed from the 6th century to the end of the 9th century. For a legal text elaborated at about the same time as the Excerpta, we can take the D version of the Lex Salica.[81] It was written after 751, transmitted in only three manuscripts, but we cannot build any convincing stemma codicum. In the manuscript of St. Gallen, Stiftsbibliothek, 731, the Lex Salica version D is in 100 chapters.[82] In the manuscript Montpellier, Bibliothèque universitaire Historique de Médecine, H 136, the Lex Salica version D is in 99 chapters, but chapter 15 is missing.[83] In the manuscript Paris, Bibliothèque nationale de France, latin 4627, the Lex Salica version D is in 100 chapters with chapter 15 missing as well, but with

---

80   See the website by Karl Ubl and his team: https://www.leges.uni-koeln.de/ (accessed 26th February 2024) and the global presentation by Eva SCHUMANN, Die Leges aus rechtshistorischer Sicht, in: Sebastian BRATHER (ed.), Recht und Kultur im frühmittelalterlichen Alemannien. Rechtsgeschichte, Archäologie und Geschichte des 7. und 8. Jahrhunderts (Ergänzungsbände zum Reallexikon der Germanischen Altertumskunde 102), Berlin / Boston 2017, pp. 89–138.
81   COUMERT (as n. 42), pp. 131–157.
82   Ibid., pp. 141–145.
83   Ibid., pp. 146–147.

a different chapter 100, *Incipiunt chunnas*, that only exists here.[84] The various discrepancies between these three manuscripts proof that any scribe could partially rewrite the law to 'improve' it.[85]

Rewritting of Barbarian laws cannot be proven before the 8th century as we do not have any earlier manuscripts for the majority of them. But it is clearly stated for the Roman laws. The Theodosian Code was written in an authoritative codex, whose copies were supposed to be officially controlled.[86] But even in the few years after 438, the demand outstripped the rate of production and pirate copies were reported.[87] Neither was the Theodosian Code exclusive of all previous legislation, as some non-chosen imperial constitutions were written down from the 5th century onwards – the Constitutiones Sirmondianae[88] –, nor a closed corpus, as the Novels, the constitutions produced by the later emperors from 438 to 468, were added to it.[89] The adaptation of laws to the present was conducted due to the claimed necessity to eliminate contradictions and obsolete rules. It could take the form of official transformations, like the two imperial codifications, but also through explanations and selections of the existent laws.

Published under the authority of the Visigothic king on 2nd February 507[90], the Breviarium Alarici was constituted by selecting imperial constitutions from the Theodosian Code, adding to them explanations previously elaborated by Gaulish jurists and supplementing the set with extracts of the works of jurists such as Papinian, Paul and Gaius.[91] All the operations transformed the meaning

---

84 Ibid., pp. 147–151.
85 Ibid., pp. 151–157.
86 Benet SALWAY, The publication and application of the Theodosian Code, in: Mélanges de l'École française de Rome 125,2 (2013), pp. 327–354.
87 John MATTHEWS, Interpreting the Interpretationes of the Breviarium, in: Ralph W. MATHISEN (ed.), Law, Society and Authority in Late Antiquity, Oxford 2001, pp. 11–32.
88 Oliver HUCK, Sur quelques textes 'absents' du Code Théodosien: le titre CTh I, 27 et la question du régime juridique de l'audience épiscopale, in: Sylvie CROGIEZ-PÉTRÉQUIN / Pierre JAILLETTE (eds.), Le code Théodosien. Diversité des approches et nouvelles perspectives (Collection de l'École française de Rome 412), Rome 2009, pp. 37–59; Mark VESSEY, The origins of the Collectio Sirmondiana: a new look at the evidence, in: Jill HARRIES / Ian WOOD (eds.), The Theodosian Code. Studies in the Imperial Law of Late Antiquity, London ²2010, pp. 178–199.
89 Aude LAQUERRIÈRE-LACROIX, Ius et Iustitia aux IVe–Ve siècle, in: Soazick KERNEIS (ed.), Une histoire juridique de l'Occident (IIIᵉ–IXᵉ siècle). Le droit et la coutume (Nouvelle Clio), Paris 2018, pp. 15–71.
90 Bruno SAINT-SORNY, La fin du roi Alaric II. La possibilité d'une nouvelle datation du Bréviaire, in: Studi di storia del diritto 3 (2001), pp. 27–90.
91 Bruno DUMÉZIL / Michel ROUCHE (eds.), Le Bréviaire d'Alaric. Aux origines du Code civil. Actes du colloque du XVᵉ centenaire du Bréviaire d'Alaric. Les fondements de la culture européenne, organisé les 8, 9 et 10 septembre 2006 à Aire-sur-l'Adour par le département des Landes et la commune d'Aire-sur-l'Adour (Cultures et civilisations médiévales 44), Paris 2009.

of various constitutions of the Theodosian Code.⁹² The process of reorganisation, explanation and commentary continued on the Breviarium Alarici from the 6ᵗʰ to the 9ᵗʰ century⁹³ and eight different epitomes were made of it.⁹⁴

Each transformation of Roman law, after the Breviary, went on from unknown jurists, out of any official control.⁹⁵ There was a chancellery royal organisation in the Visigothic and Frankish kingdoms⁹⁶ and the will to control official copies was sometimes expressed (see the references to a notary Ansoald in the Edictus Rothari,⁹⁷ or to the *vir spectabilis* Anianus for the Breviarium),⁹⁸ but in practice, the written tradition of normative tracts, edicts or laws, escaped all control and systematic preservation. The Formularies are the outcome of the anonymous transformation of the legal written norms: These notary's handbooks were transmitted with constant cross-fertilisation and borrowings⁹⁹ under the idea that any model, whatever its origin was, could be useful to assert rights in written form.¹⁰⁰

The same freedom was expressed in the introduction of the Collectio canonum Hibernensis. Each authority is identified, but anyone could rewrite the normative dispositions to make them clearer, as the preface explains:

---

92 Detlef Liebs, Römische Jurisprudenz in Gallien (2. bis 8. Jahrhundert) (Freiburger Rechtsgeschichtliche Abhandlungen N.F. 38), Berlin 2002; idem, Die Kodifizierung des römischen Strafrechts im Breviar Alarichs II., in: Mélanges de l'École française de Rome 125, 2 (2013), pp. 357–370; Alexandre Jeannin, Le Code Théodosien confronté à la désuétude: les enseignements des *interpretationes*, in: Luc Guéraud (ed.), La désuétude. Entre oubli et mort du droit?, Limoges 2013, pp. 23–42.
93 Ian Wood, Le Bréviaire chez les Burgondes, in: Dumézil / Rouche (as n. 91), pp. 151–160.
94 José Maria Coma Fort, Codex Theodosianus. Historia de un texto, Madrid 2014, pp. 217–356; Laura Viaut, Les écritures du droit romain au Haut Moyen Âge. Le témoignage d'un épitomé du Bréviaire d'Alaric (Théorie et histoire du droit), Paris 2023, pp. 29–51.
95 Ian Wood, The Code in Merovingian Gaul, in: Jill Harries / Ian Wood, The Theodosian Code. Studies in the Imperial Law of Late Antiquity, London ²2010, pp. 161–177.
96 Céline Martin / Juan José Larrea (eds.), Nouvelles chartes visigothiques du monastère pyrénéen d'Asán, Bordeaux 2021; Bruno Dumézil, La chancellerie mérovingienne au VIᵉ siècle, in: Le corti nell'alto medioevo. Spoleto, 24–29 aprile 2014 (Settimane di studio della fondazione Centro italiano di studi sull'alto Medioevo 62), Spoleto 2015, pp. 473–502.
97 Edictus Rothari § 388, in: Leges Langobardorum, ed. Friedrich Bluhme (MGH LL 4), Hanover 1868, p. 90: *nulla alia exemplaria redatur aut suscipiatur, nisi quod per manus Ansoald notario nostro scriptum aut recognitum seu requisitum fuerit, qui per nostram iussionem scripsit.*
98 Auctoritas Alarici regis, in: Lex Romana Visigothorum, ed. Gustav Hänel, Leipzig 1849, p. 2: *nec aliud cuilibet aut de legibus aut de iure liceat in disceptationem proponere, nisi quod directi libri et subscripti viri spectabilis Aniani manu.*
99 Alice Rio, Legal Practice and the Written World in the Early Middle Ages. Frankish Formulae, c. 500–1000 (Cambridge Studies in Medieval Life and Thought. Fourth Series 75), Cambridge 2009.
100 Rio (as n. 3).

Senodicorum exemplariorum innumerositatem conspiciens ac plurimorum ex ipsis obscuritatem rudibus minus utilem prouidens, necnon ceterorum diuersitatem inconsonam destruentem magis quam edificantem prospiciens, breuem planamque ac consonam de ingenti silua scriptorum in unius uoluminis textum expossitionem degessi, plura addens, plura minuens, plura eodem tramite degens, plura sensu ad sensum neglecto uerborum tramite adserens; hoc ergo solum in omnibus contendens, ne meo iuditio que uidebantur uelud commendaticia discriberentur.
"Observing the numerousness of copies of synodal texts and foreseeing that the obscurity of a great many of them will be less useful to the uninitiated, and also anticipating that the inharmonious diversity of the rest would be destructive rather than constructive, I have provided a brief, clear, and harmonious exposition in a single volume out of the great forest of authors, adding many things, reducing many things, excerpting many things word-for-word, asserting more things following the sense with the order of the words disregarded; seeking this alone in all things: That the things that might appear as recommendations should not be imputed to my judgement."[101]

The Collectio canonum Hibernensis is not isolated as a canonical collection that could be, and was, modified to fit the needs and interpretations of various times. Even the Collectio Dionysio-Hadriana was not an authoritative or controlled collection.[102] The Excerpta de libris Romanorum et Francorum show the same process of freedom and collective handling the copyists applied to other written norms in the first centuries of the Middle Ages, like canons and laws attributed to Barbarians kings and Roman emperors. With good will, anyone could rephrase them for a greater authority, or reorganize them for a better understanding.

The number of the articles of the Excerpta is loose: The 67 articles in ms. P are intermittently numbered. In mss. A, B and H, the articles are not numbered and their beginnings, marked by a coloured letter, show that the scribes had different views of what was the complement of a former article or the beginning of a new one. There are 62 articles of the Excerpta in mss. B and H, 61 in A. One supplementary article is inserted in mss. A and B after the following Canones Adomnani. There are only 53 articles in ms. X.[103] The ms. O has burned and the upper part of some folios has disappeared. However, between fol. 139r–141v, it is clear that some articles of the Excerpta (§ 6–14, 16–19, 26, 27, 30) were omitted. The end of the text is blurred: Do the § 62 et § 63 of the A ver-

---

101 Collectio canonum Hibernensis, prologus, ed. Roy FLECHNER (as n. 6), pp. 1 and 479.
102 Abigail FIREY, Mutating Monsters: Approaches to "Living Texts" of the Carolingian Era, in: *Digital Proceedings of the Lawrence J. Schoenberg Symposium on Manuscript Studies in the Digital Age*, 2010, https://repository.upenn.edu/handle/20.500.14332/38683 (accessed 26th February 2024).
103 Articles 9, 16, 18, 21–25, 35–36 and 58 of the A version mss. The edition by Ludwig Bieler must be corrected on article 9, which is not in ms. X, p. 100.

sion belong to the Excerpta, or are they "supplementary accretions in the process of transmission"?[104]

Such inaccuracies are also characteristic for the Frankish legal traditions and reflect the crossing of two contradictory principles: to elaborate a clear list, with an initiatory table and numbers, and to incorporate continuously new material. In the Lex Ribuaria, for example, a discrepancy between the initial list of chapters, and the chapters in the text can be found in all manuscripts: Numbers and locations never match.[105] The K version of the Lex Salica provides a more stable text and experienced only minor variations throughout the 9th century. But the copyists regularly lost count in the copy. An example is provided by manuscript B, where 71 chapters are numbered, and one added (p. 315b–316b). But chapter 49 became chapter 52, there is no chapter 50 and chapter 68 has been divided in two. The initial list does not match the copied Lex Salica, where, to provide just some examples, chapter 17 is labelled 18 (p. 321: *De eo qui mortuum hominem expoliauerit*), there is no chapter 47 (p. 331) and the three last chapters (p. 338) are not numbered. The copyists of the 9th century show no ability, or no will, to follow an enumeration of chapters for a long list. With the corrupted enumeration, it was easy, voluntarily or not, to insert new articles at the end of a given text. Even the K version of the Lex Salica has different ends in the first half of the century.[106]

---

104 DUMVILLE (as n. 38), p. 219.
105 Lex Ribuaria, edd. Franz BEYERLE / Rudolf BUCHNER (MGH LL nat. Germ. 3,2), Hanover 1954.
106 COUMERT (as n. 42), pp. 309–322.

The loose end of the Lex Salica, version K, in its three oldest manuscripts

LXX DE EO QUI FILIAM[107] ALIENAM ADQUISIERIT ET SE RETRAXERAT[108]		
Si quis filiam alienam ad coniugium quesierit presentibus suis et puelle[109] parentibus, et postea se retraxerit[110] et eam accipere noluerit, ĪIDtis dinariis qui faciunt solidos LXIIs culpabilis iudicetur.		
S (Saint Petersburg, Rossijskaja Nacional'naja Biblioteka, Q. v. II. 11)	N (Nuremberg, Stadtbibliothek, Cent. V, App. 96)	W (Wolfenbüttel, Herzog August Bibliothek, Cod. Guelf. 50.2 Aug. 4°)
EXPLICIT LEX SALICAE [111]LXXI DE TERRA CONDAMNATA	DE TERRA CONDEMPNATA	
Si quis terra condemnata fuerit et ei fuerat adprobatum,		
solidos LXIIs.	*ĪIDtis dinariis qui faciunt solidos LXIIs culpabilis iudicetur.*	
LXXII	LXXI DE INUITU STRITTO	
Si quis pitto[112] alterius excusserit[113], mallobergo inuitu stritto,		
solidos III.	*solidos III culpabilis iudicetur.*	*CXX dinariis qui faciunt solidos III culpabilis iudicetur.*
	EXPLICIT LEX SALIGA	*Si uero contra uoluntate domni et negare uoluerit, et ei fuerit adprobatum, capitale in locum restituat et insuper ĪCCCCtos dinarios qui faciunt solidos XXX culpabilis iudicetur, excepto capitale et dilatura.*

The complex manuscript tradition of the Excerpta shows that the copyists handled them like the texts established by the Irish and the Franks. Trust in any Christian rule and in any good willed copyist led to a growing and anonymous corpus of norms of unknown origins, that could be inserted in new collections. Duplicates often appear, that testify to the uses of various models referring to the same initial normative lists. In ms. O, two versions of the Hibernensis were copied: version A (fol. 3r, 11v–127v), from the same exemplar as manuscripts A, B and P, here completed by version B. But in the florilegium in ms. O (fol. 128r–129r, 179v), the first part, with the Excerpta, contains extracts from Hibernensis B, of unknown model (fol. 128r–130v, 133r–135v, 137r–139v, 143r–146r), and the second part (fol. 150r–179r) contains extracts from Hiber-

---

107 W: *FILIA*.
108 W: *TRAXERIT*.
109 S: *puella*.
110 S: *retracserit*.
111 Added from another hand.
112 S: *pito*.
113 S: *excuserit*.

nensis B from the same exemplar as ms. H, with corresponding glosses.[114] The Excerpta are copied twice in the second part of the manuscript: in extenso (fol. 139r–140r, 141v) and in extracts (fol. 132r).

The manuscript was written in Caroline minuscule by one scribe up to fol. 149v. The copyist wrote 21 Breton glosses and augmented Hibernensis version A interlineally and in the margin, then chose to copy another exemplar with a miscellany of texts from the Hibernensis in the B version and the Excerpta in two forms. Following his models, he did not seem to notice that he copied duplicates. The copyist is different from fol. 150r, and implemented the canonical collection with texts from another exemplar of the collection. The copying of identical elements, but taken from different models appears in the manuscript tradition of the Frankish laws as well. For example, Paris, Bibliothèque nationale de France, latin 4404, is a very elaborate copy of Roman and Merovingian laws copied by Audgarius at the beginning of the 9th century.[115] It contains the same three articles of the Lex Salica twice: They appear at the end of the Lex Salica, version A in 77 chapters (fol. 196v) and a second time connected to the Edictus Childeberti regis (fol. 227v). As for the ms. O, we may suppose the scribe used two different templates and did not take care of the duplicates.

The Excerpta and the first part of the florilegium of manuscript O (fol. 128r–149v)

O is the only textual witness of the introduction of the Excerpta in a collection of normative articles of various origins, where biblical, Continental and Insular traditions were mixed to compose Christian norms. In ms. O, fol. 132r contains the Excerpta version A § 18–§ 20, followed by two canons of the Canones Adomnani (1–2), followed by Leviticus 11,13–16, a passage that is not quoted in the Hibernensis, nor in the Liber ex lege Moysi.[116] Some passages in the florilegium of ms. O became inextricable. For example, on fol. 136v, l. 1–7 exposed the presumption of innocence:

Ms. O, fol. 136v, l. 1–7:
[..] fuerit facta sed cunt[...] grauerit lesio perquerit examen iudici[ ] in saluo. Qui seminat mala metet mala.[117] De suspitionibus in docmatibus sanctorum patrum: non facile alicis ex suspicationibus seperandus est, qui utique sub mouebitur. Cum ergo par causa sit interdum probatione et pensate uindicte ratio conquiescit.

---

114 FLECHNER (as n. 6), pp. 135*–137*.
115 COUMERT (as n. 42), pp. 94–99.
116 Sven MEEDER, The *Liber ex lege Moysi*: Notes and Text, in: Journal of Medieval Latin 19 (2009), pp. 173–218.
117 Proverbs 22,8.

It reproduces a quotation of the Proverbs and a text that could come directly from Innocent I., Epistola VI, ad Exsuperium Tolosanum,[118] or from Dionysius Exiguus, Collectio canonum.[119] The following lines l. 8–14 are introduced by the title *De latronibus. Lex Salica*:

> Ms. O, fol. 136v, l. 8–14:
> *De latronibus. Lex Salica. Quicumque latroni mansionem dederit, si Francus est cum XII similibus iuret quod latronem eum fuisse non sciret. Licet pater eius sit aut frater aut propinquus, si hoc iurare non potuerit et ab alio conuinctus fuerit quod latronem in hospitio suscepisse quasi latro et infidelis et qui illum suscepit similis illi lex eadem.*

This is a chapter corresponding to Charlemagne's capitulary Capitula per missos cognita facienda (803–813) c. 2, or to its quotation in Ansegisus, Collectio capitularium, 3,22.[120] "Lex Salica" is here a global reference to the whole Frankish legal tradition,[121] as it is also clear in the following lines, that evoke it again:

> Ms. O, fol. 136v, l. 15–26:
> *De latronibus ita precipimus obseruandum ut per primam culpam non moriatur, sed oculum perdat et secunda culpa nasum ipsius. De tertia uero culpa si non emendauerit moriatur. Item lex salica: Si autem seruus perpetrato scelere fugerit ita ut a domino poenitus inueniri non possit, sacramento se dominus excusare studeat, quod nec siue uoluntatis nec conscientiae fuisset quod seruus eius tale facinus commissit. Nemini liceat seruum suum propter damnum ab alio inlatum dimitere. Item eadem sed iuxta qualitatem damni dominus pro ipso spondeat uel eum in compositionem aut ad poenam auferet.*

The lines contain two chapters from two capitularies of Charlemagne.[122] Only one of them is quoted in Ansegisus' collection.[123]

In the florilegium of ms. O, all traditions are mixed: Frankish kings, popes, or the authors of the Excerpta de libris Romanorum et Francorum are supposed to edict coherent rules to build a Christian society, that can be put alongside with biblical quotations. This perspective is illustrated by the whole Collectio

---

118 Innocent I, Epistola VI, ad Exsuperium Tolosanum § 10, ed. Pierre Coustant, Epistolae Romanorum pontificum, et quae ad eos scriptae sunt a S. Clemente I. usque ad Innocentium III. quotquot reperiri potuerunt …, Paris 1721, p. 794.
119 Decreta Innocentii papae XXIV, in: Dionysius Exiguus, Collectio canonum, Migne PL 67, Paris 1865, Sp. 247.
120 Capitula per missos cognita facienda (803–813) c. 2, ed. Alfred Boretius (MGH Capit. 1), Hanover 1883, n. 67, p. 156; Ansegisus, Collectio capitularium, 3,22, ed. Gerhard Schmitz (MGH Capit. N.S. 1), Hanover1996, p. 582.
121 On this meaning, Coumert (as n. 42), pp. 214–217.
122 Capitulare Haristallense (779) c. 23 and Capitulare legi Ribuariae additum (803) c. 5, ed. Alfred Boretius (MGH Capit. 1), Hanover 1883, p. 51 and pp. 117–118.
123 Ansegisus, Collectio capitularium, 3,44, ed. Gerhard Schmitz (MGH Capit. N.S. 1), Hanover 1996, p. 593.

canonum Hibernensis, but also by the Liber ex lege Moysi.¹²⁴ These quotations of the Bible were copied in five manuscripts, in three of them with the Excerpta.¹²⁵ In the Liber ex lege Moysi, extracts from the Old Testament are used "to produce a law-book in its own right"¹²⁶, even if some prescriptions can only be interpreted in a symbolic way.¹²⁷

Some normative manuscripts can be small and very plain codices. I chose to call them manuals as the expression is used by Dhuoda,¹²⁸ who describes her own work as a *liber manualis*, a book you can hold in your hand. In my study on the manuscripts of the Lex Salica, I consider such a book with no more than a width of 110 mm of writing space.¹²⁹ These *libri manuales* were small legal books for the Frankish world, with the Lex Salica and some additions. I studied eleven of them produced in the first half of the 9th century. Their production is less important during the century and nine of them were copied during the 10th century. They contain an especially stable text of the Lex Salica in its K version. In my opinion, it illustrates how the exceptional production of a stable version of the Lex Salica in the 9th century kept it away from the usual adaptation process. For the Excerpta de libris Romanorum et Francorum, all manuscripts but ms. O are medium sized.¹³⁰

The ms. O is a *liber manualis*. It measured 185 x 135 mm, with a writing space ca. 155 x 110 mm¹³¹. It is an exceptional manuscript, bearing an original collection of various norms, maybe thought to have a practical application, but is now too damaged to be fully examined and understood. Copenhagen, Kongelige Bibliotek, NKS 58 octavo written in uncials in the first half of the 8th century provides a comparable manuscript. It measures a mere 158 x 115 mm,

---

124 Meeder (as n. 116). François Bougard, Les Iudicia Dei du manuscrit Paris, BNF, Lat. 4412, nouveau témoin du Liber ex Lege Moysi, in: Osamu Kano / Jean-Loup Lemaitre (eds.), Entre texte et histoire. Études d'histoire médiévale offertes au professeur Shoichi Sato (De l'archéologie à l'histoire), Paris 2015, pp. 53–60.
125 The manuscripts of the Liber ex lege Moysi are: Orléans, Bibliothèque Municipale, 221, pp. 1–16 (A); Paris, Bibliothèque nationalede France, latin 3182 (B), pp. 1–12; London, British Library, Cotton Otho E. XIII, fol. 3v–9v (O); Cambridge, Corpus Christi College, 279, pp. 106–148 (W); Paris, Bibliothèque nationale de France, latin 4412, fol. 1r–7v. The Excerpta are not copied in W and the manuscript of Paris discovered by François Bougard.
126 Meeder (as n. 116), p. 175.
127 Bougard (as n. 124), p. 57.
128 Dhuoda, Manuel pour mon fils, edd. Pierre Riché / Bernard de Vregille / Claude Mondésert, SJ (SC 225bis), Paris ²1997.
129 Coumert (as n. 42), pp. 346–354.
130 A: 320 x 213 mm, Pellegrin / Bouhot (as n. 8), pp. 304–308.
B: 400–410 x 275 mm (writing space ca. 365 x 205 mm), Mordek (as n. 9), pp. 433–434.
H: 315 x 215mm, (writing space ca. 240–265 x 150 mm), 31/34/35 long lines, Bischoff (as n. 53), p. 364, no.°3798.
P: 320 x ca. 240 mm (writing space: ca. 260 x ca. 160 mm), 32 lines in two columns.
X: 270 x 170 mm, Mordek (as n. 9), p. 95.
131 Description by the British Library: https://www.bl.uk/manuscripts/FullDisplay.aspx?ref=Cotton_MS_Otho_E_XIII (accessed 26th October 2023).

and counts 117 folios, but with some losses.[132] It has been analysed by Rob Meens as an antecedent of the Hibernensis,[133] copied in northern France in a monastery associated with Irish or Anglo-Saxon missionary movements and by Allen J. Frantzen as an example of the penitential handbooks meant to be used in clerical communities.[134] We may suppose the same purpose for the writing of the ms. O, before it arrived in Great Britain.

The Excerpta de libris Francorum et Romanorum do not reflect any quotes or direct borrowings from Continental legal texts. But they deal with the various legal entries just like other legal texts of 9th century: The text can be freely rewritten with new formulations, it can be supplemented with new dispositions, and rearranged in different versions. The list of legal entries has a loose end and varying numeration, and the practical end that maybe commanded its elaboration was forgotten through the copies to constitute, finally, a complete non practical text which could only inspire, but non easily guide any judgment. Through the Excerpta, the Breton scholars built a bridge between the Continental and Insular legal traditions and behaved as equals of the copyists of the Frankish and Roman legal manuscripts. Four centuries later, the monks in Wales understood their meaning and they took their list when they needed to root the Welsh practice of justice in written respectable traditions.

Abstract

Die Excerpta de libris Francorum und Romanorum, „Auszüge aus den Büchern der Franken und der Römer", sind eine Liste von 63 bis 67 Rechtssätzen und Naturalbußen, die in sechs Handschriften aus nicht näher bekannten bretonischen Zentren des 9. bis 11. Jahrhunderts überliefert ist. Trotz ihres Titels verwenden die einzelnen Rechtssätze keine ethnische Klassifizierung und können daher für jede nachrömische christliche Gesellschaft gelten. Ihre handschriftliche Überlieferung ist eng mit der Collectio canonum Hibernensis verknüpft. Der Aufsatz stellt die Bedeutung der Excerpta als eine Mischung aus römischem, fränkischem und insularem Rechtserbe heraus. Durch die Excerpta schlugen die bretonischen Gelehrten eine Brücke zwischen den kontinentalen und insularen Rechtstraditionen und traten als gleichberechtigte Rechtsexperten auf.

---

132 Ellen Jørgensen, Catalogus codicum Latinorum medii ævi Bibliothecæ Regiæ Hafniensis 2, Copenhagen 1926, pp. 271–272.
133 Rob Meens, The Oldest Manuscript Witness of the Collectio Canonum Hibernensis, in: Peritia 14 (2000), pp. 1–19.
134 Allen J. Frantzen, The Significance of the Frankish Penitentials, in: Journal of Ecclesiastical History 30 (1979), pp. 409–421, at p. 412.

Paris, Bibliothèque nationale de France, Lat. 4627. Anfertigung und Gebrauch eines Handbuchs in der erzbischöflichen Kanzlei zu Sens[*]

Benedikt Lemke

1. Einleitung

Wenn Rechtshandschriften Thema sind, kommt der Codex Latinus 4627 der Französischen Nationalbibliothek in Paris früher oder später zur Sprache. Die Handschrift vereint die Lex Salica mit verschiedenen Formelsammlungen[1] und wurde von Rosamond McKitterick als Sammlung eines Notars charakterisiert.[2] Sie war bereits den frühen Drucken der Formulae und der Lex Salica im 17. Jahrhundert bekannt, die mit den Namen Pierre Pithou († 1596), Friedrich Lindenbruch († 1648), Jérôme Bignon († 1656) und Étienne Baluze († 1718) verbunden sind.[3] Es verwundert daher, dass die Literatur zu dieser Handschrift eher spärlich ausfällt.[4] Dabei sind zwei Desiderate festzustellen: Zum einen wurde die Anfertigung der Handschrift bislang noch keiner eingehenden paläographischen und kodikologischen Studie unterzogen, zum anderen lag der Fokus der Untersuchungen stets auf den „großen" Rechtstexten, nicht auf dem

---

[*] Mein herzlicher Dank gilt Peter Orth und Karl Ubl für die Hilfe bei der Vorbereitung dieses Beitrags.
[1] Vgl. Hubert Mordek, Bibliotheca capitularium regum Francorum manuscripta. Überlieferung und Traditionszusammenhänge der fränkischen Herrschererlasse (MGH Hilfsmittel 15), München 1995, S. 482–485.
[2] Vgl. Rosamond McKitterick, The Carolingians and the Written Word, Cambridge 1989, S. 48, 60.
[3] Vgl. Formulae Merowingici et Karolini aevi accedunt Ordines iudiciorum Dei, ed. Karl Zeumer (MGH Formulae 1), Hannover 1886, S. 36, 184–185; Pactus legis Salicae, ed. Karl August Eckhardt (MGH LL nat. Germ. 4,1), Hannover 1962, S. XV–XVI, XXX.
[4] Vgl. Alfred Holder (Hrsg.), Lex Salica mit der Mallobergischen Glosse nach der Handschrift von Sens-Fontainebleau-Paris 4627, Leipzig 1880, S. 38–43; Karl Zeumer, Über die älteren fränkischen Formelsammlungen, in: Neues Archiv 6 (1881), S. 9–115, hier S. 13–41, 69–79; Zeumer (wie Anm. 3), S. 182–185; Gerard J. Walstra, Les cinq épîtres rimées dans l'appendice des Formules de Sens: Codex Parisinus Latinus 4627, fol. 27v–29r. La querelle des évêques Frodebert et Importun (an 665/666), Leiden 1962, S. 3–4; Alice Rio, Legal Practice and the Written Word in the Early Middle Ages. Frankish Formulae, c. 500–1000 (Cambridge Studies in Medieval Life and Thought. Fourth Series 75), Cambridge 2009, besonders S. 256–257; Yitzhak Hen, Changing Places. Chrodobert, Boba, and the Wife of Grimoald, in: Revue belge de philologie et d'histoire 90 (2012), S. 225–244, hier S. 234–235 (mit Anm. 51); zuletzt Warren C. Brown, Beyond the Monastery Walls. Lay Men and Women in Early Medieval Legal Formularies, Cambridge 2023, besonders S. 46 (Anm. 35), 112 (Anm. 115), 347–348.

nicht-rechtlichen „Sondergut" der Handschrift und ihren Nachträgen. Dieser Beitrag versteht sich als Versuch, diese Forschungslücken zu schließen. Zuerst wird die Anfertigung der Handschrift mitsamt ihres „Sondergutes" untersucht. Dann werden die Nachträge mit Blick auf den Gebrauch der Handschrift beleuchtet. Ausgangspunkt der folgenden Überlegungen sind neben einer persönlichen Inaugenscheinnahme der Handschrift im September 2021 die bislang nicht beachteten handschriftlichen Aufzeichnungen des renommierten Paläographen Bernhard Bischoff († 1991), die auf einer Autopsie der Handschrift vom 11. Oktober 1961 beruhen und heute als Teil von Bischoffs Nachlass in der Bayerischen Staatsbibliothek verwahrt werden.[5]

2. Anfertigung

Um die Anfertigung der Handschrift zu verstehen, ist zunächst der Forschungsstand zu rekapitulieren. Für die Entstehung der Handschrift ergibt sich ein recht genauer Zeitrahmen. In Nr. 9 der jüngeren Formeln von Sens, die ein ursprünglicher Bestandteil der Handschrift sind, wird c. 6 des Capitulare ecclesiasticum aus dem Jahre 818/819 aufgegriffen.[6] Zugleich ordnete Bischoff das Schriftbild „circa" dem ersten Viertel des 9. Jahrhunderts zu. Die Handschrift muss also nach 818/819 entstanden sein, aber nicht viel später als 825. Daher ist von einer Entstehung in den 820er Jahren auszugehen, wie schon Karl Ubl zutreffend festgestellt hat.[7]

Der Herkunftsort der Handschrift ist umstritten und bedarf einer eingehenden Besprechung. In einer nicht erhaltenen Korrespondenz mit Hubert Mordek[8] äußerte sich Bischoff erstmals über die Herkunft der Handschrift mit den Worten: „wohl Umkreis des Hofes".[9] Auf dieser Grundlage zog Mordek 1995 den weitergehenden Schluss, die Handschrift gehöre dem sogenannten Leges-Skriptorium an. Dabei handelt es sich um eine von der Forschung angenommene Schreibwerkstatt, die zu Zeiten Kaiser Ludwigs des Frommen (814–840) mit der systematischen Verbreitung von Rechtshandschriften betraut gewesen sein soll. Das Skriptorium wurde unterschiedlich verortet, etwa im Umfeld des Aachener Hofs oder in Tours. Allerdings hat Ubl das Leges-Skriptorium 2014 als ein Konstrukt der Forschung enttarnt, sodass diese Verortung auszuschließen ist.[10]

---

5   Vgl. München, Bayerische Staatsbibliothek, Ana 553 A,I (Paris 1,7).
6   Vgl. Formulae Senonenses recentiores Nr. 9, ed. ZEUMER (wie Anm. 3), S. 215–216 und das Capitulare ecclesiasticum c. 6, ed. Alfred BORETIUS (MGH Capit. 1), Hannover 1883, Nr. 138, S. 277.
7   Vgl. Karl UBL, Gab es das Leges-Skriptorium Ludwigs des Frommen? in: Deutsches Archiv 70 (2014), S. 43–65, hier S. 57.
8   Vgl. UBL (wie Anm. 7), S. 57.
9   MORDEK (wie Anm. 1), S. 482–483.
10 Vgl. UBL (wie Anm. 7), S. 43–65, besonders S. 45–51.

In dem 2014 publizierten dritten Band von Bischoffs „Katalog der festländischen Handschriften des 9. Jahrhunderts" findet sich eine weitere Stellungnahme über die Herkunft der Handschrift: „Etwa Kanzlei bzw. Hofschule (?)".[11] Im Vergleich zu der Mitteilung an Mordek fällt Bischoffs Einschätzung hier geringfügig anders aus. Aus dem Umkreis des Hofs ist der Hof selbst geworden. Für die Beurteilung der Validität dieser Verortung, die immerhin mit einem Fragezeichen versehen ist, bedarf es eines Blicks auf die Entstehung von Bischoffs Katalog. Als Bischoff im Jahre 1991 unerwartet starb,[12] hinterließ er für den dritten Band lediglich unfertige Druckvorlagen. Birgit Ebersperger wurde als Herausgeberin damit betraut, fehlende Angaben aus Bischoffs Publikationen und handschriftlichen Aufzeichnungen zu ergänzen. Natürlich konnte dabei nicht gewährleistet werden, dass Bischoff die von Ebersperger ergänzten, teils viele Jahrzehnte alten Angaben in gleicher Weise in den erst 2014 posthum publizierten Katalogband aufgenommen hätte. Daher wurden die von Ebersperger zusammengestellten Angaben mit eckigen Klammern gekennzeichnet,[13] so auch die zitierte Verortung von Lat. 4627. Leider hat Ebersperger die Herkunft dieser Information nicht angegeben, sodass sich Bischoffs Gründe für eine Zuordnung der Handschrift zum Hof nicht unmittelbar nachvollziehen lassen.

Glücklicherweise enthalten die bereits erwähnten Aufzeichnungen Bischoffs aus dem Jahr 1961 jedoch einen Eintrag, auf den Ebersperger zurückgegriffen haben könnte: „d[ie] H[an]d 134r–135v ein unbegabter, nach allen Richtungen übertreibender Schreiber d[es] Godesc[alc] Kreises".[14] Der Name Godescalc steht in Zusammenhang mit dem sogenannten Godescalc-Evangelistar, das zwischen 781 und 783 unter Beteiligung eines Schreibers oder Kompilators mit dem Namen Godescalc angefertigt wurde.[15] Da Karl der Große (768–814) nachweislich der Auftraggeber dieser Handschrift war, wird das Wirken von Godescalc gemeinhin der „Hofschule" zugeschrieben.[16] Vermutlich war die Ähnlichkeit der in Lat. 4627 auf fol. 134r–135v wirkenden Hand mit der Schrift des Godescalc-Evangelistars für Bischoff (oder Ebersperger) ein

---

11 Bernhard BISCHOFF, Katalog der festländischen Handschriften des 9. Jahrhunderts (mit Ausnahme der wisigotischen), 3 Bde. (Veröffentlichungen der Kommission für die Herausgabe der mittelalterlichen Bibliothekskataloge Deutschlands und der Schweiz), Wiesbaden 1998–2014, hier Bd. 3, S. 99.
12 Vgl. Sigrid KRÄMER, Der wissenschaftliche Nachlass von Bernhard Bischoff anlässlich seines 100. Geburtstages am 20. Dezember 2006, in: Aevum 81 (2007), S. 621–628, hier S. 621.
13 Vgl. Hartmut HOFFMANN, Bernhard Bischoffs Katalog der karolingischen Handschriften, in: Deutsches Archiv 71 (2015), S. 1–56, besonders S. 1–10.
14 Siehe oben, Anm. 5.
15 Im Zusammenhang mit der im Folgenden hergeleiteten Entstehung der Handschrift in Sens ist der gleichnamige und gleichzeitige Erzbischof von Sens (s. VIII$^{4/4}$) zu erwähnen, vgl. Pierre CORNAT / Mellon JOLLY, Notice sur les archevêques de Sens et les évêques d'Auxerre, Sens 1855, S. 15.
16 Vgl. Bernhard BISCHOFF, Die Hofbibliothek Karls des Großen, in: Bernhard Bischoff, Mittelalterliche Studien. Ausgewählte Aufsätze zur Schriftkunde und Literaturgeschichte, Bd. 3, Stuttgart 1981, S. 149–169, hier S. 159 (Anm. 46); einführend zur Handschrift vgl. Fabrizio CRIVELLO / Charlotte DENOËL / Peter ORTH (Hrsg.), Das Godescalc-Evangelistar. Eine Prachthandschrift für Karl den Großen, Darmstadt 2011.

Hinweis darauf, dass Lat. 4627 am Hof Ludwigs des Frommen in Aachen entstand.[17]

Allerdings darf diese Überlegung aus verschiedenen Gründen als überholt gelten, jedenfalls soweit es keine weiteren, unbekannten Beweggründe für die Verortung gegeben hat. Grundsätzlich ist die Zuordnung der auf fol. 134r–135v wirkenden Hand zum Aachener Hof fraglich. Zwischen dem Godescalc-Evangelistar (781–783) und Lat. 4627 (820er Jahre) liegen vier Jahrzehnte. Ob ein „Godescalc-Kreis" über so lange Zeit am Hof tätig war und zudem fast ein halbes Jahrhundert später noch einen nahezu unveränderten Schriftstil pflegte, ist zu bezweifeln. Immerhin gab es an der „Hofschule" unter Karl dem Großen und Ludwig dem Frommen einen ständigen Wechsel von Schreibergruppen.[18] Außerdem war der karolingische Hof erst ab 794 fest in Aachen ansässig. Die vor 794 entstandenen Handschriften der „Hofschule", mithin auch das Godescalc-Evangelistar, wurden demnach gar nicht am Aachener Hof angefertigt, sondern andernorts im Auftrag des Herrschers. Vor diesem Hintergrund hat Éric Palazzo jüngst eine Entstehung des Godescalc-Evangelistars in Lüttich wahrscheinlich gemacht, wo um 780 ein Diakon mit dem Namen Godescalc bezeugt ist.[19] Demnach wäre der „Godescalc-Kreis" (und mithin auch Lat. 4627) nicht in Aachen, sondern allenfalls in Lüttich zu verorten. Aber selbst wenn die auf fol. 134r–135v wirkende Hand des „Godescalc-Kreises" tatsächlich überzeugend dem Aachener Hof zugeordnet werden könnte, ließe sich dadurch noch nicht eine Entstehung der Handschrift am Hof belegen. Die Verortung in Bischoffs Katalog scheint nämlich lediglich auf der Schrift von diesem einzelnen kurzen Eintrag zu beruhen, während die Schrift der Handschrift insgesamt nach Ubl überhaupt keine Nähe zum Kaiserhof aufweist.[20] Die von Bischoff festgestellte Ähnlichkeit der Schrift von fol. 134r–135v mit der Schrift des Godescalc-Evangelistars ist demnach allenfalls ein Hinweis auf die Beteiligung eines am Hof oder in Lüttich ausgebildeten Schreibers an der Anfertigung der Handschrift, während ihr Entstehungsort vorerst im Dunkeln bleibt.

Mit diesen Einwänden können die Verortungsversuche von Mordek und Bischoff ad acta gelegt werden. Es bleiben inhaltliche Erwägungen für die Frage des Entstehungsortes. Die Handschrift ist der einzige Zeuge für zwei mit Sens in Verbindung gebrachte Formelsammlungen: die Cartae Senonicae (fol. 2r–31v) und die davon unabhängigen Formulae Senonenses recentiores (fol. 127r–145r). Die Bezeichnung der ersten Sammlung suggeriert trügerische Gewissheit, denn die Verortung nach Sens beruht im Wesentlichen auf der Konjektur des Wortes *senicas* zu *senonicas* in der Rubrik des Textes (fol. 2r). Da-

---

17 Für weitere Handschriften mit dem Godescalc-Stil vgl. BISCHOFF (wie Anm. 11), Bd. 2, S. 383 (Nr. 3870) und Bd. 3, S. 9–10 (Nr. 3920).
18 Vgl. Bernhard BISCHOFF, Die Hofbibliothek unter Ludwig dem Frommen, in: Jonathan J. ALEXANDER / Margaret T. GIBSON (Hrsg.), Medieval Learning and Literature. Festschrift Richard W. Hunt, Oxford 1976, S. 3–22, hier S. 11–12.
19 Vgl. Éric PALAZZO, Godescalc. Diacre et liturgiste carolingien oublié, in: Revue Bénédictine 133 (2023), S. 339–380, dem ich herzlich für die Möglichkeit zur Einsicht in das Manuskript noch vor der Drucklegung danke.
20 Vgl. UBL (wie Anm. 7), S. 57.

gegen beinhalten die jüngeren Formeln von Sens mehrere unmissverständliche Verweise auf die Kirche und den Erzbischof von Sens. Der Nachtrag zweier weiterer Urkundenmuster, die erneut den Metropoliten von Sens nennen, „may constitute our best evidence", so Alice Rio, „that this manuscript was copied and kept in use in Sens ifself".[21] Für Rios Zurückhaltung besteht m. E. kein Anlass. Ihre Hypothese lässt sich an der Handschrift belegen.

Ein Hauptproblem der Erforschung von Lat. 4627 besteht darin, dass sich in der Literatur keine brauchbare Händescheidung findet.[22] Im Nachlass Bischoffs hat sich glücklicherweise das Urteil des Paläographen zu dieser Frage erhalten. Auf dieser Grundlage lässt sich ein neues Verständnis von der Anfertigung des Codex entwickeln. Der Hauptteil dürfte auf eine alte Vorlage zurückgehen (fol. 2r–127r), denn nur zwei Hände kopierten hier eine Reihe von Texten des 8. Jahrhunderts: die Formulae Senonenses (fol. 2r–31v),[23] für die eine Entstehung vor 775 diskutiert wird,[24] die D-Fassung der Lex Salica aus der Mitte des 8. Jahrhunderts (fol. 32r–59v)[25] und die Formulae Marculfi mit einem schon im 8. Jahrhundert bezeugten Anhang (fol. 59v–127r).[26] Die Abschrift dieser Vorlage erfolgte scheinbar geplant und durchgehend, denn der Text wurde ausschließlich auf regelmäßige Quaternionen kopiert und der einzige Handwechsel fällt weder mit einem Text- noch mit einem Lagenwechsel zusammen (fol. 96r/v).

Die zweite Hand beaufsichtigte die Anfertigung der gesamten Handschrift und darf daher als Haupthand gelten. Diese Hand schrieb zwar erst auf fol. 96v–132v eigenhändig Text ab, doch gehen nach Bischoff bereits eine Reihe von Ergänzungen und Korrekturen in der Arbeit der ersten Hand (fol. 2r–96r) auf sie zurück. Der Schlüssel zum Verständnis von Lat. 4627 liegt aber in den jüngeren Formeln von Sens am Ende der Handschrift (fol. 127r–145r).[27] Diese Formeln wurden nämlich bei der Abschrift unter der Leitung der zweiten Hand kompiliert.[28] Unmittelbar nach den Formulae Marculfi begann die zweite Hand die Kompilation mit einem recht homogenen Block, ohne die entstehende Sammlung mit einem Titel zu versehen. Unter den acht Formeln dieser Eintragung (Nr. 1–8; fol. 127r–132r) sind die ersten sieben die einzigen *notitiae* der

---

21 Vgl. Rio (wie Anm. 4), S. 121–126 mit dem Zitat auf S. 125.
22 Für eine veraltete Händescheidung vgl. Zeumer (wie Anm. 3), S. 34–35.
23 Die Sprache der jüngeren Formeln von Sens lässt sich mit einer alten Vorlage vereinbaren, vgl. Lucien Beszard, La langue des formules de Sens, Paris 1910, S. XI–XIV, 94–95; es bleibt zu prüfen, ob die Sprache der übrigen Texte im betreffenden Teil der Handschrift übereinstimmende Eigenschaften aufweist.
24 Vgl. Zeumer (wie Anm. 4), S. 73–75; Rio (wie Anm. 4), S. 123–124 sieht hingegen keine hinreichenden Belege für eine frühe Entstehung.
25 Vgl. Karl Ubl, Sinnstiftungen eines Rechtsbuchs. Die Lex Salica im Frankenreich (Quellen und Forschungen zum Recht im Mittelalter 9), Ostfildern 2017, S. 151–154.
26 Vgl. Rio (wie Anm. 4), S. 82–85; zum Anhang vgl. Mordek (wie Anm. 1), S. 484.
27 Vgl. Rio (wie Anm. 4), S. 124–125 und Zeumer (wie Anm. 4), S. 77–78 zu den Inhalten der Sammlung; die im Fließtext angegebenen Nummern für die Formeln beziehen sich auf Formulae Senonenses recentiores, ed. Zeumer (wie Anm. 3), S. 211–220, 723–724.
28 Vgl. die Kompilation der Formelsammlung von Flavigny (Collectio Flaviniacensis), vgl. Brown (wie Anm. 4), S. 53–56.

Sammlung. Anders als alle darauffolgenden Texte beziehen sich diese Muster für Gerichtsurkunden nicht auf einen Bischof und dürften daher aus einer anderen Quelle stammen. Möglicherweise waren die *notitiae* Nachträge in jener alten Handschrift, die als Vorlage für den Hauptteil diente. Auf einer neuen Lage trug eine assistierende dritte Hand eine *ingenuitas* mit Bezug zu Sens ein (Nr. 9; fol. 134r–135v), möglicherweise parallel zum Wirken der zweiten Hand in der vorherigen Lage. Diese dritte Hand wurde dann wieder von der zweiten abgelöst, die drei weitere Urkundenmuster eintrug (Nr. 10–12; fol. 136r–138r). Da diese Formeln Sens nicht erwähnen, dürften sie wiederum aus einer anderen Quelle bezogen sein. Als zweiter Assistent trug eine vierte Hand sodann eine auch aus anderen Sammlungen bekannte Regula formatarum ein (Nr. 13; fol. 140v–141r),[29] ehe die zweite Hand die Kompilation mit fünf weiteren Formeln abschloss (Nr. 14–18; fol. 141v–145r). Die ersten beiden dieser fünf Formeln sind Anwendungen der vorherigen Regula formatarum und nehmen wiederum Bezug auf Sens.[30] Die unbeschriebenen Blätter am Ende der letzten Lage (fol. 146/147) wurden wohlweislich nicht herausgeschnitten, ganz im Sinne der Unabgeschlossenheit einer Kompilation.

Die zweite Hand nahm eine Schlüsselrolle bei der Kompilation der jüngeren Formeln von Sens ein, denn sie begann und beendete die Sammlung und wurde nur stellenweise von assistierenden Händen abgelöst. Dieser Befund wird dadurch unterstrichen, dass die zweite Hand das gesamte „Sondergut" in der Kompilation verantwortet, d. h. alle Texte, die traditionell nicht als Formulae gelten. Zum einen wurde am Ende der 17. Lage (fol. 128–132) nur eines der beiden noch freien Blätter herausgeschnitten,[31] sodass die zweite Hand hier noch ein bislang nicht ediertes Rezept eintragen konnte (fol. 132). Zum anderen kopierte die zweite Hand aus einer liturgischen Vorlage unter der Rubrik *Oratio super infirmos* den Anfang des Johannesevangeliums (Ioh. 1,1–5; fol. 138r), gefolgt von einem unter anderem gegen Zauberei gerichteten Exorzismus (fol. 138r–140v).[32] Die eigenhändige Eintragung dieses „Sondergutes" erweckt den Anschein, als sei die zweite Hand nicht nur das „Mastermind" hinter der Kompilation gewesen, sondern auch der angedachte Nutzende der Handschrift, auf den der Inhalt zugeschnitten war. Insofern weist der mit 225 x 147 mm recht handliche Codex Züge eines persönlichen Handbuchs auf. Entsprechend ist Lat. 4627 eher mit McKitterick als „a notary's collection" anzusehen und weniger mit Mordek als „Rechtssammlung" im engeren Sinne.[33]

---

29 Vgl. ZEUMER (wie Anm. 3), S. 218 (Anm. 2).
30 Vgl. Steffen PATZOLD, Presbyter. Moral, Mobilität und die Kirchenorganisation im Karolingerreich (Monographien zur Geschichte des Mittelalters 68), Stuttgart 2020, S. 503 zu den beiden Epistolae formatae.
31 Die Struktur der später um fol. 133 erweiterten Lage ist schwer zu bestimmen und daher umstritten: Nach MORDEK (wie Anm. 1), S. 482 handelt es sich um einen Quaternio mit zwei fehlenden Blättern; nach HOLDER (wie Anm. 4), S. 38 fehlt nur ein Blatt zwischen fol. 131/132; laut dem Nachlass BISCHOFF (wie Anm. 5) und laut ZEUMER (wie Anm. 3), S. 215 (Anm. 1) ist fol. 133 ergänzt.
32 Ed. Étienne BALUZE, Capitularia regum Francorum, Bd. 2, Paris 1677, Sp. 661–664.
33 MCKITTERICK (wie Anm. 2), S. 60 und MORDEK (wie Anm. 1), S. 482–483 mit Angabe des Formats.

Der Nachweis dafür, dass die jüngeren Formeln von Sens erst bei der Anfertigung von Lat. 4627 kompiliert wurden, ist der Schlüssel zu der Herkunft der Handschrift. Die jüngeren Formeln beinhalten nämlich drei Formeln, die aus dem Umfeld des Erzbischofs von Sens stammen: eine *ingenuitas* des Erzbischofs von Sens (Nr. 9) sowie zwei Briefe aus dem Jahr 810 von Erzbischof Ebroin von Bourges († 818) (Nr. 14) und von Bischof Franco I. von Le Mans († 816) (Nr. 15), jeweils an Erzbischof Magnus von Sens († 816?). Die Forschung musste bisher in Betracht ziehen, dass die jüngeren Formeln in Lat. 4627 aus einer Vorlage übernommen wurden. Die auf Sens Bezug nehmenden Formeln konnten daher zwar Auskunft über die Herkunft der Formelsammlung geben, aber nicht mit letzter Gewissheit über die Herkunft der Handschrift.[34] Unter diesem Vorbehalt schlussfolgerte schon Karl Zeumer 1881 zu Recht: „Der Sammler wird diese Stücke [die beiden Briefe an Magnus von Sens] […] direkt vom Erzbischof oder aus dessen Kanzlei erhalten haben."[35] Mit dem Nachweis, dass die Entstehung der jüngeren Formeln von Sens und die Entstehung der Handschrift zeitlich und räumlich zusammenfallen, darf nunmehr das Umfeld des Erzbischofs von Sens nicht nur als Ursprungsort der Sammlung, sondern auch der Handschrift gelten.

Genauer ist die erzbischöfliche Kanzlei[36] in Sens als Herkunfts- und Bestimmungsort von Handschrift und Formelsammlung anzunehmen. Für eine Entstehung in der Kanzlei spricht die Verfügbarkeit von Formeln aus dem Verwaltungsschriftgut des Erzbischofs bei der Anfertigung der Handschrift. Eine Bestimmung für die Kanzlei wird dadurch nahegelegt, dass die Formeln insbesondere für den dortigen Gebrauch geeignet waren, zumal bei der Umarbeitung der Dokumente zu Formeln die Bezüge auf die Kirche von Sens mehrfach nicht entfernt wurden. Überhaupt war die Handschrift insgesamt für die Zwecke einer Kanzlei gut geeignet. Zum Beispiel konnten die drei enthaltenen Formelsammlungen als Muster für das Anfertigen von Urkunden und Briefen dienen.[37] Sens war ein bedeutendes Erzbistum und so ist es nicht verwunderlich, dass etwa die Formulae Marculfi auf kirchliche Institutionen ausgerichtet waren, die Rechtsgeschäfte mit dem Königshof unterhielten.[38] Die Identifizierung des Entstehungs- und Bestimmungsortes der Handschrift mit der erzbischöflichen Kanzlei zu Sens wird schließlich dadurch gestützt, dass sich die Hand-

---

34 Nach Rio (wie Anm. 4), S. 124–125 sind die jüngeren Formeln aus Sens „undoubtedly connected to Sens"; eine Entstehung der Handschrift in Sens ist ihr zufolge hingegen nicht gesichert, wenn auch wahrscheinlich.
35 Zeumer (wie Anm. 4), S. 78.
36 Zu Problemen mit dem Verständnis und Begriff von Kanzleien vgl. Mark Mersiowsky, Urkundenpraxis in den karolingischen Kanzleien, in: Giuseppe de Gregorio / Maria Galante (Hrsg.), La produzione scritta tecnica e scientifica nel Medioevo. Libro e documento tra scuole e professioni (Studi e ricerche 5), Spoleto 2012, S. 209–241, besonders S. 210–214, 234–235; Mark Mersiowsky, Die karolingischen Kanzleien als Problem der Forschung, in: Le corti nell'Alto Medioevo. Spoleto, 24–29 aprile 2014, Bd. 1 (Settimane di studio della Fondazione Centro italiano di Studi sull'alto medioevo 62,1), Spoleto 2015, S. 503–541.
37 Vgl. Rio (wie Anm. 4), S. 20–26.
38 Vgl. ebd., S. 80–81.

schrift in der zweiten Hälfte des 9. Jahrhunderts mit großer Sicherheit dort befand. Damals wurden nämlich zwei weitere Formeln aus dem Verwaltungsschriftgut des Erzbistums in die Handschrift übernommen, mit denen der Erzbischof Eigentum übertragen konnte (Nr. 19–20; fol. 147v).[39] Dieser Nachtrag erfolgte möglicherweise noch während des Episkopats von Erzbischof Wenilo (837?–865)[40] und ist in tironischen Noten gehalten, wie sie damals in westfränkischen Kanzleien gebräuchlich waren.[41]

Die Verortung der Handschrift nach Sens berechtigt m. E. dazu, die aus einer alten Vorlage bezogenen, allein in Lat. 4627 überlieferten Cartae Senonicae durch Konjektur ihres verderbten Titels ebenfalls Sens zuzuordnen.[42] Es hat den Anschein, als sei in den 820er Jahren in der erzbischöflichen Kanzlei zu Sens der Auftrag ergangen, ein dort aufbewahrtes Rechtshandbuch aus dem 8. Jahrhundert zu kopieren (fol. 2r–127r) und durch Zufügung einer neuen Formelsammlung (fol. 127r–145r) an die Erfordernisse der Kanzlei in der ersten Hälfte des 9. Jahrhunderts anzupassen. Die Entstehung in den 820er Jahren deutet darauf hin, dass Lat. 4627 und damit auch die jüngeren Formeln von Sens unter Erzbischof Jeremias von Sens (822–828) entstanden sind[43] und nicht unter Erzbischof Magnus (802–816?), wie lange vermutet wurde.[44] Jeremias war, wie sein Vorgänger Magnus und seine Nachfolger Alderich (828/829–836) und Wenilo (837?–865), nicht nur Erzbischof von Sens, sondern auch Königsbo-

---

39 Datierung nach Auskunft von Martin Hellmann; Paul Legendre, Études tironiennes. Commentaire sur la VIe églogue de Virgile, tiré d'un manuscrit de Chartres (Bibliothèque de l'École des hautes études. Section Sciences historiques et philologiques 165), Paris 1907, S. 57 datierte diesen Nachtrag auf das 10. Jahrhundert.
40 Vgl. Shigeto Kikuchi, Herrschaft, Delegation und Kommunikation in der Karolingerzeit. Untersuchungen zu den Missi dominici (751–888), 2 Teile (MGH Hilfsmittel 31), Wiesbaden 2021, hier Teil 2, S. 878–880.
41 Vgl. Martin Hellmann, Tironische Noten in der Karolingerzeit am Beispiel eines Persius-Kommentars aus der Schule von Tours (MGH Studien und Texte 27), Hannover 2000, S. 19–20.
42 Ähnlich schon Beszard (wie Anm. 23), S. XIII: „Tout porte à croire que cette collection [die Cartae Senonicae] fut rassemblée pour servir de manuel aux fonctionnaires du tribunal de Sens."
43 Vgl. Capitula episcoporum, Teil 3, ed. Rudolf Pokorny (MGH Capit. episc. 3), Hannover 1995, S. 7 (Anm. 10).
44 Für eine Entstehung der Sammlung unter Magnus von Sens im Jahre 817/818 haben sich Eugène de Rozière, Recueil général des formules usitées dans l'empire des Francs du Ve au Xe siècle, Bd. 1, Paris 1859, S. 97 (Anm. e) und Zeumer (wie Anm. 4), S. 78 ausgesprochen: Grundlage dieser Vermutung war erstens die Aufnahme der beiden an Magnus gerichteten Briefe in die Sammlung (Nr. 14–15), zweitens die Parallele von Nr. 9 der jüngeren Formeln von Sens zu c. 6 des damals auf 817 datierten Capitulare ecclesiasticum (vgl. dazu Anm. 6) und drittens die Annahme, dass Magnus im Jahre 818 verstarb; Rio (wie Anm. 4), S. 125 hat darauf hingewiesen, dass diese Zuschreibung mit der Neudatierung des Kapitulars auf das Jahr 818/819 zwar nicht auszuschließen, aber angesichts des Todes von Magnus im Jahre 818 fragwürdig geworden sei; allerdings hatte Pokorny (wie Anm. 43), S. 7 (Anm. 10) schon früher zu Recht eingewandt, dass das Jahr 818 nicht ohne Bedenken als Todesjahr von Magnus gelten darf, da Magnus letztmalig im Jahre 816 bezeugt ist; die Zuordnung der nicht vor 818/819 entstandenen jüngeren Formeln von Sens zu dem im Zweifel schon 816 verstorbenen Erzbischof Magnus ist demnach nicht länger haltbar.

te,⁴⁵ sodass der in der Kanzlei anfallende Schriftverkehr umfänglich und der Bedarf an Musterdokumenten entsprechend groß gewesen sein dürfte. Vor dem Hintergrund des Königsbotenamtes der damaligen Erzbischöfe von Sens scheint im Übrigen bedeutsam, dass die jüngeren Formeln von Sens ein Muster für eine Gerichtsurkunde über einen Streit vor dem Königsbotengericht um Grundbesitz enthalten (Nr. 7; fol. 131v–132r).⁴⁶ Insgesamt fällt Lat. 4627 mit der Entstehung in den 820er Jahren als mutmaßliches Handbuch eines Notars passend in die Zeit Ludwigs des Frommen, in der sich der Verwaltungsschriftverkehr im Allgemeinen steigerte und der Kanzleibetrieb professionalisierte. Formulae und tironische Noten, wie sie in der Handschrift enthaltenen sind, waren dabei bedeutsam.⁴⁷

Die Verortung von Lat. 4627 in der erzbischöflichen Kanzlei von Sens ist ein bemerkenswerter Befund. Erstens konnte bislang noch keine einzige Handschrift des 9. Jahrhunderts mit Sicherheit nach Sens verortet werden, wenn man Bischoff folgt.⁴⁸ Zweitens ist über die erzbischöfliche Kanzlei in Sens zu dieser Zeit praktisch nichts bekannt,⁴⁹ auch wenn diese zumindest unter Erzbischof Wenilo (837?–865) urkundlich fassbar ist.⁵⁰ Und drittens sind notarielle Handbücher in der Forschung zur Karolingerzeit zwar nicht ohne Parallele, aber doch eine Seltenheit.⁵¹

Leider gibt es keinen mittelalterlichen Katalog der Kathedrale zu Sens, der Auskunft darüber geben könnte, wie lange sich die Handschrift in Sens be-

---

45 Vgl. KIKUCHI (wie Anm. 40), Teil 2, S. 360–362, 664–665, 725–727, 878–880; Daniel C. PANGERL, Die Metropolitanverfassung des karolingischen Frankenreichs (MGH Schriften 63), Hannover 2011, S. 307–313.
46 Vgl. Formulae Senonenses recentiores Nr. 7 (wie Anm. 6), S. 214.
47 Vgl. Martina STRATMANN, Schriftlichkeit in der Verwaltung von Bistümern und Klöstern, in: Rudolf SCHIEFFER (Hrsg.), Schriftkultur und Reichsverwaltung unter den Karolingern (Abhandlungen der Rheinisch-Westfälischen Akademie der Wissenschaften 97), Opladen 1996, S. 92, 102–105 und MERSIOWSKY, Urkundenpraxis (wie Anm. 36), S. 227–234, 239–241; Sarah PATT, Studien zu den „Formulae imperiales". Urkundenkonzeption und Formulargebrauch in der Kanzlei Kaiser Ludwigs des Frommen (814–840) (MGH Studien und Texte 59), Wiesbaden 2016, S. 10–16, 24, 57–65, 194–198; Susanne ZWIERLEIN, Studien zu den Arengen in den Urkunden Kaiser Ludwigs des Frommen (814–840) (MGH Studien und Texte 60), Wiesbaden 2016, S. 397–401.
48 Zu möglichen weiteren Handschriften aus Sens vgl. BISCHOFF (wie Anm. 11), Bd. 1, S. 16 (Nr. 48); Bd. 2, S. 84 (Nr. 2324); Bd. 3, S. 33 (Nr. 4015), S. 429 (Nr. 6677), S. 435 (Nr. 6729).
49 Vgl. Théophile X. D'HAUCOURT, Histoire de la ville de Sens, Sens 1911, S. 103–106.
50 Vgl. Maximilien QUANTIN (Hrsg.), Cartulaire général de l'Yonne. Recueil de documents authentiques pour servir à l'histoire des pays qui forment ce département, Bd. 1, Auxerre 1854, S. 39–43 (Nr. 21), 63–64 (Nr. 32); dazu Albert WERMINGHOFF, Vier Urkunden für die Abtei St. Remi zu Sens aus den Jahren 835 bis 853, in: Neues Archiv 27 (1902), S. 217–232; ein Brief von Erzbischof Alderich von Sens († 836) an Bischof Frothar von Toul († 847) ist erhalten, vgl. Frotharii episcopi Tullensis epistolae Nr. 16 (829 oder später), ed. Ernst DÜMMLER (MGH Epp. 5 = Epp. Karolini aevi 3), Berlin 1899, S. 287; zum Schriftbetrieb unter Magnus von Sens († 816?) vgl. KIKUCHI (wie Anm. 40), Teil 2, S. 726–727.
51 Weitere Vorschläge z. B. bei MCKITTERICK (wie Anm. 2), S. 48–55, 60 und MERSIOWSKY, Urkundenpraxis (wie Anm. 36), S. 235–238.

fand.[52] Den nächsten Hinweis auf die Provenienz des Codex liefern einzelne Notizen (fol. 32r?, fol. 69v, 102v) des französischen Juristen Aimar de Rançonnet († 1559),[53] der zunächst in Bordeaux wirkte und dann in Paris. Dass Lat. 4627 von Rançonnet nicht nur annotiert wurde, sondern auch zu dessen Sammlung gehörte, wird dadurch nahegelegt, dass sich die Handschrift wie andere Stücke dieser Sammlung[54] nach dem Tod Rançonnets in der Bibliothek Karls IX. († 1574) zu Fontainebleau wiederfindet.[55] Ob Rançonnet die Handschrift hingegen aus Sens übernahm, bleibt offen.

3. Erweiterungen

Neben der Anfertigung verdienen auch die zahlreichen Überarbeitungen und Erweiterungen von Lat. 4627 Aufmerksamkeit, legen sie doch Zeugnis von der Bedeutung und vermutlich sogar vom Gebrauch der Handschrift ab. Bei der Datierung dieser Eingriffe helfen erneut die Aufzeichnungen von Bischoff. Zunächst weist die Handschrift zahlreiche Korrekturen und kleine Ergänzungen aus der Zeit der Anlage durch die zweite Hand und weitere Hände auf.[56] Auch wurden in der gesamten Handschrift verblasste Stellen von mindestens zwei Händen nachgezeichnet (zum Beispiel fol. 2r, 15r), teils noch nach der Mitte des 9. Jahrhunderts (fol. 147r). Diese Eingriffe bezeugen ein reges Interesse an der Handschrift und ein Bemühen um die Brauchbarkeit der Texte.

Daneben wurde Lat. 4627 mehrfach erweitert, erstmals zur Mitte des 9. Jahrhunderts. Stimmig zum rechtlichen Fokus der Handschrift wurde damals eine Sammlung von liturgischen Formeln für das Gottesurteil der Bissensprobe ergänzt (fol. 145r–147r),[57] wie sie ab dem zweiten Viertel des 9. Jahrhunderts im Frankenreich zirkulierten.[58] Die vorliegende liturgische Formelsammlung gehört mit sechs Formeln einer besonders ausführlichen Fassung an, die in der Karolingerzeit nur noch ein weiterer Zeuge im nordostfranzösischen Reims überliefert,[59] stimmig zu der Verortung von Lat. 4627 nach Sens. Von anderer

---

52 Vgl. Anne CHALANDON / Jean-François GENEST / Anne-Marie GENEVOIS, Bibliothèques de manuscrits médiévaux en France. Relevé des inventaires du VIIIe au XVIIIe siècle, Paris 1987, S. 219.
53 Identifiziert von Marie-Pierre LAFFITTE, Latin 4627, in: archives et manuscrits, https://archiveset manuscrits.bnf.fr/ark:/12148/cc63476r (abgerufen am 8. Januar 2025).
54 Vgl. Léopold DELISLE, Le cabinet des manuscrits de la Bibliothèque impériale. Étude sur la formation de ce dépôt comprenant les éléments d'une histoire de la calligraphie, de la miniature, de la reliure, et du commerce des livres à Paris avant l'invention de l'imprimerie, Bd. 1 (Histoire générale de Paris), Paris 1868, S. 190.
55 Vgl. MORDEK (wie Anm. 1), S. 482.
56 Vgl. z. B. fol. 3r, 12v, 15r, 27v, 48r, 78r, 126v–127r.
57 Vgl. Ordines iudiciorum Dei A29, ed. ZEUMER (wie Anm. 3), S. 632–633.
58 Vgl. Benedikt LEMKE, Das Examen in mensuris. Die Liturgie zum Gottesurteil durch das Maß und ihre Überlieferung (mit Edition), in: Deutsches Archiv 77 (2021), S. 461–515, hier S. 510–514.
59 Vgl. Paris, Bibliothèque nationale de France, Lat. 1594, fol. 172r–173v, vgl. LEMKE (wie Anm. 58), S. 513.

Hand stammt ein flüchtiger Eintrag im Anschluss an die Formeln für das Gottesurteil, der durch Tilgung heute weder identifizier- noch datierbar ist (fol. 147r). Ebenfalls zur Jahrhundertmitte wurden des Weiteren zwei Texte auf dem freien vorderen Schmutzblatt (fol. 1) von der Hand der Bissensprobe eingetragen: ein bislang nicht edierter komputistischer Text über Gezeiten (fol. 1r) und ein medizinisch-katechetischer Text im Frage-Antwort-Format über den Körper Adams (fol. 1r–v),[60] der ein Zeichen dafür sein könnte, dass die Handschrift auch für die Lehre gebraucht wurde.[61] Der gleichzeitige Eintrag rechtlicher (fol. 145r–147r) und nicht-rechtlicher Materie (fol. 1) durch dieselbe Hand entspricht mit Blick auf das „Sondergut" der inhaltlichen Vielseitigkeit der Handschrift bei ihrer Anfertigung. Der tatkräftige Einsatz dieser Nachtragshand legt nicht nur ein Bemühen um die Anpassung der Handschrift an die Erfordernisse neuer Nutzender nahe, sondern wirft auch die Frage auf, ob derartig spezifische Nachträge nicht aus der Feder von einem Nutzenden der zweiten Generation selbst stammen. Jedenfalls legt die Einordnung des „Sondergutes" am Anfang der Handschrift ein Bemühen um Strukturierung offen. Auf diese Weise blieb freier Schreibraum im Anschluss an die kompilierte Rechtsmaterie, sodass dort in der zweiten Hälfte des 9. Jahrhunderts die schon erwähnten Urkundenmuster in tironischen Noten ergänzt werden konnten (fol. 147v), gewissermaßen als neuerliche Erweiterung der Formelsammlung.

Zum Ende des 9. Jahrhunderts wurde Lat. 4627 nochmals erweitert. Im Rahmen einer Neubindung wurde im kompilierten Teil der Handschrift am Ende der 17. Lage eigens ein Blatt mit einem Gebet für das Gottesurteil des Kesselfangs eingefügt (fol. 133), da nirgends freier Schreibraum verblieb.[62] Stimmig zu der Verortung der Handschrift nach Sens ist der Wortlaut dieses im 9. Jahrhundert überaus häufigen Gebets auffällig nahe an einem Überlieferungsträger des ausgehenden 8. Jahrhunderts aus dem Bistum Meaux, das dem Metropoliten von Sens unterstand.[63] Die arbeitsaufwändige Ergänzung der liturgischen Formel für den Kesselfang ist wie der Exorzismus (fol. 138r–140v) und die Formeln für die Bissensprobe (fol. 145r–147r) ein Indiz für den Gebrauch der Handschrift durch Kleriker[64] und ein Hinweis auf die Anwendung von Gottesurteilen im Umfeld des Erzbischofs von Sens seit dem 9. Jahrhundert,[65] wie sie erst für das 12. Jahrhundert durch nicht-liturgische

---

60 Vgl. Klaus-Dietrich FISCHER, De coelo uita – de terra mors. Zwei Zeugnisse zur physischen Anthropologie aus dem frühen Mittelalter, in: Richard FABER / Bernd SEIDENSTICKER (Hrsg.), Worte, Bilder, Töne. Studien zur Antike und Antikerezeption. Festschrift Bernhard Kytzler, Würzburg 1996, S. 213–229, hier S. 223–224; Jean-Pierre PETTORELLI / Jean-Daniel KAESTLI (Hrsg.), Vita latina Adae et Evae (Corpus Christianorum. Series Apocryphorum 18), Turnhout 2012, S. 177–179.
61 Vgl. BROWN (wie Anm. 4), S. 46 (Anm. 35).
62 Vgl. Ordines iudiciorum Dei A2 (b), ed. ZEUMER (wie Anm. 3), S. 605–608.
63 Vgl. Paris, Bibliothèque nationale de France, Lat. 12048, fol. 258v–259r, vgl. LEMKE (wie Anm. 58), S. 510.
64 Vgl. Patrick WORMALD, The Making of English Law. King Alfred to the Twelfth Century, Bd. 1: Legislation and its Limits, Oxford 2001, S. 61 (Anm. 162).
65 Zum Gottesurteil in der bischöflichen Gerichtsbarkeit vgl. Benedikt LEMKE, „sicut Susannam de falso crimine liberasti." Die Liturgie zum Gottesurteil im Pamelius-Sakramentar (Cod. 137) in ih-

Quellen belegt ist.⁶⁶ Vor diesem Hintergrund verdient Erwähnung, dass alle liturgischen Formeln für das Gottesurteil in Lat. 4627 ausdrücklich zur Diebesfindung vorgesehen waren.

Der letzte Beleg für ein Interesse an der Handschrift ist eine zweite Neubindung am Ende des 10. oder am Anfang des 11. Jahrhunderts,⁶⁷ im Zuge derer in der sechsten Lage (fol. 40–47) ein Blatt innerhalb der Lex Salica ersetzt wurde (fol. 41). Dabei wurde der Text der D-Fassung durch den neueren Text der K-Fassung ersetzt.⁶⁸ Insgesamt dauerte das Bemühen um die Aktualität und Brauchbarkeit der Handschrift also mindestens zwei Jahrhunderte an. Für diese Zeitspanne ist daher auch ein Gebrauch der Handschrift in Sens wahrscheinlich.

4. Fazit

Die Untersuchung führt zu folgenden Ergebnissen: Die jüngeren Formeln von Sens wurden bei der Anfertigung von Lat. 4627 in den 820er Jahren aus verschiedenen Quellen kompiliert. Die Übernahme von Dokumenten aus dem Verwaltungsschriftgut des Erzbischofs von Sens und andere Hinweise lassen die erzbischöfliche Kanzlei als Ursprungs- und Bestimmungsort von Handschrift und Formelsammlung hervortreten. Dort scheint während des Episkopats von Erzbischof Jeremias von Sens (822–828) der Auftrag ergangen zu sein, ein altes Kanzleihandbuch aus dem 8. Jahrhundert zu kopieren und durch Erweiterung und Aktualisierung an die veränderten Erfordernisse der Kanzlei anzupassen. Auffällig ist, dass die Haupthand nicht nur die Abschrift der alten Vorlage und die Kompilation der jüngeren Formeln beaufsichtigte, sondern auch das „Sondergut" in die Formelsammlung eintrug. Es liegt nahe, in dieser Hand einen Notar der Kanzlei und Nutzenden der Handschrift zu vermuten, dessen Tätigkeiten nicht nur das Ausstellen von Urkunden und das Konsultieren von Gesetzestexten erforderte, sondern zum Beispiel auch das Zelebrieren von liturgischen Riten. Zahlreiche Ausbesserungen und Erweiterungen bis zur Jahrtausendwende lassen auf die Bedeutung und den Gebrauch der Handschrift in Sens schließen, möglicherweise auch im Lehrbetrieb.

Die Studie eröffnet drei Anschlussmöglichkeiten: Erstens bedarf die Entstehung von Lat. 4627 weiterer Studien, insbesondere im Hinblick auf die Kompilation der jüngeren Formeln von Sens. Eine Analyse von Sprache, Inhalt und

---

rem historischen Kontext, in: Harald HORST (Hrsg.), Mittelalterliche Handschriften der Kölner Dombibliothek. Neuntes Symposion der Diözesan- und Dombibliothek Köln zu den Dom-Manuskripten (Libelli Rhenani 85), Köln 2024, S. 187–231, besonders S. 201–203, 230–231.

66 Vgl. Hermann NOTTARP, Gottesurteilstudien (Bamberger Abhandlungen und Forschungen 2), München 1956, S. 244, 279.

67 Dagegen datiert MORDEK (wie Anm. 1), S. 483 das Blatt auf das 9. oder 10. Jahrhundert; ECKHARDT (wie Anm. 3), S. 64 (Anm. d) weist das Blatt dem 12. Jahrhundert zu.

68 Vgl. Lex Salica (K) tit. 21–29, ed. ECKHARDT (wie Anm. 3), S. 64–70; vgl. UBL (wie Anm. 25), S. 174–181 zur K-Fassung der Lex Salica; ich danke Magalie Coumert für den Hinweis.

Schrift, die zum Teil im Rahmen der Hamburger Neuedition der Formulae erfolgen dürfte,[69] könnte genauere Informationen über die verschiedenen Quellen ergeben, die bei der Kompilation der Sammlung herangezogen wurden. Eine Untersuchung der von der zweiten Hand kompilierten Formeln könnte außerdem den Tätigkeitsbereich und das Interesse des Kompilators umreißen. Ein Vergleich der jüngeren Formeln von Sens mit anderen rechtsgeschichtlichen Quellen aus Sens wäre schließlich hilfreich, um die Bedeutung dieser Sammlung für den rechtlichen Schriftverkehr in Sens zu beurteilen. Zweitens eröffnet Lat. 4627 als erste nachweislich aus Sens stammende Handschrift der Karolingerzeit die Möglichkeit, die damals in der erzbischöflichen Kanzlei gebrauchte Schrift zu studieren und die infrage stehende Herkunft anderer Handschriften aus Sens zu überprüfen. Drittens regt Lat. 4627 zur Reflexion darüber an, ob es sinnvoll sein könnte, den Formulae-Begriff gegenüber der klassischen Eingrenzung auf Urkunden- und Briefmuster[70] in Abhängigkeit vom Forschungsinteresse weiter zu fassen und das „Sondergut" mit einzubeziehen, etwa mit Blick auf die Erforschung fränkischer Kanzleien. Manches „Sondergut" weist formel- und musterhafte Merkmale auf[71] und ist auch sonst gemeinsam mit Formulae überliefert, zum Beispiel die liturgischen Formeln[72] für das Gottesurteil.[73] Im Übrigen wird die Mehrheit der Nachträge in Lat. 4627 im Rahmen des Osloer Forschungsprojekts „MINiTEXTS" Berücksichtigung finden. Dieses Projekt untersucht alle kurzen Minuskel-Texte, die zwischen dem 8. und dem 10. Jahrhundert in Handschriften auf freiem Schreibraum und ohne direkten inhaltlichen Zusammenhang mit dem Haupttext nachgetragen wurden.[74] Die Ergebnisse der Hamburger Neuedition, des Osloer Projekts und

---

69 Vgl. Philippe Depreux (und Team), Das Projekt, in: Formulae-Litterae-Chartae, https://www.formulae.uni-hamburg.de/das-projekt.html (abgerufen am 8. Januar 2025).

70 Vgl. Rio (wie Anm. 4), S. 43–57; Patt (wie Anm. 47), S. 10–16; Brown (wie Anm. 4), S. 44–50, 70–79; Philippe Depreux (und Team), Formulae, in: Formulae-Litterae-Chartae, https://www.formulae.uni-hamburg.de/formulae.html (abgerufen am 8. Januar 2025).

71 Vgl. Natalia A. Filatkina, Historische formelhafte Sprache. Theoretische Grundlagen und methodische Herausforderungen (Formelhafte Sprache / Formulaic Language 1), Berlin / Boston 2018, besonders S. 319–324, 345–355; Allan R. Bouley, From Freedom to Formula. The Evolution of the Eucharistic Prayer from Oral Improvisation to Written Texts (The Catholic University of America Studies in Christian Antiquity), Washington D.C. 1981.

72 Zu liturgischen Formeln vgl. Angelus A. Häussling, Akklamationen und Formeln, in: Hans Bernhard Meyer / Hansjörg Auf der Maur / Balthasar Fischer / Angelus A. Häussling / Bruno Kleinheyer (Hrsg.), Gottesdienst der Kirche. Handbuch der Liturgiewissenschaft, Bd. 3: Gestalt des Gottesdienstes. Sprachliche und nichtsprachliche Ausdrucksformen, Regensburg ²1990, S. 220–239.

73 1.) Vatikan, Biblioteca Apostolica Vaticana, Reg. lat. 469, fol. 18v, nachgetragen zusammen mit Formulae auf fol. 1r–v, 19r–20v, vgl. Hartmut Hoffmann, Buchkunst und Königtum im ottonischen und frühsalischen Reich, Bd. 1: Textband (MGH Schriften 30,1), Stuttgart 1986, S. 395–396; 2.) Vatikan, Biblioteca Apostolica Vaticana, Reg. lat. 612, fol. 39r–41r, eingetragen mit Formulae auf fol. 2r–35v, vgl. Lemke (wie Anm. 58), S. 512.

74 Vgl. Ildar H. Garipzanov, Early Medieval Minuscule Texts as a Subject of Study: Tentative Taxonomy, Codicological Contexts, and Related Social Practices, in: Scrineum 21 (2024), S. 13–37.

neuer dezidierter Studien zu Lat. 4627 sind mit Spannung zu erwarten, denn sie versprechen, die Forschung gleich in mehrfacher Hinsicht voranzubringen.

Abstract

Ms. Lat. 4627 of the National Library of France is a well-known and important Carolingian legal manuscript that has received surprisingly little attention in research. In particular, the production of the manuscript has been neglected, as have brief texts that deviate from the legal focus of the book. Based on a codicological and paleographical approach, this article argues that the manuscript was copied in the 820s in the archiepiscopal chancery at Sens during the episcopacy of Jeremiah of Sens (822–828), thus rejecting an assumed production at the Carolingian court. Most of the texts seem to derive from an eighth century chancery handbook. However, a new collection of legal model documents was compiled at the end of the manuscript under the auspices of a scribe supervising the production of the entire book. In that way, a supplemented chancery handbook was created, complying more aptly with the altered requirements of legal writing. The addition of brief non-legal texts by the supervising hand suggests that this scribe and compiler might have been the envisaged user of the manuscript, probably a notary responsible not only for drawing up charters and letters, but for conducting liturgical ceremonies as well. The manuscript remained at Sens at least up to the second half of the ninth century. Prior to the turn of the first millennium, legal and non-legal texts were repeatedly added, indicating continuous usage of the manuscript, perhaps also for teaching purposes.

Eine Formelsammlung aus Flavigny und die „Rechtshandschrift" Paris, Bibliothèque nationale de France, Lat. 2123. Die Genese der Sammlung und ihr Überlieferungskontext

Horst Lößlein und Christoph Walther

Die Handschrift Paris, Bibliothèque nationale de France, Lat. 2123 enthält eine Zusammenstellung von Texten, die man im weitesten Sinne als Rechtstexte verstehen darf und bietet mit der Collectio Herovalliana (fol. 65v–104v; benannt nach Antoine Vyon d'Hérouval) und einer Formelsammlung aus Flavigny (fol. 105v–153v)[1] eine ungewöhnliche Mischung aus Formelmaterial und Kirchenrecht.[2] Die Handschrift ist sicher nach 814 und vermutlich spätestens 816 geschrieben worden. Der *terminus post quem* ergibt sich aus dem Tod Karls des Großen († 814), der auf fol. 105rb eingetragen ist. Die Papstliste der ebenfalls enthaltenen Epitome Cononiana des Liber Pontificalis gibt den wahr-

---

1   Eine weitere Formelsammlung aus Flavigny, die sich aus der gleichen Tradition speist, aber von der Fassung aus Paris Lat. 2123 unabhängig ist und auch eigenständiges Formelmaterial enthält, überliefert Kopenhagen, Kongelige Bibliotek, Fabr. 84; dazu Alice Rio, Legal Practice and the Written Word in the Early Middle Ages. Frankish Formulae, c. 500–1000 (Cambridge Studies in Medieval Life and Thought. Fourth Series 75), Cambridge 2009, S. 118 und Karl Zeumer, Die Lindenbruch'sche Handschrift der Formelsammlung von Flavigny, in: Neues Archiv 14 (1889) S. 589–603, hier S. 599; zur Kopenhagener Handschrift Hans Ostenfeldt Lange, En Codex redivivus af de marculfinske Formler, in: Opuscula Philologica. Mindre Afhandlinger udgivne af det philologisk-historiske Samfund, Kopenhagen 1887, S. 39–52. Zur Formelsammlung in Paris Lat. 2123 vgl. zuletzt Warren Brown, Beyond the Monastery Walls. Lay Men and Women in Early Medieval Legal Formularies, Cambridge 2023, S. 47–64. Brown unterscheidet zwischen zwei Ebenen der Formelsammlung, jener der Capitulatio (als Zeugnis für eine nicht mehr erhaltene, ältere Sammlung) und jener der Handschrift selbst. Beide Ebenen bezeichnet er als „collection", was zu Abgrenzungsproblemen führt.
2   Zur Handschrift vgl. Bernhard Bischoff, Katalog der festländischen Handschriften des neunten Jahrhunderts (mit Ausnahme der wisigotischen), 3 Bde. (Veröffentlichungen der Kommission für die Herausgabe der mittelalterlichen Bibliothekskataloge Deutschlands und der Schweiz), Wiesbaden 1998–2014 [= KFH], hier Bd. 3, Nr. 4134; Rio (wie Anm. 1), S. 252; Rosamond McKitterick, Perceptions of Rome and the Papacy in Late Merovingian Francia: The Cononian Recension of the Liber Pontificalis, in: Stefan Esders / Yaniv Fox / Yitzhak Hen / Laury Sarti (Hrsg.), East and West in the Early Middle Ages. The Merovingian Kingdoms in Mediterranean Perspective, Cambridge 2018, S. 165–186; Brown (wie Anm. 1), S. 38–47.

scheinlichen *terminus ante quem*. Die Liste ist bis Hadrian I. (772–795) ergänzt (fol. 52ra), sein Nachfolger Leo III., der 816 stirbt, ist noch nicht eingetragen.[3] Die Handschrift stammt mit Sicherheit aus Flavigny. Das Material der Formelsammlung hat einen klaren Bezug zum Kloster. Mehrere Formeln basieren eindeutig auf Urkundenmaterial aus Flavigny.[4] Die inhaltliche Verortung lässt sich anhand der äußeren Form bestätigen. Das Schmalformat von ca. 29 x 16 cm ist für Flavigny häufiger belegt. Bernhard Bischof hat die Handschrift darum im Katalog der festländischen Handschriften sehr bestimmt Flavigny zugewiesen.

1. Formeln und Recht

Formelsammlungen und Rechtstexte bilden in der handschriftlichen Überlieferung häufig eine Einheit.[5] Viele Codices mit Formelmaterial enthalten Rechtstexte oder, um präziser zu sein, Formelmaterial begleitet oft Texte, die im weitesten Sinne der Rechtspflege zuzuordnen sind.[6] Formelsammlungen wurden oft gemeinsam mit Leges, römischem Recht oder Kapitularien in eine Handschrift eingetragen oder später in entsprechenden Rechtshandschriften ergänzt. So enthalten beispielsweise gut 10% der erhaltenen Handschriften mit einer Fassung der Lex Salica auch Formelmaterial.[7] Im Codex Paris, Biblio-

---

3   Im 11. Jahrhundert wurde die Liste nachträglich bis Johannes XIX. (1024–1032) ergänzt. Zur Datierung auch Brown (wie Anm. 1), S. 40.
4   Siehe unten S. 124–125.
5   Unter einer Formelsammlung versteht man eine Zusammenstellung von einzelnen Formeln zu einer mehr oder weniger kohärenten Sammlung. Formeln sind Urkunden und Briefe, gelegentlich auch andere Texte, die als Muster dafür dienen sollten, wie entsprechende Schriftstücke abgefasst werden konnten. Es handelt sich dabei in der Regel um Originaldokumente, die anonymisiert und aufbereitet wurden. Formeln waren keine vorgefertigten Dokumente, die nur ausgefüllt werden sollten, sondern Vorlagen, an denen sich Schreiber bei der Abfassung neuer Dokumente orientieren konnten. Neue kritische Ausgaben und kommentierte Übersetzungen der fränkischen Formelsammlungen entstehen derzeit im Langzeitvorhaben Formulae-Litterae-Chartae, das von der Akademie der Wissenschaften in Hamburg in Kooperation mit der Universität Hamburg durchgeführt wird. Edition und Übersetzung der älteren fränkischen Formelsammlungen sind bereits online zugänglich (https://werkstatt.formulae.uni-hamburg.de/; abgerufen am 26. Oktober 2023).
6   Eine laufend aktualisierte Liste aller bekannten Handschriften mit Formelmaterial bietet die Datenbank des Langzeitvorhabens Formulae-Litterae-Chartae (https://werkstatt.formulae.uni-hamburg.de/manuscript_desc/siglen; abgerufen am 26. Oktober 2023). Eine knappere Übersicht mit aufgeschlüsseltem Inhalt bietet Rio (wie Anm. 1), S. 241–271.
7   Von den bekannten 88 Handschriften der Lex Salica (vgl. Magali Coumert, La loi salique. Retour aux manuscrits [Collection Haut Moyen Âge 47], Turnhout 2023, S. 13–17) enthalten wenigstens acht Formelmaterial: Leiden, Universiteitsbibliotheek, VLO 86; Kopenhagen, Kongelige Bibliotek, GKS 1943 4°; Paris, Bibliothèque nationale de France, Lat. 4409; Paris, Bibliothèque nationale de France, Lat. 4627; Paris, Bibliothèque nationale de France, NAL 204; Vatikan, Biblioteca Apostolica Vaticana, Reg. Lat. 857; Vatikan, Biblioteca Apostolica Vaticana, Reg. Lat. 1050; Warschau, Biblioteka Uniwersytecka, Gabinet Rękopisów 1. Zu den Handschriften und ihrem Inhalt Rio (wie

thèque nationale de France, Lat. 4627 wird die Lex Salica (fol. 32r–59v) sogar regelrecht von Formelmaterial aus Sens (fol. 2r–31v) und der Marculf-Formelsammlung (fol. 59v–127r) „eingerahmt"[8]. Ähnlich verhält es sich bei anderen Leges. Aber auch römisches Recht wird häufig von Formeln begleitet.[9] Deutlich seltener ist dagegen die Verbindung aus Formelmaterial und Kirchenrecht bzw. Kanonistik. Tatsächlich überliefern nur drei der heute bekannten Handschriften mit Formeln Kirchenrecht: Vatikan, Biblioteca Apostolica Vaticana, Reg. Lat. 612, Warschau, Biblioteka Uniwersytecka, Gabinet Rękopisów 1 und Paris Lat. 2123.[10] Nimmt man jeweils das gesamte Manuskript in den Blick, werden jedoch deutliche Unterschiede zwischen den drei Handschriften erkennbar. Die Vatikanische Handschrift beinhaltet recht unsystematisch Texte mit einem Bezug zur Kirche und hat neben der seit Karl Zeumer als Formulae Salicae Merkelianae bekannten Sammlung von Formelmaterial (fol. 2v–35v), 24 Auszügen aus dem zweiten Buch der Kapitularienfälschungen des Benedictus Levita (fol. 58r–62r), Bischofskapitularien (fol. 62v–71r) und der lateinischen Übersetzung von c. 21 des Konzils von Sardica (fol. 2r) auch theologische Texte, Komputistik und sogar Anweisungen zur Durchführung der Messe aufgenommen.[11] Der Warschauer Kodex ist eine reine Rechtshandschrift und sammelt

---

Anm. 1), S. 242–271. Zur Lex Salica vgl. auch Karl UBL, Sinnstiftungen eines Rechtsbuchs. Die Lex Salica im Frankenreich (Quellen und Forschungen zum Recht im Mittelalter 9), Ostfildern 2017.

8   Siehe auch den Beitrag von Benedikt Lemke in diesem Band.

9   Die Handschriften Fulda, Hessische Landesbibliothek, D1; Leiden, Universiteitsbibliotheek, BPL 114; Paris, Bibliothèque nationale de France, Lat. 4405; Paris, Bibliothèque nationale de France, Lat. 4409; Paris, Bibliothèque nationale de France, Lat. 4697; Paris, Bibliothèque nationale de France, NAL 204; Vatikan, Biblioteca Apostolica Vaticana, Reg. Lat. 852; Vatikan, Biblioteca Apostolica Vaticana, Reg. Lat. 1050 und Warschau, Biblioteka Uniwersytecka, Gabinet Rękopisów 1 überliefern alle Formelmaterial und eine Fassung der Lex Romana Visigothorum oder eine Epitome. Zu den Handschriften und ihrem Inhalt RIO (wie Anm. 1), S. 242–271.

10 Fasst man „Kirchenrecht" relativ weit auf, ließen sich noch München, Bayerische Staatsbibliothek, Clm 19410 und St. Gallen, Stiftsbibliothek, 550 anführen. München, Bayerische Staatsbibliothek, Clm 19410 enthält die bislang als Collectio Pataviensis bekannte Formelsammlung (p. 41–51) und eine Encyclica Arnos von Salzburg aus den Beschlüssen der Synode von Reisbach 798 (p. 61–62). St. Gallen, Stiftsbibliothek, 550 bietet Reichenauer und Murbacher Formeln (p. 56–161) und das sogenannte Poenitentiale Cummeani (p. 162–234), das sich als Bußbuch ebenfalls der kirchlichen Rechtssphäre zuordnen lässt. Nicht in diese Reihe gehört der Rotulus Colmar, Archives Départementales du Haut-Rhin, Grand Document 139, der eine kommentierte Mitschrift des Textes der Aachener Synode von 816 und vier Formeln mit einem Bezug zu St. Gallen überliefert, denn die Formeln wurden erst im 10. oder 11. Jahrhundert nachgetragen. Zu den beiden Codices RIO (wie Anm. 1), S. 248–249 und 264–265; zum Rotulus Hubert MORDEK, Bibliotheca capitularium regum Francorum manuscripta. Überlieferung und Traditionszusammenhang der fränkischen Herrschererlasse (MGH Hilfsmittel 15), München 1995, S. 112–113 und RIO (wie Anm. 1), S. 242.

11 Zum Inhalt der Handschrift RIO (wie Anm. 1), S. 266–267. Bei den Bischofskapitularien handelt es sich um die Capitularia Franciae occidentalis, ed. Rudolf POKORNY (MGH Capit. episc. 3), Hannover 1995, S. 39–47 und das Kapitular Bischof Herards von Tours († 871), ed. Rudolf POKORNY (MGH Capit. episc. 2), Hannover 1995, S. 127–138. Die Auszüge aus dem zweiten Buch der Kapitularienfälschungen des Benedicuts Levita (99–100; 104; 117; 116; 118; 125; 129; 134–136; 139–140; 142; 154; 156–158; 426–431) befassen sich im Wesentlichen mit kirchlichen Themen. Der Text ist online in einer neueren Edition zugänglich: Benedictus Levita, ed. Gerhard SCHMITZ, 2014 (www.benedictus.mgh.de; abgerufen am 26. Oktober 2023).

ausschließlich weltliches Recht, Formeln und Kanonistik.[12] Die Handschrift Paris Lat. 2123 folgt dagegen einem anderen Konzept. Der Codex bietet theoretisches und praktisches Wissen, das in einem Kloster von Interesse gewesen sein dürfte.[13] Das Besondere ist jedoch, dass alle Texte eine gewisse Relevanz in teils ganz unterschiedlichen Rechtsbereichen hatten. Die Zusammenstellung geht dabei weit über „harte" Rechtstexte wie Leges oder Kanones hinaus und berührt sowohl Fragen der Dogmatik als auch der Verwaltung.

2. Die Textsammlung von Paris, Bibliothèque nationale de France, Lat. 2123

Die Handschrift hat 156 Blätter und ist von zahlreichen Händen einheitlich in zwei Spalten geschrieben worden; 26 Zeilen pro Spalte sind die Regel (Schriftfeld 22 x 11,7 cm).[14] Die beteiligten Hände schreiben regelmäßig, der zweispaltige Aufbau wird über die gesamte Handschrift beibehalten.[15] Paris Lat. 2123 ist eindeutig als Prachthandschrift angelegt. Aufwendige Incipitangaben und mehrfarbige Initialen finden sich im gesamten Codex. Besonders prächtig sind dabei fol. 1r–v, 6v, 29v, 53v und 105v ausgestattet.[16] Bei fol. 1 nimmt das in farbig gefüllten Hohlbuchstaben ausgeführte Incipit die komplette rechte Spalte der recto- und einen Großteil der linken Spalte auf der verso-Seite ein; auf fol. 6v erstreckt sich das vergleichbar ausgeführte Incipit fast über die gesamte linke Spalte; fol. 29v, 53v und 105v besitzen zusätzlich jeweils noch aufwendig ausgestaltete I-Initialen, die über die komplette Höhe des Schriftfeldes oder sogar darüber hinaus (fol. 105v) reichen. Diese besonders prachtvoll ausgestal-

---

12 Warschau, Biblioteka Uniwersytecka, Gabinet Rękopisów 1 überliefert neben der Formelsammlung aus Tours in ihrer umfangreichsten Fassung (fol. 226r–250v), der Lex Romana Visigothorum (fol. 1r–206r) und einer Lex Salica (fol. 206v–223r) auch einen umfangreichen Auszug aus dem Konzilienteil der zweiten Version der Collectio Dionysiana (fol. 254v–268v). Zur Handschrift Mordek (wie Anm. 11), S. 898–903 und RIO (wie Anm. 1), S. 270–271.
13 Vgl. dazu auch Brown (wie Anm. 1), S. 41.
14 Vielleicht kennt man sogar die Namen zweier beteiligter Schreiber: Am unteren Rand von fol. 65v steht der Name *hatulfus*; auf fol. 75r *hathulfus vualefredus nonam* (vielleicht „Hathulf [und] Walefred während der Non"?); auf fol. 91r steht der Vermerk: *vualefred[us] me fecit* („Walefred hat mich gemacht"). Bischoff, KFH 3 (wie Anm. 2), Nr. 4134 hält es allerdings für möglich, dass die Namen erst im 10. Jahrhundert eingetragen wurden („s. X?"). Sollte es sich bei Hathulf und Walefred nicht um beteiligte Schreiber handeln, so kennen wir zumindest die Namen zweier Mönche, die später mit der Handschrift gearbeitet haben. Vgl. dazu auch Brown (wie Anm. 1), S. 40.
15 Der Codex steht in einer frühen karolingischen Minuskel und zeigt noch deutlich erkennbar vorkarolingische Schreibgewohnheiten: Doppelformen kommen noch regelmäßig vor (z. B. *comparata* fol. 106ra, Z. 1 mit unzialem oc- und cc-a in einem Wort), Ligaturen über mehrere Buchstaben hinweg sind nicht üblich (bei *nostro*, fol. 128rb, Z. 6 stehen die Buchstaben -*stro* durchgehend in Ligatur).
16 Die Handschrift ist vollständig digitalisiert und online zugänglich: https://gallica.bnf.fr/ark:/12148/btv1b8528771t/ (abgerufen am 8. Februar 2024).

teten Seiten unterscheiden sich deutlich von anderen Incipitangaben in der Handschrift. Der Wechsel zwischen einem pseudoaugustinischen Sermo de symbolo und einem Brief Leos des Großen († 461) auf fol. 24vb wird beispielsweise nur durch die im Codex üblicherweise als Auszeichnungsschrift verwendete Unziale markiert. Die Collectio Herovalliana beginnt auf fol. 65v vergleichbar unspektakulär mit zwei rubrizierten Zeilen in Unziale und einer kleinen schmucklosen Initiale. Betrachtet man den Inhalt der Handschrift genauer, wird deutlich, dass diese Unterschiede in der Gestaltung keinesfalls Zufall sind.

Die besonders aufwendig ausgestatteten Seiten fol. 1r–v, 6v, 29v, 53v und 105v gliedern den Codex in fünf inhaltliche Einheiten und fungieren gleichsam als „Titelblätter" für den jeweils nachfolgenden Teil. Die Handschrift beginnt nach einem weitestgehend verblassten Text (fol. 1ra), der durch einen späteren Eintrag (*Cyrilli capitula ex synodo Ephesina*) dem Kirchenvater Kyrill von Alexandria († 444) zugewiesen wird, zunächst recht knapp mit den ersten vier Kanones des ersten Konzils von Ephesus (449) (fol. 1v–2r), an die sich Auszüge aus den Kanones des Laterankonzils von 649 (fol. 2r–6v) anschließen.[17] In den ausgewählten Kanones geht es jeweils um das Verbreiten einer bestimmten (christologischen) Häresie, das mit dem Anathem zu bestrafen ist.[18] An diese Strafbestimmungen schließt sich dann eine Sammlung von Texten zur Dogmatik an (fol. 6v–29r). Der Dogmatikteil beginnt mit De ecclesiasticis dogmatibus, einem Traktat, der für gewöhnlich Gennadius von Marseille († um 496) zugeschrieben wird.[19] Dem Traktat folgen zwei pseudoaugustinische Predigten (fol. 17ra–24vb), bei denen die erste (fol. 17ra–21vb) mit Isidors von Sevilla († 636) De ecclesiasticis officiis 2,23 (fol. 17vb–18ra) vermischt ist.[20] Den Abschluss bildet eine Zusammenstellung von patristischen Exzerpten, die dem 165. Brief Leos des Großen entnommen sind.[21] Die Texte des zweiten Teils von Paris Lat. 2123 befassen sich alle mit Christologie und Glaubensgrundsätzen und sollten die Bannbestimmungen des ersten Teils theologisch fundieren. Die Texte geben Antworten auf grundsätzliche dogmatische Fragen und sollten so Häresien unterbinden.[22] Die ersten beiden Teile der Handschrift waren also

---

17 Concilium Ephesinum c. 1–4, in: MIGNE PL 84, Paris 1862, Sp. 157–158 und Sacrorum conciliorum nova et amplissima collectio, ed. Joannes Dominicus MANSI, Bd. 10, Florenz / Venedig 1764, S. 1046–1054 und 1151–1154. Nach BROWN (wie Anm. 1), S. 41 Anm. 11. stammen die Version der vier Kanones aus Ephesus offenbar aus der Collectio Hispana, einer westgotischen Sammlung, die auch im Frankenreich zirkulierte.

18 Für Details BROWN (wie Anm. 1), S. 41–42.

19 Cuthbert H. TURNER, The „Liber Ecclesiasticorum Dogmatum" Attributed to Gennadius, in: The Journal of Theological Studies 7 (1905/1906), S. 78–99. Anders als RIO (wie Anm. 1), S. 252 und BROWN (wie Anm. 1), S. 42 angeben, ist der Text von De ecclesiasticis dogmatibus in Paris Lat. 2123 vollständig enthalten, wird aber in 51 statt 54 Kapitel gegliedert, dazu auch TURNER, S. 86.

20 Sermones de diversis, Sermo CCXLII und Sermo CCXLIV, in: MIGNE PL 39, Paris 1865, Sp. 2191–2193 und Sp. 2194–2196. Isidor von Sevilla, De ecclesiasticis officiis, 2,23, ed. Christopher M. LAWSON (CCSL 113), Turnhout 1989, S. 97–99.

21 Leo der Große, Ep. 165, in: MIGNE PL 59, Paris 1847, Sp. 1175–1184.

22 BROWN (wie Anm. 1), S. 42.

der geistlichen Disziplin der Mönche und der rechten Lehre gewidmet und verbanden die zu befolgenden Glaubensgrundsätze mit den zu erwartenden Strafen bei Nichtbefolgung. Sie bilden damit gleichsam den „disziplinarrechtlichen" Teil der Sammlung in Fragen der Dogmatik. Auf die Bannbestimmungen und ihr theologisches Fundament folgt dann die, bis Hadrian I. ergänzte, Epitome Cononiana des Liber Pontificalis als dritter Teil (fol. 29v–52r).[23] Die Papstliste fungiert gewissermaßen als Scharnier, das die dogmatisch-disziplinarrechtlichen vorderen Teile der Sammlung mit den beiden eher praktisch-rechtlich ausgelegten hinteren Teilen verbindet, denn den Auftakt des vierten Teils macht wiederum eine Liste (fol. 52v–55v). Die spätantike Notitia Galliarum bietet eine Übersicht über die spätantiken gallischen Provinzen und ihre bedeutenden Städte (*ITEM RECAPITULACIO DE NOMINA REGIONUM CUM PROVINCIS SUIS*).[24] Anhand dieser Angaben konnte sich der Benutzer mit der Hierarchie und Struktur der Kirche im Westen des Frankenreichs in Form von Bistümern und Metropoliten vertraut machen, die im Wesentlichen noch immer der spätantiken römischen Gliederung entsprach.[25] Der vierte Teil klärt so zu Beginn direkt etwaige Zuständigkeiten für Rechtsfragen, die sich aus den nachfolgenden Texten ergeben mochten. Zusammen mit dem Liber Pontificalis schlägt die Liste aber auch eine Brücke, die die Kirchenhierarchie Galliens mit der rechtgläubigen Tradition der Westkirche (hier in Form der Bischöfe von Rom) verband und so wieder an die dogmatischen Teile der Handschrift anknüpfte.[26] Der vierte Teil von Paris Lat. 2123 befasst sich mit Kirchenrecht im weitesten Sinne. An die Notitia Galliarum schließen sich die sogenannten Dicta des Theodor von Canterbury († 690) an, die auch als Canones Gregorii bekannt sind (fol. 55v–65r). Es handelt sich dabei im Wesentlichen um ein Bußbuch der angelsächsischen Tradition, das Vergehen von Klerikern, Mönchen und Laien aufzählt und entsprechende Strafen festlegt.[27] Mit dem Bußbuch beginnt endgültig der praktisch-rechtliche Teil der Handschrift, dessen Bestimmungen seinen Platz im Leben der Mönche und der klösterlichen *familia* hatten und gewissermaßen die alltägliche Rechtspflege betrafen. Diesem Bußbuch wiederum stellte man mit der nachfolgenden Collectio Herovalliana (fol. 65v–104v) zusätzlich eine systematische Kirchenrechtssammlung an die Seite. Es handelt sich freilich um eine exzerpierte Fassung der Sammlung, die man auf die zweite Hälfte des 8. Jahrhunderts datiert. Hauptquelle der

---

23 Liber Pontificalis, Epitomae Feliciana et Cononianae, ed. Theodor MOMMSEN (MGH Gesta pontificum Romanorum 1), Berlin 1898, S. 229–263. Die Angabe zur Epitome bei RIO (wie Anm. 1), S. 252 „29v–51r" ist fehlerhaft. Die Epitome reicht bis fol. 52r. Zum Text vgl. auch Rosamond McKITTERICK (wie Anm. 2).

24 Zur Notitia Galliarum vgl. Jill HARRIES, Church and State in the Notitia Galliarum, in: The Journal of Roman Studies 68 (1978), S. 26–43.

25 BROWN (wie Anm. 1), S. 42.

26 McKITTERICK (wie Anm. 24), S. 176–177.

27 Die Theodor'schen Dicta, ed. Hermann Joseph SCHMITZ, in: Die Bussbücher und das kanonische Bussverfahren, Stuttgart 1883–1898, hier Bd. 2, S. 522–542.

Sammlung ist die ältere Vetus Gallica.[28] Wie schon ihr Vorbild verbindet die Collectio Herovalliana „partikuläres gallisches Kirchenrecht mit den allgemein anerkannten Kanones der ökumenischen Konzile des Ostens".[29] Der regionale Bezug zur gallischen Kirche, der auch in der Notitia Galliarum aufscheint, wird hier nochmals bestärkt. Neben den alltagspraktischen Dicta wählte man für die Handschrift also bewusst gallisches Kirchenrecht aus. Nicht ganz zur sonstigen Systematik passt der Abschluss des vierten Teils, der mit dem ersten Kanon der Synode von Karthago (418) endet (fol. 105ra). Der kurze Text befasst sich mit dem Ursprung der Erbsünde bei Adam und legt für die Leugnung wieder das Anathem fest.[30] Der Kanon wird zur Erklärung von einer Liste der Weltzeitalter seit Adam begleitet. Augenscheinlich wurde hier noch nachträglich beim Schreibprozess eine mögliche Häresie ergänzt, die im ersten Teil vergessen oder ausgelassen wurde. Der Kirchenrechtssammlung folgt dann als fünfter und letzter Teil die Formelsammlung (fol. 105va–153vb).[31] Mit den Formeln wendet sich die Sammlung alltäglichen Vorgängen und Rechtsfällen zu, die beim Verwalten des Klosterguts oder bei Rechtsgeschäften im Herrschaftsbereich des Klosters anfallen konnten. Nahtlos an die Formelsammlung fügen sich Isidors von Sevilla Etymologiae 16,25–26 und 3,10 an (fol. 153vb–156v), die sich jeweils mit Gewichten und Maßen befassen und die Formeln um weitere alltagspraktische Informationen ergänzen.[32] In Paris Lat. 2123 ist damit ein Korpus von unterschiedlichen Texten versammelt, die unterschiedliche Bereiche klösterlichen Rechtslebens betrafen. Die Sammlung bot Handhabe und Regeln für mögliche Häresien aber auch für alltägliche Rechtsvorgänge innerhalb und außerhalb der Klostermauern. Fragen der Kirchenorganisation und der Lehre wurden ebenso abgedeckt, wie straf-, privat- und besitzrechtliche Aspekte.

---

28 Canones selecti ex antiquissima codices Herovalliani canonum collection de doctrina et disciplina ecclesiastica, in: MIGNE PL 99, Paris 1851, Sp. 989–1084A. Zu Geschichte und Genese der Sammlung Hubert MORDEK, Die historische Wirkung der Collectio Herovalliana, in: Zeitschrift für Kirchengeschichte 81 (1970), S. 220–243 und Patrick BRETERNITZ, Zur Genese der Collectio Herovalliana, in: Zeitschrift der Savigny-Stiftung für Rechtsgeschichte. Kanonistische Abteilung 104 (2018), S. 397–409.
29 MORDEK (wie Anm. 29), S. 224.
30 Concilium Carthaginense 418 c. 1, ed. Charles MUNIER (CCSL 149), Turnhout 1974, S. 69.
31 Eine neue Edition der Formeln ist online zugänglich: Das Formelmaterial aus Flavigny, edd. Philippe DEPREUX / Horst LÖSSLEIN / Christoph WALTHER, Hamburg 2022 (https://werkstatt.formulae.uni-hamburg.de/corpus/urn:cts:formulae:flavigny?lang=ger; abgerufen am 26. Oktober 2023). Eine ältere gedruckte Ausgabe auf schmalerer Handschriftengrundlage: Collectio Flaviniacensis, ed. Karl ZEUMER (MGH Formulae 1), Hannover 1886, S. 467–492.
32 Isidor von Sevilla, Etymologiarum sive originum libri XX, ed. Wallace Martin LINDSAY, Oxford 1911.

3. Vorbilder und Vorlagen

Die „Rechtshandschrift" Paris Lat. 2123 wurde planmäßig angelegt, der Codex ist in einem Zug geschrieben. Das Material dafür wurde aus anderen Zusammenstellungen entnommen und bewusst in einen neuen Zusammenhang gestellt. Im Fall der Kirchrechtstexte und der Dogmatik ist vielleicht sogar das unmittelbare Vorbild bekannt: Paris, Bibliothèque nationale de France, Lat. 3848B, die mit einiger Sicherheit ebenfalls aus Flavigny stammt.[33] Die Handschrift überliefert diejenige Fassung der Collectio Herovalliana (fol. 71r–180r), aus der mit hoher Wahrscheinlichkeit der Text von Paris Lat. 2123 genommen wurde, wie bereits George Druce Wynne Ommanney im 19. Jahrhundert nachweisen konnte.[34] Das Buch enthält darüber hinaus aber auch die Dicta des Theodor von Canterbury (fol. 1r–13r), Gennadius' De ecclesiasticis dogmatibus (fol. 25v–37v), die beiden pseudoaugustinischen Sermones (fol. 37v–46v) und den Leo-Brief (fol. 46v–58r). Es spricht alles dafür, dass auch hier Paris Lat. 3848B als Vorlage für Paris Lat. 2123 gedient hat, denn die Texte zeigen deutliche Übereinstimmungen: Die Dicta sind in beiden Handschriften (Lat. 3848B, fol. 1r / Lat. 2123, fol. 55v) identisch als ein Werk Gregors des Großen ausgewiesen (*CANONES SANCTI GREGORII PAPAE*); De ecclesiasticis dogmatibus, die Predigten und der Leo-Brief haben die gleiche Reihenfolge und dieselben Überschriften.[35] Darüber hinaus besitzt De ecclesiasticis dogmatibus in beiden Handschriften die gleiche Einteilung in 51 Kapitel.[36] Der erste pseudoaugustinische Sermo (fol. 37v–43r) ist auch in Paris Lat. 3848B mit De ecclesiasticis officiis 2,23 (fol. 38v–39r) interpoliert. Die Texte wurden in Paris Lat. 2123 jedoch bewusst anders angeordnet als in der Vorlage. Die Dicta und die Collectio Herovalliana sind klar von den dogmatischen Schriften getrennt und bilden nun eine eigene Einheit, die um die Notitia Galliarum ergänzt ist. Die dogmatischen Texte stehen für sich allein und verbinden sich mit dem ersten Teil zu einer neuen Sinneinheit.

Ob es für die Epitome Cononiana eine Vorlage gab, oder der Text erstmals in dieser Form in Paris Lat. 2123 zusammengestellt wurde, ist unklar.[37] Auch die möglichen Vorlagen für die Kanones des ersten Teils sind bislang unbekannt. Bei der Formelsammlung handelt es sich mit großer Sicherheit um die Abschrift einer bereits existierenden Sammlung, auch wenn wir hier das unmittelbare Vorbild nicht mehr besitzen. Der Sammlung ist auf fol. 106^r–108^r eine Capitulatio vorangestellt, die 117 Formeln auflistet. Die Formeln der

---

33 Elias Avery Lowe, Codices Latini Antiquiores, Oxford 1934–1966 [=CLA], Nr. 555 und Bischoff, KFH 3 (wie Anm. 2), Nr. 4288.
34 George Druce Wynn Ommanney, Early History of the Athanasian Creed. The Results of some Original Research upon the Subject, London 1880, S. 103–104.
35 De ecclesiasticis dogmatibus: *INCIPIT DOGMA ID EST DOCTRINA VEL DEFINITIO DE FIDE*; Sermo 1: *DE ANTEQUAM SYMBULUM TRADATUR*; Sermo 2: *ITEM EXPOSITIO FIDEI*; Leo-Brief Nr. 165: *EXEMPLUM TESTIMONIORUM SANCTI HILARII EPISCOPI ET CONFESSORIS DE FIDE IN LIBRO SECUNDO INTER ET CETERA*.
36 Turner (wie Anm. 20), S. 86.
37 McKitterick (wie Anm. 24), S. 177–178.

Sammlung sind ebenfalls durchnummeriert. Die Nummer einer Formel entspricht ihre Nummer in der Capitulatio.[38] Die Formeln LXII–LXIII, LXVI, LXXXI–LXXXV, XC, XCV, XCVII, XCVIIII und CV–CX, die in der Capitulatio verzeichnet sind, fehlen in der Sammlung jedoch. Für die übrigen Formeln stimmen Nummerierung und Inhalt mit der Capitulatio allerdings weiterhin überein.[39] Diese Diskrepanz lässt sich nur damit erklären, dass beim Abschreiben einer bereits existierenden Formelsammlung manche Formeln offenbar bewusst ausgelassen wurden.[40] Die Capitulatio wurde mit hoher Wahrscheinlichkeit aus der Vorlage übernommen und hat die Gestalt des Vorbilds bewahrt.[41] Wie schon die Handschrift selbst ist demnach auch die Formelsammlung aus Paris Lat. 2123 das Ergebnis eines sorgfältigen Auswahlprozesses, bei dem Formelmaterial ausgewählt, ausgeschieden und ergänzt wurde.[42]

4. Die Formelsammlung von Paris, Bibliothèque nationale de France, Lat. 2123

Die Formelsammlung aus Paris Lat. 2123 besteht aus insgesamt 120 Formeln, sie umfasst damit mehr Formeln als in der Capitulatio angegeben.[43] Neben

---

38 In der Capitulatio findet man beispielsweise unter LI und LII die Angaben *consensu civium* und *carta de episcopatu* (fol. 106vb), was genau den Formeln 51 (fol. 131va: *LI. CONSENSU CIVIUM*) und 52 (fol. 131vb: *LII. CARTA DE EPISCOPATU*) entspricht.

39 Die Nummerierung springt beispielsweise von *CIIII. CESSIO SERVO VEL GASINDO* (fol. 150rb) auf *CXI. COMMENDADICIIS LITERIS AD EPISCOPO NOTO* (fol. 150vb), die Nummern entsprechen genau den Angaben der Capitulatio zu Formeln 104 und 111 (fol. 107vb).

40 Zeumer (wie Anm. 1), S. 599–600.

41 Karl Zeumer, Über die älteren fränkischen Formelsammlungen, in: Neues Archiv 6 (1881), S. 9–115, hier S. 15.

42 Die Benennung des eigenständigen Formelmaterials aus Flavigny folgt der neuen Edition des Langzeitvorhabens Formulae-Litterae-Chartae. Die Handschrift Kopenhagen, Kongelige Bibliotek, Fabr. 84 war Karl Zeumer bei seiner Edition (wie Anm. 32) noch nicht bekannt. Die entsprechenden Formeln wurden nun im Langzeitvorhaben Formulae-Litterae-Chartae ediert: https://werkstatt.formulae.uni-hamburg.de/corpus/urn:cts:formulae:flavigny (abgerufen am 26. Oktober 2023). Angesichts der komplexen Überlieferungslage ist das Flavigny-Material in drei Gruppen geteilt: „Flavigny Pa+Ko" (eigenständiges Material, enthalten in beiden Handschriften); „Flavigny Pa" (nur in der Pariser Handschrift enthalten); „Flavigny Ko" (nur in der Kopenhagener Handschrift enthalten).

43 Die Zählung der Formeln ist nicht unproblematisch: In der Handschrift selbst werden verschiedentlich Formeln unter einer Nummer zusammengefasst. Dies kann, wie in den Fällen der Nr. VI gelisteten Tours 1 (Schenkung mit einer zweiten Arenga als Alternative) und der als Nr. LVIIII gelisteten Marculf 1,14 (*cessio* mit verschiedenen Arengen), der Tradition geschuldet sein. In anderen Fällen handelt es sich jedoch um bewusste Entscheidungen, sonst getrennte Formeln zusammenzufassen, unter Nr. LXXXVIII die beiden Prekarien Marculf 2,5 und 2,39, unter Nr. XVCIII die Schuldscheine Marculf 2,25–27 sowie unter Nr. CIII die Freilassungen Marculf 2,32–34. Unter CXVII wiederum finden sich zwölf Briefformeln (Flavigny Pa 7a–m), die anders als die unter Nr. I–V gelisteten Briefformeln (Flavigny Pa 1–5) zusammengefasst sind. Am Ende der

dem Kapitelverzeichnis ist den Formeln auch eine Praefatio vorangestellt. Es handelt sich um die Praefatio aus den Büchern des Marculf in einer leicht abgewandelten Form: Die Widmung gilt einem nicht weiter identifizierbaren Bischof *Aeglidulfus* statt dem Bischof *Landericus*, der in der „Marculf-Fassung" der Praefatio aus Paris Lat. 4627 (fol. 59v–60v) angesprochen wird und bei dem es sich wohl um den gleichnamigen Bischof von Paris († 656) handelt. Die Formeln gehen auf unterschiedliche Quellen zurück. Der größte Teil des Materials stammt aus zwei Sammlungen: Die Formelbücher des Marculf, die auf die Mitte des 7. Jahrhunderts datieren, in einer erweiterten Fassung[44] sowie die Formelsammlung aus Tours, die vermutlich im dritten Viertel des 8. Jahrhunderts entstand.[45] Ergänzt wird das Material noch durch eine Reihe weiterer Formeln, von denen sich zumindest zwei unmittelbar dem Kloster Flavigny zuordnen lassen. Es handelt sich dabei eindeutig um Dokumente aus dem Bestand des Klosters, die zu Formeln umgearbeitet wurden: Die Schenkung des Klostergründers Widerad, die der Gründung diente, und sein Testament, das das Kloster begünstigte.[46] Die beiden Dokumente sind auf die Jahre 719 bezie-

---

Sammlung stehen schließlich noch fünf unnummerierte Formeln (Flavigny Pa 8–10 und Flavigny Pa+Ko 10–11). Zugleich täuscht die Nummerierung der Formeln in der Handschrift, da etliche Nummern (62–63, 66, 81–85, 90, 95, 97, 99 und 105–110, die allerdings in der Capitulatio aufgeführt sind) übersprungen werden. Die Anzahl von 120 Formeln kommt zustande, wenn man sich an der „kanonischen" Aufteilung der Formeln orientiert und die Briefformeln separat zählt.

44 Im Laufe der Zeit haben sich verschiedene Texte an das Marculf-Material angelagert und wurden gemeinsam mit diesem tradiert. Dazu gehört eine Gruppe von fünf Formeln, die ursprünglich kein Teil der Sammlung waren, aber in mehreren Handschriften überliefert werden und einen ganzen Überlieferungsstrang zusammenhalten, in dessen Zentrum die Marculf-Handschrift Paris, Bibliothèque nationale de France, Lat. 10756 steht. In der älteren Ausgabe Marculfi Formulae, ed. Karl ZEUMER (MGH Formulae 1), Hannover 1886, S. 32–112 sind diese Stücke als „Supplementum formularium Marculfi" (S. 107–109) abgedruckt. In der neuen Edition des Langzeitvorhabens Formulae-Litterae-Chartae (Die Formelsammlung des Marculf, edd. Philippe DEPREUX / Horst LÖSSLEIN / Christoph WALTHER, Hamburg 2022) sind die Texte als „Ergänzungsgruppe 3" ediert (https://werkstatt.formulae.uni-hamburg.de/corpus/urn:cts:formulae:marculf?lang=ger; abgerufen am 26. Oktober 2023). Zu den Büchern des Marculf vgl. zuletzt Philippe DEPREUX, Le monde de Marculf. Conception, diffusion et réception de modèles d'actes et de lettres à l'époque franque, in: I Franchi. Spoleto, 21–27 aprile 2022 (Settimane di studio della Fondazione Centro Italiano di Studi sull'alto medioevo 61), Spoleto 2023, S. 793–822; RIO (wie Anm. 1), S. 81–101; Alice RIO, The Formularies of Angers and Marculf. Two Merovingian Legal Handbooks, Liverpool 2008, S. 103–123.

45 Zur Formelsammlung aus Tours vgl. insbesondere Philippe DEPREUX, La tradition manuscrite des „Formules de Tours" et la diffusion des modèles d'actes aux VIIIe et IXe siècles, in: Annales de Bretagne 111,3 (2004), S. 55–72, hier S. 61–63, demzufolge die Sammlung von Alkuin von York nach Flavigny gebracht worden sein könnte. Vgl. auch RIO (wie Anm. 1), S. 112–121. Eine neue Edition ist online zugänglich: Die Formelsammlung aus Tours, edd. Philippe DEPREUX / Horst LÖSSLEIN / Christoph WALTHER, Hamburg 2022 (https://werkstatt.formulae.uni-hamburg.de/corpus/urn:cts:formulae:tours?lang=ger; abgerufen am 26. Oktober 2023).

46 Die Schenkung ist ediert in The Cartulary of Flavigny, 717–1113, ed. Constance Brittain BOUCHARD, Cambridge, Mass. 1991, Nr. 58, S. 140–144, das Testament unter Nr. 57, S. 135–139. Spätere Überarbeitungen der beiden Dokumente finden sich im selben Korpus unter Nr. 1 und 2 (S. 19–33). Vgl. zu den beiden Fassungen BOUCHARD S. 13–14; Jean MARILIER, Notes sur la tradition textuelle des testaments de Flavigny, in: Mémoires de la société pour l'histoire du droit et des institutions

hungsweise 722⁴⁷ datiert, womit sie zeitlich zwischen den Formelbüchern des Marculf und den Formeln aus Tours anzusiedeln sind. Die Vorlagen für einige der Formeln in der Pariser Handschrift sind jedoch noch bedeutend älter: Am Anfang und am Ende finden sich einige Briefe, die aus spätantiker Kirchengeschichtsschreibung ausgehoben sind.⁴⁸ Es ist diese Zusammensetzung aus Material unterschiedlicher Herkunft, die die Formelsammlungen in Paris Lat. 2123 besonders interessant macht, denn sie erlaubt einen einmaligen Einblick in die Auswahlprozesse, die hinter der Komposition einer (Formel-)Sammlung stehen konnten.

Die Ordnung der Sammlung der Pariser Handschrift ist auf den ersten Blick einfach gestaltet.⁴⁹ Die eigentliche Sammlung beginnt mit Material aus Flavigny, dem folgen, mit kleineren Unregelmäßigkeiten, die Sammlung aus

---

des anciens pays bourguignons, comtois et romands 23 (1962), S. 185–199; Josiane BARBIER, Archives oubliées du haut Moyen Âge. Les *gesta municipalia* en Gaule franque (VIᵉ–IXᵉ siècle), Paris 2014, S. 411–487. Bei der Umarbeitung der beiden Dokumente in Formeln wurde der Text erheblich gestrafft: Die Güterlisten sind zu (Plural-)Formen von *ille/illa/illud* zusammengefasst, weitgehend identisch formulierte Übertragungen zugunsten unterschiedlicher Empfänger weggelassen, gelegentlich Passagen umgestellt oder zusammengefasst. Zu den Zusammenhängen der Formeln mit den Dokumenten des Widerad vgl. auch ZEUMER (wie Anm. 32), S. 470 und RIO (wie Anm. 1), S. 119–120. Zu den Zusammenhängen der Formel mit dem Testament und der Formel Marculf 2,17 vgl. Ulrich NONN, Merowingische Testamente. Studien zum Fortleben einer römischen Urkundenform im Frankenreich, in: Archiv für Diplomatik 18 (1972), S. 1–129, hier S. 110–121, der jedoch nicht die ältere Fassung des Testaments (ed. BOUCHARD Nr. 57), sondern die jüngere, überarbeitete Fassung (ed. BOUCHARD Nr. 1) als Grundlage für seine Beobachtungen heranzog. Seine Beobachtungen zu Abweichungen zwischen Testament und Marculf 2,17, gefolgt von seiner These, die Bearbeiter der Formel hätten die Marculf-Passagen nochmals korrigiert, lassen sich nicht bestätigen.

47 Das Testament gibt *anno primo regnante Theoderico rege sub die xv kalendarum Februariarum* als Zeitpunkt der Niederschrift an. Zu den Regierungsdaten Theuderichs IV. vgl. Margarete WEIDEMANN, Zur Chronologie der Merowinger im 7. und 8. Jahrhundert, in: Francia 25,1 (1998), S. 177–230, hier S. 205–206, wonach die Datumsangabe mit dem 18. Januar 722 aufzulösen ist. BOUCHARD (wie Anm. 44), S. 13–16 datiert das Testament auf den 18. Januar 717 und legt es damit zeitlich vor Widerads traditionell etwas irreführend als *petit testament* bezeichnete Schenkung an Flavigny von 719.

48 Bei Flavigny Pa 1 und 2 handelt es sich um einen (fiktiven) Briefwechsel der Kaisermutter Helena († ~330) mit ihrem Sohn Konstantin dem Großen († 337), der aus den Actus Silvestri, der ältesten Lebensbeschreibung Papst Silvesters I. († 335), gewonnen wurde. Die folgenden Stücke Flavigny Pa 3–5 sind allesamt der Historia Tripartita entnommen, die unter der Ägide von Cassiodor († um 580) in Vivarium entstand: Ein Schreiben Kaiser Constantius' II. († 361) an Bischof Athanasius den Großen († 373), ein Brief Papst Julius' I. († 352) an die Bürger von Alexandrien und eine Ansprache Kaiser Valentinians I. († 375) über die Bischofsweihe im Zusammenhang mit der Wahl von Ambrosius von Mailand († 397) im Jahr 374. Die beiden Texte am Ende der kleinen Subsammlung Flavigny Pa 7 sind dem vierten Buch der lateinischen Fassung der Historia ecclesiastica des Eusebius von Caesarea († ~340) entnommen, die von Rufinus von Aquileia († 411/412) stammt. Es handelt sich um zwei Briefe von Bischof Dionysius von Korinth und Bischof Melito von Sardes (beide 2. Jh.).

49 Einen Überblick über die Sammlung auf der Handschriftenebene ermöglicht die Werkstatt des Langzeitvorhabens Formulae-Litterae-Chartae: https://werkstatt.formulae.uni-hamburg.de/corpus/urn:cts:formulae:p3; abgerufen am 26. Oktober 2023. Es besteht zusätzlich die Möglichkeit, die Herkunft der verschiedenen Formeln mittels Farbcodierung zu visualisieren.

Tours,[50] das erste Buch des Marculf und dann das zweite Buch, jeweils unter weitgehender Beibehaltung ihrer originalen Ordnung.[51] Abgeschlossen wird die Sammlung wieder mit Material aus Flavigny, wobei die letzten fünf Formeln weder in der Capitulatio verzeichnet sind noch eine Nummerierung erhalten haben. Die älteren Sammlungen wurden jedoch nicht unverändert in die neue Sammlung übernommen, auch wenn offenkundig ein Interesse vorlag, ihre Corpora nicht aufzubrechen, sondern so intakt wie möglich beizubehalten. Die Formelsammlung aus Tours besteht in ihrer Grundform aus 33 Formeln;[52] die Formelbücher des Marculf bestehen aus 92 Formeln (40 in Buch 1 und 52 in Buch 2), die in der in Flavigny vorliegenden Fassung wohl um die fünf Formeln der Ergänzungsgruppe 3 erweitert waren.[53] Den Kompilatoren der neuen Sammlung lagen damit mindestens 130 fremde Formeln vor. Längst nicht alle wurden übernommen. Die Gesamtzahl von 120 Formeln in der Sammlung, von denen wiederum 32 aus dem Fundus Flavigny selbst stammen, zeigt, dass von diesem Bestand nicht weniger als 42 Formeln oder ein Drittel des Fremdmaterials ausgeschieden wurden. Diese ausgesonderten Formeln verteilen sich allerdings sehr unregelmäßig über die verschiedenen Sammlungen hinweg: Aus der Sammlung aus Tours wurden drei Formeln ausgeschieden,[54] aus Marculf 1 neun Formeln,[55] aus Marculf 2 nicht weniger als 26 Formeln[56] und aus der Ergänzungsgruppe vier.[57] Das Material der verschiedenen Sammlungen war also von sehr unterschiedlichem Interesse für die Kompilatoren.

5. Flavigny, Marculf und Tours

Die unterschiedlichen Gewichtungen, die bei der Aussonderung von Material gemacht wurden, ergeben sich aus den Unterschieden, die zwischen den beiden Sammlungen bestehen. Die Formelsammlung aus Tours ist eine im Wesentlichen „privatrechtlich" geprägte Sammlung. Sie beinhaltet den üblichen Kreis von Dokumenten für Rechtsgeschäfte zwischen Privatpersonen: Schen-

---

50 Die in den Formeln aus Tours befindlichen Verweise auf St. Martin wurden in der Handschrift größtenteils gestrichen. Vgl. auch Brown (wie Anm. 1), S. 53.
51 Lediglich in Marculf Buch 2 ist die traditionelle Reihenfolge der Formeln an zwei Stellen modifiziert: Auf Marculf 2,5 (Prekarie) folgen Marculf 2,39 (Prekarie) und 40 (Prestarie); Marculf 2,31 (Mandat) ist zwischen 2,28 (Selbstverkauf) und 29 (Übereinkunft nach Eheschließung einer Freien mit einem Unfreien) eingeschoben. In beiden Fällen scheint es sich um bewusste Entscheidungen gehandelt zu haben, die bereits in der Capitulatio angelegt sind und von der fortlaufenden Nummerierung der Formeln in der Sammlung getragen werden. Vgl. zum folgenden auch Brown (wie Anm. 1), S. 53–55.
52 Vgl. Rio (wie Anm. 1), S. 113.
53 Siehe oben, Anm. 44.
54 Tours 2, 3 und 33.
55 Marculf 1,17–18, 21, 24 und 36–40.
56 Marculf 2,2, 4, 6–8, 10, 13, 15–17, 19–24, 30, 35, 37–38, 41–45 und 52.
57 Marculf Ergänzungen 3,1–4.

kungen, Verkäufe, Eigentumsübertragungen, Prekarien, Tauschurkunden und Schuldscheine, Freilassungen und Mandate; für Familienangelegenheiten Dotal- und Scheidungsbriefe sowie verschiedenste das Erbe betreffende Dokumente; dazu gehören auch Protokolle über die Eintragung von Dokumenten in die *gesta municipalia* sowie Ersatzdokumente (*appennis*) für den Verlustfall; abgerundet wird das Ensemble schließlich durch Gerichtsurkunden. Lediglich zwei der Dokumente zeigen den König involviert, einmal im Falle des Dokumentverlusts, einmal im Rahmen einer gerichtlichen Auseinandersetzung. Diese Zusammenstellung hat ihre Entsprechung in Marculf 2, das ganz ähnlich aufgebaut ist, zusätzlich aber noch einen Schwerpunkt auf Arengen und Briefverkehr legt. Marculf 1 beinhaltet dagegen vom Königshof ausgehende Dokumente, die sich teilweise mit dem privatrechtlichen Bereich decken, indem die entsprechenden Rechtshandlungen vor dem König vollzogen werden, zum Teil aber auch ganz andere Bereiche betreffen, wenn sie etwa die Einsetzung von Amtsträgern behandeln, die Aufnahme eines *fidelis* in den Kreis der *antrustiones*, die bewaffnete Gefolgschaft des Königs, oder die Gewährung des Königsschutzes.

Die größten Übereinstimmungen zwischen den Sammlungen sind entsprechend bei der Formelsammlung aus Tours und Marculf 2 zu erwarten. Wie bereits Warren Brown festgestellt hat, dürften die meisten Aussonderungen damit zu erklären sein, dass die Kompilatoren der Sammlung schlichtweg Doubletten ausscheiden wollten.[58] In der Tat gibt es eine ganze Reihe solcher Fälle, in denen ein Dokument aus Marculf 2 ausgelassen wurde, das sich in ganz ähnlicher Form auch in der Sammlung aus Tours findet. Ein Beispiel hierfür sind etwa die Verkaufsurkunden Marculf 2,19–22, die ein Landgut, ein Stadtgrundstück, ein Feld und einen Sklaven betreffen. Sie finden ihre Entsprechungen in Tours 5 (Landgut), 8 (Feld oder Weinberg) und 9 (Sklave). Lediglich für das Stadtgrundstück findet sich keine Entsprechung in der Sammlung aus Tours, doch wurde auch diese Formel ausgesondert. Ein weiteres Beispiel ist die *dos*, die sich in Marculf 2,15 in einer ungewöhnlichen Form findet, in welcher sie nicht vom Bräutigam, sondern von seinem Vater an die Braut ausgestellt wird. Sie findet in Tours 14 ihre Entsprechung, diesmal in der üblichen Form mit Ausstellung durch den Bräutigam. Unproblematisch ist die nach einem *raptus* ausgestellte *dos* Marculf 2,16, die sich in vergleichbarer Form auch in Tours 16 findet. Nicht in Marculf, wohl aber in Tours findet sich noch ein weiteres dazugehöriges Dokument, die *traditio* der in der *dos* übertragenen Güter (Tours 15), das ebenfalls in die neue Sammlung übernommen wurde. Ein drittes Beispiel schließlich sind Marculf 2,7 und 8, zwei Verfügungen von Todes wegen zwischen kinderlosen Eheleuten, mit welchem sich die Ehepartner gegenseitig im Todesfall mit all ihrem Besitz zum Nießbrauch bedenken. Marculf 2,7 räumt dabei dem Ehepartner das Recht zu Freilassungen und Schenkungen an die Kirche ein, Marculf 2,8 verzichtet auf diesen Passus. Die beiden Formeln finden ihre inhaltliche Entsprechung im Wesentlichen in Tours 18, allerdings

---

58 BROWN (wie Anm. 1), S. 55.

ohne das Recht auf Freilassungen und Schenkungen, und mit einer weiteren Variante in Tours 17, in welcher ein Viertel des Eigentums den weiteren Erben vorbehalten wird.

Die Liste solcher Übereinstimmungen zwischen Formeln aus Marculf 2 und Formeln aus Tours, bei welchen die Marculf-Formeln ausgesondert, die aus Tours aber übernommen wurden, ließe sich noch weiter verlängern,[59] doch zeigen sich in diesen Beispielen bereits einige der grundsätzlichen Prinzipien: Als offenbar redundant wahrgenommene Formeln wurden aus Marculf 2 zugunsten des Materials aus Tours ausgesondert; dies gilt zugleich auch für als zu ungewöhnlich wahrgenommenes Material wie Marculf 2,15, dem Standardfälle vorgezogen wurden. Zugleich entfielen damit allerdings, wie im Falle der Regelungen von Todes wegen, Varianten im Rechtsinhalt der Dokumente[60] – Letzteres ein Punkt, auf den noch zurückzukommen sein wird. Ein Grund für den deutlich erkennbaren Vorzug, der dem Material aus Tours gegenüber dem von Marculf gegeben wurde, mag in den ausgeprägten Bezügen der Sammlung aus Tours zum römischen Recht liegen, das mit einiger Regelmäßigkeit Eingang in die Arengen der Dokumente findet,[61] ohne dass dies allerdings zu Abweichungen im Rechtsinhalt gegenüber den Formeln etwa des Marculf führen würde.

Das Prinzip, Formeln mit redundantem Rechtsinhalt auszuscheiden, ist zwar für die Sammlung in Paris Lat. 2123 wesentlich, aber nicht alleine bestimmend. Denn es wurden keineswegs alle Formeln gleichen Rechtsinhalts ausgeschieden. Vielmehr finden sich nach wie vor eine ganze Reihe von Dokumenten, die auf den ersten Blick als Doubletten erscheinen. Ein erstes Beispiel hierfür sind die beiden Mandate, die aus Marculf und Tours übernommen wurden. Vom Aufbau her sind sie identisch: Der Aussteller überträgt dem Empfänger das Recht, für ihn und an seiner statt bestimmte Aufgaben zu erledigen. Die inhaltliche Ausgestaltung ist jedoch völlig unterschiedlich: Marculf überliefert die Variante, dass der Aussteller den Empfänger bevollmächtigt, *eine spezifische* Rechtsangelegenheit für ihn zu erledigen.[62] Die Formel aus Tours dagegen stammt von einer Ehefrau, die ihren Ehemann ermächtigt, *alle* ihre Rechtsangelegenheiten für sie zu führen.[63] Marculf 2,14 und Tours 25 sind

---

59 Weitere Übereinstimmungen: Marculf 2,4 und Tours 4 (Übertragung von Grundeigentum); Marculf 2,6 und Tours 1 (Schenkung von Grundeigentum); Marculf 2,10 und Tours 22 (Verfügung von Todes wegen zugunsten von Enkeln); Marculf 2,13 und Tours 21 (Übertragung von Grundeigentum gegen Verpflichtung zur Pflege im Alter); Marculf 2,30 und Tours 19 (Scheidungsbriefe); Marculf 2,41 und Tours 6 (Prekarien unter Laien, in Tours allerdings *oblegatio* genannt). Zu Tours 6 als Prekarie vgl. auch Gérard Chouquer, Dominer et tenir la terre dans le haut Moyen Âge, Tours 2020, S. 257–258.

60 Das Thema der Varianten wird von Brown (wie Anm. 1), S. 55 zwar erwähnt, aber nicht weiter ausgeführt.

61 Innerhalb der auf die Formeln 1–33 begrenzten Fassung der Sammlung aus Tours zitieren die folgenden Formeln römisches Recht: Tours 4, 11 (in der Corroboratio), 14, 16, 17, 19, 20, 21, 24, 25, 29 und 30.

62 Marculf 2,31.

63 Tours 20.

beides Formeln für die Teilung des elterlichen Erbes, doch erfolgt diese Teilung bei Marculf mittels der *festuca*, während sie in der Formel aus Tours mit dem römischen Recht begründet wird. Deutlicher noch zeigen zwei weitere Beispiele, wie sich vermeintliche Doubletten als tatsächliche Darstellung inhaltlicher Vielfalt entpuppen. So enthält die Sammlung der Pariser Handschrift nicht weniger als fünf Freilassungsurkunden, vier aus Marculf und eine aus Tours. Jede der Formeln zeigt allerdings eine andere Ausgestaltung der Freilassung: In Marculf 1,22 erfolgt die Freilassung mittels Schatzwurf vor dem König, in Marculf 2,32 erhält der Freigelassene seine Freiheit unmittelbar mit dem Tag der Ausstellung und in Marculf 2,33 dagegen erst mit dem Tod seines Herrn. Erfolgen all diese Freilassungen ohne weitere Auflagen für den Freigelassenen, so findet sich mit Marculf 2,34 eine Fassung, in welcher dieser sich in den Schutz der Erben des Freilassers zu begeben hat sowie jährlich der Erinnerung an seinen Freilasser dienende *oblata* erbringen und Lichter stiften muss. Mit Tours 12 schließlich findet sich noch eine fünfte Variante, die Freilassung in einer Kirche. Dasselbe Prinzip steckt auch hinter den vier Schuldscheinen, die in die Formelsammlung übernommen wurden. So zeigt Marculf 2,25 einen Schuldschein, in welchen das zins- und pfandlose Darlehen mit einer Rückzahlungsfrist verknüpft ist, 2,26 dagegen ein Darlehen ohne Rückzahlungsfrist, aber mit Zinsvereinbarung, 2,27 ein Darlehen für welches sich der Schuldner zu Diensten für seinen Gläubiger verpflichtet und Tours 13, in welchem der Gläubiger für das zeitlich befristete Darlehen Grundeigentum, wohl einen Hof, mitsamt seinen Erträgen als Pfand erhält.[64] Bei diesen Dokumenten handelt es sich also keinesfalls um Doubletten, sondern vielmehr um Beispiele für die unterschiedlichen Ausgestaltungsmöglichkeiten bestimmter Rechtsgeschäfte.

Es stellt sich die Frage, wie viel Absicht hinter dieser Auswahl steckt. Immerhin stehen die sich inhaltlich ergänzenden Formeln unterschiedlicher Herkunft in der Handschrift nicht beisammen, sondern verbleiben an den Stellen, die sie innerhalb der Sammlung aus Tours und den Büchern des Marculf einnahmen. Beides – Ausscheiden und Beibehalten von Formeln, die redundant sind beziehungsweise sich gegenseitig ergänzen – erfordert bei der Beibehaltung der ursprünglichen Ordnungen einen erheblichen gedanklichen und planerischen Mehraufwand, als er bei einer Auflösung der ursprünglichen Ordnungen gegeben wäre. Einen ersten Hinweis liefern drei Eingriffe, die bei der Anlage der Sammlung in die Formeln des zweiten Buchs des Marculf vorgenommen wurden. So wurden als Nr. LXXXVIII unter *Precaria* die beiden Prekarien Marculf 2,5 und 39 zusammengefasst – einer von nur zwei Eingriffen in die ursprüngliche Reihenfolge der Sammlung, in diesem Fall mit dem offenkundigen Ziel, die beiden Prekarien zusammenzuführen[65] –, unter Nr. XCVIII *Cauciones diverso modo* die drei Schuldscheine Marculf 2,25–27 sowie unter Nr. CIII

---

64 Zu den verschiedenen Ausgestaltungsmöglichkeiten frühmittelalterlicher Kreditbeziehungen vgl. auch Horst Lösslein / Christoph Walther, Darlehen und Schuldscheine im Frankenreich (6.–9. Jahrhundert), in: Das Mittelalter 27 (2022), S. 286–305, hier S. 291–296.
65 Gefolgt werden die beiden Prekarien von der dazugehörigen Prestarie Marculf 2,40, bevor die Sammlung mit Marculf 2,9 zur traditionellen Reihenfolge zurückkehrt.

Ingenuitates diverso modo factas die drei Freilassungen Marculf 2,32–34. Deutlich wird hier der Wille, Zusammengehöriges zusammenzubringen und diese Zusammengehörigkeit durch die Zusammenfassung unter einer Nummer und einer Überschrift zum Ausdruck zu bringen.

6. Exkurs: Die Formelsammlung in Kopenhagen, Kongelige Bibliotek, Fabr. 84

An dieser Stelle lohnt sich ein Blick in die zweite Sammlung aus Flavigny (Kopenhagen, Kongelige Bibliotek, Fabr. 84). Das leider beschädigte und unvollständige Manuskript ist mit 15,8 x 11 cm deutlich kleiner, schlicht gehalten und etwas abgegriffen. Es enthält in seiner überkommenen Form nur die Formelsammlung selbst, ohne Prolog oder andere Texte. Wie die Pariser Fassung besteht auch die Kopenhagener Fassung aus Marculf- und Tours-Formeln sowie Material aus Flavigny. Die beiden Sammlungen unterscheiden sich in Auswahl und Anordnung des Formelmaterials. Zum Teil werden unterschiedliche Formeln aus Marculf und Tours übernommen und auch beim eigenen Material unterschiedliche Schwerpunkte gesetzt. Gegenüber der Pariser Fassung wurde in Kopenhagen vor allem auf Briefformeln verzichtet. Einige Formeln wurden vor der Pön abgekürzt, bei anderen entfällt die Arenga. Alles deutet darauf hin, dass der Codex als Gebrauchshandschrift angelegt war.[66] Dies hat auch Auswirkungen auf die Anordnung der Formeln in der Sammlung. Anders als in der Pariser Fassung sind hier die älteren Corpora vollkommen aufgelöst. Stattdessen herrscht hier ein anderes Ordnungsprinzip vor. Die Formeln werden ungeachtet ihrer Herkunft gemäß ihrem Inhalt zu Sachgruppen zusammengestellt:[67] 1. Privatgeschäfte (fol. 2r–23v): Formen von Besitztransfer[68]; Schuldscheine mit zugehöriger *evacuaturia*; Freilassungen; 2. Familienangelegenheiten (fol. 24r–36v): *dotes*; Verfügungen von Todes wegen; Scheidungsbrief; Begünstigungen von Kindern und Enkeln; Dokumente zu Adoption und Vormundschaft; Erbteilung; 3. Vor oder von öffentlichen Versammlungen ausgestellte Dokumente (fol. 36v–50v): *appennis-* und Gerichtsurkunden sowie alles um die Eintragung eines Dokuments in die *gesta municipalia*; 4. Dokumente, die das Kloster selbst betreffen: Schenkungen an das Kloster, Exemtions- und Im-

---

66 Vgl. Brown (wie Anm. 1), S. 62–64.
67 Einen detaillierten Überblick über die Formeln und ihre Reihenfolge bietet die Übersicht des Langzeitvorhabens Formulae-Litterae-Chartae (https://werkstatt.formulae.uni-hamburg.de/corpus/urn:cts:formulae:ko2?lang=ger; abgerufen am 26. Oktober 2023). Für eine Übersicht vgl. auch die Aufstellung Zeumer (wie Anm. 1), S. 594–597.
68 Schenkungen, Prekarien und Prestarien sowie Übertragungen und Verkaufsurkunden.

munitätsprivilegien, Zollbefreiung (fol. 55v–74ʳ); 5. Dokumente, die vom König ausgestellt wurden (fol. 74r–111v)[69]; 6. Grußschreiben (fol. 111v–114r).[70]

Dass diese Zusammenstellung in Sachgruppen keineswegs zufällig, sondern durchdacht ist, zeigen auch die Rubriken, unter denen die Formeln stehen. Die Schenkungen etwa sind in der Kopenhagener Handschrift zu einer Nummer zusammengefasst, wobei die einzelnen Formeln durch eigene Überschriften (*Epistola donationis aecclesi; Item alio; Item alia*) voneinander abgegrenzt werden. Dasselbe Vorgehen lässt sich auch für die anderen Sachgruppen feststellen. Natürlich gibt es bei diesem Vorgehen wiederholt kleinere Unregelmäßigkeiten,[71] doch bleibt das Bild von einem äußerst durchdachten, planmäßig vorbereiteten und durchgeführten Vorgehen ungetrübt. Man darf für die Pariser Sammlung sicher ein ähnlich minutiöses Vorgehen voraussetzen.

7. Die Konzeption der Formelsammlung von Paris, Bibliothèque nationale de France, Lat. 2123

Das Material der Pariser Zusammenstellung, das aus Flavigny selbst stammte, ordnet sich gut in dieses Bild ein. Es erweitert und ergänzt den übernommenen Formelbestand der älteren Sammlungen. Von den 32 genuin „neuen" Formeln sind 17 Briefe von unterschiedlichem Charakter, die das aus den Marculf-Büchern übernommene Briefmaterial[72] ergänzen. Man empfand offenbar einen gewissen Mangel in dieser Hinsicht und schloss die Lücken mit eigenem Material. Die Formelsammlung aus Paris Lat. 2123 ist dabei nicht der einzige Fall, in

---

69   Hier wird die Reihenfolge von Marculf 1 weitgehend unverändert übernommen, lediglich einige Dokumente werden ausgeschieden, während andere Dokumente an passender Stelle eingefügt werden, so etwa auch die Einsetzung eines Bischofs durch den König Marculf Ergänzung 3,5, die zwischen den entsprechenden Marculf-Formeln für die Bischofseinsetzung und die Einsetzung eines weltlichen Amtsträgers steht, oder der wohl aus Flavigny stammende Königsschutz Flavigny Pa+Ko 9, der auf die entsprechende Marculfformel 1,24 folgt. Auf fol. 96v wird dann die ursprüngliche Ordnung von Marculf 1 aufgegeben und das Formelgut neu, aber wieder dem Sachgruppenprinzip entsprechend, angeordnet. So stehen nun die königliche Anordnung zur Freilassung eines Unfreien nach der Geburt eines Königssohnes Marculf 1,39 mit der entsprechenden Freilassungsformel Marculf 2,52 zusammen, ebenso Marculf 1,25 und 1,38, Flavigny Pa+Ko 5, Marculf 1,28 und 27, 1,37, 26 und 29 (in dieser Reihenfolge), die alle Verfahren vor dem Königsgericht betreffen.

70   Marculf Ergänzung 3,3, Marculf 2,44, Marculf 2,45, Marculf 2,42, Marculf 2,43 und Marculf Ergänzung 3,4.

71   So ist der Gütertausch zwischen einem *vir illuster* und einem *vir venerabilis* Tours 26 nach den Familienangelegenheiten angeführt, während er bereits zuvor, bei den Privatgeschäften, zu erwarten gewesen wäre.

72   Marculf 1,9–10 und 2,46–51. Ausgeschieden wurden dagegen die Gruß- und Dankschreiben Marculf 2,42–45. Auch die Grußschreiben eines Bischofs Marculf Ergänzungen 3,3–4 wurden nicht übernommen. Die Sammlung aus Tours enthält keine Briefe.

dem Marculf um Briefmaterial erweitert wurde. Ganz ähnlich präsentiert sich auch eine Formelsammlung aus Bourges in der Handschrift Leiden, Universiteitsbibliotheek, BPL 114, die zusätzlich zum Marculf-Material 19 weitere Briefe und Brieffragmente enthält.[73]

Eindeutige Ergänzungen sind auch die Profess eines Novizen (Flavigny Pa 6) sowie ein Schreiben wegen eines geflohenen Mönchs (Flavigny Pa 10). Vergleichbares findet sich weder in der Sammlung aus Tours noch in den Büchern des Marculf. Andere Formeln wiederum dienen als Ersatz für Stücke, die man aus den älteren Sammlungen ausschied. So ersetzt der Königsschutz Flavigny Pa+Ko 9 das entsprechende Dokument Marculf 1,24, die königliche Zollbefreiung Flavigny Pa+Ko 8 Marculf Ergänzung 3,1, das Testament Pa+Ko 2 Marculf 2,17.[74] Um einen besonderen Fall handelt es sich bei Flavigny Pa+Ko 3–4, einem Mandat zur Eintragung einer Schenkung in die *gesta municipalia* sowie dem dazugehörigen *gesta*-Protokoll. Die beiden Formeln ersetzen die entsprechenden Dokumente Tours 2–3 und Marculf 2,37–38, sind aber eigentlich keine genuin neuen Formeln, sondern aus eben jenen ausgeschiedenen Formeln neu kompiliert.

In anderen Fällen wiederum erweitert das Material aus Flavigny das der älteren Sammlungen. Marculf 1 enthält zwar zwei Dokumente, die sich um eine Klostergründung drehen – ein bischöfliches Exemtionsprivileg für ein Kloster sowie das dazugehörige Gegenstück des Königs[75] –, doch die eigentliche Klostergründung bzw. Erstausstattung fehlen. Hier schafft Pa+Ko 6 Abhilfe, eine Formel, die neben der Schenkung von Gütern für das Kloster auch das Recht der Mönche auf freie Abtswahl garantiert sowie deren Leben nach der Benediktsregel festlegt. Das dazugehörige Flavigny-eigene bischöfliche Exemtionsprivileg Flavigny Pa+Ko 7 bleibt zwar in seiner Ausgestaltung hinter dem von Marculf zurück, doch liefert es eine wichtige Variante: Während bei Marculf der Bischof das Recht hat, bei Disziplinlosigkeit der Mönche und Unfähigkeit des Abtes in die Klosterbelange einzugreifen, weist die Flavigny-Formel die Mönche selbst an, sich aus den benachbarten Klöstern einen neuen Abt zu wählen. Ähnlich verhält es sich auch bei den Schenkungsformeln an Klöster.

---

73 Das Material aus Bourges ist im Langzeitvorhaben Formulae-Litterae-Chartae als Bourges C (https://werkstatt.formulae.uni-hamburg.de/corpus/urn:cts:formulae:bourges?lang=ger; abgerufen am 26. Oktober 2023) ediert. Eine Übersicht über die gesamte Sammlung, die neben dem Material aus Bourges auch Marculf Buch 1, Marculf Buch 2 (ohne die Formeln 2,21, 25–38 und 44–45; 2,24 ist mit 2,36 zu einer neuen Formel kombiniert) sowie die Formeln Marculf Ergänzung 1,1–3 und Marculf Ergänzung 3,1–5 enthält, ist unter https://werkstatt.formulae.uni-hamburg.de/corpus/urn:cts:formulae:le1 (abgerufen am 27. Oktober 2023) möglich. Vgl. zur Sammlung auch Rio (wie Anm. 1), S. 111–112.

74 Flavigny Pa+Ko 2 und Marculf 2,17 sind inhaltlich nicht völlig deckungsgleich. Flavigny Pa+Ko 2 ist das Testament eines Mannes zugunsten eines Klosters, Marculf 2,17 das Testament eines Ehepaars zugunsten verschiedener Erben. Die Dokumente ähneln sich jedoch hinsichtlich ihrer rechtlichen Ausgestaltung, nicht zuletzt, da Flavigny Pa+Ko 2 mittelbar von Marculf 2,17 abhängig ist. Das der Flavigny-Formel zugrundeliegende Testament des Widerad wurde in Teilen mithilfe von Marculf 2,17 angefertigt. Vgl. auch oben, S. 124–125, Anm. 46.

75 Marculf 1,1 und 2. Marculf 1,3 erweitert das Ensemble noch um ein königliches Introitusverbot für eine Kirche.

Die umfangreichste Formel ist Marculf 2,1: Die geschenkten Güter sind für den Unterhalt der Mönche und die Versorgung von zwölf Armen, sie genießen Immunität von bischöflicher und weltlicher Gewalt und sollen bischöflichem und königlichem Schutz unterstehen. Sehr viel knapper fällt Marculf 2,3 aus, die die Schenkung wiederum der Versorgung der Mönche widmet, die geschenkten Güter aber zugleich an den Schenker als *beneficium* zurückleiht und sie durch eine Eintragung in die *gesta municipalia* sichert. Die sofortige Rückleihe findet sich auch in Tours 1, nun aber ohne Eintragung in die *gesta*. Völlig ohne Bedingungen ist dagegen die Schenkung Flavigny Pa+Ko 1. Flavigny Pa 8, deren Anfang leider verloren ist, stellt wiederum eine besondere Form von Schenkung (wieder zur Armenspeisung und für den Unterhalt der Mönchsgemeinschaft) dar: hier wird dem Kloster das gesamte Eigentum geschenkt, allerdings unter Vorbehalt einiger Güter für die eigenen Erben – offenbar handelt es sich bei dieser Formel also um eine Erbregelung. Flavigny Pa 9 endlich schließt eine weitere Lücke: hierbei handelt es sich um die zu einer Schenkung gehörige *traditio*. Die Schenkungen mit sofortiger Rückleihe führen zur letzten Gruppe von Dokumenten, in welchen Flavigny-Formeln das Material der älteren Sammlungen ergänzen, die Prekarien und Prestarien. Auch hier decken die verschiedenen Dokumente unterschiedliche Möglichkeiten ab, Prekarien zu gestalten. Den Anfang macht Marculf 2,5, eine einfache Prekarie an eine Kirche, mit welcher die geschenkten Güter unmittelbar zum Nießbrauch zurückgeliehen werden. Marculf 2,39 erweitert diesen Fall um die Möglichkeit einer Prekarie durch ein Ehepaar, die regelt, dass diese auch bei Ableben eines der Ehepartner für den Hinterbliebenen ihre Gültigkeit behält.[76] Tours 7 fügt dem zwei wesentliche Varianten hinzu: zum einen erfolgt die Rückleihe hier nicht umsonst, sondern gegen eine jährlich zu entrichtende Abgabe in Silber, zum anderen erfolgt die Leihe zwar bis ans Lebensende des Prekaristen, ist jedoch vonseiten des Leihenden jederzeit widerrufbar.[77] In Flavigny Pa+Ko 10 ist die Leihe nicht widerrufbar, aber ebenfalls mit einer jährlichen Abgabe verknüpft, die hier in Silber oder auf eine andere Weise erfolgen kann. Deutlicher wird die dazugehörige Prestarie Flavigny Pa+Ko 11 – neben Marculf 2,40 die einzige Prestarie in der Sammlung –, in welcher von einer Zahlung in Wachs oder in Silber die Rede ist. Flavigny Pa+Ko 11 liefert zudem noch eine weitere Variante, indem sie die Befristung der Prekarie neben der Lebenszeit des Prekaristen auf fünf, zehn oder 15 Jahre vorsieht. Diese Befristung erscheint in den Dokumenten aus Marculf und Tours nur am Rande in Form einer Klausel, die die nach

---

76 Marculf 2,40 ist die dazugehörige Prestarie. Marculf 2,5 kommt ohne Prestarie aus. Beide Marculf-Prekarien sind in der Pariser Handschrift unter der Nr. LXXXVIII zusammengefasst. Marculf 2,39 und 40 werden innerhalb der Sammlung nach vorne gezogen und nach Marculf 2,5 eingruppiert.

77 Die Sammlung aus Tours enthält mit Tours 6 noch ein weiteres, einer Prekarie ähnliches, als *oblegatio* betiteltes Dokument. Hier erfolgt die Rückleihe nicht auf eine Schenkung hin, sondern auf einen Verkauf.

gängiger Rechtspraxis eigentlich notwendige Erneuerung der Prekarie nach fünf Jahren[78] überflüssig macht.

Nicht jede Aussonderung von Material lässt sich mit der Vermeidung von Doubletten erklären. Für acht Formeln aus Marculf 1[79] finden sich keine Entsprechungen im restlichen Material der Sammlung. Unter diesen acht Formeln stechen zwei Gruppen hervor: Zum einen finden sich hier Dokumente, die in unmittelbarem Zusammenhang mit dem Königsgericht stehen,[80] zum anderen solche, die mit der Nachfolge des Königs zusammenhängen.[81] Die Aussonderungen dieses Materials können zumindest im Falle des Königsgerichts keinem völligen Desinteresse an der Thematik geschuldet gewesen sein, denn Flavigny Pa+Ko 5 bietet eine ganz eigene Formel für ein königliches Gerichtsurteil.[82] Formeln, die die königliche Nachfolge betreffen, waren dagegen wohl eher uninteressant. Die entsprechende Formel für Freilassungen nach der Geburt eines Königssohnes (Marculf 2,52) wurde ausgesondert. Mangelndem Interesse ist vielleicht auch die Aussonderung von Marculf 1,18 geschuldet: Die Aufnahme eines *fidelis* unter die königlichen *antrustiones*, die sich ab Mitte des 8. Jahrhunderts nicht mehr in den Quellen nachweisen lassen.[83] In anderen Fällen waren die Unterschiede zum aufgenommenen Material vermutlich so klein, dass das ausgesonderte Material keine interessanten inhaltlichen Varianten bot, etwa der Verkauf eines Stadtgrundstücks[84] oder der Tausch von landwirtschaftlichen Nutzflächen,[85] für die sich in der Sammlung andere Formeln finden. Zumindest in einem Fall ist die Auslassung einer Formel wohl auch auf ein Versehen zurückzuführen: Marculf 2,35, die einzige *evacuatoria* der Sammlung, fehlt. Es handelt sich um ein Dokument, das bei Verlust eines Schuldscheins (*cautio*) ausgestellt wurde und diesen ungültig machte, um spätere Forderungen auszuschließen, sollte der verlorene Schuldschein wieder auftauchen.[86] Die *evacuatoria* bildet das unverzichtbare Gegenstück zur *cautio* und findet sich

---

78 Vgl. etwa Kapitular von Herstal 779 c. 13, ed. Alfred BORETIUS (MGH Capit. 1), Hannover 1883, Nr. 20, S. 50; Synode von Meaux 845 c. 22, ed. Wilfried HARTMANN (MGH Conc. 3), Hannover 1984, Nr. 11, S. 96.

79 Marculf 1,17, 18, 21, 36, 37, 38, 39 und 40.

80 Marculf 1,36 (Stellvertretung von *auctores*), 37 (Anweisung zur Prüfung eines Sachverhalts) und 38 (Schwebezustand eines Verfahrens).

81 Marculf 1,39 (Anordnung zur Freilassung eines Unfreien nach der Geburt eines Königssohnes) und 40 (Anordnung zur Eidesleistung an die Bewohner eines Gaus nach der Einsetzung eines Königssohnes als Herrscher in einem Teilreich).

82 Flavigny Pa+Ko 5 ersetzt in der Sammlung Tours 33, auch wenn beide inhaltlich nicht deckungsgleich sind. Flavigny Pa+Ko 5 ist ein Urteil des Königsgerichts, Tours 33 die Anweisung des Königs an einen Grafen, einem Kläger nach Nichterscheinen des Beklagten Genugtuung zu leisten.

83 Vgl. Gabriele VON OLBERG, Die Bezeichnungen für soziale Stände, Schichten und Gruppen in den Leges barbarorum, Berlin 1991, S. 133; Walther KIENAST, Die fränkische Vasallität. Von den Hausmeiern bis zu Ludwig dem Kind und Karl dem Einfältigen, Frankfurt/Main 1991, S. 21–22.

84 Marculf 2,20.

85 Marculf 2,24.

86 Vgl. dazu LÖSSLEIN / WALTHER (wie Anm. 61), S. 296–298.

sonst in jeder Formelsammlung mit einem Schuldschein.[87] Dass es sich bei der Auslassung um ein Versehen gehandelt hat, wird anhand der Kopenhagener Sammlung deutlich, die die *evacuaturia* hat (fol. 19v–20r).

Der Formelsammlung aus Paris Lat. 2123 fehlen gegenüber der Capitulatio eine ganze Reihe von Formeln, die ohne Ersatz durch anderes Material ausgesonderten wurden.[88] Für zwei weitere gab es Ersatz durch andere Formeln.[89] Da die Capitulatio sicher zuerst und damit vor der eigentlichen Sammlung eingetragen wurde, kann sie als Indiz für die ursprüngliche Planung dienen, eine bereits existierende Sammlung zu kopieren.[90] Die Aussonderung des ersatzlos gestrichenen Materials wäre damit nicht Teil der ursprünglichen Planung gewesen, sondern muss kurzfristig, beim Kopieren der einzelnen Formeln, erfolgt sein, worauf auch die Nummerierung der Formeln in der Sammlung selbst hinweist, die der Capitulatio folgt und dort springt, wo Formeln gegenüber der Capitulatio ausgelassen wurden.[91] Warren Brown betrachtet diese Auslassungen als Versehen, was im Fall der ausgelassenen *evacuaturia* (Capitulatio XCVIIII) sicher richtig ist.[92] In zwei weiteren Fällen jedoch, Marculf 2,19 (Verkauf eines Landguts; Capitulatio XCVII) und Marculf 2,41 (Prekarie; Capitulatio XC) wurden Dubletten mit den entsprechenden Formeln aus Tours (Tours 5 und 6) vermieden. Es scheint sich bei den Auslassungen in den meisten Fällen also nicht um Versehen gehandelt zu haben, sondern vielmehr um absichtliche Aussonderungen, die die bereits beim mutmaßlichen Vorbild angelegten Prinzipien fortführten: Man orientierte sich an Sachgruppen, schied Dubletten aus und folgte einer Hierarchie, die Material aus Tours über Marculf, und eigenes Material aus Flavigny über die beiden älteren Sammlungen stellte.

Interessant ist dabei, wie das neue Material in und um das ältere Material gruppiert wurde. Wie bereits erwähnt, besteht die Pariser Sammlung im Wesentlichen aus den drei Blöcken Tours, Marculf 1 und Marculf 2, die die (Binnen-)Reihenfolge der älteren Sammlungen weitgehend beibehalten. Eingeleitet wird die Sammlung durch die Marculf-Praefatio, die jedoch einem *Aeglidulfus* gewidmet ist. Das eigentliche Formelmaterial beginnt mit fünf antiken Briefen, die aus Respekt vor bedeutenden Figuren der Kirchengeschichte nicht anonymisiert wurden.[93] Entscheidend war hier neben dem Inhalt auch

---

87 Vgl. ebd. S. 289–291 für eine Übersicht. Die Formelsammlung aus Tours führt eine aus Marculf entnommene *evacuaturia* (Marculf 2,35) in ihrer erweiterten Fassung (Warschau, Biblioteka Uniwersytecka, Gabinet Rękopisów 1, fol. 250r–v) als Tours 44.

88 Marculf 1,17 = Capitulatio LXII; 1,18 = LXIII; 1,21 = LXVI; 1,36 = LXXXI; 1,37 = LXXXII; 1,38 = LXXXIII; 1,39 = LXXXIV; 1,40 = LXXXV; 2,35 = XCVIIII; 2,42 = CVIII; 2,43 = CIX; 2,44 = CX; Marculf Ergänzungen 3,2 = CV; 3,3 = CVI; 3,4 = CVII. Ersatzlos gestrichen und nicht in der Capitulatio aufgeführt ist Marculf 2,45, ein Schreiben mit Grüßen zu Weihnachten. Vgl. auch ZEUMER (wie Anm. 32), S. 483–486.

89 Marculf 2,19 = Capitulatio XCVII; 2,41 = XC.

90 Siehe oben, S. 122–123.

91 Siehe oben, Anm. 39.

92 BROWN (wie Anm. 1), S. 58.

93 RIO (wie Anm. 1), S. 119.

die Wirkung als Gesamtcorpus, die den Aufstieg des Christentums unter der Protektion Konstantins dokumentiert und das komplexe Verhältnis zwischen weltlichem Herrscher und den höchsten kirchlichen Würdenträgern beschreibt.[94] Die Briefe passen auch zu den vorderen Teilen der Handschrift und schlagen so innerhalb der Handschrift noch einmal eine Brücke zum Liber Pontificalis und dem „kirchenrechtlichen" Teil von Paris Lat. 2123. Die Briefformeln zu Beginn dürften damit das „Andocken" der Formelsammlung an das Material aus Paris Lat. 3848B deutlich erleichtert haben.

Erst nach den Briefen beginnt die eigentliche Formelsammlung, innerhalb derer sich zwei Prinzipien bei der Integration des neuen Materials ausmachen lassen. Zum einen wird neues Material an thematisch passenden Stellen eingesetzt, so am Beginn des Tours-Blocks, wo aus Tours 1 (Schenkung an ein Kloster), Flavigny Pa+Ko 1 (Schenkung an ein Kloster) und Flavigny Pa+Ko 2 (Testament mit Begünstigung eines Klosters) eine Gruppe zur Stiftungsthematik gebildet wird. Ganz ähnlich findet sich auch eine Gruppe zur Klostergründung am Anfang von Marculf 1. Eingeleitet durch das bischöfliche Immunitätsprivileg Marculf 1,1 folgen die Profess eines Novizen Flavigny Pa 6, eine Formel zur Klostergründung mit Erstausstattung und Geltung der Benediktsregel (Flavigny Pa+Ko 6) sowie das bischöfliche Exemtionsprivileg Flavigny Pa+Ko 7. Abgeschlossen wird die Gruppe durch das königliche Immunitätsprivileg Marculf 1,3 sowie das königliche Zollprivileg Flavigny Pa+Ko 8, das eine in Marculf bestehende inhaltliche Lücke schließt.[95] Eine dritte solche um neues Material ergänzte Gruppe schließt sich direkt im Anschluss an. Das Bittschreiben von Bürgern an den König um die Einsetzung eines Bischofs und entsprechende Anweisungen des Königs (Marculf 1,5–7) sind um eine Formel mit der tatsächlichen Einsetzung des Bischofs erweitert (Marculf Ergänzung 3,5), die sich zwar schon früher an Marculf angelagert hatte, hier aber an ihren „korrekten" Platz gesetzt wurde. Ähnlich verhält es sich schließlich auch mit dem Briefmaterial am Ende von Marculf 2 (Marculf 2,46–51), das durch eine große Gruppe von Briefformeln aus Flavigny zu verschiedenen Anlässen erweitert wird (Flavigny Pa 7a–m). Das zweite bei der Einordnung des Materials vorherrschende Prinzip zeigt sich erstmals mit den flaviniazensischen Formeln zu Mandat und *gesta*-Protokoll (Flavigny Pa+Ko 3 und 4): Sie treten an die Position der Formeln, die sie in den älteren Sammlungen ersetzen, hier Tours 2 und 3. Dasselbe Muster findet sich auch bei Flavigny Pa+Ko 5, das an die Position von Tours 33 tritt und dessen Titel übernimmt – die erstere Formel ist ein Königsurteil, die letztere eine Anweisung des Königs, dem Sieger in einem Prozess zu seinem

---

94 Inhaltlich bieten die Stücke Modelle und Vorbilder für Korrespondenzen, die typisch für Formelsammlungen sind: Privatbriefe, Schreiben an Bischöfe und Kaiser, Hirtenbriefe von Bischöfen und eine Verordnung zur Bischofsweihe.
95 Das Fehlen eines Zollprivilegs in den Büchern des Marculf scheint schon früh als Mangel empfunden worden zu sein. So lagerte sich mit Marculf Ergänzung 3,1 eine entsprechende Formel an die Bücher an, die hier jedoch ausgesondert wurde.

Recht zu verhelfen[96] – sowie beim Königsschutz Flavigny Pa+Ko 9, der Marculf 1,24 ersetzt.

Aus dem Rahmen fallen allerdings fünf Formeln, die sich ganz am Ende der Sammlung finden: Eine Schenkung nebst *traditio* (Flavigny Pa 8 und 9), eine Prekarie mit Prestarie (Flavigny Pa+Ko 10 und 11) und ein Schreiben wegen eines entflohenen Mönchs (Flavigy Pa 10). Alle hätten auch problemlos an anderen Stellen in die Sammlung eingebettet werden können. Allerdings werden sie in der Capitulatio nicht aufgeführt und haben keine Nummer. Es handelt sich hier offenbar um Ergänzungen, die ähnlich wie die anschließenden Isidorexzerpte entweder in Paris Lat. 2123 oder bereits in der Vorlage am Ende der Sammlung nachgetragen wurden.[97]

8. Fazit

Das Formelgut aus Paris Lat. 2123 präsentiert sich als hochgradig durchdachte und nach strengen Prinzipien organisierte Sammlung. Im äußeren Erscheinungsbild behält es nach seiner „kirchengeschichtlichen" Einleitung im Wesentlichen die Struktur der zugrunde liegenden Sammlungen bei und schließt (in der ursprünglichen Fassung) wie Marculf 2 mit Briefen ab. Jüngeres beziehungsweise Flavigny-eigenes Material ist nach zwei Gesichtspunkten in diese Struktur eingebettet: Wo neue Formeln ältere ersetzen, treten sie in der Sammlung an deren Stelle. Wo sie die ältere Sammlung ergänzen, werden sie an inhaltlich passender Stelle eingefügt. Dopplungen, die durch Zusammenführen der verschiedenen Sammlungen entstanden, wurden durch Aussonderung von inhaltlichen Doubletten gelöst, wobei dem Material aus Tours prinzipiell der Vorzug vor dem aus Marculf gegeben wurde. Wo eigenes Material vorlag, das man für geeignet hielt, scheint dieses generell den Vorzug erhalten zu haben.[98] Zugleich lässt sich durch die Kompilation des Materials aus verschiedenen Quellen ein starkes Bestreben feststellen, die inhaltliche Bandbreite des Materials möglichst zu erweitern, und zwar nicht nur in Hinsicht auf möglichst viele unterschiedliche Formeln, sondern vor allem auch in Hinsicht auf die unterschiedlichen inhaltlichen Gestaltungsmöglichkeiten der verschiedenen Dokumenttypen. Die Tatsache, dass die (Binnen-)Reihenfolge der älteren Formelsammlungen noch möglichst unverändert beibehalten wurde, kollidierte freilich mit dem Bemühen, die verschiedenen Gestaltungsmöglichkeiten eines

---

96 Irrig BROWN (wie Anm. 1), S. 54, der Tours 33 auf die Klage vor dem König reduziert.
97 Für eine Ergänzung im Vorbild sprächen die Überschneidungen im Material mit der Kopenhagener Sammlung, die aus dem gleichen Fundus schöpft. Prekarie mit Prestarie finden sich sowohl im Pariser (fol. 151va–152va) als auch im Kopenhagener Manuskript (fol. 7v–11r).
98 Dass in Flavigny wohl noch mehr Material vorlag, macht zum einen das am Ende angefügte Material deutlich, das ursprünglich wohl nicht in die Sammlung aufgenommen werden sollte, und zum anderen aber auch der Umstand, dass sich in der Kopenhagener Handschrift drei Formeln finden, die nicht in die Pariser Fassung aufgenommen wurden (Flavigny Ko 1–3).

Formeltyps darzustellen. Verschiedene Exemplare eines Dokumenttyps befanden sich an unterschiedlichen Orten innerhalb der Sammlung. Es scheint jedoch ein gewisses Bewusstsein für das Problem gegeben zu haben, denn an drei Stellen (fol. 120r, 136v und 142r) finden sich Querverweise.[99] Diese geringe Zahl an Querverweisen lässt aber vermuten, dass der Widerspruch entweder gar nicht als sonderlich gravierend wahrgenommen wurde, oder aber der Intention der Handschrift – immerhin handelt es sich ja um eine Pracht- und nicht um eine Gebrauchshandschrift – als solcher nicht entgegenstand. Ohnehin war nur jemand mit intimer Kenntnis der älteren Sammlungen in der Lage, diese Struktur der neuen Gesamtsammlung zu erkennen und die an ihr vorgenommenen Anpassungen wertzuschätzen. Für eine solche Intention spricht auch die Platzierung der beiden Widerad-Dokumente, die für das Kloster Flavigny zweifellos besonders wichtig waren. Das Testament Flavigny Pa+Ko 2 und die Schenkung 6 wurden jeweils am Anfang der älteren Sammlungen an prominenter Stelle platziert: Flavigny Pa+Ko 6 hinter Tours 1, Flavigny Pa+Ko 2 hinter Marculf 1,1.

Die Formelsammlung aus Paris Lat. 2123 fügt sich in ihrer Konzeption in das Gesamtkonzept der Handschrift ein und folgt im Kleinen denselben Prinzipien wie der Codex im Großen. Geeignetes Material wurde ausgehoben und bei Bedarf ergänzt und erweitert. Die Formeln selbst ergänzen die kirchenrechtliche und dogmatische Sammlung um weltliche Belange und erweitern so das Rechtsfeld der Handschrift vom innerklösterlichen Disziplinarrecht über Kirchenrecht bis zur Verwaltung der Klosterdomäne. Zugleich behält die Formelsammlung aber auch die dogmatische und kirchengeschichtliche Linie der Sammlung bei, die über die Briefe zu Anfang und Ende gleichsam „weitergespannt" wird. Darüber hinaus verankert das Formelmaterial die Sammlung über das heimische Formelgut eindeutig in Flavigny. Die Kompilatoren schufen mit dem Prachtcodex eine Referenzhandschrift für ihr Kloster, in der alle relevanten Bereiche des klösterlichen Lebens und der klösterlichen Herrschaft abgebildet waren. Die Handschrift Paris Lat. 2123 bot den Mönchen von Flavigny wesentliche Texte in autoritativer Form und ermöglichte Orientierung und Bestärkung in allen Problemen, mit denen sich ein Kloster konfrontiert sehen konnte. Dabei wurden inneren Angelegenheiten wie Fragen von Lehre und Disziplin ebenso Rechnung getragen, wie äußeren Angelegenheiten von Recht und Besitz.

---

99 BROWN (wie Anm. 1), S. 61–62.

Abstract

The manuscript Paris, Bibliothèque nationale de France, Lat. 2123 contains a compilation of texts that can be understood as legal texts in the broadest sense. It offers an unusual mixture of formulae and canon law. Combining the so-called Collectio Herovalliana with a formulary and several other texts of canon law and dogmatic matters, the codex from the abbey of Flavigny offers theoretical and practical knowledge that would have been of interest in a monastery. Based on its design, the manuscript can be divided into five thematic units, each dealing with different aspects of monastic discipline and monastic administration. A closer look at the individual texts and the possible templates, from which they were copied, shows that the texts have been carefully selected and are deliberately arranged. This is especially true for the formulary, which combines formulae from Marculf's collection and the Tours formulary with new formulae from Flavigny itself. The formulary from Paris Lat. 2123 presents itself as a well thought-out collection organised according to strict principles. More recent formulae replace older ones or supplement older material. Duplicate content has been removed. Tours' formulae were preferred over Marculf's while Flavigny's own formulae were generally favoured over any other material. The formulae themselves supplement the canonical and dogmatic collection with secular matters and thus extend the legal field of the manuscript from internal monastic disciplinary law to canon law and the administration of the monastery's domain. The manuscript Paris Lat. 2123 provided the monks of Flavigny with essential texts in an authoritative form and offered guidance and encouragement in all the problems that a monastery could be confronted with. Internal matters such as questions of doctrine and discipline were considered, as were external matters of legal practice and property.

Päpstliches Recht vs. eigene Initiative: Die Synode von 721 im Rahmen der Corbie-Redaktion der Collectio Vetus Gallica

Helena Geitz

„Keinem Gläubigen [...] konnten so die kirchenrechtlichen Vorschriften gleichgültig sein. Tiefer noch als weltliche Gesetze erfassten die Kanones den Menschen in seiner Totalität, verpflichteten ihn auf eine Lebensführung, die zeitlichen Ansprüchen ebenso zu genügen hatte wie die Hoffnung auf ewige Seligkeit. Das kirchliche Recht erfüllte somit eben in einer Zeit des Niedergangs, des Verfalls von Sitte und Ordnung und des tastenden Neubeginns eine hohe soziale Funktion."[1]

Die Bedeutung des kirchlichen Rechts für die Menschen des frühen und hohen Mittelalters kann dementsprechend als sehr hoch eingeschätzt werden. Somit ergeben die detaillierten Anweisungen der kirchenrechtlichen Bestimmungen tiefe Einblicke in das alltägliche Leben von Klerikern und Laien. Dies betrifft auch Zeitabschnitte wie das 7. und frühe 8. Jahrhundert, nicht selten bezeichnet als „Dark Ages", die vermeintlich erst mit der Übernahme des Königtums durch die Karolinger und der Mission des Bonifatius zur Mitte des 8. Jahrhunderts ein Ende fanden. Diese Zeitspanne sollte angesichts der durchaus regen kirchenrechtlichen Aktivität positiver beurteilt werden.[2] Die Bereitstellung von Kanones altkirchlicher oder regionaler Synoden sowie von päpst-

---

1   Hubert MORDEK, Das kirchliche Recht im Übergang von der Antike zum Mittelalter, in: Simon DIETER (Hrsg.), Akten des 26. Deutschen Rechtshistorikertages Frankfurt am Main, 22. bis 26. September 1986, Frankfurt/Main 1987, S. 455–464, hier S. 458–459.
2   Als einzelne Beispiele sind hier zu nennen: Steffen PATZOLD, Warlords oder Amtsträger? Bemerkungen zu Eliten im Frankenreich um das Jahr 700 aus der Perspektive der Geschichtswissenschaft, in: Sebastian BRATHER / Claudia MERTHEN / Tobias SPRINGER (Hrsg.), Warlords oder Amtsträger? Herausragende Bestattungen der späten Merowingerzeit. Beiträge der Tagung im Germanischen Nationalmuseum in Zusammenarbeit mit dem Institut für Archäologische Wissenschaften (IAW) der Albert-Ludwigs-Universität Freiburg, Abt. Frühgeschichtliche Archäologie und Archäologie des Mittelalters, 21.–23.10.2013, Nürnberg 2018, S. 10–18, hier S. 10, der für das 7. und frühe 8. Jahrhundert festhält: „Die Jahrzehnte [...] sind nämlich die wohl dunkelste Phase in der Geschichte des Frankenreichs überhaupt, jedenfalls mit Blick auf die schriftliche Überlieferung." Siehe auch die beschriebene „Krisis" und „Ignoranz auf dem Felde des kanonischen Rechts" der Jahre 680–740 bei Michael STADELMAIER, Die Collectio Sangermanensis XXI titulorum. Eine systematische Kanonessammlung der frühen Karolingerzeit. Studien und Edition (Freiburger Beiträge zur mittelalterlichen Geschichte 16), Frankfurt/Main 2004, S. 8; bezeichnend auch die Wortwahl „dark depths of the seventh century" bei Kyle HARPER, Slavery in the late Roman World, AD 275–425, Cambridge 2011, S. 502.

lichen Dekretalen oder ausgewählten Sentenzen der Kirchenväter erfolgte in immer umfangreicher werdenden kirchenrechtlichen Sammlungen. Diese auch für kommende Forschungsfragen greifbar zu machen, wird vor allem eine Frage der Bereitstellung von kritischen Editionen sein, denn selbst die bedeutenden Sammlungen des 6.–8. und auch des 9. Jahrhunderts, wie beispielsweise die Collectio Dionysiana, die daraus hervorgegangene Dionysio-Hadriana sowie die Collectio Quesnelliana, die Collectio Dacheriana oder zahlreiche kleinere, teilweise nur in einer Handschrift überlieferte Sammlungen, sind bis heute nicht kritisch ediert worden.[3]

Die folgende Untersuchung stellt jedoch eine Sammlung in den Fokus, die nicht nur eine sorgfältige kritische Edition auf der Grundlage aller überlieferten Handschriften inklusive der dazugehörigen Fragmente erfuhr, sondern auch noch ausführlich in Hinblick auf Überlieferung, Entstehung, Quellen, Redaktion und Rezeption analysiert worden ist: Die Collectio Vetus Gallica.

1. Die Collectio Vetus Gallica

In einem geradezu paradoxen Gegensatz zur oben formulierten Erwartung lässt sich für die Collectio Vetus Gallica feststellen, dass eine kritische Edition einschließlich einer umfassenden und präzisen Analyse der Sammlung noch immer kein Garant ist, dass diese in der aktuellen Forschung größere Beachtung findet, beziehungsweise, dass die bisher gewonnenen Ergebnisse weiter-

---

3   Eine Übersicht über Literatur und Editionsstand der wichtigsten frühmittelalterlichen Sammlungen bei Lotte KÉRY, Canonical Collections of the Early Middle Ages (ca. 400–1140). A Bibliographical Guide to the Manuscripts and Literature (History of Medieval Canon Law), Washington, D.C. 1999. Für die Collectio Dionysiana ist noch immer zu benutzen: Adolf STREWE, Die Canonessammlung des Dionysius Exiguus in der ersten Redaktion, Berlin / Boston 1931, die auf schmaler Handschriftenbasis nur den Text der sog. ersten Überarbeitungsstufe wiedergibt. Eine Beschreibung der Sammlung liefert Friedrich MAASSEN, Geschichte der Quellen und der Literatur des canonischen Rechts im Abendlande bis zum Ausgange des Mittelalters, Bd. 1: Die Rechtssammlungen bis zur Mitte des 9. Jahrhunderts, Graz 1870, S. 422–440 sowie online Abigail FIREY im Rahmen des Carolingian Canon Law Project: https://ccl.rch.uky.edu/dionysiana-article (abgerufen am 22. August 2023). Gemäß Clavis Canonum, Art. Dacheriana, https://data.mgh.de/databases/clavis/wiki/index.php/Collectio_Dacheriana (abgerufen am 22. August 2023) arbeitet Abigail FIREY an einer Edition der Dacheriana, vgl. solange DIES., Toward a History of Carolingian Legal Culture: Canon Law Collections of Early Medieval Southern Gaul, Diss. Toronto 1995, S. 112–253 sowie DIES., Ghostly Recensions in Early Medieval Canon Law. The Problem of the Collectio Dacheriana and its Shades, in: Tijdschrift voor Rechtsgeschiedenis 68 (2000), S. 63–82. Vgl. auch Hubert MORDEK, Zur handschriftlichen Überlieferung der Dacheriana, in: Quellen und Forschungen aus italienischen Archiven und Bibliotheken 47 (1967), S. 574–595. Die Collectio Quesnelliana ist bisher nur als Abdruck der namensgebenden Ausgabe durch Pasquier QUESNEL in MIGNE PL 56, Sp. 358–747 verfügbar. Selbiges gilt für die weit verbreitete Dionysio-Hadriana, deren Kanones bei MIGNE PL 67 inklusive ihrer Anhänge abgedruckt worden sind; zum Verhältnis zwischen Dionysio-Hadriana und Vetus Gallica vgl. Hubert MORDEK, Dionysio-Hadriana und Vetus Gallica. Historisch geordnetes und systematisches Kirchenrecht am Hofe Karls des Großen, in: Zeitschrift der Savigny-Stiftung für Rechtsgeschichte. Kanonistische Abteilung 55 (1969), S. 39–63.

führend diskutiert oder ergänzt werden. Für verschiedene Einzeluntersuchungen werden die Ergebnisse Mordeks zwar immer wieder herangezogen, aber gelegentlich begegnet in der modernen Forschung oder in Bibliothekskatalogen sogar noch der alte Name der Sammlung, Collectio Andegavensis. Dies ist ein Hinweis darauf, dass die monumentale Forschungsarbeit zur Vetus Gallica noch nicht überall durchgehend rezipiert worden ist.[4]

1.1 Forschungsstand

Hubert Mordek widmete der Sammlung die über 700 Seiten lange Monographie „Kirchenrecht und Reform im Frankenreich".[5] Er datierte ihren Entstehungszeitraum in das frühe 7. Jahrhundert und argumentierte für Lyon als Entstehungsort. Somit ist die Vetus Gallica die älteste systematische Kirchenrechtssammlung im Frankenreich. Sie gliedert ihre Kanones thematisch unter inhaltlich passend überschriebene Kapitel im Gegensatz zu den bis dahin üblichen Sammlungen historischer Ordnung, die einzelne Synoden oder Dekretalen chronologisch ordnen. Mordek beschrieb eine Sammlung mit zuletzt 64 Titeln und über 400 Kapiteln, für die er zwei Bearbeitungsstufen und zwei Handschriftenklassen unterscheiden konnte.[6]

Ein terminus ante quem für diese frühe Datierung ist die wahrscheinliche Benutzung der Sammlung auf dem Konzil von Clichy (626/627), die Mordek an der Themenparallelität und wörtlichen Übernahmen aus Kanones mit typischen textlichen Eigenschaften der Vetus Gallica festmacht.[7] Der dort vorliegende, sogenannte Grundtext der Sammlung wurde in der Folgezeit mindestens zweimal überarbeitet: Mordek spricht von der Autun-Redaktion, der blockartigen Einfügung der Kanones des Konzils von Autun, die zunächst nur über diese Sammlung überliefert worden sind, und von der sogenannten Corbie-Redaktion. Letztere datiert in die erste Hälfte des 8. Jahrhunderts und zeichnet sich durch eine größere, planvollere Ergänzung des Grundtextes aus.[8] Neben der Einfügung einzelner Texte in die jeweils thematisch passenden Kapitel der Sammlung (zum Beispiel Auszüge aus den Mönchsregeln Kolumbans, Ps.-Marcarius', Basilius' oder Benedikts, Auszüge aus der Collectio Hibernensis, aus den Iudicia Theodori U oder aus verschiedenen Schriften Isi-

---

4   Besonders häufig ist dieses Problem anzutreffen in Bibliothekskatalogen, beispielsweise in der Beschreibung der Handschrift Würzburg, Universitätsbibliothek, M. p. th. q. 31: http://vb.uni-wuerzburg.de/ub/mpthq31/ueber.html?locale=en (abgerufen am 23. August 2023) oder in der Beschreibung der Handschrift S₃ der Württembergischen Landesbibliothek: https://digital.wlb-stuttgart.de/index.php?id=6&tx_dlf%5Bid%5D=781&tx_dlf%5Bpage%5D=1 (abgerufen am 23. August 2023).
5   Hubert Mordek, Kirchenrecht und Reform im Frankenreich. Die Collectio Vetus Gallica, die älteste systematische Kanonessammlung des fränkischen Gallien. Studien und Edition (Beiträge zur Geschichte und Quellenkunde des Mittelalters 1), Berlin u. a. 1975.
6   Vgl. ebd. S. 63–79 zu Entstehungszeit und -ort S. 82–85, zur Autun- und Corbie-Redaktion S. 86–94, zur Definition der Handschriftenklassen S. 97–101 sowie ausführlich S. 301–329.
7   Vgl. ebd., S. 66–68.
8   Vgl. ebd., S. 86–94.

dors von Sevilla) fällt die Hinzufügung eines neuen Titels, *LXIV De penitentibus*, zum Thema Buße auf. Während der Grundtext in den Inskriptionen die Kanones mit *hera* statt *capitulo* nummeriert, wandelt sich dies in Titel LXIV stellenweise;[9] außerdem stellen einige Kapitel in diesem Titel Dopplungen zum Grundtext dar, was die spätere Hinzufügung plausibel macht.[10] Im Anschluss an diesen Titel findet sich in allen Handschriften der Vetus Gallica eine Zusammenstellung verschiedener Texte, die, im Gegensatz zu den weiteren Ergänzungen der Corbie-Redaktion, nicht in die Titel der systematischen Sammlung eingearbeitet worden sind. Mordeks Urteil über diese wechselnden Zusammenstellungen wird sehr deutlich: „Selbstverständlich sind die auf Titel LXIV folgenden Texte größeren Umfangs auf keinen Fall mehr zur Sammlung selbst zu rechnen."[11] Auffällig ist aber, so merkte auch Mordek an, dass es einige Texte gibt, die in allen Handschriften auftreten und somit bereits im Rahmen der Corbie-Redaktion eingefügt worden sein müssen.[12]

An dieser Stelle sollte betont werden: Die einzige Form, in der uns die Vetus Gallica bis heute überliefert ist, ist die der Corbie-Redaktion. Frühere Überarbeitungsstufen sind nur noch, wie die Zusammenfassung der Argumentation Mordeks gezeigt haben sollte, gut begründet, aber lediglich hypothetisch fassbar. Somit kennen wir auch heute nur Handschriften, die ein gewisses Repertoire dieser Zusatztexte enthalten. Diesen Additiones konnte und wollte Mordek, angesichts des Umfangs seiner Arbeiten zur Vetus Gallica, keine größere Untersuchung widmen als eine überblicksartige, tabellarische Darstellung der jeweiligen Bezeugung in den Handschriften und verschieden ausführliche, z. T. allerdings geradezu exkursartige, Anmerkungen zur Überlieferung in Fußnotenform.[13] Anordnung und Stellung dieser Additiones in den Handschriften waren, selbstverständlich ergänzend zur Analyse des Grundtextes, auch eine Basis für die Einteilung der Überlieferung in zwei Handschriftenklassen, die sogenannte nordfranzösische und die süddeutsche Klasse.[14] Beide weisen gemeinsame Texte auf und solche, die nur innerhalb einer Klasse überliefert sind. Zu den Texten, die sich in allen Handschriften finden, gehören:[15]

---

9 Zur Bezeichnung *hera* vgl. Hubert MORDEK, Aera, in: Deutsches Archiv 25 (1969), S. 216–222.
10 Vgl. MORDEK (wie Anm. 5), S. 86 und S. 214–217.
11 Vgl. ebd., S. 217
12 Vgl. ebd., S. 86 und S. 217–218.
13 Vgl. ebd., S. 219–229.
14 Da eine der ältesten Handschriften der süddeutschen Klasse (P_2) aus Burgund und Fragmente, die den Handschriften der süddeutschen Klasse G, E, V nahestehen, aus Frankreich stammen, beziehen sich die Bezeichnungen auf die Regionen, in die die meisten erhaltenen Handschriften zu verorten sind. Sie sind in keinem Fall als Herkunftsort der Klassen zu verstehen, vgl. MORDEK (wie Anm. 5), S. 301. Zur genaueren Ausdifferenzierung zwischen diesen Klassen vgl. ebd., S. 304–306. Ein Siglenverzeichnis der genutzten Handschriften findet sich am Ende dieses Beitrags.
15 Ausnahme: Handschrift E wegen Blattverlusts und Handschrift S_2, die mit dem Auszug aus den Iudicia Theodori U endet.

- Brief Leos I. an Rusticus von Narbonne in Auszügen mit den Antworten auf die Fragen 7–19, MIGNE PL 54, Paris 1846, Sp. 1203–1209[16] bzw. in leicht abweichender Form ediert im Rahmen des Projekts Pseudoisidor der MGH von Karl-Georg Schon (online).[17]
- Briefteil *Ecce manifestissime* in Kombination mit Can. 22 (23) des Konzils von Orange, hier Papst Hormisdas zugeschrieben, eigentlicher Verfasser wahrscheinlich Caesarius von Arles (gest. 542), entstanden vermutlich in den ersten drei Jahrzehnten des 6. Jahrhunderts, ed. Wilhelm GUNDLACH (MGH Epp. 3), Berlin 1892, S. 49–54.[18]
- Sog. Libellus responsionum Gregors I., ed. Ludwig M. HARTMANN (MGH Epp. 2), Berlin 1899, XI, 56a, S. 332–343 bzw. ed. Valeria MATTALONI, Rescriptum beati Gregorii Papae ad Augustinum episcopum quem Saxoniam in praedicatione direxerat, seu, Libellus responsionum (Edizione nazionale dei testi mediolatini d'Italia 43), Florenz 2017, S. 496–504, die die Version der Vetus Gallica in die nach der Kapitelanzahl benannte Gruppe *Decem Sine* einordnet.[19]
- Excarpsus Cummeani, ed. Ludger KÖRNTGEN (CCSL 156D, in Vorbereitung), bis dahin zu benutzen Hermann J. SCHMITZ, Die Bussbücher und die Bussdisciplin der Kirche, Bd. 1, Mainz 1883, S. 611–645. Da der Excarpsus Cummeani vermutlich zur selben Zeit in Corbie kompiliert worden ist, kommt ihm eine Schlüsselrolle im Umgang mit der Überarbeitung der Collectio Vetus Gallica zu.[20]
- Synodalprotokoll der Römischen Synode Gregors II. vom 7. April 721, ed. Giovanni D. MANSI, Sacrorum Conciliorum […] collectio 10 und 12, Florenz 1764 bzw. 1766, Sp. 436–438 bzw. Sp. 261–266 sowie MIGNE PL 67 bzw. 77, Paris 1848 bzw. 1849, Sp. 341–346 bzw. Sp. 1339–1340 (siehe unten).

Folgende Zusätze finden sich in einzelnen Handschriften beider Handschriftenklassen:

---

16 Vgl. MORDEK (wie Anm. 5), S. 222 Anm. 31.
17 http://www.pseudoisidor.mgh.de/html/244.htm (abgerufen am 23. August 2023). Die Abweichungen betreffen vor allem die Fragen und Antworten am Ende des Briefs, die in der Überlieferung der Hispana und der gefälschten Dekretalen wie Rubriken formuliert sind und in der übrigen Überlieferung (z. B. Collectio Quesnelliana) als Fragen formuliert wurden.
18 Vgl. MORDEK (wie Anm. 5), S. 225 Anm. 56.
19 Die Bezeichnung *sine* steht in diesem Fall für das Fehlen des Prologs, *decem* für die Anzahl der Kapitel, vgl. MATTALONI, Rescriptum, S. 143.
20 Vgl. Ludger KÖRNTGEN, Der Excarpsus Cummeani, ein Bußbuch aus Corbie?, in: Oliver MÜNSCH / Thomas ZOTZ (Hrsg.), Scientia veritatis. Festschrift für Hubert Mordek zum 65. Geburtstag, Ostfildern 2004, S. 59–75. Vgl. DERS., Kanonisches Recht und Bußpraxis. Zu Kontext und Funktion des Paenitentiale Excarpsus Cummeani, in: Wolfgang P. MÜLLER / Mary E. SOMMAR (Hrsg.), Medieval Church Law and the Origins of the Western Legal Tradition. A Tribute to Kenneth Pennington, Washington, D.C. 2006, S. 17–32. In den Vetus Gallica-Handschriften P_1 und B steht statt des Excarpsus Cummeani eine überarbeitete Form, das sog. Paenitentiale Remense. Die Arbeiten zu diesen beiden Bußbüchern haben sich besonders intensiv mit den Ergebnissen Mordeks zur Vetus Gallica auseinandergesetzt.

- Der Brief Isidors von Sevilla an Massona von Mérida in Kombination mit Can. 20 des Konzils von Ankyra, MIGNE PL 83, Paris 1862, Sp. 899–902.
- Synodalprotokoll der Synode Gregors I. vom 5. Juli 595, ed. Ludwig M. HARTMANN (MGH Epp. 1), Berlin 1891, V, 57a, S. 362–367.
- Der Brief Gregors I. an die Bischöfe Galliens (namentlich genannt Etherius von Lyon), ed. Ludwig M. HARTMANN (MGH Epp. 2), Berlin 1899, IX, 213, S. 198–200. Er wird in beiden Klassen vollständig aufgenommen, in den nordfranzösischen Handschriften taucht noch einmal ein Auszug aus dem Schlussteil separat auf.[21]
- Der Brief Gregors I. an die fränkische Königin Brunhilde, ed. Ludwig M. HARTMANN (MGH Epp. 2), Berlin 1899, IX, 218, S. 205–210. In beiden Klassen findet sich die erste Hälfte des Briefs, in den nordfranzösischen Handschriften taucht noch einmal ein Auszug aus dem Mittelteil separat auf.
- Die sogenannte II. Synode des hl. Patricius, ed. Ludwig BIELER, The Irish Penitentials (Scriptores Latini Hiberniae 5), Dublin 1963, S. 184–197.
- Auszüge aus den Iudicia Theodori U, Buch 1 c. 13 und Buch 2 c. 1,4–14,14, ed. Paul W. FINSTERWALDER, Die Canones Theodori Cantuariensis und ihre Überlieferungsformen (Untersuchungen zu den Bußbüchern des 7., 8. und 9. Jahrhunderts 1), Weimar 1929, S. 306 sowie S. 312–333[22] sowie die Edition von Michael D. ELLIOT (ASCL) S. 15–16 und S. 19–32.[23]

Die Feststellung, dass diese Additiones nicht als zur Sammlung gehörig zu werten sind, ist angesichts der äußeren Gesichtspunkte durchaus schlüssig: Die Zusätze sind nur in wenigen Fällen fortlaufend mit der Sammlung nummeriert, selten in die Capitulatio aufgenommen und beinhalten in der Regel mehrere Themenkomplexe, die nicht in die entsprechenden Titel der Vetus Gallica eingearbeitet worden sind.[24] Nichtsdestoweniger sind sie der Sammlung angefügt und immer wieder mit dieser weitertradiert worden. Mordek beschreibt darüber hinaus mehrere Sammlungen, die als sicher abhängig von der Vetus Gallica zu werten sind, so beispielsweise die Collectio Herovalliana oder die Collectio Frisingensis secunda.[25] Ein kurzer Blick in diese Sammlungen zeigt

---

21 Vgl. MORDEK (wie Anm. 5), S. 224 Anm. 42 und S. 226 Anm. 60. Mordek liefert in seiner Edition Incipit und Explicit, vgl. Collectio Vetus Gallica, ed. Hubert MORDEK (wie Anm. 5), S. 375.
22 Vgl. ebd., S. 220 und S. 224 Anm. 45.
23 http://individual.utoronto.ca/michaelelliot/manuscripts/texts/transcriptions/pthu.pdf (abgerufen am 23. August 2023).
24 Ausnahmen sind die Handschriften P_1, B und S_2 der sog. nordfranzösischen Klasse, vgl. MORDEK (wie Anm. 5), S. 350–354.
25 Vgl. ebd., S. 109–143 sowie S. 147–150 inklusive der Edition der Collectio Frisingensis secunda auf S. 618–633. Mehr zur Herovalliana siehe unten; zur Frisingensis secunda, einzig überliefert im Codex München, Bayerische Staatsbibliothek, Clm 6243 (8. Jahrhundert, Freising, fol. 200–216 und fol. 233–238 / Bodenseeregion fol. 1–199 und fol. 217–232), vgl. KÉRY (wie Anm. 3), S. 57 und Hubert MORDEK, Bibliotheca capitularium regum Francorum manuscripta. Überlieferung und Traditionszusammenhang der fränkischen Herrschererlasse (MGH Hilfsmittel 15), München 1995, S. 321 sowie https://opacplus.bsb-muenchen.de/title/BV036722932 (abgerufen am 22. August 2023).

im Vergleich mit der Tabelle Mordeks, dass auch diese einige der Additiones der Vetus Gallica mitkopierten und gelegentlich, wie beispielsweise die Herovalliana, in Capitulatio und Nummerierung integrierten. Wenn also offensichtlich bei den Zeitgenossen ein hohes Interesse an diesen Texten geherrscht hat und auch bei der Entnahme von Material aus der Sammlung diese Additiones gleichwertig behandelt worden sind, dann sollte dies Anlass genug sein, Mordeks strikte Scheidung zwischen Sammlung und Additiones zu überdenken und genauer nach der Funktion der Letzteren im Kontext der Sammlung zu fragen.

1.2 Forschungsfragen

Bei einem ersten Blick auf die Dokumente zeigt sich, dass die meisten päpstlichen Ursprungs sind. Neben der sog. II. Synode des hl. Patricius und den beiden Bußbüchern sind es in erster Linie Dekretalen oder päpstliche Synoden. Ein offenbar besonders großes Interesse hatte man an Dokumenten Gregors I. Während die Vetus Gallica in ihrer ursprünglichen Form nur eine einzige Dekretale zitierte, den Brief Innozenz' I. an Bischof Decentius von Gubbio (c. 18,2 und 22,2), sind nicht nur päpstliche Dokumente stellenweise in die passenden Titel der Hauptsammlung eingearbeitet worden, sondern man hat in Corbie eine große Anzahl päpstlicher Texte in den Anhang der Sammlung gesetzt.[26] Neben der Frage nach der Herkunft der Additiones stellt sich auch die Frage, welchen inhaltlichen Zweck diese erfüllten. Handelt es sich um Ergänzungen, Erweiterungen, Bekräftigungen oder gar um Widersprüche zum Grundtext? In welchem inhaltlichen Verhältnis stehen die Zusatztexte zueinander? Kurzum: Welche weiteren Erkenntnisse kann man gewinnen, wenn man eine Handschrift nicht nur hinsichtlich einer einzelnen Sammlung, sondern auch mit Blick auf deren Begleittexte betrachtet?

Nachdem bereits die Zusätze zur Vetus Gallica auf Basis der Vorarbeiten von Mordek aufgelistet werden konnten, folgt in einem ersten Schritt der Vergleich der Textform, die von der Vetus Gallica präsentiert wird. Falls kritische Editionen des jeweiligen Textes vorhanden sind, wird die Textform der Vetus Gallica mit dieser verglichen. Ist dies nicht möglich, erfolgt ein Vergleich mit weiteren Überlieferungszeugen (zum Beispiel kanonistischen Sammlungen) aus dem 7. und 8. Jahrhundert. Im zweiten Schritt soll der Inhalt der Dokumente mit den Kanones des Grundtextes und den Inhalten der übrigen Additiones verglichen werden, um Widersprüche, Ergänzungen oder Übereinstimmungen herauszuarbeiten.

Der Textvergleich soll im Folgenden an einem Beispieltext, dem Synodalprotokoll von 721, vorgeführt werden, um auf ein interessantes Phänomen aufmerksam zu machen, das sich bei der Betrachtung einiger Additiones im Vergleich zu der jeweiligen Textform in weiteren zeitgenössischen Sammlungen zeigt: Ein Großteil der Texte ist in der Überlieferung der Collectio Vetus Gallica

---

26 Vgl. MORDEK (wie Anm. 5), S. 214 sowie S. 424–425 und S. 436.

teils leicht, teils sehr deutlich überarbeitet worden. Bei einigen zeigt sich diese Überarbeitung neben kleineren Textabweichungen vor allem in der Auswahl aus dem Text (zum Beispiel einzelne Fragen aus dem Brief Leos an Rusticus von Narbonne oder die Wiederholungen einzelner Passagen der Briefe Gregors des Großen), bei anderen wird der Text mit neuen Elementen kombiniert (*Ecce manifestissime* mit der Zuordnung zu Papst Hormisdas; Isidor an Massona mit Can. 20 des Konzils von Ankyra) und einige Additiones werden gekürzt, verändert oder durch textliche Neuschöpfungen verfremdet (Synode von 595 und Synode von 721). Die wohl umfangreichsten Abänderungen erfuhr das Synodalprotokoll von 721. Die hier beobachteten Textmodifikationen sind so spezifisch, dass an diesem Beispiel gute Hinweise auf die Frage gefunden werden können, wann genau diese Bearbeitung erfolgte. Die These hierzu ist, dass diese Änderungen weder zufällig geschehen sind, noch aus einer unbekannten Vorlage stammen, sondern am Redaktionsort der Vetus Gallica vorgenommen wurden: im neustrischen Kloster Corbie.

2. Das Synodalprotokoll der Synode von 721

Beim Protokoll der römischen Synode, die am 7. April 721 unter Papst Gregor II. abgehalten wurde, handelt es sich um das jüngste Dokument unter jenen Zusätzen, die in allen Handschriften (Ausnahme S₂) anzutreffen sind. Da man für diese Additiones davon ausgeht, dass sie in Corbie direkt angefügt wurden, ist 721 zugleich der terminus post quem für die Überarbeitung der Vetus Gallica.[27] Inhaltlich befassen sich die Kanones des Dokuments vor allem mit eherechtlichen Fragen und genauen Anweisungen, welche Personen nicht geheiratet werden dürfen. Besonders hervorzuheben sind hier Can. 4, der die Ehe mit der *commater*, der Patin des eigenen Kindes, verbietet, und Can. 9, der erstmals ein generelles Eheverbot ausspricht, sollte man Kenntnis einer Verwandtschaft zur entsprechenden Person haben.[28] Besonders Can. 4 erlebte eine schnelle Durchsetzung im Frankenreich und ist das erste Zeugnis für die Gleichsetzung von geistlicher mit biologischer Verwandtschaft im Westen.[29]

---

27 Vgl. ebd., S. 86.
28 Vgl. Rudolf WEIGAND, Die Ausdehnung der Ehehindernisse der Verwandtschaft, in: Zeitschrift der Savigny-Stiftung für Rechtsgeschichte. Kanonistische Abteilung 80 (1994), S. 1–17, hier S. 5 sowie Karl UBL, Doppelmoral im karolingischen Kirchenrecht? Ehe und Inzest bei Regino von Prüm, in: Wilfried HARTMANN (Hrsg.) unter Mitarbeit von Annette GRABOWSKY, Recht und Gericht in Kirche und Welt um 900 (Schriften des Historischen Kollegs. Kolloquien 69), München 2007, S. 91–124, hier S. 108 sowie DERS., Inzestverbot und Gesetzgebung. Die Konstruktion eines Verbrechens (300–1100) (Millennium-Studien 20), Berlin 2008, S. 235–239.
29 Vgl. UBL, Inzestverbot (wie Anm. 28), S. 236 insbesondere mit Anm. 104 sowie S. 245–247. Die hier betonte, fehlende Akzeptanz vonseiten des Bonifatius für diese Beschlüsse wird besonders in den Briefen Nr. 32 an Penthelm von Whithorn und Nr. 33 an Nothelm von Canterbury deutlich, vgl. Bonifatiusbriefe Nr. 32 und 33, ed. Michael TANGL (MGH Epp. sel. 1), Berlin 1916, S. 55–58. Weiterführend diskutiert auch bei Joseph LYNCH, Godparents and Kinship in Early Medieval Europe,

2.1 Verschiedene Versionen im Vergleich

Neben der Collectio Vetus Gallica überliefern zahlreiche Sammlungen des frühen Mittelalters das Synodalprotokoll von 721. Die Collectio Dionysio-Hadriana (siehe unten), die Bobbienser Dionysiana,[30] die Collectio Dacheriana,[31] die Collectio Sancti Amandi (Anhänge, siehe unten), die Collectio Herovalliana (siehe unten) und auch die pseudoisidorischen Dekretalen[32] sind nur einige davon. Oft taucht das Protokoll in verschiedentlich gekürzter Form in kanonistischen Sammelhandschriften auf, einzelne Kanones finden sich darüber hinaus im Sendhandbuch Reginos von Prüm[33] oder auch im Decretum Burchards von Worms.[34] In kritischer Edition liegt das Synodalprotokoll nicht vor, weiterhin zu nutzen sind die Ausgaben Mansis oder Mignes neben der Online-Edition der pseudoisidorischen Dekretalen.[35] Nicht nur aufgrund des Alters sind die Ausgaben Mansis und Mignes mit äußerster Vorsicht zu nutzen, hierzu mehr im Folgenden.

Vergleicht man die Version in der Collectio Vetus Gallica mit dieser weiträumigen Überlieferung, so lassen sich zahlreiche Abweichungen und Besonderheiten im Text des Protokolls erkennen. In der vollständigen Version (Langversion), die sich in den meisten Sammlungen findet, besteht das Protokoll aus einer Capitulatio (nur in einigen Sammlungen), hierauf folgen eine Rubrik und eine Datierungszeile, die Gregor II. und den Abfassungszeitraum des Dokuments nennen. Es wird zur Anwesenheitsliste eingeleitet, hierauf folgt eine Aufzählung der anwesenden Bischöfe (meist 22 Personen), der anwesenden Priester (14 oder 15 Personen) und der anwesenden Diakone (meist vier Perso-

---

Princeton 1986 oder bei Mayke de Jong, An Unsolved Riddle: Early Medieval Incest Legislation, in: Ian Wood (Hrsg.), Franks and Alamanni in the Merovingian Period. An Ethnographic Perspective (Studies in Historical Archaeoethnology 3), Woodbridge / Rochester 1998, S. 107–140, hier S. 108. Vermutlich durch Gregor II. selbst verbreitete sich das Synodalprotokoll ins Langobardenreich; die Gesetzgebung zum Eheverbot bei Patenschaft wurde im Rahmen der Kapitel 30–34 der Liutprandi leges um die Ehe mit dem Patenkind selbst und der Ehe zwischen geistlichen Geschwistern erweitert, vgl. Edictus Rothari, ed. Friedrich BLUHME (MGH LL 4), Hannover 1868, S. 122–124. Vgl. hierzu auch Lynch, S. 239.

30 Mailand, Biblioteca Ambrosiana, S. 33 sup., 9. Jahrhundert, vermutlich Bobbio, fol. 309r–311v.
31 In der Dacheriana wird das Protokoll leicht überarbeitet, es fehlen Capitulatio, Datierungszeile, Einleitung zur Bischofsliste und die angefügten Anwesenheitslisten, sodass das Synodalprotokoll hier erst mit der Vorrede Gregors II. beginnt. Außerdem werden die letzten fünf Kanones, die einen Präzedenzfall überliefern und eine Bestimmung für Kleriker, sich nicht die Haare lang wachsen zu lassen, gestrichen. Diese Version ähnelt dadurch aber nicht der in der Vetus Gallica. Exemplarisch gewählt wurde die Handschrift Köln, Erzbischöfliche Diözesan- und Dombibliothek, Cod. 122, 2. Drittel 9. Jahrhundert, Nordostfrankreich, fol. 47r–49r.
32 Vgl. hierfür die Online-Edition der MGH von Karl-Georg SCHON, das Synodalprotokoll von 721 ist hier das letzte Dokument des dritten Teils der gefälschten Dekretalen: https://www.pseudoisidor.mgh.de/html/310.htm (abgerufen am 23. August 2023).
33 Vgl. Regino von Prüm, Sendhandbuch, ed. Wilfried HARTMANN (MGH Coll. can. 1), Wiesbaden 2023, 2,161 (159) und 2,188 (187), S. 482 und S. 504.
34 Vgl. Hartmut HOFFMANN / Rudolf POKORNY, Das Dekret des Bischofs Burchard von Worms. Textstufen, frühe Verbreitung, Vorlagen (MGH Hilfsmittel 12), München 1991, S. 208–209 und S. 213.
35 http://www.pseudoisidor.mgh.de/html/310.htm (abgerufen am 22. August 2023).

nen). An diese Vorrede Gregors II. schließt eine Bestätigung der angesprochenen Probleme durch die Anwesenden an, die daraufhin in 17 festgelegten Bestimmungen zum Themenkomplex Eherecht und Inzestdefinition geregelt werden sollen. Diese kurzen Instruktionen sind stets gleichförmig aufgebaut: „*Si quis* [...] *anathema sit. Et responderunt omnes tertio: Anathema sit.*" Auf die letzte Bestimmung folgen die Unterschriften der anwesenden Bischöfe, Priester und Diakone, das Protokoll endet mit einer Datierung und einem Explicit.[36]

In der Vetus Gallica (Kurzversion) sind ganze Elemente gestrichen worden: Es existieren keine Capitulatio und keine Datierung zu Beginn, die Anwesenheitslisten, die Unterschriften sowie die Datierung mit Explicit fehlen vollständig; die Praefatio ist wie die Antwort der Bischöfe deutlich gekürzt. Die Kanones sind ebenso stark verändert worden: In ihrer Struktur wurde die Formel *et responderunt omnes tertio* bei jedem Kanon gestrichen. Außerdem fehlen Can. 13–16; Can. 17 der Langversion erscheint nun als Can. 13 in der Form der Vetus Gallica. Can. 2 und die Cann. 10 und 11 sind textlich verändert worden, wie man der Übersichtstabelle im Anhang entnehmen kann. Während bei 10 und 11 nur eine etwas drastischere Wortwahl (*furatus fuerit* wird zu *rapuerit*) zu beobachten ist, führt die textliche Abänderung von Can. 2 zu einem völlig neuen Sinn des Kanons: Aus dem Verbot, eine *diacona*[37] zu heiraten (*Si quis diaconam duxerit in coniugio: Anathema sit. Et responderunt* [...]) wird das generelle Heiratsverbot für Diakone und Priester: *Si quis presbiter duxerit uxorem uel diaconus: Anathema sit.* Eine kleine Wortänderung zu *duxerit in coniugium* statt *duxerit in uxorem* in Can. 9 ist nur in einigen Handschriften (C und S₁) erfolgt, gestaltet sich beim Abgleich mit der weiteren Tradition der Synode aber auch als wirksamer Indikator für die Kurzversion. Die bedeutsamste Änderung fand allerdings am Ende des Synodalprotokolls statt: Hier schließt sich ein neu gestalteter Can. 14 zum Thema *homicidium* an: *Si quis homicidium fecerit agat paenitentiam decem annis, sin autem in scelere permanserit: Anathema sit.* Dieser Text ist aus keiner Langversion bekannt.

Wie erklären sich diese Änderungen und woher stammt dieser neue Kanon? Die Streichung des Präzedenzfalls um Hadrian und Epiphania sowie das Herausstreichen des Kanons über kirchliches Eigentum (Olivenhaine) könnten als Straffung zugunsten einer besseren Praktikabilität gewertet werden. Dies

---

36 Im Hinblick auf die weite Verbreitung wurde im Anhang eine Version der Collectio Dionysio-Hadriana exemplarisch für diesen Aufbau gewählt.

37 Da Can. 1 dasselbe für eine *presbytera* vorschreibt und im Vergleich zur *diacona* (= Diakonisse) in der Kirche nie das Amt einer Priesterin nachweisbar ist, wird allgemein angenommen, dass sich die ersten beiden Kanones auf die Witwen von Priestern und Diakonen beziehen, vgl. Heinz-Jürgen VOGELS, Zölibat als Gnade und als Gesetz (Standorte in Antike und Christentum 5), Stuttgart 2013, S. 58 und Wilfried HARTMANN, Die Synoden der Karolingerzeit im Frankenreich und in Italien (Konziliengeschichte Reihe A: Darstellungen), Paderborn 1989, S. 39. Im Frankenreich verbieten Cann. 25 und 26 des Konzils von Orange 441 und Can. 18 des Konzils von Orléans 533 die Weihe zur Diakonisse, Can. 21 des Konzils von Epao schreibt die Absetzung einer geweihten Witwe vor, die man *diacona* nennt, vgl. Gisela MUSCHIOL, Famula Dei. Zur Liturgie in merowingischen Frauenklöstern (Beiträge zur Geschichte des alten Mönchtums und des Benediktinertums 41), Münster 1994, S. 45.

würde zur Collectio Vetus Gallica generell passen, die kirchliches Recht durch ihre Systematik besonders übersichtlich zur praktischen Nutzung zur Verfügung stellte. Die Abweichungen in Cann. 9–11 können durch den Überlieferungsprozess entstanden sein, nicht aber die Abänderung von Can. 2 und die Hinzufügung des *homicidium*-Kanons am Ende. Mit welcher Intention diese Änderungen geschehen sind, kann nicht sicher geklärt werden. Besonders der *homicidium*-Kanon kann aber Aufschluss zu der Frage geben, wo die Änderungen des Textes vorgenommen wurden. Die Möglichkeit, dass eine unbekannte Vorlage in Corbie für die Vetus Gallica benutzt wurde, bleibt natürlich weiterhin bestehen,[38] wird allerdings schon zweifelhaft angesichts der Beobachtung, dass auch weitere Texte in den Additiones der Vetus Gallica teilweise deutliche Textänderungen erfahren haben (zum Beispiel die Synode von 595 unter Gregor I., dessen Briefe an die fränkische Königin Brunhilde und an den Bischof Etherius von Lyon, sowie auch die Neuzuschreibung des Briefs *Ecce manifestissime* an Papst Hormisdas). Einen weiteren Hinweis darauf, dass das Synodalprotokoll erst beim Anhängen an die Vetus Gallica in Corbie selbst abgeändert worden ist, bietet die Struktur des neuen Kanons: Anstatt des Aufbaus *Si quis* – unerlaubte Tat – *anathema sit*, folgt für die Tötung eines Menschen zunächst eine Buße von zehn Jahren. Wird diese nicht angetreten, erfolgt der Ausschluss aus der Kirche. Die Bedeutung des Themas Buße wird in der Vetus Gallica nicht nur anhand des in der Corbie-Redaktion neu kompilierten Titels LXIV deutlich, sondern in besonderer Weise durch das Anhängen von zwei Bußbuch-Komplexen, einem Auszug aus den Iudicia Theodori U und dem Excarpsus Cummeani. Letzterer wurde gemäß der Forschungen Ludger Körntgens in Corbie selbst kompiliert, aber auch ohne die dort überarbeitete Vetus Gallica verbreitet.[39] Der Excarpsus Cummeani enthält in Kapitel 6 über 30 verschiedene Kanones zu Tötungsdelikten und Formen schwerer Körperverletzung. Kapitel 6,1 und 6,2 sehen für eine absichtliche Tötung eine lebenslange Buße und für eine unabsichtliche Tötung fünf Jahre Buße vor.[40] Der Bußzeit des Synodalkanons entspricht dagegen eher Kapitel 6,12: Zehn Jahre soll ein Kleri-

---

38 Mordek ging beispielsweise von einer gemeinsamen Vorlage der auf ähnliche Weise veränderten Synodalprotokolle von 721 und 595 aus, vgl. MORDEK (wie Anm. 5), S. 228–229 Anm. 64. Obwohl Mordek die Kürzungen im Protokoll von 721 bemerkt hat, wird seine Argumentation, dass beide Dokumente oft gemeinsam überliefert werden (z. B. in der Collectio Sancti Amandi als Anhang) genau durch das Vorhandensein verschiedener Versionen angreifbar: Die Sancti Amandi weist in ihren Anhängen eine Kurzversion der Synode von 721 auf, aber eine Langversion von 595. Auch der Fakt, dass die Synode von 595 meist als Anhang von anderer Hand nur zufällig neben 721 steht (so z. B. in der sog. Collectio Dionysiana Adaucta) lässt an einer gemeinsamen, weit verbreiteten Vorlage der beiden Synodalprotokolle zweifeln.
39 Vgl. KÖRNTGEN, Excarpsus (wie Anm. 20), S. 59–75 und DERS., Kanonisches Recht (wie Anm. 20), S. 20.
40 Vgl. Excarpsus Cummeani, ed. Ludger KÖRNTGEN (CCSL 156D, in Vorbereitung), 6, S. 23: *Qui uoluntariae homicidium fecerint, ad paenitentiam se iugiter submittant, circa exitum autem uitae communione digni habeantur.* Und: *Qui non uoluntatae sed casu homicidium perpetrauit, V annos peniteat.*

ker büßen, der jemanden getötet hat.[41] Die übrigen Kapitel beschreiben verschiedene Motive, Ursachen und Methoden, einen Menschen umzubringen.

Ähnlich ist auch, neben weiteren Bestimmungen, Kapitel 4,3 des ersten Buchs der Iudicia Theodori U: *„Homicida autem X vel VII annos."*[42] Anstatt der einfachen Anfügung von *„Si quis homicidium fecerit: Anathema sit"* an das gekürzte Synodalprotokoll entschied man sich für eine Formulierung, die nicht direkt in der Tradition der Bußbücher steht, da sie keine genaueren Umstände des Tötungsdelikts angibt (absichtlich/unabsichtlich, im Auftrag, Frage der Motive etc.[43]), aber mit deren höchsten Bußen übereinstimmt. Diese Imitation eines Bußbuchkanons verweist angesichts der Kompilation des Excarpsus Cummeani und der Beschäftigung mit dem Thema Buße generell auf eine Neuschaffung des Kanons in Corbie selbst. Solange eine Vorlage oder eine frühere Verbreitung der Kurzversion des Synodalprotokolls von 721 nicht nachgewiesen werden kann, bleibt dies die wahrscheinlichste These.

2.2 Die Tradition der Kurzversion

Die oben beschriebenen Auffälligkeiten sind so deutlich, dass sie sich gut eignen, um die Tradition der Kurzversion weiterzuverfolgen. Untersucht man Sammlungen, die Mordek als sicher abhängig von der Vetus Gallica eingeordnet hat, so ist als erstes die Collectio Herovalliana zu nennen. Sie entstand in der zweiten Hälfte des 8. Jahrhunderts in Frankreich auf Basis einer Vetus Gallica der süddeutschen Klasse, deren Wortlaut sie teilweise drastisch verändert, wie Mordek deutlich kritisiert.[44] Wie bei der Vetus Gallica handelt es sich auch bei der Herovalliana um eine systematische Sammlung.[45] Sowohl in der von Mordek beschriebenen ursprünglicheren Form A (zum Beispiel nach den Handschriften Paris, Bibliothèque nationale de France, Lat. 3848B, Paris, Biblio-

---

41 Vgl. ebd., S. 24: *Si quis clericus homicidium fecerit, X annos exsul peniteat, III ex his in pane et aqua.*
42 Canones Theodori U, ed. Paul W. FINSTERWALDER, Die Canones Theodori Cantuariensis und ihre Überlieferungsformen (Untersuchungen zu den Bußbüchern des 7., 8. und 9. Jahrhunderts 1), Weimar 1929, S. 294 bzw. ed. Michael D. ELLIOTT (ASCL), S. 8, http://individual.utoronto.ca/michaelelliot/manuscripts/texts/transcriptions/pthu.pdf (abgerufen am 22. August 2023): *„Homicida autem X annos uel VII."* Buch 1 der Iudicia Theodori U ist zwar nicht in der Vetus Gallica enthalten (siehe oben), muss aber in Corbie für die Kompilation des Excarpsus Cummeani zur Verfügung gestanden haben, vgl. KÖRNTGEN, Excarpsus (wie Anm. 20), S. 68–69.
43 Zusammenfassend hierzu auch Birgit KYNAST, Tradition und Innovation im kirchlichen Recht. Das Bußbuch im Dekret des Bischofs Burchard von Worms (Quellen und Forschungen zum Recht im Mittelalter 10), Ostfildern 2020, S. 107 und S. 186–188.
44 „[…] ganz undenkbar solch selbstherrliches Verhalten für einen Mann, der schon etwas gehört hätte vom Streben Karls des Grossen nach korrekten Texten im Sinne des Urhebers", Hubert MORDEK, Systematische Kanonessammlungen vor Gratian. Forschungsstand und Aufgaben, in: Stephan KUTTNER / Kenneth PENNINGTON (Hrsg.), Proceedings of the Sixth International Congress of Medieval Canon Law, Berkeley, California, 28. Juli–2. August 1980 (Monumenta iuris canonici. Series C, Subsidia 7), Vatikanstadt 1985, S. 185–203, hier S. 187. Vgl. zusammenfassend auch KÉRY (wie Anm. 3), S. 54–57.
45 Vgl. MORDEK (wie Anm. 5), S. 122–135 sowie DERS., Die historische Wirkung der Collectio Herovalliana, in: Zeitschrift für Kirchengeschichte 81 (1970), S. 227–243.

thèque nationale de France, Lat. 4281 und Paris, Bibliothèque nationale de France, Lat. 2123) als auch in der Form B (zum Beispiel nach den Handschriften Poitiers, Bibliothèque municipale, 6 [121] und Vatikan, Biblioteca Apostolica Vaticana, Reg. Lat. 263) findet sich das Synodalprotokoll von 721. Die Handschrift Paris Lat. 4281 überliefert nur ein Herovalliana-Fragment, aber die Synode steht hier in der Capitulatio als Titel LXXIIII zwischen weiteren Dokumenten Gregors I. (die Synode von 595, der Libellus responsionum sowie die Briefe an Etherius von Lyon und Brunhilde, alles weitere typische Zusätze der Vetus Gallica). Sie wird hier also Gregor I. zugeschrieben, neben der Einbettung in die übrigen Dokumente ist die in Paris Lat. 4281 überlieferte Capitulatio-Rubrik *LXXIIII Item eiusdem* [Gregorii] *capituli XIIII* Hinweis hierauf. Zu erklären ist dies durch die fehlende Datierungszeile in der Kurzversion, denn in beiden Herovalliana-Versionen ist die Vorrede und auch die Antwort der Bischöfe auf dieselbe Art gekürzt wie in der Vetus Gallica. Auch in der Herovalliana finden sich nur 14 Kanones, von denen Can. 2 auf dieselbe spezifische Art abgewandelt wurde. Auch Can. 14 über die Tötung eines Menschen findet sich in der Herovalliana, dennoch sind die beiden Versionen der Protokolle nicht identisch: Can. 4 nach Vetus-Gallica-Zählung wird zu Can. 10 in der Herovalliana, die ursprünglichen Kanones 10 und 11 werden miteinander vertauscht und stark verkürzt wiedergegeben. Auch Can. 9 und Can. 12 sind sprachlich verändert worden.[46] Die auffälligste Veränderung ist, dass hinter jedem Kanon die Formulierung *anathema sit* vollständig fehlt, dafür wurde zwischen Can. 13 und 14 der Satz *Unum ex his supradictis sceleribus comiserit anathema sit* eingefügt. Die Version B der Herovalliana ist sprachlich ähnlich, dementsprechend ist es auffällig, dass das Synodalprotokoll in der Herovalliana weder in ihrer ursprünglichen Form A noch in ihrer Überarbeitung B mithilfe einer Langversion korrigiert worden ist.

Die Collectio Sancti Amandi ist dagegen älter. Die nur in drei Handschriften vollständig überlieferte Sammlung (Berlin, Staatsbibliothek – Preußischer Kulturbesitz, Hamilton 132, Paris, Bibliothèque nationale de France, Lat. 3846 und Paris, Bibliothèque nationale de France, Lat. 1455) datiert in das erste Viertel des 8. Jahrhunderts. Mordek beschreibt einzelne Parallelen zwischen der Sancti Amandi und der Vetus Gallica: Neben der dort gelegentlich auftretenden *hera*-Inskription, die ein typisches Merkmal der Vetus Gallica ist, ähnelt sich beispielsweise die Textform von Can. 3 des 1. Konzils von Mâcon, der nur in der Vetus Gallica, der Sancti Amandi, der Collectio Burgundiana und der Collectio Bellovacensis (die vermutlich Kanones aus der Sancti Amandi entnahm) um die Worte *aut certe diacunus* erweitert wurde.[47] Außerdem wurde

---

46   Wortlaut nach Paris, Bibliothèque nationale de France, Lat. 3848B (Form A) Can. 9: *Si quis de propria cognatione uel quam cognatus habuit duxerit*, sowie Can. 12: *Si quis arilus, aruspicibus, incantatoribus, filacteria obseruauerit*.

47   Vgl. Michael EBER / Stefan ESDERS / David GANZ / Till STÜBER, Selection and Presentation of Texts in Early Medieval Canon Law Collections. Approaching the *Codex Remensis* (Berlin, Staatsbibliothek, Phill. 1743), in: Sebastian SCHOLZ / Gerald SCHWEDLER (Hrsg.), Creative Selection between Emending and Forming Medieval Memory (Millennium-Studien 96), Berlin / Boston 2022, S. 105–

die älteste Handschrift der Sancti Amandi, Berlin Hamilton 132 (entstanden im 8. Jahrhundert vermutlich in Corbie) bei einer Überarbeitung im späten 8. oder frühen 9. Jahrhundert um Auszüge einiger Kanones aus der Vetus Gallica erweitert.[48] Die genaue Verbindung zwischen der Vetus Gallica und der ursprünglichen Sancti Amandi kann an dieser Stelle nicht weiter beleuchtet werden. Der Fokus dieser Untersuchung soll auf den Anhängen zur Sancti Amandi liegen, die auch hier nicht mit in die Capitulatio aufgenommen und auch nicht fortlaufend mit der Sammlung weiternummeriert wurden. In Berlin Hamilton 132 und Paris Lat. 3846 unterscheiden sich Schrift und Rubrizierung der Anhänge von der Hauptsammlung; nur in Paris Lat. 1455 sind die Anhänge von derselben Hand wie auch die Collectio Sancti Amandi. Neben dem Libellus responsionum betrifft dies Brief Nr. 26 Gregors II. an Bonifatius, der bereits auf *inpercias demandamus* endet,[49] Buch 1 c. 13 und Buch 2 c. 1,4–11, c. 2 bis c. 10 sowie 2,12–14 der Iudicia Theodori U (all diese Kanones auch in der Vetus Galli-

---

136, hier S. 121–124 sowie Collectio Vetus Gallica (wie Anm. 5), S. 491: *Ut nulla mulier in cubiculo episcopi absque duobus presbiteros aut certe diacunus ingredi permittatur.* Dazu im Vergleich Concilium Matisconense, ed. Charles DE CLERCQ (CCSL 148A), Turnhout 1963, S. 224: *Vt nulla mulier in cubiculo episcopi absque duos presbyteris ingredi permittatur.* De Clercq nennt noch die Handschrift Brüssel, KBR, 8770-8793 als weitere Überlieferung der Erweiterung um den Diakon, doch handelt es sich wohl eher um die Handschrift 8780–8793, die von Mordek aufgeführte Collectio Burgundiana. Mordek nennt außerhalb der Vetus Gallica-Handschriften als weitere Überlieferungszeugen noch Berlin Hamilton 132 und Paris Lat. 3846 der Collectio Sancti Amandi sowie Vatikan, Biblioteca Apostolica Vaticana, Vat. Lat. 3827 (Sammlung der Handschrift von Beauvais / Collectio Bellovacensis, die auch in der Collectio Quesnelliana-Handschrift Paris, Bibliothèque nationale de France, Lat. 1454 enthalten ist, vgl. KÉRY [wie Anm. 3], S. 85) und die Brüsseler Handschrift 8780–8793 (Collectio Burgundiana, vgl. KÉRY [wie Anm. 3], S. 86), vgl. MORDEK (wie Anm. 5), S. 491 Anm. a. Die Collectio Bellovacensis entstand nach der Vetus Gallica, teilt sich für das Konzil von Mâcon laut Mordek eine gemeinsame Vorlage mit der Collectio Sancti Amandi, zeigt aber sonst keine weiteren Parallelen zur Vetus Gallica, zumindest nicht, was die Zusatztexte anbelangt, vgl. MORDEK (wie Anm. 5), S. 71–72 sowie DERS. (wie Anm. 24), S. 858–863 und EBER / ESDERS / GANZ / STÜBER, S. 120–121. Die Collectio Burgundiana erwähnt MORDEK (wie Anm. 5), S. 55–56 als mögliche Vorlage für die redigierte Version der Vetus Gallica, geht aber nicht von einer direkten Benutzung aus.

48 Mordek beschreibt diese Auszüge ab fol. 262r als Titel XLVII, XLVII, 1–2, XLV, 3, XLVI, 5 und betont, dass die Kapitelzählung (unüblicherweise) von *hera* zu *capitulo* und von *canon* zu *concilio* geändert wurde, weshalb der Auszug bisher nicht als solcher erkannt wurde. Hamilton 132 wurde, da sie nur Fragmente enthält, nicht von Mordek für seine Edition herangezogen, ist jedoch ein Zeuge für die Bedeutung der Vetus Gallica im 9. und im 10. Jahrhundert, vgl. MORDEK (wie Anm. 5), S. 273–274. Die vier von Mordek als Auszüge der Vetus Gallica herausgearbeiteten Titel stehen auf einem später eingeschobenen Blatt; Hinschius beschrieb die Seite als kaum lesbar (vgl. Paul HINSCHIUS, Die kanonistischen Handschriften der Hamilton'schen Sammlung im Kupferstich-Kabinett des königlichen Museums zu Berlin, in: Zeitschrift für Kirchengeschichte 6 [1884], S. 193–246, hier S. 217), während Christ der Meinung ist, man könne nur den unteren Teil nicht mehr lesen. Er erkannte die Kanones und beschreibt sie als Auszüge von gallischen und afrikanischen Konzilien, vgl. Karl CHRIST, Die Schloßbibliothek von Nikolsburg und die Überlieferung der Kapitulariensammlung des Ansegis, in: Deutsches Archiv 1 (1937), S. 281–322, hier S. 304.

49 Vgl. Bonifatiusbriefe Nr. 26 (wie Anm. 29), S. 46.

ca), die Synode von 595 (allerdings in anderer Textform als die Vetus Gallica[50]) sowie das Synodalprotokoll von 721.

Für dieses zeigt sich ein ähnliches Bild wie bei der Herovalliana, die Version entspricht der Kurzversion, wurde aber auch hier individuell abgeändert: Can. 2 sowie Cann. 10 und 11 wurden wie in der Kurzversion bearbeitet, der *homicidium*-Kanon wurde als Can. 14 eingefügt und die üblichen Streichungen in der Praefatio und in den ursprünglichen Kanones sind festzustellen. Allerdings gleicht die Sancti Amandi auch nicht vollständig der Vetus Gallica oder der Herovalliana: Can. 5 rutscht in der Sancti Amandi auf Position 9 (keine der Handschriften nummeriert die Kanones), Can. 6 fehlt in Paris Lat. 1455, Can. 7 ist in allen Handschriften auf Position 5, außerdem ändert sich dessen Wortlaut zu *Si quis nouercam aut **uxorem** duxerit in coniugium anathema sit*. Auffällig ist auch die Dopplung von Can. 8, der als Can. 6 und Can. 11 in der Sancti Amandi auftaucht. Somit hat die Sancti Amandi in zwei Handschriften insgesamt 15 Kanones und in Paris Lat. 1455 nur vierzehn. Die Ähnlichkeit mit der Vetus Gallica ist trotzdem mehr als deutlich, sodass man davon ausgehen kann, dass eine Vetus Gallica oder eine weitere, von ihren Additiones abhängige Sammlung für die Anhänge der Sancti Amandi vorgelegen hat.

Ein drittes Dokument, das im Hinblick auf die gekürzte Synode von 721 von Bedeutung ist, ist die sogenannte Epistola de gradibus consanguinitatis, die hier nicht in der ihr eigentlich angemessenen Ausführlichkeit dargestellt werden kann.[51] Dieses Dokument zum Thema Inzest/illegitime Eheverbindungen setzt sich aus drei Teilen zusammen:

1. Die sogenannten Dicta Isidori sind eine Zusammenstellung aus einem Auszug der Etymologien Isidors von Sevilla, Buch 9,6 Z. 29–31, und einer Verschriftlichung der dort zu findenden graphischen Visualisierung der verschiedenen Abstammungsgrade (*arbor consanguinitatis*).[52] Es gibt weitere Einzelüberlieferungen dieses Teils, eine davon findet sich als Kapitel XLIX,7i in der Handschrift S_3 der Collectio Vetus Gallica.[53]
2. Ein Auszug aus der Synode von 721, bestehend aus Can. 1 bzw. 2 bis Can. 9.

---

50 Auch die Synode von 595 weist in der Vetus Gallica typische Textänderungen auf (Streichung der Unterschriftenliste, Trennung von Kanones, Streichung der *et responderunt omnes*-Formel), in der Sancti Amandi gleicht sie der übrigen, weit verzweigten Überlieferung.

51 Vgl. zusammenfassend Lambert MACHIELSEN, L'origine anglo-saxonne du supplément canonique à l'histoire ecclésiastique de Béde, in: Revue Bénédictine 73 (1963), S. 33–47 inklusive Edition der Epistola sowie UBL, Inzestverbot (wie Anm. 28), S. 241–244 sowie S. 295–296.

52 Zum Ursprung des Arbor bei Isidor (*arbor consanguinitatis*) vgl. Hermann SCHADT, Die Darstellungen der Arbores Consanguinitatis und der Arbores Affinitatis. Bildschemata in juristischen Handschriften, Tübingen 1982, S. 70–74. Die Epistola erwähnt er nicht, nur den Text der Dicta Isidori im Paenitentiale Martenianum; die Verbreitung dieses Textes wird, bis auf den Einfluss auf das Decretum Burchards von Worms, nicht weiter beschrieben, vgl. ebd. S. 101 und S. 111–112.

53 Vgl. Isidor von Sevilla, Etymologiae 9,6, ed. Wallace M. LINDSAY, Isidori Hispalensis Episcopi Etymologiarum sive Originum Libri XX, Oxford 1911 sowie MACHIELSEN (wie Anm. 51), S. 34 und Walther von HÖRMANN, Bußbücherstudien, in: Zeitschrift der Savigny-Stiftung für Rechtsgeschichte: Kanonistische Abteilung 4 (1914), S. 358–483, hier S. 373. Zur Handschrift S_3 vgl. MORDEK (wie Anm. 5), S. 563–564. Einzelüberlieferungen der Dicta Isidori auch in Wolfenbüttel, Herzog August Bibliothek, Cod. Guelf. 83.21 Aug. 2°, fol. 172v, in Paris, Bibliothèque nationale de France,

3. Das letzte angefügte Dokument (beginnend mit *Invenimus etiam in aliorum decretis* [...]) wurde in der früheren Forschung für ein Exzerpt des Briefs Nr. 26 von Gregor II. an Bonifatius gehalten,[54] erinnert laut Seckel aber eher an den Text der Iudicia Theodori U Buch 2 c. 12,25 (Buch 2 c. 12,26 der Zählung des Discipulus Umbrensium nach Finsterwalder folgend. Dies entspricht Kapitel 27,26a+b bei Elliot).[55] Die sogenannten Canones sancti Gregorii pape urbis Romae (Iudicia Theodori G) führen als Can. 78 einen ähnlichen Text auf. Die zweimalige Nennung eines Papstes Gregor könnte zu der Zuordnung *in aliorum decretis* bezüglich des zweiten Teils der Epistola geführt haben. Generell sollte die Textherkunft des dritten Teils der Epistola genauer untersucht werden.[56]

Machielsen, der sich eingehend mit der Epistola beschäftigte und diese edierte, geht aufgrund der Ähnlichkeit des dritten Teils zu den Iudicia Theodori davon aus, dass die Epistola in den angelsächsischen Raum zu verorten ist. Die Datierung ist angesichts der Rubrik des zweiten Teils *Item ex decreto papae Gregorii iunioris qui nunc romanam catholicam gerit matrem ecclesiam* zwischen 721 (Abhaltung der Synode) und 731 (Todesdatum Gregors II., falls er nicht mit Gregor III. verwechselt worden ist) anzusetzen.[57] In der Rolle des Empfängers sieht Machielsen Bonifatius, der sich laut eines Briefs des Hrabanus Maurus an Humbert von Würzburg an die Bischöfe *gentis suae* mit der Frage gewandt habe, ab welcher Generation eine Ehe erlaubt sei.[58] Hieraus erschließt Machielsen einen terminus ante quem und einen terminus post quem für die Abfassung der Epistola, darüber hinaus auch die Verfasser des Briefs: 726 wandte sich Bonifatius an Gregor II., sofern hiernach noch Fragen offen waren, müsste er die Epistola zwischen 726 und 731 als Antwort erhalten haben. Infrage kommen für Machielsen Egbert von York oder Nothelm von Canterbury als Verfasser; beides

---

Lat. 4280A, fol. 80v sowie als Buch 6,10 des Dekrets Burchards von Worms z. B. in der Handschrift Frankfurt, Universitätsbibliothek Johann Christian Senckenberg, Barth. 50 auf fol. 140r–v.

54 Vgl. Bonifatiusbriefe Nr. 26 (wie Anm. 29), S. 44; Friedrich W. H. WASSERSCHLEBEN, Die Bussordnungen der abendländischen Kirche nebst einer rechtsgeschichtlichen Einleitung, Halle 1851, S. 48–49 ging davon aus, dass die Auszüge aus den Synoden von Verberie 756 und Compiègne 757 stammten.

55 Vgl. Emil SECKEL, Die Aachener Synode vom Januar 819, in: Neues Archiv 44 (1922), S. 11–42, hier S. 37–38 Anm. 1, zustimmend UBL, Inzestgesetzgebung (wie Anm. 28), S. 243 sowie Canones Theodori U (wie Anm. 42), S. 329: *In tertia propinquitate carnis licet nubere secundum Grecos, sicut in lege scriptum est, in quinta secundum Romanos. Tamen in tertia non solvunt, postquam factum fuerit. Ergo in quinta generatione coniungantur, quarta si inventi fuerint, non separentur, tertia separentur.*

56 MACHIELSEN (wie Anm. 51), S. 39–43 führt außerdem einen Textauszug unbekannter Herkunft De gradibus uero cognationum als mögliche Quelle an, diesen belegt er im Decretum Gratiani. Der von Machielsen angeführte Textausschnitt ist hinsichtlich Themen und Beschlüssen mit Teil 3 der Epistola vergleichbar, ähnelt diesem jedoch nicht im Wortlaut.

57 Vgl. hierzu auch William KELLY, Pope Gregory II on Divorce and Remarriage. A canonical-historical investigation of the letter *Desiderabilem mihi*, with special reference to the response *Quod proposuisti* (Analecta Gregoriana 203, Series facultatis iuris canonici, Sectio B, n. 37), Rom 1976, S. 18.

58 Vgl. Hrabani Epistolae Nr. 29, ed. Ernst DÜMMLER (MGH Epp. 5), Berlin 1899, S. 444–448, hier S. 446.

Vertraute des Bonifatius, die ihm auf eine gezielte Anfrage hin hätten antworten können.[59] Die Verknüpfung der Epistola mit einer anonymen Predigt über Inzestverbote, die Glatthaar auf Bonifatius zurückführt, hält auch Ubl für einen deutlichen Hinweis auf die Verbindung zwischen Bonifatius und der Epistola.[60]

Besonders der angelsächsische Kontext muss überprüft werden, wenn man den zweiten Teil der Epistola genauer betrachtet: Zwar fehlen Vorrede, Unterschriftenlisten, Anwesenheitslisten etc. bei diesem Auszug vollständig, auch der wegweisende Kanon 14 ist nicht in dem Auszug enthalten, ebenso wenig wie die textlich veränderten Kanones 10 und 11. Ein Indikator ist aber der erste hier aufgeführte Kanon, vermutlich Can. 2 aus dem vollständigen Synodalprotokoll: Die Epistola ist in Einzelüberlieferungen, als Anhang zur Historia Bedas, als Hinzufügung zum Paenitentiale Additivum Ps.-Bedae-Egberti und im Paenitentiale Martenianum überliefert, insgesamt konnte ich bisher eine Anzahl von elf Handschriften untersuchen. Die bisher älteste bekannte Handschrift Cambridge, University Library, KK.5.16 (frühes 8. Jahrhundert; der betreffende Teil auf fol. 128v wurde in karolingischer Minuskel vermutlich um 800 hinzugefügt; vorangehend die Historia ecclesiastica Bedas in insularer Minuskel, was somit Hinweis genug ist, dass die Epistola ursprünglich nicht mit der Kirchengeschichte Bedas verbunden war)[61] liefert einen zweideutigen Befund: Noch lesbar sind auf fol. 128v die Worte *Si quis* [Rasur] *duxerit* [Rasur] *anathema sit*, die entscheidenden Hinweise auf die Kurzversion sind also radiert. Das Wort *duxerit* passt nur zur Kurzversion der Synode, auch kann man hinter dem Wort auf der zweiten Rasur noch ein u und die Unterlänge des Buchstabens x erkennen, entsprechend kann man das Wort *uxorem* vermuten. Beides spricht für die Kurzversion ebenso wie das fehlende *et responderunt omnes tertio: Anathema sit* am Ende. Can. 9 konnte für diese Handschrift aufgrund eines Blattverlusts am Ende nicht untersucht werden, die Epistola bricht nach Can. 7 der Synode ab. Ein wenig deutlicher werden die Epistola-Handschriften Paris, Bibliothèque nationale de France, Lat. 5227 (fol. 149v), St. Gallen, Stiftsbibliothek, 682 (p. 393), Albi, Bibliothèque municipale, 38bis (fol. 50v), das

---

59 Vgl. MACHIELSEN (wie Anm. 51), S. 45–47 und UBL, Inzestverbot (wie Anm. 28), S. 241–243. Dem entgegenstellen kann man den Brief des Bonifatius an Nothelm von Canterbury über das ihn verwundernde Verbot im Frankenreich, die Patin des Kindes zu heiraten (Can. 4 von 721). Den Brief versendete er 735, also in diesem Szenario vier Jahre nachdem er die Epistola mit der entsprechenden Antwort bereits (von Nothelm selbst?) erhalten hätte, vgl. Bonifatiusbriefe Nr. 33 (wie Anm. 29), S. 57–58.

60 Vgl. Michael GLATTHAAR, Bonifatius und das Sakrileg. Zur politischen Dimension eines Rechtsbegriffs (Freiburger Beiträge zur mittelalterlichen Geschichte 17), Freiburg i. Br. 2004, S. 86–90 sowie UBL, Inzestverbot (wie Anm. 28), S. 244 mit Anm. 135.

61 Vgl. die Handschriftenbeschreibung von Joanna STORY: http://cudl.lib.cam.ac.uk/view/MS-KK-00005-00016/1 (abgerufen am 23. August 2023). Handelt es sich nun um eine Handschrift, an der man die erstmalige Verbindung zwischen Historia ecclesiastica und Epistola erkennen kann? Vgl. zur Herkunft der Handschrift auch Rosamond McKITTERICK, The diffusion of insular culture in Neustria between 650 and 850. The implications of the manuscript evidence, in: DIES. (Hrsg.), Books, Scribes, and Learning in the Frankish Kingdoms, 6th–9th centuries (Variorum Collected Studies), Aldershot 1997, S. 395–432, hier S. 399.

Paenitentiale Martenianum[62] und Karlsruhe, Badische Landesbibliothek, Cod. Aug. CCLV (fol. 107r, korrigiert aus *presbiteram*); hier ist zu lesen: *Si quis presbiter duxerit uxorem: Anathema sit*, was der Kurzversion entspricht. Die Handschriften London, British Library, Harley 4978 (fol. 149r), Paris, Bibliothèque nationale de France, Lat. 5227A (fol. 216v), Paris, Bibliothèque nationale de France, Lat. 12943 (fol. 89v) und vermutlich auch die am Digitalisat schwer lesbare Vatikan, Biblioteca Apostolica Vaticana, Barb. Lat. 477 (fol. 72r) bezeugen dagegen: *Si quis presbiteram duxerit uxorem: Anathema sit*. – trotz *presbiteram* ist die Grundformulierung auch hier noch immer der Kurzversion ähnlicher. Ein weiterer Hinweis ist Can. 9 (Nr. 8 innerhalb der Epistola, der Can. 1 fehlt): *Si quis de propria cognatione uel quam cognatus habuit duxerit in* **coniugium**: *Anathema sit*; diese Formulierung findet sich ausschließlich in zwei Vetus Gallica-Handschriften, S₁ und C. Auf die Handschrift S₁ der süddeutschen Klasse weist auch hin, dass hier Can. 1 fehlt, ebenso wie in der Epistola. Deutlich ist, dass dieses Dokument auf einer Handschrift der Vetus Gallica, einer von dieser abhängigen Handschrift bzw. auf der hypothetischen Vorlage der Vetus Gallica (siehe oben) basieren muss.

Die Verbreitung des *arbor consanguinitatis* und der Etymologien Isidors von Sevilla ist im frühen Mittelalter hoch, für die Mitte des 8. Jahrhunderts durch die Handschrift Brüssel, KBR, 4856 direkt in Corbie nachweisbar.[63] Geht man davon aus, dass auch der dritte Teil der Epistola auf Bußbüchern basiert (zum Beispiel den Iudicia Theodori U bzw. G), so ist die Vetus Gallica oder die Bibliothek des Klosters Corbie eine mögliche Quelle. Zu diesem Raum passt auch die Hinzufügung der Epistola zur ältesten Handschrift Cambridge KK.5.16, die vermutlich am karolingischen Hof erfolgte. Daneben tauchen mit der Ähnlichkeit zur Vetus Gallica-Handschrift S₁ und der Hinzufügung zum Paenitentiale Additivum in der südfranzösisch-bodenseeischen Handschriftengruppe Verweise zum süddeutschen Raum auf.[64] Handschriftliche oder quellengeschichtliche Verweise auf den angelsächsischen Raum fehlen hingegen, anders als von der Forschung bisher angenommen.

Der Vergleich hat gezeigt, dass es einige Sammlungen, Einzelhandschriften oder spezielle Textzusammenstellungen gibt, von denen man bisher nicht unbedingt dachte, dass sie auf eine Vetus Gallica oder eine von ihr abhängige Sammlung/Handschrift zurückzuführen seien. Die Modifikationen in dem weit verbreiteten Synodalprotokoll von 721 sind ein deutlicher Indikator für eine Abhängigkeit von der ältesten systematischen Kirchenrechtssammlung im Frankenreich bzw. vielmehr ihrer in Corbie überarbeiteten Form. Mithilfe dieser typischen Textänderungen ist es möglich, weitere Überlieferungen zu prüfen. So sollte beispielsweise auch die Streichung der *et responderunt omnes ter-*

---

62 Vgl. Paenitentiale Martenianum, ed. Hörmann (wie Anm. 53), S. 374.
63 Vgl. die Angaben nach Evina Steinová, Datenbank „Innovating Knowledge", https://db.innovatingknowledge.nl/#detail/M0055 (abgerufen am 22. August 2023).
64 Vgl. Reinhold Haggenmüller, Die Überlieferung der Beda und Egbert zugeschriebenen Bußbücher (Europäische Hochschulschriften 3, 461), Frankfurt/Main 1991, S. 246 sowie ausführlicher S. 231–232 und S. 241–243.

tio-Formel und die Abänderung von Can. 9 zu *duxerit in coniugio/coniugium*[65] im Rahmen des Paenitentiale Halitgars von Cambrai genauer betrachtet werden, obgleich die übrigen Formulierungen, beispielsweise in Can. 10 und 11, der Langversion entsprechen.

2.3 Anmerkungen zur Editionslage

Das Potential einer genauen Untersuchung des Synodalprotokolls von 721 sollte in den vorangegangenen Ausführungen deutlich geworden sein. Beschränkt wird dieses Potential durch die defizitäre Editionslage. Die Langversion wurde im Rahmen des Projekts Pseudoisidor der MGH durch Karl-Georg Schon online ediert.[66] Für die Untersuchungen hinsichtlich dieser Überlieferung ist Schons Edition, auch wenn auf schmaler Handschriftenbasis erstellt, gut nutzbar.

Des Weiteren findet sich das Synodalprotokoll im Rahmen der Ausgaben von Giovanni D. Mansi[67] und Severinus Binius[68] sowie bei Migne.[69] Die Version des Binius ähnelt der hier genannten Ausgabe Mansis, ebenso ist derselbe Text bei Labbe/Cossart[70] abgedruckt. Bei allen handelt es sich um eine Langversion der Synode, die bis auf marginale Abweichungen dem Textbefund der meisten Handschriften der oben genannten Sammlungen entspricht.[71]

---

65 Halitgar von Cambrai 4,22 nach der Handschrift St. Gallen, Stiftsbibliothek, 277, 3. Viertel 9. Jahrhundert, vermutlich Weißenburg, p. 116.
66 Sie ist sowohl in Teil 3 der pseudoisidorischen Dekretalen als auch in der Hispana Gallica Augustodunensis enthalten, einleitend http://www.pseudoisidor.mgh.de/html/uberblick_uber_die_falschungen.HTM sowie http://www.pseudoisidor.mgh.de/html/310.htm und http://www.benedictus.mgh.de/quellen/chga/chga_174t.htm (abgerufen am 23. August 2023). Die Online-Edition basiert auf den Handschriften Paris, Bibliothèque nationale de France, Lat. 9629 als Überlieferer der Handschriftenklasse A1, Vatikan, Biblioteca Apostolica Vaticana, Vat. Lat. 630 als Überlieferungszeuge der Klasse A/B, New Haven, Yale University, The Beinecke Rare Book and Manuscript Library, 442 als Überlieferer der sog. Cluny-Version und Vatikan, Biblioteca Apostolica Vaticana, Vat. Lat. 1341 als Zeuge der Hispana Gallica Augustodunensis. Zu den typischen Eigenheiten der Version im Rahmen der pseudoisidorischen Fälschungen zählt eine Doppelformulierung in Can. 10 und 11: […] *rapuerit vel furatus fuerit in uxorem* […], wobei in der Hispana Gallica Augustodunensis und in der Handschrift Vatikan, Biblioteca Apostolica Vaticana, Vat. Lat. 630 diese in Can. 10 fehlt, in Can. 11 aber vorhanden ist. Außerdem taucht die Synode von 721 in Auszügen in der sog. Kapitulariensammlung des Benedictus Levita in Kapitel CLXXVIII auf, vgl. http://www.benedictus.mgh.de/edition/aktuell/libIII.pdf (abgerufen am 23. August 2023), S. 42. Diese Version fasst die Kanones zu einem Text zusammen, nachweisen lässt sich die Doppelformulierung *rapuerit vel furatus fuerit*, sonst folgt sie den Varianten der Langversion.
67 Concilium Romanum I, ed. Giovanni D. Mansi (Sacrorum conciliorum nova et amplissima collectio 12), Florenz 1766, Sp. 261–268.
68 Concilium Romanum I, ed. Severinus Binius (Concilia generalia et provincialia 3,1), S. 186–188.
69 Decreta Gregorii papae junioris, Migne PL 67, Paris 1848, Sp. 341–346.
70 Concilium Romanum I, ed. Philippe Labbe / Gabriel Cossart (Sacrosancta concilia ad regiam editionem exacta 6), Paris 1671, Sp. 1454–1459.
71 Migne PL 67 überliefert die Synode aus der Tradition der Dionysio-Hadriana. Die anderen Versionen enthalten eine Capitulatio und die Doppelformulierung *rapuerit vel furatus fuerit*, was auf eine Übernahme aus der Pseudoisidor-Tradition hindeutet.

Sowohl in den Ausgaben Mansis als auch Mignes ist das Synodalprotokoll aber jeweils ein zweites Mal enthalten.[72] Auf den hier genannten Band Mignes verweist auch Hubert Mordek in seinen Anmerkungen zur Synode von 721.[73] Die Publikation von zwei verschiedenen Versionen innerhalb derselben Reihen ist in der Forschungsgeschichte nicht ohne Konsequenzen geblieben, wie im Folgenden zu zeigen sein wird. Das Synodalprotokoll von 721 ist in diesen beiden Versionen in die Schriften Gregors I. eingeordnet; Mansi merkt an, dass es sich vermutlich um eine Synode Gregors II. handelt: *Cum in optimis MSS. Codd. totum istud Concilium inter scripta S. Gregorii Magni nequaquam representetur, vix dubito, quin haec expressa sint ex Concilio Romano Gregorii II cujus eadem est Pontificis allocutio ad Patres, fidem Kanones nonnulli, et alii ex illis Gregorii hic transformati, alii tandem resecti. Mansi.*[74] Bei Migne findet sich solch eine Anmerkung nicht mehr.

Neben einer ähnlich gekürzten Vorrede bei Streichung der Anwesenheitslisten und Unterschriften zeigen sich signifikante Ähnlichkeiten bei gleichzeitig erstaunlichen Differenzen zwischen dem Text der Kurzversion nach der Collectio Vetus Gallica und den Ausgaben bei Mansi und Migne.

Collectio Vetus Gallica[75]	Mansi 10, Sp. 436–438	Migne PL 77, Sp. 1339–1340
I. Si quis **presbiteram** duxerit in coniugium anathema sit.	I. Si quis **presbyterum** in conjugium duxerit, anathema sit.	I. Si quis **presbyterum** in conjugium duxerit, anathema sit.
II. Si quis presbiter duxerit uxorem uel diaconus: Anathema sit.	II. Si quis presbyter vel diaconus duxerit uxorem, anathema sit.	II. Si quis presbyter vel diaconus duxerit uxorem, anathema sit.
[…]	[…]	[…]
V. Si quis fratris uxorem duxerit in coniugium: Anathema sit.	V. Si quis fratris uxorem **duxerint** in conjugium, anathema sit.	V. Si quis fratris uxorem duxerit in conjugium, anathema sit.
[…]	[…]	[…]
VII. Si quis nouercam aut nurum duxerit in coniugium: Anathema sit.	VII. Si quis novercam aut nurum **suam** duxerit in conjugium, anathema sit.	VII. Si quis novercam aut nurum **suam** duxerit in conjugium, anathema sit.
[…]	[…]	[…]
IX. Si quis de propria cognatione **uel** quam cognatus habuit duxerit in uxorem / **coniugium**: Anathema sit.	IX. Si quis de propria cognatione, in qua cognatas habuit, duxerit in uxorem, anathema sit.	IX. Si quis de propria cognatione, in qua cognatas habuit, duxerit in uxorem, anathema sit.
X. Si quis **uiduatam** rapuerit in uxorem uel consentientibus ei: Anathema sit.	X. Si quis **virginem** rapuerit, **vel furatus fuerit eam, cum sibi** consentientibus, anathema sit.	X. Si quis **virginem** rapuerit **vel furatus fuerit eam, cum sibi** consentientibus anathema sit.

---

72   Decreta Gregorii Papae I, ed. Giovanni D. Mansi (Sacrorum conciliorum nova et amplissima collectio 10), Florenz 1764, Sp. 436–438 sowie Alia sancti Gregorii papae I decreta, Migne PL 77, Paris 1849, Sp. 1339–1340 (siehe unten).
73   Vgl. Mordek (wie Anm. 5), S. 228 Anm. 64.
74   Mansi (wie Anm. 72), Sp. 435–436.
75   Unterschiede sind durch Fettdruck hervorgehoben.

Collectio Vetus Gallica[75]	Mansi 10, Sp. 436–438	Migne PL 77, Sp. 1339–1340
XI. Si quis uirginem nisi desponsauerit rapuerit in uxorem uel consentientibus ei: Anathema sit.	XI. Si quis virginem **quam sibi non** desponsaverit, rapuerit, **vel furatus fuerit** in uxorem, una cum sibi faventibus, anathema sit.	XI. Si quis virginem **quam sibi non** desponsaverit rapuerit **vel furatus fuerit** in uxorem, una cum sibi faventibus, anathema sit.
XII. Si quis ariolos **aut** aruspicibus uel incantatoribus obseruauerit aut phylacteria usus fuerit: Anathema sit.	XII. Si quis hariolos, aruspices, vel incantatores observaverit, aut phylacteries usus fuerit, anathema sit.	XII. Si quis hariolos, aruspices vel incantatores observaverit, aut filateriis usus fuerit, anathema sit.
XIII. Si quis ex clericis laxaverit **comam**: Anathema sit.	XIII. Si quis in quamlibet partem praecepta ante emissa apostolice ecclesie de cameris et locis diversis temeraverit, et non in omnibus observaverit, anathema sit.	XIII. Si quis in quamlibet partem praecepta ante emissa apostolicae Ecclesiae de cameris et locis diversis temeraverit, et non in omnibus observaverit, anathema sit.
XIV. Si quis homicidium fecerit agat paenitentiam decem annis **sin autem** in scelere permanserit: Anathema sit.	XIV. Si quis homicidium fecerit, agat poenitentiam decem annis.	XIV. Si quis homicidium fecerit, agat poenitentiam decem annis.
	XV. Si quis in scelere permanserit, **anathema sit**.	XV. Si quis in scelere permanserit, **anathema sit**.
	XVI. Si quis ex clericis laxaverit **coronam**, anathema sit.	XVI. Si quis ex clericis laxaverit **coronam**, anathema sit.
	XVII. Et responderunt omnes per singula capitula tertio: Anathema sit.	XVII. Et responderunt omnes per singula capitula tertio: Anathema sit.

Die Streichung der *et responderunt omnes tertio*-Formel und die Abänderung von Can. 2 sprechen für eine Kurzversion als Vorlage. Die Kanones 10 und 11, bei denen nun die Witwen keine Rolle mehr spielen, sondern nur noch der Raub von Jungfrauen, weisen die Doppelformulierung auf, die sich auch in den pseudoisidorischen Dekretalen findet. Irritierend ist das Ende des Protokolls: Als Can. 13 wird eine leicht abgewandelte Form von Can. 13 der Langversion eingebaut, in dem es aber nicht mehr um Kirchengut im Sinne von Olivengärten, sondern um nicht näher definierte Räumlichkeiten geht. Der *homicidium*-Kanon der Kurzversion wird hier aufgespalten in zwei Kanones, von denen einer nur noch das Anathem für alle Vergehen, die wiederholt werden, fordert. Am Ende wird die *et responderunt omnes tertio*-Formel der Langversion für alle Kanones angewandt – dies erinnert wiederum latent an die Collectio Herovalliana, die aber aufgrund der Reihenfolge der Kanones als Vorlage für die bei Mansi und Migne abgedruckten Texte nicht infrage kommt. Es handelt sich bei diesen beiden Drucken also um eine Art „Mischversion"; angesichts der bisher nicht nachweisbaren Handschriftenbasis könnte man fast von einer „Fantasieversion" sprechen.

Die „richtige" Ausgabe der Synode in den Editionen aufzufinden, ist somit eher mit einem Glücksspiel zu vergleichen. Zwei Beispiele aus der Forschung zu verschiedenen Themen sind bezeichnend für die defizitäre Editionslage. Bei

Untersuchungen zum Zölibat kamen beispielsweise Heinz-Jürgen Vogels und Martin Boelens zu unterschiedlichen Ergebnissen, da sie mit verschiedenen Ausgaben des Synodalprotokolls von 721 arbeiteten. Vogels, der die Langversion nach Mansi Bd. 12 nutzte, konstatiert: „Für ein Zölibat im Sinne der Ehelosigkeit der Priester zeugt die I. Römische Synode nicht."[76] Angesichts der Kanones der Langversion, die nur eine Zweitehe für die Witwen von Priestern und Diakonen verbieten, ist es ja sogar eher ein Indiz dafür, dass Priester, mit verschiedenen Einschränkungen, verheiratet sein konnten. Martin Boelens nutzte dagegen die Mischversion nach Mansi Bd. 10: „Eine Verfügung, die in den Konzilssammlungen dem Papst Gregor I. (590 bis 604) zugeschrieben wurde, in Wirklichkeit eher von Gregor II. (715–731) sein dürfte, sagt klar und deutlich: ‚si quis presbyter vel diaconus duxerit uxorem, anathema sit.'"[77] Auch das ist korrekt, wenn man die Kurzversion der Synode vorliegen hat. Das Synodalprotokoll von 721 kann also, je nach Version, thematisch für verschiedene Argumentationen herangezogen werden. Dabei wäre aber zu berücksichtigen, dass es diese beiden Versionen gibt und dass sie einen jeweils spezifischen Verbreitungsraum hatten.

Die Zuordnung zu Gregor I. in diesen beiden Ausgaben liefert im Rahmen einer Untersuchung zum ökumenischen Charakter des oströmischen Quinisextums/Trullanums von 692 von Nicolae V. Dură ebenfalls fehlerhafte Fakten, die seine Argumentation nichtig werden lassen, wenn man von der Zuordnung zu Gregor II. weiß: „Now this recognition [= Die Anerkennung des ökumenischen Charakters des Trullanums] was necessitated by the fact, that canons drawn up by the councils of the Roman Church had been confirmed by the Council in Trullo. **For example a council presided over by Pope Gregory the Great had condemned and anathematised in its canons 10 and 11 the abductions of virgins.** The Council in Trullo confirmed this measure, likewise condemning such abduction vehemently. Thus in making this decree the Council in Trullo confirmed also the decrees made by councils of the Church of Rome."[78] Besonders im Hinblick auf Can. 4 der Synode von 721 können Parallelen zum Quinisextum gezogen werden, da hier das erste Mal das Verbot der Ehe mit einem Patenkind festgehalten wurde.[79] Dementsprechend ist davon auszugehen, dass Gregor II. mit den Entscheidungen des Konzils vertraut war, entweder in Rom selbst oder eventuell als Diakon an der Seite von Papst Konstantin I., der nach Konstantinopel gereist war, um über die Akten des Quinisextums zu verhan-

---

76 VOGELS (wie Anm. 37), S. 60.
77 Martin BOELENS, Die Klerikerehe in der Gesetzgebung der Kirche unter besonderer Berücksichtigung der Strafe. Eine rechtsgeschichtliche Untersuchung von den Anfängen der Kirche bis zum Jahre 1139, Paderborn 1968, S. 79.
78 Nicolae V. DURĂ, The Ecumenicity of the Council in Trullo. Witnesses of the Canonical Tradition in East and West, in: George NEDUNGATT / Michael FEATHERSTONE (Hrsg.), The Council in Trullo Revisited (Kanonika 6), Rom 1995, S. 229–262, hier S. 246.
79 Vgl. UBL, Inzestverbot (wie Anm. 28), S. 233–234 und S. 236, zum Text des Quinisextums/Trullanums vgl. Heinz OHME, Concilium Constantinopolitanum a. 691/2 in Trullo habitum (ACO 2,2,4), Berlin / New York 2013, S. 45; zur Übersetzung DERS., Concilium Quinisextum. Griechisch-Deutsch. Das Konzil Quinisextum (Fontes Christiani 82), Turnhout 2006, S. 247.

deln.⁸⁰ Somit ist das Quinisextum als Inspiration für die Synode von 721 zu sehen, während Durǎ aufgrund der fehlerhaften Datierung der Ausgaben Mansis und Mignes gegenteilig argumentiert. Hier hat die problematische Editionslage die Forschung in besonders unschöner Weise behindert und in die Irre geführt.

Festzuhalten bleibt, dass eine kritische Edition der Synode von 721 dringend notwendig ist, die sowohl die Kurz- als auch die Langversion berücksichtigt, die auf die Existenz der beiden Varianten hinweist und diese klar einander gegenüberstellt, damit mit diesem weit verbreiteten und oft rezipierten Text in der Forschung angemessen gearbeitet werden kann.

3. Päpstliches Recht vs. eigene Initiative?

Das Synodalprotokoll von 721 ist einer von vielen an die Vetus Gallica angehängten Texten. Wie kurz umrissen worden ist, sind etliche dieser Additiones bei der Anfügung an die Sammlung textlich abgeändert worden; die Änderungen an den Beschlüssen der Synode von 721 sind dabei in Umfang und Tragweite besonders hervorzuheben. Neben Kürzungen und Streichungen verschiedener Textelemente und Kanones, sind die textlichen Abänderungen von Can. 2 und die Hinzufügung von Can. 14 besondere Alleinstellungsmerkmale der Version der Vetus Gallica. Die Möglichkeit, dass diese – und alle weiteren Änderungen – aus jeweils einer heute unbekannten Vorlage entnommen worden sind, die in Corbie zur Redaktion genutzt wurde, ist weniger wahrscheinlich als die These, dass die Texte bei der Aufnahme in die Vetus Gallica entsprechend überarbeitet worden sind. Im Synodalprotokoll von 721 ist ein Argument hierfür die Neuschöpfung von Can. 14, der in der ersten Texthälfte eine Buße vorsieht. Die Arbeit mit den Iudicia Theodori U, die Kompilation des Excarpsus Cummeani und auch die Neugestaltung von Kapitel LXIV der Vetus Gallica zeigen die Relevanz des Themas Buße in Corbie zu Beginn des 8. Jahrhunderts und könnten Inspiration für diesen Kanon gewesen sein.

Besonderes Interesse bestand an Texten päpstlichen Ursprungs und somit auch an der spezifischen Autorität dieser Texte. Dies zeigen neben den Hinzufügungen in die thematisch geordneten Titel des sogenannten Grundtextes der Vetus Gallica auch die Auswahl der Additiones mit ihren Schwerpunkten auf Bußbüchern und Dekretalen. Möchte man sich nun, auch angesichts der engen

---

80 Hier gehen die Interpretationen Ohmes, der davon ausgeht, dass die Akten bereits 711 in Rom vorlagen, vgl. OHME, Concilium Constantinopolitanum (wie Anm. 79), S. LX und S. LXIII sowie S. LXXXIII–LXXXIV, und Lynchs, der die Beschäftigung Gregors II. mit den Beschlüssen des Quinisextums an der Seite von Konstantin I. sieht, vgl. LYNCH (wie Anm. 29), S. 236–237, auseinander. Stefan Esders beschreibt vor allem die intensive Auseinandersetzung Gregors II. mit den Beschlüssen des Quinisextums, vgl. Stefan ESDERS, Ökumenisches Kirchenrecht im Zerrbild historiographischer Erzählung Die mediterrane Zölibatsdiskussion rund um das Concilium Quinisextum (691/692?) und ihr kakophoner Nachhall in lateinischen Geschichtswerken des frühen Mittelalters, in: Frühmittelalterliche Studien 58 (2024), S. 1–75, hier S. 6, 37, 60.

Kooperation der Karolinger mit dem Papsttum ab der Mitte des 8. Jahrhunderts, die Frage stellen, welche Autorität im kirchlichen Recht dem Papst schon zu Beginn des 8. Jahrhunderts zugesprochen wurde, so weisen die Additiones zur Vetus Gallica in zwei verschiedene Richtungen: Zum einen schätzte man die Autorität des Papstes, zum anderen scheute man nicht davor zurück, in Wortlaut und Inhalt der auf den Papst zurückgehenden Rechtsüberlieferungen einzugreifen.

Dies blieb nicht ohne Folgen: Auch in weiteren Sammlungen, wie in der Collectio Herovalliana, in den Anhängen der Collectio Sancti Amandi oder im zweiten Teil der Epistola de gradibus consanguinitatis konnte die Vetus Gallica als Vorlage für Kanones aus dem Synodalprotokoll von 721 identifiziert werden. Obgleich zum Beispiel die Herovalliana deutlich später entstand, verbesserte man das Protokoll nie aus einer Langversion der Synode, wie sie ab 774 mit der Collectio Dionysio-Hadriana erstmals auftrat und von dort den späteren, aber einflussreicheren Verbreitungsweg nahm. Für die künftige Arbeit können nun weitere Sammlungen auf Abhängigkeiten zur Vetus Gallica untersucht werden, wodurch weitere Verbindungen zwischen frühmittelalterlichen Sammlungen festgestellt werden könnten und einzelne Dokumente in ganz neuem Licht betrachtet werden müssten, wie es für die Epistola bereits hier in gebotener Kürze diskutiert worden ist.

Eines ist in jedem Fall festzuhalten, wenn man sich nicht auf die Kernsammlung der Vetus Gallica beschränkt, sondern die Sammlung inklusive ihrer Additiones als Ganzes betrachtet: Die oben aufgelisteten Zusatztexte sind in keinem Fall unbeabsichtigt an die Sammlung angefügt worden, und sie sind auch nicht rein zufällig jedes Mal mittradiert worden. Die Additiones der Corbie-Redaktion der Collectio Vetus Gallica wurden planvoll redigiert und gezielt als Ergänzung an die Sammlung angefügt. Die Rezeption durch spätere Sammlungen hat sich häufig nicht auf den Grundtext der Vetus Gallica beschränkt, sondern die Additiones ebenfalls berücksichtigt.

Abstract

The Collectio Vetus Gallica is the earliest systematic canonical collection in the Frankish kingdom; compiled in early seventh-century Lyon and edited at the beginning of the eigth century in the monastery of Corbie. The collection was examined and edited by Hubert Mordek in 1975. This essay discusses the additions to the collection in the so-called Corbie-revision, that were not numbered or incorporated into the collection's capitulatio. These additions were listed by Mordek, who insisted, however, that those texts, appearing in nearly every manuscript, are by no means to be seen as part of the collection itself. Most of the texts in question are of papal origin. In addition, there is the so-called second synod of Saint Patrick and two penitentials, the Iudicia Theodori U (excerpts) and the Excarpsus Cummeani. The youngest text among the additions and also the terminus post quem of the Corbie-revision is the Synod of 721 held under Gregory II. It is incorporated in many early canonical collections such as the Collectio Dionysio-Hadriana, the Collectio Dacheriana or the Pseudo-Isidorian Forgeries. All of those collections contain a complete "long-version" of the synodal protocol. If one compares this to the version in the Collectio Vetus Gallica, a "short-version" can be identified: This "short-version" is missing some canons, the praefatio and the lists of clerics attending the synod; moreover the text of some canons has been changed. Furthermore, a whole new canon about homicide was added at the end to the list of canons of the 721 synod. This observation raises a number of questions. Where were those changes made? And even more important: Why? The central argument of this essay is that all of those changes were made during the revision in Corbie, where the monks seemed to have no problem with changing church law, even if the provisions had papal authority.

4. Genutzte Handschriften

4.1 Collectio Vetus Gallica

Nordfranzösische Klasse:
- B = Brüssel, KBR, 10127–44, 8./9. Jahrhundert, Nordostfrankreich/Belgien, fol. 1v–43r mit Zusätzen bis fol. 79v.
- C = Köln, Erzbischöfliche Diözesan- und Dombibliothek, 91, 8./9. Jahrhundert, Burgund, fol. 2r–48r mit Zusätzen bis fol. 112v.
- P_1 = Paris, Bibliothèque nationale de France, Lat. 1603, 8./9. Jahrhundert, Nordostfrankreich, fol. 7r–66v mit Zusätzen bis fol. 163r.
- S_2 = Stuttgart, Württembergische Landesbibliothek, HB. VI. 109, 9. Jahrhundert, Südwestdeutschland, fol. 2r–83v mit Zusätzen bis fol. 132v.

Süddeutsche Klasse:
- E = Einsiedeln, Stiftsbibliothek, 205, 3. Viertel 9. Jahrhundert, Schweiz, pp. 41–166 mit Zusätzen bis p. 230.
- G = St. Gallen, Stiftsbibliothek, 675, 9. Jahrhundert, Bayern, pp. 4–137 mit Zusätzen bis p. 270.
- P_2 = Paris, Bibliothèque nationale de France, Lat. 10588, 9. Jahrhundert, Südfrankreich (Burgund), fol. 1r–41v mit Zusätzen bis fol. 73v.
- S_1 = Stuttgart, Württembergische Landesbibliothek, HB. VI. 113, ausgehendes 8. Jahrhundert, Rätien, fol. 92v–155v mit Zusätzen bis fol. 223v.
- S_3 = Stuttgart, Württembergische Landesbibliothek, HB. VI. 112, 10. Jahrhundert, Bodenseeregion, fol. 2r–39r mit Zusätzen bis fol. 85v.
- V = Wien, Österreichische Nationalbibliothek, Lat. 2171, 9. Jahrhundert, Südwestdeutschland, fol. 2r–24v mit Zusätzen bis fol. 47r.

4.2 Collectio Herovalliana

- Paris, Bibliothèque nationale de France, Lat. 3848B, 8./9. Jahrhundert, Flavigny (älteste Handschrift), fol. 70r–178v.
- Paris, Bibliothèque nationale de France, Lat. 4281, 1. Viertel 9. Jahrhundert, Burgund/Ostfrankreich, fol. 1r–63v.
- Paris, Bibliothèque nationale de France, Lat. 2123, 814–816, Flavigny, fol. 65v–104v.
- Fragment Vatikan, Biblioteca Apostolica Vaticana, Reg. Lat. 263, 12. Jahrhundert, Frankreich, fol. 221r–226v sowie fol. 205r–212r (Form B).

4.3 Collectio Sancti Amandi

- Berlin, Staatsbibliothek – Preußischer Kulturbesitz, Hamilton 132, 8./9. Jahrhundert, vermutlich Corbie, fol. 131r–238v.
- Paris, Bibliothèque nationale de France, Lat. 1455, 9./10. Jahrhundert, Nordfrankreich, fol. 80r–188v mit Zusätzen bis fol. 195v.
- Paris, Bibliothèque nationale de France, Lat. 3846, 9. Jahrhundert, Nordfrankreich, fol. 128r–253r mit Zusätzen bis fol. 266r.

4.4 Epistola de gradibus consanguinitatis

- Albi, Bibliothèque municipale, 38bis, 2. Teil, Mitte 9. Jahrhundert, fol. 50v.
- Cambridge, University Library, MS KK.5.16, frühes 8. Jahrhundert, der betreffende Teil vermutlich um 800 auf fol. 128v in karolingischer Minuskel hinzugefügt (eventuell am Hof Karls des Großen), vorangehend die Historia ecclesiastica Bedas in insularer Minuskel.
- Karlsruhe, Badische Landesbibliothek, Cod. Aug. CCLV, 9. Jahrhundert, fol. 106v–107v.
- London, British Library, Harley 4978, 10. Jahrhundert, Frankreich, fol. 148v–149r.
- Paris, Bibliothèque nationale de France, Lat. 5227A, Anfang 10. Jahrhundert, Tours, fol. 216v–217r.
- Paris, Bibliothèque nationale de France, Lat. 5227, 10. Jahrhundert, Ostfrankreich, fol. 149v–150r.
- Paris, Bibliothèque nationale de France, Lat. 12943, 11./12. Jahrhundert, eventuell aus Corbie, fol. 89v.
- St. Gallen, Stiftsbibliothek, 682, 9. Jahrhundert, p. 393.
- Vatikan, Biblioteca Apostolica Vaticana, Barb. Lat. 477, 11. Jahrhundert, Südfrankreich, fol. 72r.

Anhang: Vergleich des Aufbaus des Synodalprotokolls zwischen Collectio Vetus Gallica (Kurzform) und Collectio Dionysio-Hadriana (Langform)

Köln, Erzbischöfliche Diözesan- und Dombibliothek, Cod. 115, Dionysio-Hadriana ab fol. 220v[81]	Collectio Vetus Gallica[82]
Capitulatio: fehlt	fehlt
Rubrik: *Incipiunt constituta papae Gregorii* [...]	fehlt
Einleitung zur Bischofsliste: *Praesidente sanctissimo ac ter beatissimo Gregorio apostolico papa in basilica beati petri* [...]	fehlt
Aufzählung der 22 anwesenden Bischöfe	fehlt
Aufzählung der anwesenden Priester	fehlt
Aufzählung der anwesenden Diakone	fehlt
Vorrede: *Gregorius sanctissimus ac beatissimus papa dixit: Cum simus dominicae plebis* [...]	**Vorrede deutlich gekürzt:** *Gregorius sanctissimus ac beatissimus apostolicus papa ante corpus beatissimi petri in sinodo resedens dixit: Hinc maxime nimium dolens* [...]
Antwort der Bischöfe: *Sanctissimi episcopi seu uenerabilis presbyteri responderunt: Vere cognoscimus gratia* [...]	**Antwort der Bischöfe deutlich gekürzt:** *Sanctissimi episcopi seu uenerabilis presbyteri responderunt: Uere cognoscimus gratiam* [...]
Festgelegte Bestimmungen: *Post hanc omnium consonam responsionem Gregorius apostolicus papa ante corpus memoratum uenerabile Christi apostolorum principis inferendo sententiam dixit:*	**Festgelegte Bestimmungen:** *Post hanc omnium consonam responsionem Gregorius apostolicus papa ante corpus memoratum uenerabile Christi apostolorum principis inferendo sententiam dixit:*
I. Si quis praesbyteram duxerit in coniugio anathema sit. Et responderunt omnes tertio: Anathema sit.	*I. Si quis presbiteram duxerit in coniugium anathema sit.*

---

[81] Stellvertretend für die Überlieferung der Dionysio-Hadriana und stellvertretend für die vollständige Langversion.

[82] Eine vollständige Edition der Kurzversion ist im Rahmen meines Dissertationsprojekts in Arbeit. Hier wurde der Obertext mit den typischen Besonderheiten der Sammlung abgedruckt, die Interpunktion ist vorläufig; Editionsstand: 23. August 2023.

Köln, Erzbischöfliche Diözesan- und Dombibliothek, Cod. 115, Dionysio-Hadriana ab fol. 220v[81]	Collectio Vetus Gallica[82]
II. Si quis diaconum duxerit in coniugio anathema sit. Et responderunt omnes tertio: *Anathema sit*.	II. Si quis **presbiter** duxerit **uxorem uel diaconus**: *Anathema sit*.
III. Si quis monacham quam dei ancillam appellant in coniugio duxerit anathema sit. *Et responderunt* [...].	III. Si quis monacham, quam dei ancillam apellant, duxerit in coniugium: *Anathema sit*.
IV. Si quis commatrem spiritalem duxerit in coniugio anathema sit. *Et responderunt* [...].	IV. Si quis commatrem spiritalem duxerit in coniugium: *Anathema sit*.
V. Si quis fratris uxorem duxerit in coniugio anathema sit. *Et responderunt* [...].	V. Si quis fratris uxorem duxerit in coniugium: *Anathema sit*.
VI. Si quis neptam duxerit in coniugio anathema sit. *Et responderunt* [...].	VI. Si quis neptam duxerit in coniugium: *Anathema sit*.
VII. Si quis nouercam aut nurum **suam** duxerit in coniugio anathema sit. *Et responderunt* [...].	VII. Si quis nouercam aut nurum duxerit in coniugium: *Anathema sit*.
VIII. Si quis consubrinam duxerit in coniugio anathema sit. *Et responderunt* [...].	VIII. Si quis consobrinam duxerit in coniugium: *Anathema sit*.
IX. Si quis de propria cognatione uel quam cognatus habuit duxerit in uxorem anathema sit. *Et responderunt* [...].	IX. Si quis de propria cognatione uel quam cognatus habuit duxerit in uxorem.[83] *Anathema sit*.
X. Si quis **uiduam furatus fuerit** in uxorem uel consentientibus ei anathema sit. *Et responderunt* [...].	X. Si quis **uiduatam rapuerit** in uxorem uel consentientibus ei: *Anathema sit*.
XI. Si quis uirginem nisi desponsauerit furatus fuerit in uxorem uel consentientibus anathema sit. *Et responderunt* [...].	XI. Si quis uirginem nisi desponsauerit **rapuerit** in uxorem uel consentientibus **ei**: *Anathema sit*.
XII. Si quis ariolis aruspicibus uel incantatoribus obseruauerit aut flacteria usus fuerit anathema sit. *Et responderunt* [...].	XII. Si quis ariolos **aut** aruspicibus uel incantatoribus obseruauerit aut phylacteria usus fuerit: *Anathema sit*.
XIII. **Si quis in quoquam partemue praecepta ante emissa apostolicae ecclesiae de oliuetis et locis diuersis temerauerit et non in omnibus obseruauerit anathema sit. *Et responderunt* [...].**	XIII. Si quis ex clericis laxauerit comam: *Anathema sit*.

---

83 Wortvariante *in coniugium* in den Handschriften S₁ und C.

Päpstliches Recht vs. eigene Initiative 169

Köln, Erzbischöfliche Diözesan- und Dombibliothek, Cod. 115, Dionysio-Hadriana ab fol. 220v[81]	Collectio Vetus Gallica[82]
XIV. Hadriano filio Exhilarati qui post praestito sacramento in apostolica confessione Ephiphaniam diaconam inlicito ausu in uxorem habet anathema sit. Et responderunt omnes decies […]. XV. Ephiphania diacona que post praestito sacramento cum Adriano Exhalarati filio fuga lapsa est in uxorem anathema sit. Et responderunt omnes tertio […]. XVI. Si quis eis in tam crudeli assensum praebuerit anathema sit. Et responderunt […]. XVII. Si quis ex clericis laxauerit comam anathema sit. Et responderunt […].	XIV. Si quis homicidium fecerit agat paenitentiam decem annis sin autem in scelere permanserit: Anathema sit.
Unterschriften: Gregorius episcopus sanctae catholicae atque apostolicę Romanae ecclesiae huic constituto a nobis promulgato subscripsi. Agnellus episcopus sanctae ecclesiae Ferentinensis huic constituto a nobis promulgato suscripsi. […]	**Unterschriften:** Gregorius Episcopus sanctae catholicae atque apostolicae Romane ecclesiae huic constituto a nobis promulgato subscripsit. Agnellus episcopus ciuitatis Ferentinensis huic constituto a nobis promulgato subscripsit et ceteri subscripserunt. **Bene ualete.** [Weitere Unterschriften der Bischöfe, Priester und Diakone fehlen.]
Datierung und Schluss: Die nonas Aprilis imperante domino nostro piissimo Augusto Leone a deo coronato magno imperatore anno sexto post consulatum anno sexto sed et Constantino nouo imperatore eius filio anno secundo indictione quarta. Explicit constituta papae Gregorii sub anathematę interdictam.	fehlt

More than the Sum of its Parts.
The Existence of the Collectio Burgundiana

Sven Meeder

This essay presents the combination of canonical texts surviving exclusively in the eighth-century manuscript Brussels, KBR, MS 8780–8793. The rationale behind the combination of works in this manuscript, known as the Collectio Burgundiana, has eluded modern scholars. In fact, the variety of works, the unclear arrangement, and the diverse handling of text challenge us to rethink what exactly makes a canonical collection a collection. This raises the question: does the Collectio Burgundiana actually exist?

As crucial vehicles of ecclesiastical procedure and Christian discipline, works of canon law were an important genre during the reform and renovatio efforts of the eighth and ninth centuries. This significance is reflected, first and foremost, in the large number of extant manuscripts from the period with canonical material. Lotte Kéry's invaluable compendium refers to hundreds of manuscripts that contain at least some part of early medieval canonical collections.[1] The genre's centrality is further demonstrated by the sheer variety of the compilations, florilegia, and gatherings of assorted canones. The category of 'canonical collections' encompasses small unstructured combinations of just a few canons surviving in a single manuscript, as well as major popular works with ambitious systematic structures, and everything in between. This diversity stands testimony to the many different audiences and contexts for which the collections were compiled and copied, and the various individual needs and specific concerns that the canonical compilations were meant to address. It also demonstrates the medieval scholars' creative genius, which – as historians of the Middle Ages are keenly aware – is not only conveyed through the composition of original texts but equally expressed through the purposeful selection of extracts from earlier authoritative works.

This contribution examines one of the numerous testimonies to the canonical vibrancy of the Carolingian period. The Collectio Burgundiana is a collection of (excerpts from) authoritative canonical texts, including conciliar canons, papal letters, penitential decrees, monastic rules, and patristic works. It survives in only one manuscript, now in the Royal Library in Brussels (MS 8780–

---

1   Lotte Kéry, Canonical Collections of the Early Middle Ages (ca. 400–1140). A Bibliographical Guide to the Manuscripts and Literature (History of Medieval Canon Law), Washington, D.C. 1999.

8793).² In fact, the Burgundiana seems to comprise the entire manuscript. Friedrich Maassen astutely identified the collection as "die Sammlung der burgundischen Handschrift",³ although the manuscript in fact appears to hail from elsewhere. References in later literature, however, typically use the term "Collectio Burgundiana".⁴ Scholarship has kept the beginning and end points of the Burgundiana vague, with most researchers seemingly assuming that the Burgundiana spans the entire Brussels manuscript.

Matters are, however, more complicated: some of the constituent texts of the manuscripts are recognised as collections of their own. The first folios of the manuscript (fol. 1v–6v) are filled with 41 penitential rules, collectively known to historians as the Paenitentiale Burgundense. The text is introduced by a rubric in stylised capitals reading INCIPIT IUD[I]CIUM QUOD INSTITUERU[NT], "here begins the judgement which they established". The generic title could serve as a heading for the penitential specifically or the texts of the entire manuscript. The penitential material is often studied as a separate text rather than as part of a canonical collection,⁵ although Alphonse van Hove

---

2   The manuscript is sometimes numbered 'Brussels 2493' in literature (e. g. Frank L. Cross, History and Fiction in the African Canons, in: The Journal of Theological Studies 12 (1961), pp. 227–247, at p. 240, n. 3; Ralph W. Mathisen, The "Second Council of Arles" and the Spirit of Compilation and Codification in Late Roman Gaul, in: Journal of Early Christian Studies 5 (1997), pp. 511–554, at p. 516; Michael Eber / Stefan Esders / David Ganz / Till Stüber give both numbers in their article Selection and Presentation of Texts in Early Medieval Canon Law Collections: Approaching the Codex Remensis (Berlin, Staatsbibliothek, Phill. 1743), in: Sebastian Scholz / Gerald Schwedler (eds.), Creative Selection between Emending and Forming Medieval Memory (Millennium-Studien 96), Berlin / Boston 2021, pp. 105–136, at p. 118, n. 50. This number, however, is the number of its description in van den Gheyn's catalogue and not its call number, see Joseph-Marie-Martin van den Gheyn (ed.), Catalogue des manuscrits de la Bibliothèque royale de Belgique, vol. 4: Jurisprudence et Philosophie, Brussels 1904, pp. 1–3 (no. 2493); CLA 10, no. 1543, pp. 30, 50 and CLA Suppl., p. 66. A digital facsimile of the manuscript can be accessed here: https://uurl.kbr.be/1351155 (accessed 30ᵗʰ January 2024).
3   Friedrich Maassen, Geschichte der Quellen und der Literatur des canonischen Rechts im Abendlande bis zum Ausgange des Mittelalters, vol. 1: Die Rechtssammlungen bis zur Mitte des 9. Jahrhunderts, Graz 1870, p. 636. Fournier and Le Bras similarly referred to "le manuscrit de Bourgogne": Paul Fournier / Gabriel Le Bras, Histoire des collections canoniques en Occident, depuis les Fausses Décrétales jusqu'au Décret de Gratien, vol. 1: De la réforme carolingienne à la réforme grégorienne, Paris 1931, p. 90. Hubert Mordek in one sentence refers to both the "Sammlung der Handschrift von Burgund" and the "Collectio Burgundiana": Hubert Mordek, Kirchenrecht und Reform im Frankenreich. Die Collectio Vetus Gallica, die älteste systematische Kanonessammlung des fränkischen Gallien. Studien und Edition (Beiträge zur Geschichte und Quellenkunde des Mittelalters 1), Berlin et al. 1975, p. 55, n. 80.
4   For instance Alphonse van Hove, Prolegomena ad Codicem iuris canonici, Mechelen / Rome 1945, p. 277; Kéry (as n. 1), p. 86; and Gregory I. Halfond, Archaeology of Frankish Church Councils, AD 511–768 (Medieval Law and Its Practice 6), Leiden / Boston 2010, pp. 161, 164, 171–172.
5   The Paenitentiale Burgundense is edited by Hermann J. Schmitz, Die Bussbücher und das kanonische Bussverfahren, Mainz 1898, pp. 319–322; and, more recently, by Raymond Kottje, Paenitentialia minora Franciae et Italiae saeculi VIII–IX (CCCM 156), Turnhout 1996, pp. 63–65. The penitential is translated by John T. McNeill / Helena M. Gamer, Medieval Handbooks of Penance. A Translation of the Principal 'Libri paenitentiales' and Selections from Related Documents (Records of Civilization. Sources and Studies 29), New York 1965, pp. 274–277. See also Fournier / Le

explicitly noted that the penitential material was part of the Collectio Burgundiana.[6]

Following the penitential rules, the codex preserves a cluster of five canons (fol. 6v–8r), introduced by a rubric in the same stylised capitals: *INCI[PI]T SCENTILE DE CANONES VEL ORDENATIONES EPISCOPORVM*, "Sparks or excerpts from canons on episcopal ordinations".[7] This combination of five canonical decrees, with an additional sixth canon, is preserved in three additional ninth-century manuscripts, there acting as part of an appendix of sorts to the Collectio Quesnelliana. In a recent study of the so-called Scintillae, Till Stüber described the work as a "small collection of canons from the Merovingian period".[8] If this work can be classified as a canonical collection in its own right, should we consider it as a canonical collection within a canonical collection, or as a text separate from the Collectio Burgundiana? Where does one collection begin, and another end?

These and similar questions address the relationship between manuscript and collection: what exactly constitutes a canonical collection, if not the entire combination of texts in a particular manuscript? If clear markers of a distinct collection are absent, where does a collection begin and where does it end? Is the collection the only work in the manuscript or is the manuscript the collection? These questions appear particularly pertinent in the case of the canonical material within the Brussels manuscript.

In the following, I aim to offer a brief introduction to the Collectio Burgundiana and its manuscript witness as a way to stimulate further studies and debates on the nature of canonical collections and how modern scholars, past and present, tend to define them. First, a material description of Brussels, KBR, MS 8780–8793 will be provided, as well as a summary of its contents. Following a review of earlier scholarship on the date of the collection, I will discuss the structure and character of the combination of canonical texts in the manuscript.

Bras (as n. 3), p. 86; Reinhold Haggenmüller, Eine weitere Überlieferung des Paenitentiale Burgundense. Anmerkungen zum Münchener Codex Clm 14780, in: Bulletin of Medieval Canon Law N.S. 10 (1980), pp. 53–55; and Rob Meens, Het tripartite boeteboek. Overlevering en betekenis van vroegmiddeleeuwse biechtvoorschriften (met editie en vertaling van vier tripartita) (Middeleeuwse studies en bronnen 41), Hilversum 1994.

6 Van Hove (as n. 4), p. 277.
7 The canons are all from late antique ecumenical councils (Nicaea c. 6b; Ancyra c. 18; Sardica c. 2; Antioch c. 9, 19–20a).
8 Till Stüber, Die 'Scintillae de canonibus uel ordinationibus episcoporum'. Eine kleine Kanonessammlung aus der Merowingerzeit, in: Frühmittelalterliche Studien 56 (2022), pp. 15–47. The other manuscript witnesses to the Scintillae are Paris, Bibliothèque nationale de France, Lat. 1454 (saec. IX$^{3/4}$; Saint-Denis?), fol. 230r–v; Paris, Bibliothèque nationale de France, Lat. 1458 (saec. IX$^{1/2}$; Northern France), fol. 76va–77rb; Paris, Bibliothèque nationale de France, Lat. 3842A (saec. IX^{med} or IX$^{3/4}$; possibly Paris), fol. 180r–v. The sixth canon in these three copies of the Scintillae is from the Council of Paris (ca. 561) c. 8.

Fundamentals of Brussels, KBR, MS 8780–8793

Brussels, KBR, MS 8780–8793 is a compact book, measuring 175 x 120 mm (ca. 125 x 77–88 mm). It came to its current abode via the library of the Bollandists and may have been at the monastery of Saint Bertin in the fourteenth century.[9] The parchment of this small, easily transportable codex is of medium thickness and generally well-prepared, except for occasional holes and the frequently uneven edges, caused by the use of skin from the neck and hind parts of the animal. It seems to point not to poor craftmanship, but rather to a desire to prepare a book on a budget, utilising all of the available bits of parchment. At the same time, however, the scribes left generous margins, especially at the bottom. The pages have 15 lines, which are set with drypoint, and single tramlines at the outer edge. It is a small, but thick book.

The manuscript counts 129 folios in sixteen quires of eight folios, plus two single leaves at the end; almost all gatherings have, seemingly contemporary, quire signatures, except for the first and last. The signatures are in the form of letters enclosed by four groups of (mostly two) parallel lines. Thus, the second quire displays a 'B', the third a 'C', and so on. The arrangement of the leaves of the first eleven quires is uniform: the first leaf of the quire has the hair-side on the outside, followed by three leaves of flesh-side out and hair-side in (in a diagram: HF FH FH FH | HF HF HF FH). Quire 12 (fol. 88) and those following, however, have a different arrangement, with hair-side facing hair-side and flesh-side facing flesh-side throughout (HF FH HF FH | HF FH HF FH).[10]

There was some effort taken to embellish the manuscript; we find titles in stylised capitals, and initials of various forms throughout the manuscript, sometimes very large and decorated with interlacing, bird, or animal motifs. An initial "C" with the shape of a human body is found at the opening of the Canones apostolorum on fol. 40v. The same stylised face is found in a free-standing image at the opening of the Statuta ecclesiae antiqua, where it is supported by two dogs (fol. 49v). Other initials are highlighted with red ink, and the numbers and some titles (referring either to the work or as descriptive heading) are also in red ink. It creates the image of a reasonably well-structured manuscript, but it lacks a capitulatio and the numbering, as we will find, is sometimes mysterious.

Lowe remarks that the text was copied by various scribes. The lion's share of the manuscript seems to have been copied by one scribe, writing a ligature-rich pre-Caroline script with upright crooked ascenders (sometimes clubbed ascenders for b's and d's), closed cc-shaped a's, very frequent et-ligatures, as well as (t)er- and act-ligatures, open q, occasional round d, wavy contraction signs, and a round crossbar on the t. He (or she) took time before sharpening his pens; parts of the text were written with a small nib, which turns significantly broader as the text progresses before the pen is sharpened again. This results in a different feel on the page, even when the hand appears

---

9 CLA 10, no. 1543 (as n. 2), p. 30.
10 Also noted by Lowe, ibid.

to remain the same. There is one unmistakable change of hands at the top of fol. 85v, when a scribe writing an early Caroline minuscule takes over from the main scribe. This script has both Caroline a's and cc-shaped a's, and both straight and round d's. Although the shift in hands occurs in the middle of the text of the Nicene council without any loss of text, there are some indications that the introduction of a new scribe represents a brief pause in the production process of the volume. These indications include the fact that the page following fol. 85 is deleted, resulting in a seven leaf quire. The shift in hand furthermore precedes the aforementioned shift in flesh- and hair-side arrangement of the following quires (starting from fol. 88). It is not clear how to interpret these changes occurring within such a short span of folios, but they might point to a subtle change of direction in the process of the codex's composition.

The pre-Caroline and early Caroline script appear to be contemporary and point to an eighth- or early ninth-century date. Both Lowe and Bischoff suggested a northern French or Belgian origin,[11] and not – this is worth stressing – a Burgundian origin.

The structure of the collection

The previous pages have already hinted at the considerable variety of different texts within the Brussels manuscript. A detailed list of the contents is attached as appendix, but a brief overview is useful here. The first six folios of the codex are filled with the so-called Paenitentiale Burgundense (fol. 1v–6v). This penitential handbook is one of a group of eight so-called 'simple Frankish penitentials' (*libri paenitentiales simplices*), which closely resemble each other, share a number of statements between them, and probably go back to a common source that possibly originated at a Burgundian centre with connections to Columbanus not too long after the latter's death.[12] These simple Frankish penitentials combine material from the penitential work of Columbanus with decrees from ecumenical councils as well as Gallic synods, the most recent of which is the synod of Auxerre (585). Rob Meens regards the Paenitentiale Burgundense as the best witness to this group, noticing how this penitential text is in fact transmitted in a manuscript which also contains the council of Auxerre, the youn-

---

11   CLA 10, no. 1543 (as n. 2), p. 30; Bernhard Bischoff, Katalog der festländischen Handschriften des neunten Jahrhunderts (mit Ausnahme der wisigotischen), vol. 1: Aachen – Lambach (Veröffentlichungen der Kommission für die Herausgabe der mittelalterlichen Bibliothekskataloge Deutschlands und der Schweiz), Wiesbaden 1998, p. 156, no. 725; See also Van den Gheyn (as n. 2), pp. 1–3; and Halfond (as n. 4), p. 161–162, who lists the Burgundiana together with the Bernensis and the Collectio 250 capitulorum as witnesses to the production of canonical compilations in northern Gaul in the early eighth century.
12   Rob Meens, Penance in Medieval Europe, 600–1200, Cambridge 2014, p. 76. Lowe referred to it as the "Burgundian class", Elias A. Lowe, The Vatican MS of the Gelasian Sacramentary and its Supplement at Paris, in: The Journal of Theological Studies 27 (1926), pp. 357–373, at p. 359.

gest source of the corpus of shared material.[13] The penitential addresses topics such as homicide by accident, homicide by commission, fornication ("as the Sodomites did"), perjury, theft, adultery (by clerics), use of (love) magic and sacrilege, sexual activity by clergy and laity, the Eucharist, usury, violent acts, pagan rituals, deception, and arson.

The penitential text is followed by a brief cluster of five canons on the ordination of bishops, known as the Scintillae. As noted above, the fact that the cluster features in a different textual context in another three manuscripts, suggests that the compilation of this group of canons draws on an earlier tradition of this text as a self-contained compilation.[14]

Following the Scintillae, the manuscript presents canonical material from Gallic councils, starting with selected decrees from Tours (567), the full text of Auxerre (561–605), and – after excerpts from Gennadius of Marseille's Liber ecclesiasticorum dogmatum – selections from the third council of Lyon (585), Mâcon (581–583), Orléans (511), and Epaon (517). Perched in between selected canons from the Breviarium Hipponense (an abridgement of canons from Carthage [397]) and the conciliar acts of Clermont (535) and Agde (506), we find the monastic rules of Macharius and Caesarius of Arles. The Canones apostolorum and the Statuta ecclesiae antiqua follow, after which the manuscript presents the text of the ecumenical council of Gangra, a decretal by Innocent I, the acts of Nicaea, Laodicea, a treatise by Augustine, and the decrees of Carthage (419). A prayer to combat fever is added on the last folios.

The prevalence of synodal acts from the Frankish realm of Burgundy (especially the later synods of Auxerre, Lyon, and Mâcon), must have inspired the collection's name and its association with Burgundy. This is consistent with Rob Meens' argument for a Burgundian origin for an early seventh-century common source of the simple Frankish penitentials, and with Till Stüber's recent theory of a specific historical context in Merovingian Burgundy during the early 560's as a causa scribendi for the Scintillae.[15] If the entire combination of texts as we find it in Brussels 8780–8793 was indeed put together in Burgundy, it means that the late eighth- or early ninth-century northern French manuscript is a later copy of the lost archetype. If we follow this train of thought for a moment, we must consider the fact that the scribes responsible for the Brussels manuscript had one exemplar available and considered its combination of texts as relevant and suitable for their purposes. This touches the central question of any study into the Burgundiana: whether this combination of normative texts represents a self-contained, conceptualised collection of canon law, or whether this is a somewhat haphazardly made anthology of authoritative texts, which may have grown organically as the manuscript was copied. Before we

---

13   MEENS (as n. 12), p. 76, n. 25 (where he mistakenly refers to Brussels, KBR, MS 10127–44 rather than our manuscript).
14   The Scintillae are discussed by STÜBER (as n. 8).
15   MEENS (as n. 12), pp. 76–78; STÜBER (as n. 8), esp. pp. 33–42; Lotte Kéry, however, seems to suggest an origin in northern France (not Burgundy): KÉRY (as n. 1), p. 86.

turn to the character of the collection, it is useful to briefly consider scholarly theories regarding the date of the collection.

Date of the collection

In her overview of canonical collections, Kéry notes that the Collectio Burgundiana was put together at the beginning of the eighth century,[16] thereby subscribing to the thought that the Brussels manuscript is a later copy of a lost archetype. The dating of the collection to the early eighth century (a period bustling with the production of canonical works in the Frankish realms) seems to go back to Maassen's judgement in his Quellen, writing that "the youngest element in the collection is probably the opening penitential, in which there are no Theodorian fragments yet, which can therefore hardly be dated beyond the first half of the eighth century".[17] The absence of clear Theodorian influence was thus regarded as proof for a date of composition before the second half of the eighth century. Schmitz followed this dating for the Paenitentiale Burgundense, observing that there is consensus that the penitential work at the beginning of the collection dates to the middle of the eighth century and originates from the Frankish realms.[18] Vogel and Kottje agreed on the early eighth-century date for the Paenitentiale Burgundense.[19]

In her 2004 book, Rosamond McKitterick notes that "Maassen often assumed that the latest text included in any one collection provided a secure date for its compilation rather than merely a *terminus a quo*",[20] but in this case it appears that the conjecture was made by later scholars based on Maassen's more careful wording. Van Hove asserted that the whole collection was composed in the first part of the eighth century and referred to Schmitz, despite the

---

16   Kéry (as n. 1), p. 86.
17   Maassen (as n. 3), p. 638: "Das jüngste Stück der Sammlung ist wohl das den Anfang bildende Pönitential, in dem sich noch keine Theodorischen Fragmente finden, welches also die erste Hälfte des 8. Jahrhunderts schwerlich überschreitet." Maassen hereby seems to consider the penitential as part of the canonical collection.
18   Schmitz (as n. 5), pp. 319 (a diplomatic edition follows on pp. 320–322).
19   Cyrille Vogel, Les "Libri paenitentiales" (Typologie des sources du Moyen Âge occidental 27), Turnhout 1978, p. 74; Raymund Kottje, Überlieferung und Rezeption der irischen Bußbücher auf dem Kontinent, in: Heinz Löwe (ed.), Die Iren und Europa im frühen Mittelalter, vol. 1 (Veröffentlichungen des Europa Zentrums Tübingen. Kulturwissenschaftliche Reihe), Stuttgart 1982, pp. 511–524, at p. 520. In his edition of the penitential, Kottje suggested that the compiler of the Paenitentiale Burgundense did use Theodore's penitential (the Discipulus Umbrensium-version) for caput 6: Paenitentialia Minora (as n. 5), p. XXIV; see however Rob Meens, Reforming the clergy: a context for the use of the Bobbio penitential, in: Yitzhak Hen / Rob Meens (eds.), The Bobbio Missal. Liturgy and Religious Culture in Merovingian Gaul (Cambridge Studies in Palaeography and Codicology 11), Cambridge 2004, pp. 154–167, at p. 160, who argues that this is not necessarily the case. See also Meens (as n. 12), p. 76, n. 24.
20   Rosamond McKitterick, History and Memory in the Carolingian World, Cambridge 2004, p. 253.

fact that the latter had only commented on the penitential at the opening of the collection.[21]

Fournier and Le Bras, despite observing the "complete disorder" in the Brussels manuscript, likewise extended the date for the penitential to the entire collection, but they appear to propose a later date than previous scholars when they discuss the Burgundiana alongside other collections that "can be dated with certainty to around the year 800".[22] They suggest that it is still possible that the penitential was written at some time later in the eighth century; Le Bras writes in 1933 that "the absence of any Theodorian fragment implies a date before 750, if we are to admit – which seems excessive to us – that all the penitentials subsequent to the diffusion of the Theodorians must have been influenced by them (as if they could not have ignored or neglected them!); we give more importance to the age of the manuscripts."[23]

Taking our cue from Le Bras's argument, but extending it to the entire Collectio Burgundiana, we must consider the possibility that the collection is contemporary to the manuscript in which it survives, the late eighth-, early ninth-century Brussels codex. It would testify to a compiler particularly interested in older authoritative material, or for whose purpose the old material at hand was suitable enough, without the need to take recourse to more recent material from Theodore's penitential works (for instance) or canonical collections such as the Hibernensis or the revised Collectio Vetus Gallica.[24] In this case, the Brussels manuscript may form not only the sole witness to the collection but also its archetype.

---

21 VAN HOVE (as n. 4), p. 277: *orta est in Gallia in prima parte saeculi VIII*, referring to SCHMITZ (as n. 5), pp. 319–322, and FOURNIER / LE BRAS (as n. 3), p. 90. See also HALFOND (as n. 4), p. 171 ("an early-eighth-century anthology").

22 FOURNIER / LE BRAS (as n. 3), pp. 90–91.

23 Gabriel LE BRAS, Pénitentiels, in: Dictionnaire de théologie catholique 12,1 (1933), pp. 1160–1179, at p. 1170: "l'absence de tout fragment théodorien implique une date antérieure à 750, si l'on veit admettre – ce quis nous paraît excessif – que tous les pénitentiels postérieurs à la diffusion des théodoriens ont dû subir l'influence de ceux-ci (comme s'ils n'avaient pu les ignorer ou les négliger!); nous accordons plus d'importance à l'âge des manuscrits." Hägele, referring to Le Bras, also advised to take the date of the extant manuscript witnesses of the penitentials into regard; see Günter HÄGELE, Das Paenitentiale Vallicellianum I. Ein oberitalienischer Zweig der frühmittelalterlichen kontinentalen Bußbücher. Überlieferung, Verbreitung und Quellen (Quellen und Forschungen zum Recht im Mittelalter 3), Sigmaringen 1984, p. 90, discussed in MEENS (as n. 5), p. 38. In addition to Brussels, 8780–8793 (saec. VIII–IX, N.-France), the penitential also survives in Munich, Bayerische Staatsbibliothek, Clm 14780 (saec. VIII^{ex}, France). On the latter, see HAGGENMÜLLER (as n. 5), pp. 52–55.

24 The same can be said the other way around: Mordek dismisses the option that the text of the council of Mâcon in the Collectio Burgundiana was a possible exemplar for the Vetus Gallica on the grounds of the many textual variances, see MORDEK (as n. 3), pp. 71–72.

Character of the collection

Modern scholars assume that medieval collections were compiled according to criteria that made sense to the particular context at the time. It is up to modern research "to analyse the profile of each individual collection".[25] As Christof Rolker observes, however, it can prove very difficult or even impossible to determine for what purpose the canonical collections were compiled.[26] This process sometimes becomes easier when the contents have a particular thematic focus, or when textual hints are present that point to the character of the intended audience (laity, monastic or secular clerics, higher or lower clergy, etc.). Material aspects (the quality of the script or parchment) can help, as can textual context in the form of satellite texts accompanying the work in one or more extant manuscript witnesses. These principles can be employed to determine where a collection, understood as a thoughtfully compiled work, begins and where it rationally seems to end.

The criteria by which the compiler of the Burgundiana worked have mostly eluded modern research. Friedrich Maassen described the work as "eine kleine, durchaus planlose Sammlung"[27] while Alphonse van Hove similarly thought the collection "est valde confuse".[28] Paul Fournier and Gabriel Le Bras discussed the Burgundiana (a "mélange de textes") in the context of works that combine penitentials and canonical collections, which they found to be a "groupe d'oeuvres d'une remarquable incoherence".[29] Lotte Kéry describes the collection as an "unstructured collection of material",[30] which is echoed by Gregory Halfond ("small, unstructured collection of canonical and penitential materials"), who nevertheless regarded the Burgundiana as a "particularly revealing example of the selective inclusion of canons".[31]

The selective modus operandi of the collection's compiler manifests itself especially in the first half of the manuscript. The text following the penitential is made up of excerpts and selections of canonical sources, especially Gallic councils. Of the Gallic councils included in the collection (Tours [567], Auxerre [561–605], Lyon [585], Mâcon [581–583], Orléans [511], Epaon [516], Clermont [535], and Agde [506]) only the Council of Auxerre is copied in full. The other full texts are the Canones apostolorum, the Statuta ecclesiae antiqua, and the late-antique (ecumenical) councils of Gangra (c. 341), Nicaea (325), Sardica (342), Laodicea (c. 363), and Carthage (419).

This is somewhat reflected by the use, or non-use, of titles; either to signal the origin of the following material or to provide a descriptive heading. The

---

25 EBER et al. (as n. 2), p. 106.
26 Christof ROLKER, Canon Law in the Age of Reforms (c. 1000 to c. 1150). With a chapter *Papal Councils, 1049–1179* by Robert SOMERVILLE (History of Medieval Canon Law), Washington, D.C. 2023, p. 15.
27 MAASSEN (as n. 3), p. 636.
28 VAN HOVE (as n. 4), p. 277.
29 FOURNIER / LE BRAS (as n. 3), pp. 90–91.
30 KÉRY (as n. 1), p. 86.
31 HALFOND (as n. 4), p. 171.

only rubric introducing a Gallic council in the section of Gallic councils on fol. 8r–40r, is a descriptive heading before the excerpts from the Council of Orléans (fol. 16r), highlighting its rules on murder, adultery, and theft.[32] Titles identify the monastic rules of Macharius and Caesarius of Arles, but the opening of the canons from Clermont is not signposted. In the later section of the manuscript, more texts are provided with titles, including the Statuta ecclesiae antiqua, and the councils of Gangra, Nicaea, Laodicea, and Carthage. Throughout the collection, the compiler regularly fails not only to identify the authoritative sources from which he draws, but also to signal where each text begins and ends.

An attentive reader might still have picked this up by studying the numbering of the individual canons (when provided). The numbers often follow the original numbering of canonical decrees in their archetypical context, even when there is no longer a reference to the title of the original source text. Thus, the first canon of Clermont (following the text of Caesarius' Rule) has a number I. Similarly, when omitting Clermont's canon 13, canons 12 (XII) and 14 (XIIII) are correctly numbered according to their source. Agde's canon 12 is signposted as such (XII) as it follows Clermont's c. 15–16 (XV) on fol. 35v. The position of the number on the page proves that these numbers were not added later. It indicates that the act of selecting was not hidden from view but made explicit.

Mordek once referred to the Burgundiana as a historical collection,[33] but the scarcity of titles, the fact that many of the canonical works are not copied in full, and the fact that the material is not presented in a chronological order, argues against viewing the Collectio Burgundiana as some form of a historically structured canonical collection. Instead, the compiler seems to have selected canons according to his aims and context, as one would do for a systematically structured collection. In fact, these are indications of the early stages of composing a thematically structured compendium of canonical decrees: The sources have been stripped of the non-relevant canons but are still recorded in clusters from the same source and in their original order. They are not yet reordered, and there are hardly any descriptive headings. It suggests that this process of thematical arrangement had not progressed very far.

That is not to say that there is no hint of thematic clustering. For example, the canon of unknown pedigree on fol. 15v–16r (*Si seruus ecclesie*) concerns enslaved servants of the church and their punishment in case of theft, regulating the limits of the power of a secular judge.[34] Its main point here, however, ap-

---

32 *De homicidiis et adulteris et furibus*, Brussels, KBR, MS 8780–8793, fol. 16r.
33 Hubert Mordek, Die historische Wirkung der Collectio Herovalliana, in: Zeitschrift für Kirchengeschichte 81 (1970), pp. 220–243, at p. 226.
34 *Si seruus ecclesie super furtum presus fuerit, a iudice puplico sicut et reliqui distringantur. Et si iudex publicus seruo ecclesie super furtum non praesum ante audientia uices domini aut archidiaconi detenere aut iniuriari presumpserit, anno integro ab ecclesie liminibus arceatur. Et si seruus in ecclesia aut infra atrio ecclesiae, quod est dextris quinquaginta, confugium fecerit, nullus exinde eum trahere presumat, quia omnes ecclesias, sicut superius diximus, quinquaginta dextris atrio habere precipemus*, Brussels, KBR, MS 8780–8793, fol. 15v–16r; also edited by Maassen (as n. 3), p. 609 from the Collectio Pithouensis

pears to be the last part of the canon, stating that if the culprit takes refuge in a church or within a churchyard, no one is allowed to drag him out. The canon stresses that a churchyard extends fifty paces to the right of a church. The establishment of the geographical extent of church asylum ties the canon neatly to the first three canons from Orléans, which follow the *Si seruus ecclesie* canon and also focus on guilty people fleeing to the church.

The practicality of this cluster on church asylum is, in fact, typical of the selected texts copied on the first quires of the manuscript, which has the character of a combination of texts that seem to prepare the lower clergy for their pastoral work in the field. The penitential is a rather no-nonsense practical work that focuses on capital crimes, starting with homicide, capital theft, fornication and adultery, and quite a bit of magic and witchcraft, paganism, and sacrilege. While there are a few precepts mentioning clerics, this is not a penitential specifically concentrating on clerical behaviour or discipline, but rather on priests educating a lay population.

The selected canons from Gallic councils also specifically address (lower) clergy with practical rules. These rules would fit well with priests working in a local setting with a lay audience. They focus on clerical duties and behaviour. As such, it is hardly surprising that the collection reproduces all of the canons from the Council of Auxerre; its main concerns are the correct conduct and performance of the clergy, in canons written in a particularly concrete, brief, and accessible language.[35]

The following excerpts from Gennadius are likewise appropriate for lower clergy operating in a local setting: They provide a brief background to the Eucharist, when it should be taken and when it should be avoided (that is, when one is performing penitence). The Lyon and Mâcon canons focus on clerical duties and behaviour; again, most of it would be relevant in a local setting where the cleric's audience would be mostly lay people. After a cluster of canons on church asylum (see above), the Orléans canons again focus on the behaviour of, especially, the lower clergy. The paragraphs from Innocent's letter to Vitricius on clerics not taking a wife fit in neatly.

(Paris, Bibliothèque nationale de France, Lat. 1564). The first part (*Si seruus ... arceatur*) occurs in the Capitularies of Benedictus Levita (1,191), while the following sentence resembles 1,93, see Capitularia regum Francorum, vol. 1, ed. Étienne Baluze, Paris 1677, cols. 840, 860 (I owe this reference to Dominik Leyendecker). The description of the measurement of churchyards is not attested in Benedictus's Capitularies.

35 Concilium Autissiodorense (561–605), in: Concilia Galliae A. 511 – A. 695, ed. Carlo de Clercq (CCSL 148A), Turnhout 1963, pp. 264–272. A translation of the acts of the Council of Auxerre is provided by Jocelyn N. Hillgarth, Christianity and Paganism, 350–750. The Conversion of Western Europe, Philadelphia 1986, pp. 103–105; and in Les canons des conciles mérovingiens (VIe–VIIe siècles), vol. 1, edd. Brigitte Basdevant / Jean Gaudemet (SC 353), Paris 1989, pp. 486–487. On the context of Auxerre as the first synod held by a bishop to educate and discipline his clergy, see Meens (as n. 12), p. 77; and Odette Pontal, Histoire des conciles mérovingiens, Paris 1989, p. 192. The eighth- or early ninth-century Collectio 91 capitulorum, aimed at local clergy, similarly includes the Council of Auxerre almost in its entirety (in this case thirty-eight of its forty-five canons), see Sven Meeder, A collection of no authority: canon law and the *Collectio 91 capitulorum*, in: Early Medieval Europe 32 (2024), pp. 82–105, at p. 96.

Interestingly, the monastic rules also work well in this context: The rules of Macharius and Caesarius, on closer inspection, do not mention monasteries or monastic hierarchy at all. Instead, Macharius is more concerned with the desired behaviour – or rather disposition – of clergymen as it admonishes its readers to "be patient", and "not to hate hard work". Similarly, the rule of Caesarius focuses on faithful discipline, referring to the *milites* of the faith. Priests could easily identify themselves with them. The selected canons from the Council of Agde extend this theme: the precepts include mostly practical guidance to lower clergy (for instance when to fast, and instructions to teach the Creed).

The compiler's approach changes significantly after fol. 40v; instead of presenting excerpts from early medieval normative sources, he or she now includes the entire texts of late-antique council acts. The focus of the collection (and perhaps its intended audience) is not immediately different. The Canones apostolorum and the Statuta ecclesiae antiqua present very basic rules on clerical discipline and duties, while the acts from the Council of Gangra offer useful warnings against overzealous religious fanaticism and asceticism. Pope Innocent's letter to Bishop Decentius of Gubbio is filled with very practical (liturgical) advice. The usefulness of and reverence for the acts of Nicaea and the Nicene Creed are self-evident.

After the first eighty-odd folios, however, we witness the brief pause in the codification process, as noted above. The change in scribal hands on fol. 85v and the change in the way in which the subsequent quires were gathered may or may not have corresponded with a change in how the growing collection was perceived. The conciliar acts of Laodicea, for instance, does not strike one as particularly useful to bishops dealing with lower clergy and laity. Just like the previous quires, however, the texts in this last section are copied in full and almost in chronological order. There is no immediate reason to suppose that this latter combination of normative sources was conceived as a collection that was completely separate from the developing thematically organised combination preceding.

Halfond similarly notices the compiler's preference for canons on clerical discipline, clerical duties and tasks, and liturgical procedures. He assumes that the Burgundiana was originally intended as a canonical handbook for bishops, presenting "some of the basic canonical material that a diocesan bishop might be expected to know",[36] and I subscribe to this analysis. The texts of the first forty folios focus mostly on the (episcopal guidance of) lower clergy in their duties towards a lay populace. The Canones apostolorum and the Statuta ecclesiae antiqua (fol. 40v–62r) are not necessarily out of place here. In fact, this collection of selected canons would seem an excellent book for a bishop to give to young priests before they went out in the field, to guide their practical work *and* their own disposition. The Scintillae, however, are rather different in contents, emphasising the rights of metropolitans and their position in episcopal

---

36 HALFOND (as n. 4), pp. 171–172.

ordinations. This cluster of canons seems to have no direct relevance to the lay populace or lower clergy but would have interested suffragan bishops and points to an episcopal audience. The full texts of the late-antique councils might be regarded as authoritative works which a bishop "was expected to know".

Conclusion

This Collectio Burgundiana has elements of a chronologically arranged collection of late-antique conciliar rules – at the end – as well as noticeable efforts to create a systematical collection of mostly Gallic material – on the first quires. It is possible that we stumbled on a witness to a work-in-progress: the first stages of developing a systematic collection concern the selection of relevant canons. The majority of the presented texts are relevant and practical to the lower clergy, which seems to be one of the compiler's selection criteria, but the cluster of canons known as the Scintillae suggest that his intended audience included bishops. At some point in the manuscript, however, the process of selection seems to have halted. Even before the pre-Caroline scribes take over on fol. 85v, late-antique sources are copied in full.

This process might have taken place in the early eighth century, but there is no pressing reason to suppose that the Collectio Burgundiana is older than its only manuscript witness, although parts of the collection, like the Scintillae appear to be older. It is possible that the section in which we find a consciously selected material is of another date than the sections in which canonical works are copied in full. Future research might explore whether the Collectio Burgundiana is the product of the combining of various compilation efforts: a Merovingian penitential, a cluster of canons on episcopal ordinations from Merovingian Burgundy, a careful selection of canons from Gallic councils, and an assembly of late-antique authoritative sources. Regardless of such considerations, at some stage, the combination of all elements seemed useful. The Collectio Burgundiana exists thanks to the scribes and copyists of its Brussels manuscript, for whom this particular combination was sensible and suitable. Rather than a "planlose Sammlung", as Maassen would have it, I suggest the compilation of the Collectio Burgundiana was guided by multiple plans.

Abstract

Die Zusammenstellung von normativen Texten in der Handschrift Brüssel, KBR, MS 8780–8793 aus dem 8. Jahrhundert ist nirgendwo sonst bezeugt. Diese als Collectio Burgundiana bezeichnete Textsammlung wird von den meisten Historikern als kirchenrechtliche Sammlung behandelt. Die Gründe für die Zusammenstellung der Texte in dieser Handschrift bleiben jedoch unklar, und die Vielfalt der Stücke, die unklare Anordnung und der unterschiedliche Umgang mit den Texten stellen uns vor die Frage, ob diese Sammlung ein in sich geschlossenes Werk ist. Der Beitrag bietet eine kurze Einführung in die Collectio Burgundiana und ihre handschriftlichen Zeugen, um weitere Studien und Debatten über das Wesen kanonistischer Sammlungen anzuregen. Die Untersuchung der Struktur und des Charakters der Zusammenstellung kanonistischer Texte in der Handschrift deutet darauf hin, dass die Burgundiana das Produkt der Zusammenführung verschiedener Kompilationsbemühungen ist, deren Kombination den Kompilatoren zu einem bestimmten Zeitpunkt sinnvoll erschien.

Appendix

Contents of Brussels, KBR, MS 8780–8793

* introduced by rubric or title

Folios	Text
1v–6v	Paenitentiale Burgundense*
6v–8r	Scintillae de canonibus uel ordinationibus episcoporum*
	Nicaea (325) c. 6b
	Ancyra (314) c. 18
	Sardica (343) c. 2
	Antioch (341) c. 9
	Antioch (341) c. 19–20
8r–8v	Tours (567) c. 3, 4, 6, 8, 10b
9r–13v	Auxerre (561–605) c. 1–45
13v–14r	Ps-Gennadius of Marseille, Liber ecclesiasticorum dogmatum c. 41, 22, 23
14r	Lyon (585) c. 5
15v	Mâcon (581–583) c. 6–8, 3, 5
15v–16r	*Si seruus ecclesie – habere praecipimus*
16r–18r	Orléans (511) c. 1–3, 8, 9, 25, 26, 29–31*
18v	Innocent I, Ep. ad Vitricium, §§ 7, 2–3 (partial)
18v–19r	Epaon (516) c. 22, 12, 13, 9, 4
19v–20r	Breviarium Hipponense c. 1–4, 19, 20, 36 (partial)*
20r–25v	Regula Macharii*
25v–32v	Caesarius of Arles, Regula ad monachos*
32v–35v	Clermont (535) c. 1–13, 15, 16 (partial)
35v–40r	Agde (506) c. 12–19, 21–27, 32, 35–37, 40, 41, 44, 45, 47

Folios	Text
40v–49v	Canones apostolorum
49v–62r	Statuta ecclesiae antiqua*
62r–65r	Gangra (c. 341)*
65r–70r	Innocent I, Ep. ad episcopum Decentium Gubbiensem (J³ 701) §§ 4–12
70r–78v	Nicaea (325)*
78v–79r	Nicene Creed*
79r–96r	Sardica (342)
96v	*Epistula quae CCCXVIII episcopi Nicaeni transcripserunt, Omnino inter nos pariter uno ore consinsemus – liminibus arceatur*
96v–105v	Laodicea (ca. 363)*
105v–107r	Augustine, Tractatus ad coniugatos c. 2*
107r–128v	Carthage (419)*
128v–129r	Oratio contra febrem

Kirchenrecht in der späten Karolingerzeit. Beobachtungen zur Collectio duorum librorum prima im Codex Ambrosianus A 46 inf.

Till Stüber

„Comme une sorte d'encyclopédie juridique où sont réunies, sans beaucoup de méthode, les prescriptions à l'usage des laïques et celles qui concernent uniquement les membres du clergé", mit diesen Worten beschrieb Paul Fournier den Inhalt des spätkarolingischen Codex Mailand, Biblioteca Ambrosiana, A 46 inf.[1] Und in der Tat: Auf den insgesamt 159 Pergamentblättern wird fast das ganze Arsenal dessen ausgebreitet, was seinerzeit an normativen Texten verfügbar war. Römische Kaiserkonstitutionen stehen neben päpstlichen Dekretalen, Konzilsbeschlüsse aus Spätantike und frühem Mittelalter folgen auf fränkische Herrscherkapitularien, Patristisches wechselt ab mit Bußbestimmungen, Authentisches steht unvermittelt neben Gefälschtem. Der Inhalt ist erwartungsgemäß breit gefächert: Bestimmungen zum kirchlichen und weltlichen Verfahrensrecht sind genauso vertreten wie Regelungen zur Bischofswahl, zum Schutz des Kirchenguts, zu trunksüchtigen Klerikern oder zur Zauberei, Erbstreitigkeiten unter Laien werden ebenso wie die Normanneneinfälle bedacht, dasselbe gilt für Urkundenfälschung oder die Unkenntnis der griechischen Schrift – um nur ein paar willkürlich herausgegriffene Beispiele zu nennen.[2]

---

1   Paul FOURNIER, Un groupe de recueils canoniques inédits du Xe siècle, in: Annales de l'Université de Grenoble 9,2 (1899), S. 345–402, hier S. 395. Der Mailänder Codex ist als Digitalisat verfügbar unter: https://digitallibrary.unicatt.it/veneranda/0b02da8280148f59 (abgerufen am 13. Januar 2025). – Vorliegender Aufsatz ist im Rahmen des von der Gerda Henkel Stiftung geförderten Projekts „Die Collectio canonum Remensis (Berlin, SBPK Phill. 1743), eine Kirchenrechtssammlung aus dem fränkischen Gallien" entstanden.
2   Kirchliche Rechtsverfahren: fol. 65r–71r (zwei Exzerptreihen, die vorrangig aus pseudoisidorischen Dekretalen gezogen sind); weltliche Rechtsverfahren: fol. 139r–v (Capitulare missorum Suessionense Karls des Kahlen von 853, c. 7 und 8); Bischofswahl: fol. 15v–20r (Auszüge aus der Concordia canonum des Cresconius, der Dacheriana und der Sammlung des Ps.-Remedius von Chur); Kirchengut: fol. 72v–73r (Auszüge aus der sog. vierten Untersammlung des Hinkmar von Laon); Trunkenheit: fol. 121r (Collectio Quadripartita 4,165 und 167); Zauberei: fol. 156r (Epitome Aegidii Codex Theodosianus 9,13); Erbstreitigkeiten: fol. 141v (Capitulare Aquisgranense Karls des Großen von 802/803, c. 7); Normanneneinfälle: fol. 139v (Capitulare missorum Silvacense Karls des Kahlen von 853, c. 9); Urkundenfälschung: fol. 153v (Epitome Aegidii Codex Theodosianus 2,4); griechische Schrift: fol. 42r (Collectio Dacheriana 3,158 mit der Regula formatarum des Attikos von Konstantinopel).

Es ist daher nicht verwunderlich, dass der Mailänder Codex (im Folgenden: M) in der Forschung bereits oft und zum Teil ausführlich behandelt wurde. Die meisten einschlägigen Arbeiten haben allerdings nicht primär die im Ambrosianus enthaltenen Sammlungen zum Gegenstand, sondern verfolgen andere Fragestellungen: In der Regel steht dabei das Interesse an einer der vielen Quellen im Vordergrund, die in unserem Codex rezipiert sind.³ Folglich

---

3   Neben den Beschreibungen von FOURNIER (wie Anm. 1), S. 373–402 und Hubert MORDEK, Bibliotheca capitularium regum Francorum manuscripta. Überlieferung und Traditionszusammenhang der fränkischen Herrschererlasse (MGH Hilfsmittel 15), München 1995, S. 233–240 haben sich folgende Arbeiten mit dem Ambrosianus beschäftigt: Zur Cresconius-Rezeption im 1. Teil des Codex vgl. Klaus ZECHIEL-ECKES, Die Concordia canonum des Cresconius. Studien und Edition, Bd. 1, Frankfurt/Main u. a. 1992, S. 242–245; zur Rezeption der Kanonessammlung des Ps.-Remedius von Chur im 1. Teil vgl. Herwig JOHN, Collectio canonum Remedio Curiensi episcopo perperam ascripta (Monumenta Iuris Canonici. Series B: Corpus Collectionum 2), Vatikanstadt 1976, S. 103–106; zur Rezeption der Collectio Herovalliana im 1. Teil (= 2,33–51, 158) vgl. Hubert MORDEK, Die historische Wirkung der Collectio Herovalliana, in: Zeitschrift für Kirchengeschichte 81 (1970), S. 220–243, hier S. 239–240. Zu einem Traktat des Florus von Lyon, der genretechnisch kurioserweise zwischen den Kategorien Rechtskommentar und Pamphlet einzuordnen ist und der einzig im 1. Teil des Codex (= 2,53–65) vollständig überliefert ist, vgl. neben den älteren Arbeiten von Friedrich MAASSEN, Ein Commentar des Florus von Lyon zu einigen der sogenannten Sirmond'schen Constitutionen, in: Sitzungsberichte der Akademie der Wissenschaften in Wien. Philosophisch-Historische Klasse 92,5 (1879), S. 301–325 und Bernhard BLUMENKRANZ, Deux compilations canoniques de Florus de Lyon et l'action anti-juive d'Agobard, in: Revue historique de droit français et étranger 33 (1955), S. 227–254 und 560–582 auch die Arbeit (mit Edition) von Klaus ZECHIEL-ECKES, Florus' Polemik gegen Modoin. Unbekannte Texte zum Konflikt zwischen dem Bischof von Autun und dem Lyoner Klerus in den dreißiger Jahren des 9. Jahrhunderts, in: Francia 25 (1998), S. 19–38. Zu den c. 2,156–157 der Collectio duorum librorum prima (fol. 72v–73r), die in engem überlieferungsgeschichtlichen Zusammenhang stehen mit kanonistischen Exzerpten Hinkmars von Laon, vgl. Horst FUHRMANN, Einfluß und Verbreitung der pseudoisidorischen Fälschungen. Von ihrem Auftauchen bis in die neuere Zeit, Bd. 3, Stuttgart 1974, S. 692–696; die Verwandtschaft einiger Kapitel aus dem zweiten Buch der Collectio duorum librorum prima mit der Appendix Dacherianae Mettensis, die ebenfalls eng mit den kanonistischen Quellen Hinkmars von Laon verwandt ist, hat – im Anschluss an Emil Seckel – Gerhard SCHMITZ, Die Appendix Dacherianae Mettensis, Benedictus Levita und Hinkmar von Laon, in: Zeitschrift der Savigny-Stiftung für Rechtsgeschichte. Kanonistische Abteilung 92 (2006), S. 147–206, hier S. 150–172 untersucht. Zur Benedictus-Levita-Überlieferung im Ambrosianus vgl. neben Emil SECKEL, Benedictus Levita decurtatus et excerptus. Eine Studie zu den Handschriften der falschen Kapitularien, in: Festschrift für Heinrich Brunner zum fünfzigjährigen Doktorjubiläum am 8. April 1914 überreicht von der Juristenfakultät der Universität Berlin, München u. a. 1914, S. 377–464, hier S. 414–417 auch die Transkription der betreffenden Abschnitte von Gerhard SCHMITZ, Mailand, Ambrosiana A 46 inf. (Online-Ressource: http://www.benedictus.mgh.de/quellen/miar1.pdf; abgerufen am 30. September 2023). Zur Rezeption der Collectio Quadripartita, aus der zwei Drittel des 2. Teils des Codex geschöpft sind, vgl. Franz KERFF, Der Quadripartitus. Ein Handbuch der karolingischen Kirchenreform. Überlieferung, Quellen und Rezeption (Quellen und Forschungen zum Recht im Mittelalter 1), Sigmaringen 1982, S. 70–71. Zur Ansegis-Überlieferung im 3. Teil des Ambrosianus vgl. die Einleitung zur Edition von Gerhard SCHMITZ, Collectio capitularium Ansegisi. Die Kapitulariensammlung des Ansegis (MGH Capit. N.S. 1), Hannover 1996, S. 177–182; zu den Auszügen aus der Collectio Anselmo dedicata, die ebenfalls im 3. Teil überliefert sind (= fol. 144r–150r) vgl. Klaus ZECHIEL-ECKES, Quellenkritische Anmerkungen zur „Collectio Anselmo dedicata", in: Wilfried HARTMANN (Hrsg.) unter Mitarbeit von Annette GRABOWSKY, Recht und Gericht in Kirche und Welt um 900 (Schriften des Historischen Kollegs. Kolloquien 69), München

ist nach dem anonymen Verfasser der unikal überlieferten „encyclopédie juridique", seiner Arbeitsweise und der zugrunde liegenden Konzeption bisher kaum gefragt worden. Auch wenn der vorliegende Aufsatz keine erschöpfenden Antworten auf diese Fragen geben kann, sollen wenigstens ein paar Beobachtungen festgehalten werden, die hoffentlich zu einem besseren Verständnis dieser wichtigen und vielbeachteten Rechtshandschrift beitragen werden.

Im Folgenden soll exemplarisch der wohl am häufigsten behandelte Teil, der in der Kanonistik unter dem Allerweltsnamen „Collectio duorum librorum prima" firmiert und der immerhin knapp die Hälfte des Codex füllt (= fol. 9r–85v), im Anschluss an bisherige Forschungsergebnisse näher untersucht werden.[4] Dabei wird auch zu fragen sein, welche Schlüsse sich hieraus für die übrigen Teile des Codex und dessen Entstehung ziehen lassen.

Sieht man einmal ab von späteren Zusätzen, die von Händen des 11. und 12. Jahrhunderts auf freigelassenes Pergament eingetragen wurden, so lassen sich mit der bisherigen Forschung vier Teile des Codex unterscheiden, denen unterschiedliche inhaltliche und quellenmäßige Schwerpunktsetzungen entsprechen.[5] Dass diese Unterteilung kein späteres Forschungskonstrukt ist, sondern bereits bei der Zusammenstellung des Inhalts leitend war, zeigt sich am umfangreichen Inhaltsverzeichnis, das den Sammlungen vorgeschaltet ist: Dieses Verzeichnis, das die Rubriken der einzelnen Kapitel enthält, ist ebenfalls in vier Teile gegliedert, dazu kommt, dass die Rubriken innerhalb dieser Teile

---

2007, S. 49–66. Zum Auszug aus der Epitome Aegidii, dem 4. Teil unserer Handschrift, vgl. jetzt Dominik TRUMP, Römisches Recht in Reims. Ein Exzerpt aus der Epitome Aegidii in der Handschrift Mailand, Biblioteca Ambrosiana, A. 46 inf., in: Zeitschrift der Savigny-Stiftung für Rechtsgeschichte. Romanistische Abteilung 133 (2016), S. 322–371 (mit Edition) sowie DERS., Römisches Recht im Karolingerreich. Studien zur Überlieferungs- und Rezeptionsgeschichte der *Epitome Aegidii* (Quellen und Forschungen zum Recht im Mittelalter 13), Ostfildern 2021, S. 66–68 u. ö. Zur insgesamt dürftigen späteren Rezeption der im Ambrosianus enthaltenen Sammlungen, die bei der Erstellung der sog. Y-Redaktion (nach Zechiel-Eckes entstanden um 1090) der Collectio canonum des Bischofs Anselm von Lucca herangezogen wurden, vgl. Hubert MORDEK, Kirchenrecht und Reform im Frankenreich. Die Collectio Vetus Gallica, die älteste systematische Kanonessammlung des fränkischen Gallien. Studien und Edition (Beiträge zur Geschichte und Quellenkunde des Mittelalters 1), Berlin u. a. 1975, S. 136–137 und vor allem Klaus ZECHIEL-ECKES, Eine Mailänder Redaktion der Kirchenrechtssammlung Bischof Anselms II. von Lucca (1073–1086). Eine text- und quellenkritische Studie, in: Zeitschrift der Savigny-Stiftung für Rechtsgeschichte. Kanonistische Abteilung 81 (1995), S. 130–147.

4 Andere, in der Literatur ebenfalls anzutreffende Bezeichnungen sind Collectio Mediolanensis prima oder schlicht Collectio Ambrosiana. Vgl. zur hier interessierenden Sammlung Paul FOURNIER / Gabriel LE BRAS, Histoire des collections canoniques en occident depuis les fausses décrétales jusqu'au décret de Gratien, Bd. 1: De la réforme carolingienne à la réforme grégorienne, Paris 1931, S. 330–333; Lotte KÉRY, Canonical Collections of the Early Middle Ages (ca. 400–1140). A Bibliographical Guide to the Manuscripts and Literature (History of Medieval Canon Law), Washington, D.C., S. 178–179; Linda FOWLER-MAGERL, Clavis Canonum. Selected Canon Law Collections Before 1140 (MGH Hilfsmittel 21), Hannover 2005, S. 66–68 (wobei die hier geäußerte Ansicht, ein Teil der Capitulatio der Collectio duorum librorum prima sei auf fol. 130v zu finden, unzutreffend ist).

5 Die meisten dieser Zusätze sind bei MORDEK, Bibliotheca (wie Anm. 3), S. 233–240 im Einzelnen identifiziert.

jeweils fortlaufend nummeriert sind. Der Codex ist folgendermaßen gegliedert:

1. Collectio duorum librorum prima: die hier interessierende kanonistische Sammlung, die ihrerseits in zwei Bücher unterteilt ist (fol. 15v–85v; Inhaltsverzeichnis: fol. 9r–15r[6])
2. Collectio duorum librorum secunda: eine weitere kanonistische Sammlung, wiederum in zwei Büchern (fol. 86r–130v; Inhaltsverzeichnis: fol. 1r–6r)
3. „Kapitularien- und Konzilssammlung"[7] vor allem aus Kapitularien, Konzilskanones und Papstbriefen (fol. 131r–151r; Inhaltsverzeichnis: fol. 6r–8v)
4. Exzerpt aus der Epitome Aegidii und die Decretio Childeberti des Merowingerkönigs Childebert II. (fol. 152r–157v; Inhaltsverzeichnis: fol. 8v[8])

Herkunft und Entstehungszeit des Codex waren zunächst umstritten: Da die oberitalienische Collectio Anselmo dedicata zu den Vorlagen des Ambrosianus gehörte, ja unser Codex sogar der „älteste Beleg für die Existenz dieser riesenhaften systematischen Kirchenrechtssammlung" ist,[9] schien es zunächst naheliegend, eine oberitalienische Herkunft auch des Codex anzunehmen, dies umso mehr, als er sich spätestens seit dem Hochmittelalter im Besitz des Mailänder Benediktinerklosters San Dionigi nachweisen lässt.[10] Wie Bernhard Bischoff gezeigt hat, ist die Entstehung der Handschrift paläographisch allerdings eindeutig in Reims zu verorten, und zwar im letzten Drittel des 9. Jahrhunderts.[11] Zudem hat die Forschung längst erkannt, dass auch der Inhalt der Handschrift (etwa einige Kapitularien Karls des Kahlen, ein Brief Ni-

---

6 Wenn ich Kerff (wie Anm. 3), S. 70 Anm. 20 richtig verstehe, der sich auf einen Hinweis Rudolf Pokornys beruft, erklärt sich die gestörte Reihenfolge der Capitulationes innerhalb des Inhaltsverzeichnisses dadurch, dass die Capitulatio des 1. Teils (= jetzt fol. 9r–15v) einst den Beginn des Codex bildete, während die Capitulationes des 2., 3. und 4. Teils nach dem Ende des 1. Teils (also zwischen fol. 85 und 86) eingeheftet waren. Später wurden diese Capitulationes, die insgesamt ein Quaternio befüllen, dem Codex vorgebunden (= jetzt fol. 1r–8v; nicht bloß, wie Kerff angibt, fol. 1r–6r).
7 Die Bezeichnung stammt von Mordek, Bibliotheca (wie Anm. 3), S. 235.
8 Die Decretio Childeberti fehlt im Inhaltsverzeichnis, es wäre denkbar, dass sie in der ursprünglichen Konzeption des Sammlers nicht vorgesehen war.
9 Die Bezeichnung stammt von Zechiel-Eckes, Quellenkritische Anmerkungen (wie Anm. 3), S. 53.
10 So Fournier (wie Anm. 1), S. 397–399, der hier Überlegungen von Federico Patetta, Il Breviario Alariciano in Italia, in: Archivio giuridico 47 (1891), S. 3–45, hier S. 13–15 aufnimmt und weiterentwickelt. An prominenter Stelle, und zwar nach dem Inhaltsverzeichnis bzw. vor dem Corpus der Sammlung, ist der Eintrag einer Hand des 15. Jahrhunderts platziert: *Iste liber est monasterii sancti Dionisii Mediolanensis ordinis sancti Benedicti* (fol. 15r, von derselben Hand auch weitere Besitzvermerke fol. 22r und 54r), auf fol. 3r hat eine spätkarolingische Hand einen gedrängten Auszug aus dem Liber Pontificalis notiert (aus der Lebensbeschreibung Bonifaz' I.), worin irrtümlicherweise erwähnt wird, dass Kaiser Valentinian III. zur Zeit des damaligen Papstschismas in Mailand (*Mediolano*) residierte (ediert in: Louis Duchesne, Le Liber Pontificalis, Bd. 1 [Bibliothèque des Écoles françaises d'Athènes et de Rome, Sér. 2, 3,1,1], Paris 1886, S. 227 Z. 1–14). *Mediolano* ist unterstrichen.
11 Vgl. Bernhard Bischoff, Katalog der festländischen Handschriften des neunten Jahrhunderts (mit Ausnahme der wisigotischen), Bd. 2: Laon – Paderborn (Veröffentlichungen der Kommission für

kolaus' I. zum Fall des Bischofs Rothad von Soissons sowie enge Bezüge zu einer kanonistischen Sammlung Hinkmars von Laon) insgesamt doch sehr deutlich in den Reimser Metropolitanverband verweist.[12] Wenn die Handschrift also noch vor dem Jahr 900 im Raum Reims geschrieben wurde und bereits Auszüge aus der Anselmo dedicata enthält, die bekanntlich zwischen 882 und 896 verfasst wurde, „dann fassen wir", um es mit Klaus Zechiel-Eckes zu sagen, im Codex Ambrosianus A 46 inf. „einen Beleg für die beeindruckend rasche Mobilität von Texten in der späten Karolingerzeit", zumal das hierzu benötigte Zeitfenster „,verdammt' eng" gewesen sein muss.[13]

1. Inhaltsübersicht

Werfen wir nun einen näheren Blick auf die erste Zwei-Bücher-Sammlung, die der Codex überliefert.[14] Auch wenn bereits eine ausführliche Beschreibung der Handschrift vorliegt – es handelt sich um die eingangs zitierte Arbeit Paul Fourniers –, ist sie insgesamt recht ungenau und auch nicht frei von Irrtümern.[15] Wir kommen daher nicht umhin, zunächst die knapp 400 Kapitel, aus denen die Sammlung besteht, durch Angabe ihrer jeweiligen Quelle (fons formalis) näher zu bestimmen:[16]

---

die Herausgabe der mittelalterlichen Bibliothekskataloge Deutschlands und der Schweiz), Wiesbaden 2004, S. 149 (Nr. 2595).

12 Zur Zuordnung nach Reims vgl. auch MORDEK, Biblioteca (wie Anm. 3), S. 233; die Diskussion über Herkunft und Entstehung des Codex hat TRUMP, Römisches Recht in Reims (wie Anm. 3), S. 324–328 im Detail nachgezeichnet und zusätzliche Anhaltspunkte für eine Reimser Herkunft gesammelt (S. 351–353).

13 Zitate: ZECHIEL-ECKES, Quellenkritische Anmerkungen (wie Anm. 3), S. 64.

14 In der Handschrift hat diese Sammlung keinen eigenen Titel, im Inhaltsverzeichnis sind die Rubriken des ersten Buchs mit INCIPIVNT CAPITVLA LIBRI SEQVENTIS überschrieben, das letzte Wort wurde nachträglich zu PRIMI korrigiert (fol. 9r).

15 Kritik wurde bereits von SECKEL (wie Anm. 3), S. 414–415 geübt, vgl. auch SCHMITZ, Appendix (wie Anm. 3), S. 150–151.

16 Auf die Angabe eindeutig als später zu erkennender Nachträge wurde aus Platzgründen verzichtet, siehe oben, Anm. 5. Abkürzungen:
Ans. = Kapitulariensammlung des Ansegis von Fontenelle; die Kapiteleinteilung folgt: SCHMITZ, Kapitulariensammlung (wie Anm. 3), S. 431–681.
BL = Kapitulariensammlung des Benedictus Levita; wo möglich, folgt die Kapiteleinteilung der in Entstehung befindlichen kritischen Edition von Gerhard SCHMITZ (Online-Ressource: http://www.benedictus.mgh.de/edition/edition.htm; abgerufen am 30. September 2023), für die übrigen Kapitel ist die Ausgabe von Georg Heinrich PERTZ, in: MGH LL 2,2, Hannover 1837, S. 39–158 berücksichtigt.
Conc. Silv. = Concilium Ps.-Silvestri.
Cresc. = Concordia canonum des Cresconius; die Kapiteleinteilung folgt: Klaus ZECHIEL-ECKES, Die Concordia canonum des Cresconius. Studien und Edition, Bd. 2, Frankfurt/Main u. a. 1992.
Dach. = Collectio Dacheriana; die Kapiteleinteilung folgt: Luc D'ACHERY (Hrsg.), Spicilegium sive collectio veterum aliquot scriptorum qui in Galliae bibliothecis delituerunt, Bd. 1, Paris ²1723, S. 509–564.

C.	Quelle	C.	Quelle	C.	Quelle
1,1	Dach. 3,125	1,138	Dach. 3,107	2,87	Cresc. 144,1
1,2	Dach. 3,126	1,139	Dach. 3,108	2,88	Cresc. 144,2
1,3	Cresc. 1,2		Dach. 3,111	2,89	Cresc. 144,3–4
1,4	Cresc. 1,3	1,140	DH?, J³ 665	2,90	Cresc. 149
1,5	Cresc. 1,4–6	1,141	Cresc. 17,6	2,91	Cresc. 205,2
1,6	Cresc. 1,7	1,142	Dach. 3,127?	2,92	Cresc. 205,3–4
1,7	Cresc. 4,1	1,143	Dach. 3,135?	2,93	Cresc. 205,5
1,8	Cresc. 4,2	1,144	Dach. 3,146	2,94	Cresc. 205,6
1,9	Cresc. 4,3	1,145	Dach. 3,154	2,95	Cresc. 245,1–2
1,10	Cresc. 4,4	1,146	Dach. 3,156	2,96	Isidor v. Sevilla[17]
1,11	Cresc. 38,2	1,147	Dach. 3,157	2,97	Ps.-Rem. 46
1,12	Cresc. 38,3[18]	1,148	Ps.-Rem. 4	2,98	Ps.-Rem. 79
1,13	Cresc. 151	1,149	Ps.-Rem. 5	2,99	Ps.-Rem. 54
1,14	Cresc. 152	1,150	Dach. 3,158	2,100	Ps.-Rem. 55
1,15	Cresc. 164,3	1,151	Ps.-Rem. 1	2,101	Ps.-Rem. 56
1,16	Cresc. 209	1,152	Ps.-Rem. 2	2,102	Ps.-Rem. 57
1,17	Cresc. 218,1	1,153	Ps.-Rem. 27	2,103	Ps.-Rem. 59
1,18	Cresc. 228,1–2	1,154	Ps.-Rem. 37	2,104	Ps.-Rem. 60
1,19	Cresc. 228,3	1,155	Ps.-Rem. 3	2,105	Ps.-Rem. 61
1,20	Cresc. 228,4	1,156	Ps.-Rem. 9	2,106	Ps.-Rem. 65
1,21	Cresc. 260	1,157	*unbekannt*[19]	2,107	Ps.-Rem. 72
1,22	Cresc. 270	1,158	Ps.-Rem. 23	2,108	Ps.-Rem. 77

DH = Collectio Dionysio-Hadriana; Druck: Johannes Cochlaeus, Canones apostolorum, veterum conciliorum constitutiones, Decreta Pontificum antiquiora, Mainz 1525.

Florus v. Lyon = Florus' Polemik gegen Modoin; die Kapiteleinteilung folgt: Zechiel-Eckes (wie Anm. 3), S. 34–38.

H. = Seitenangabe aus: Paul Hinschius (Hrsg.), Decretales Pseudo-Isidorianae et Capitula Angilramni, Leipzig 1863 (ND Aalen 1963).

Herov. = Collectio Herovalliana; die Kapiteleinteilung folgt: Migne PL 99, Sp. 991A–1086A.

PI = Pseudoisidorische Dekretalen.

Ps.-Rem. = Collectio canonum des Ps.-Remedius von Chur; die Kapiteleinteilung folgt: John (wie Anm. 3), S. 131–193.

Als äußerst hilfreich erwiesen sich bei der Erstellung der vorliegenden Übersicht nicht nur die in Anm. 3 erwähnten Einzelstudien, sondern ganz besonders die Angaben der Clavis-Canonum-Datenbank, wo sämtliche Kapitel unserer Sammlung mit Angabe von Incipit, Explicit sowie Inscriptio erfasst sind: https://beta.mgh.de/databases/clavis/db/legacysearch?key=&collection=ME&location=&authorgroup=&inscription=&title=&incipit=&explicit=&addition=&maxnum=50&start=1 (abgerufen am 30. September 2023).

17   Es handelt sich um den Brief Isidors von Sevilla an Bischof Masona von Mérida („Veniente ad nos"). Edition: Migne PL 83, Sp. 899A–902A.

18   Es fehlt der Schlusssatz: *Quem etiam conseruare conueniet, quicquid synodus perfecta prouinciae, quid uisum merit iudicandi, decreuerit* (Zechiel-Eckes, Concordia canonum 2 [wie Anm. 16], S. 539 Z. 22–24).

19   Fol. 43v: *EX DECRETIS PAPAE LEONIS TITVLO XXXIII. Vt in sacramentis corporis et sanguinis Domini nihil amplius offeratur quam ipse Dominus tradidit: Hoc est panem et uinum aqua myxtum.* Rubrik (fol. 11r): *Quid in sacramento offerendum sit.*

C.	Quelle	C.	Quelle	C.	Quelle
1,23	Ps.-Rem. 11	1,159	Ps.-Rem. 29	2,109	Cresc. 153
1,24	Ps.-Rem. 36	1,160	DH, Antioch. c. 2	2,110	Ps.-Rem. 39
1,25	Ps.-Rem. 58	1,161	Cresc. 125	2,111	Ps.-Rem. 73
1,26	Cresc. 36,3	1,162	Cresc. 193,1–2	2,112	PI, J^3 † 15, H. 73–74
1,27	DH, J^3 790	1,163	DH, RECE 41[20]	2,113	Ps.-Rem. 64
1,28	DH?, Antioch. c. 17[21]	1,164	Ps.-Rem. 6		Cresc. 1,2
1,29	Dach. 2,62	1,165	Ps.-Rem. 50		Cresc. 1,3
1,30	Cresc. 39,2	1,166	Ps.-Rem. 63		Cresc. 1,4–5
1,31	Cresc. 39,3	1,167	Ps.-Rem. 7	2,114	Dach. 2,28
1,32	Cresc. 39,4	1,168	Ps.-Rem. 8	2,115	PI, J^3 † 160, H. 136
1,33	Cresc. 39,5	1,169	Ps.-Rem. 38	2,116	PI, J^3 † 162, H. 140–141
1,34	Cresc. 39,6	1,170	Ps.-Rem. 52	2,117	PI, J^3 † 162, H. 140
1,35	Cresc. 179,1	1,171	Cresc. 53,1	2,118	PI, J^3 † 179, H. 147
1,36	Cresc. 268	1,172	Cresc. 53,2	2,119	PI, J^3 † 192, H. 162
1,37	Cresc. 272	1,173	Cresc. 62,1	2,120	PI, J^3 † 192, H. 165
1,38	Ps.-Rem. 59	1,174	Cresc. 62,2	2,121	PI, J^3 † 192, H. 164–165
1,39	Ps.-Rem. 31	1,175	Cresc. 63	2,122	PI, J^3 † 257, H. 182
1,40	Dach. 2,52	1,176	Cresc. 64	2,123	PI, J^3 † 298, H. 212
1,41	Cresc. 200,1	1,177	Cresc. 65	2,124	PI, J^3 † 573, H. 503
1,42	Cresc. 200,2	1,178	Cresc. 66,2	2,125	PI, J^3 † 573, H. 503–504
1,43	Ps.-Rem. 35	1,179	Cresc. 66,3	2,126	PI, J^3 † 256, H. 184–6
1,44	Ps.-Rem. 45	1,180	Cresc. 184	2,127	PI, J^3 † 315, H. 214–215
1,45	DH, J^3 821	1,181	Cresc. 212,1	2,128	PI, Toledo IV c. 13[22]
1,46	Dach. 3,151	1,182	Cresc. 212,7	2,129	Dach. 2,5
1,47	Dach. 3,149	1,183	Cresc. 238	2,130	Dach. 2,6
1,48	Dach. 3,150	1,184	Cresc. 297	2,131	PI, J^3 † 573, H. 504
1,49	Cresc. 2,3	1,185	Ps.-Rem. 24	2,132	PI, J^3 † 192, H. 165
1,50	Cresc. 2,4	2,1	[Ps.-Rem. 12][23]	2,133	PI, J^3 † 505, H. 490
1,51	Cresc. 2,5	2,2	[Ps.-Rem. 13]	2,134	PI, J^3 † 66, H. 111–112
1,52	Cresc. 2,6	2,3	[Ps.-Rem. 15]	2,135	PI, J^3 † 162, H. 140

---

20 Fons formalis könnte auch Cresc. 257 sein. Fons materialis ist: Registri ecclesiae Carthaginensis excerpta c. 41, ed. Charles Munier (CCSL 149), Turnhout 1974, S. 185 Z. 102–107.

21 Der Kanon folgt zwar der Interpretatio Dionysiana, allerdings lässt sich nicht beurteilen, ob er – was sich zumindest bei anderen Kanones wahrscheinlich machen lässt – der Dionysio-Hadriana entnommen ist. Die Rubrik lautet in M nämlich ganz anders: *Si quis episcopus ministerium suum subire neglexerit*; diese Formulierung ist – jedenfalls was die in der Clavis-Canonum-Datenbank verzeichneten Sammlungen angeht – singulär.

22 Gonzalo Martínez-Díez / Félix Rodríguez (Hrsg.), La colección canónica Hispana, Bd. 5, Madrid 1992, S. 119–120 Z. 822–826 (= H. 360).

23 C. 2,1 bis 2,29 (Anfang) sind wegen Lagenausfalls verloren; die mit fol. 49r beginnende Lage setzt inmitten von 2,29 ein mit den Worten: *ecclesiasticos ubi est maior auctoritas – uel aliqua cupiditate aut gratia deprauati*. Die Zuordnung der fehlenden Kapitel (hier in eckigen Klammern) folgt Fournier (wie Anm. 1), S. 379 Anm. 1 und John (wie Anm. 3), S. 105, die die Kapitel teilweise anhand der im Inhaltsverzeichnis erhaltenen Rubriken zuordnen konnten.

C.	Quelle	C.	Quelle	C.	Quelle
1,53	Cresc. 2,7	2,4	[Ps.-Rem. 16]	2,136	PI, J^3 † 180, H. 149
1,54	Cresc. 3,1	2,5	[Ps.-Rem. 17]	2,137	PI, J^3 † 2044, H. 730
1,55	Cresc. 3,2	2,6	[Ps.-Rem. 19]	2,138	PI, J^3 † 192, H. 165
1,56	Cresc. 3,3	2,7	[Ps.-Rem. 20]	2,139	PI, J^3 † 191, H. 168
1,57	Cresc. 3,4	2,8	[Ps.-Rem. 21]	2,140	PI, J^3 † 298, H. 211
1,58	Cresc. 3,5	2,9	[Ps.-Rem. 22]	2,141	PI, J^3 † 162, H. 141
1,59	Cresc. 3,6	2,10	[Ps.-Rem. 25]	2,142	PI, Conc. Silv., H. 449
1,60	Cresc. 20,2	2,11	[Ps.-Rem. 26]	2,143	PI, Conc. Silv., H. 449
1,61	Cresc. 20,3	2,12	[Ps.-Rem. 40]	2,144	PI, J^3 † 355, H. 243
1,62	Cresc. 23,2	2,13	[Ps.-Rem. 43]	2,145	PI, J^3 † 123, H. 125–126
1,63	Cresc. 25,2	2,14	[BL 1,36]	2,146	PI, J^3 † 43, H. 92
1,64	Cresc. 123	2,15	[BL 3,281?]	2,147	PI, J^3 † 573, H. 504
1,65	Cresc. 195,1	2,16	[PI?]	2,148	PI, J^3 † 573, H. 505–506
1,66	Cresc. 195,2	2,17	[PI?]	2,149	Ps.-Rem. 74[24]
1,67	Cresc. 195,3	2,18	[PI?]		Ps.-Rem. 79
1,68	Cresc. 214,1	2,19	[PI?]	2,150	Ps.-Rem. 10
1,69	Cresc. 214,2	2,20	[PI?]	2,151	Ps.-Rem. 33
1,70	Cresc. 215	2,21	[PI?]	2,152	Ps.-Rem. 34
1,71	Cresc. 225	2,22	[PI?]	2,153	Meaux 845 c. 22[25]
1,72	Cresc. 239	2,23	[PI?]	2,154	Orléans 538 c. 13[26]
1,73	Cresc. 247	2,24	[PI?]	2,155	PI, J^3 † 85, H. 118
1,74	Cresc. 196	2,25	[unbekannt]		PI, J^3 † 160, H. 137
1,75	Cresc. 31,2	2,26	[unbekannt]	2,156[27]	Verschiedene Zitate
1,76	Cresc. 93,1	2,27	[unbekannt]	2,157	Verschiedene Zitate
1,77	Cresc. 93,2	2,28	[unbekannt]	2,158	Herov. 39,14
1,78	Cresc. 93,3	2,29	[PI?]	2,159	BL 2,404
1,79	Cresc. 94,1	2,30	Dach. 2,24	2,160	BL 2,405
1,80	Cresc. 94,2	2,31	PI, J^3 † 179, H. 147	2,161	BL 2,407
1,81	Cresc. 94,3	2,32	PI, J^3 † 878, H. 562	2,162	BL 2,111–112
1,82	Cresc. 95	2,33	Herov. 40,1–2		BL 2,115
1,83	Ans. 1,82	2,34	Herov. 40,3–4		BL 3,207
1,84	Ans. 1,84	2,35	Herov. 40,5		BL 3,199
	Cresc. 18,5	2,36	Herov. 40,6		BL 1,182
1,85	Cresc. 17,2	2,37	Herov. 40,7		Nikolaus I., J^3 5958

---

24 Der Schluss des Kapitels fehlt, weil auf fol. 71 (unten) Pergament entnommen wurde, siehe unten, Anm. 68.
25 Ed. Wilfried Hartmann (MGH Conc. 3), Hannover 1984, S. 96 Z. 1–18. Die in M anzutreffenden Lesarten gehen auffällig oft mit den Kapitularien-Handschriften Den Haag, Museum Meermanno-Huis van het boek 10 D 2 (Reims, 3. Viertel des 9. Jahrhunderts) und mit der hiermit eng verwandten Handschrift Paris, Bibliothèque nationale de France, Lat. 4638 (11. Jahrhundert) konform. Es handelt sich dabei nicht um die unmittelbare Rezeption der Konzilsbeschlüsse von Meaux-Paris, sondern um die von Karl dem Kahlen 846 in Épernay bestätigten Kanones.
26 Ed. Friedrich Maassen (MGH Conc. 1), Hannover 1893, S. 77 Z. 17–2 = ed. Carlo de Clercq (CCSL 148A), Turnhout 1963, S. 119 Z. 143 – S. 120 Z. 152.
27 Zum Inhalt der c. 2,156 und 157 vgl. Kapitel 4.2.

C.	Quelle	C.	Quelle	C.	Quelle
1,86	Cresc. 17,3	2,38	Herov. 40,8a		BL 1,24
1,87	Cresc. 17,4	2,39	Herov. 40,8b–9		BL 2,135
1,88	Cresc. 17,5	2,40	Herov. 40,10		BL 2,134
1,89	Ps.-Rem. 18	2,41	Herov. 40,11		BL 2,136
1,90	Ps.-Rem. 51	2,42	Herov. 40,12	2,163	Ps.-Rem. 47
1,91	Cresc. 17,6	2,43	Herov. 40,13	2,164	Ps.-Rem. 48
1,92	Cresc. 37,2	2,44	Herov. 40,14	2,165	Ans. 1,77
1,93	Cresc. 145	2,45	Herov. 39,1	2,166	Ans. 1,80
1,94	Cresc. 146	2,46	Herov. 39,2	2,167	Ans. 1,85
1,95	Cresc. 147	2,47	Herov. 39,4	2,168	Ans. 1,87
1,96	Cresc. 148	2,48	Herov. 39,5	2,169	Ans. 1,88
1,97	Cresc. 155	2,49	Herov. 39,6	2,170	Ans. 1,135
1,98	Cresc. 154,1	2,50	Herov. 39,7		Ans. 1,140
1,99	Cresc. 154,4	2,51	Herov. 39,13	2,171	Ans. 1,141
1,100	Cresc. 159,1	2,52	PI, Conc. Silv., H. 449	2,172	Ans. 1,142
1,101	Cresc. 159,2	2,53	Florus v. Lyon 1	2,173	Ans. 1,143
1,102	Cresc. 160	2,54	Florus v. Lyon 2	2,174	Ans. 1,144
1,103	Cresc. 180,1–3	2,55	Florus v. Lyon 3	2,175	Ans. 1,145
1,104	Cresc. 256	2,56	Florus v. Lyon 4	2,176	Ans. 1,146
1,105	PI, J³ † 571, H. 509–515	2,57	Florus v. Lyon 5	2,177	Ans. 1,149
	Dach. 3,4	2,58	Florus v. Lyon 6–7	2,178	Ans. 1,150
1,106	Dach. 3,5	2,59	Florus v. Lyon 8	2,179	Ans. 2,29
1,107	Dach. 3,6	2,60	Florus v. Lyon 9	2,180	Ans. 2,30
1,108	Dach. 3,7	2,61	Florus v. Lyon 10	2,181	Ans. 2,34
1,109	Dach. 3,8	2,62	Florus v. Lyon 11	2,182	Ans. 2,45
1,110	Dach. 3,11	2,63	Florus v. Lyon 12	2,183	Ans. 4,13
1,111	Dach. 3,12	2,64	Florus v. Lyon 13	2,184	Ans. 4,18a
1,112	Dach. 3,14	2,65	Florus v. Lyon 14	2,185	Ans. 4,18b
1,113	Dach. 3,19	2,66	BL 3,153	2,186	PI, J³ † 171, H. 143–146
1,114	Dach. 3,20	2,67	BL 3,102	2,187	PI, J³ † 246, H. 178
1,115	Dach. 3,23	2,68	BL 3,109	2,188	Dach. 2,59
1,116	Dach. 3,25	2,69	BL 3,178[28]	2,189	Dach. 2,80
1,117	Dach. 3,30	2,70	BL 1,315	2,190	Dach. 2,81
1,118	Dach. 3,32	2,71	BL 1,322	2,191	Dach. 2,82
1,119	Dach. 3,55	2,72	BL 1,319	2,192	Dach. 2,83
1,120	Dach. 3,60	2,73	BL 3,441	2,193	Dach. 2,84
1,121	Dach. 3,68	2,74	BL 2,402	2,194	Dach. 2,85
1,122	Dach. 3,71		BL 2,366	2,195	Dach. 2,86
1,123	Dach. 3,79	2,75	BL 2,403	2,196	Dach. 2,87
1,124	Dach. 3,80		BL 3,478	2,197	Dach. 2,88
1,125	Dach. 3,81	2,76	Dach. 2,34?	2,198	Dach. 2,65

---

28 Alternative Quelle: BL 3,171 oder 2,309; vgl. SECKEL (wie Anm. 3), S. 415.

C.	Quelle	C.	Quelle	C.	Quelle
1,126	Dach. 3,82	2,77	Dach. 2,16	2,199	Dach. 2,66
1,127	Dach. 3,85		PI, Chalkedon c. 21[29]	2,200	Dach. 2,67
1,128	Dach. 3,86	2,78	PI, Elvira c. 75[30]	2,201	Dach. 2,68
1,129	Dach. 3,91		PI, Toledo VI c. 11[31]	2,202	Dach. 2,69
1,130	Dach. 3,93	2,79	PI, Sevilla II c. 6[32]	2,203	Dach. 2,70
1,131	Dach. 3,94	2,80	Dach. 2,34	2,204	Dach. 2,71
1,132	Dach. 3,96	2,81	Dach. 2,30	2,205	Dach. 2,72
1,133	Dach. 3,97	2,82	Dach. 2,39	2,206	Dach. 2,77
1,134	Dach. 3,99	2,83	Dach. 2,43	2,207	DH?, Röm. Syn. 465[33]
1,135	Dach. 3,101	2,84	Dach. 2,45	2,208	Dach. 2,78
1,136	Dach. 3,102	2,85	Dach. 2,46	2,209	Dach. 2,79
1,137	Dach. 3,106	2,86	Cresc. 143,2		

2. Verwendete Quellenkorpora

Die Zusammenstellung zeigt, dass der anonyme Verfasser der Sammlung auf eine recht breite Quellenauswahl zurückgriff, also über eine große Bibliothek verfügt haben muss. Dennoch lassen sich drei Hauptquellen erkennen, von denen der Verfasser offenbar besonders viel hielt und sie daher ausgiebig nutzte: Die Dacheriana,[34] die Concordia canonum des Cres-

---

29 Gonzalo Martínez-Díez / Félix Rodríguez (Hrsg.), La colección canónica Hispana, Bd. 3, Madrid 1982, S. 260 Z. 495–499 (= H. 287).

30 Gonzalo Martínez-Díez / Félix Rodríguez (Hrsg.), La colección canónica Hispana, Bd. 4, Madrid 1984, S. 266 Z. 491–494 (= H. 343).

31 Martínez-Díez / Rodríguez (wie Anm. 22), S. 317 Z. 248–253 (= H. 378–379).

32 José Vives, Concilios visigóticos e hispano-romanos (España cristiana 1), Barcelona / Madrid 1963, S. 166–167 (= H. 438).

33 Stark abgewandeltes Zitat aus der römischen Synode des Papstes Hilarus a. 465. Die Akten dieser Synode finden sich sowohl in der DH als auch bei Pseudoisidor (H. 630). Dass es einer dieser Sammlungen direkt entnommen wurde, erscheint wegen des abweichenden Wortlauts eher unwahrscheinlich.

34 Eine konkrete Form der als Vorlage genutzten Dacheriana ließ sich wegen des Fehlens einer kritischen Ausgabe nicht ermitteln (allgemein skeptisch zur bisher üblichen Unterscheidung von Dacheriana-Redaktionen ist Abigail Firey, Ghostly Recensions in Early Medieval Canon Law. The Problem of the Collectio Dacheriana and its Shades, in: Tijdschrift voor Rechtsgeschiedenis 68 [2000], S. 63–82). Daher seien hier nur einige auffällige Lesarten notiert. Die Vorlage wies den für die B-Redaktion charakteristischen Zusatz *cum suffraganeis suis* auf, mit dem in Dach. 3,150 (= M, 1,48) die Definition des *concilium perfectum* im 16. Kanon von Antiochien ergänzt wird (der Ausdruck findet sich in der Interpretatio Dionysiana, die Isidoriana spricht stattdessen von einer *synodus plenaria*), vgl. Gabriel Le Bras, Les deux formes de la „Dacheriana", in: Mélanges Paul Fournier. De la Bibliothèque d'histoire du droit, sous les auspices de la Société d'histoire du droit, Paris 1929, S. 395–414, hier S. 409; zum Terminus in der Karolingerzeit vgl. Gerhard Schmitz, Concilium perfectum. Überlegungen zum Konzilsverständnis Hinkmars von Reims (845–882), in: Zeitschrift der Savigny-Stiftung für Rechtsgeschichte. Kanonistische Abteilung 65 (1979), S. 27–54. Es fehlen

conius³⁵ und jene anonyme Kanonessammlung, die im 17. Jahrhundert irrtümlicherweise dem Bischof Remedius von Chur († ca. 820) zugeschrieben wurde und die daher als Sammlung des Ps.-Remedius bezeichnet wird (diese Collectio besteht fast ausschließlich aus Auszügen pseudoisidorischer Dekretalen).³⁶ Etwas weniger ausgiebig schöpfte der Verfasser aus den Kapitulariensammlungen des Ansegis³⁷ und des Benedictus Levita.³⁸ Übernommen

allerdings die – ebenfalls als typische Merkmale der B-Redaktion geltenden – Zusätze zu Dach. 2,59 (= M, 2,188) und 2,62 (= M, 1,29), die in der Ausgabe d'Acherys enthalten sind, vgl. hierzu LE BRAS (wie Anm. 34), S. 407–408 mit Anm. 44 und Hubert MORDEK, Zur handschriftlichen Überlieferung der Dacheriana, in: Quellen und Forschungen aus italienischen Archiven und Bibliotheken 47 (1967), S. 574–595, hier S. 577. An einigen Stellen weist M gegenüber d'Achery kurze Textergänzungen auf, die wahrscheinlich schon in der Vorlage standen, z. B. Dach. 3,101 (= M, 1,135): nach *Nam Dominus noster tricesimo aetatis suae anno baptizatus est* fügt M hinzu *et sic coepit docere*; Dach. 3,127 (= M, 1,142): nach *in qua collata sunt omnia dona gratiarum* fügt M hinzu *ut in omnibus obseruantia nostra concordet*. Auffälligste Abweichung von der Ausgabe d'Acherys sind Ausführungen zu griechischen Zahlen, die auf die Regula formatarum des Attikos (Edition: Clara FABRICIUS, Die Litterae Formatae im Frühmittelalter, in: Archiv für Urkundenforschung 9 [1926], S. 39–86, 168–194, hier S. 39–40) folgen (Dach. 3,158 [= M, 1,150]) und immerhin zwölf Zeilen lang sind: *Tres igitur praedictę litterę Grecę – DCLXXXII*.

Es ließ sich im Rahmen vorliegender Untersuchung nicht ermitteln, ob sich die in M vorhandenen Charakteristika auch in der verlorenen Dacheriana-Handschrift Metz, Bibliothèque municipale, 236 fanden (bzw. in der Parallelüberlieferung, den ebenfalls verlorenen Codices Merseburg, Domstift, 100 und Barcelona, Arxiu de la Corona d'Aragó, Ripoll 77). Diese Annahme wäre naheliegend, denn wie SCHMITZ, Appendix (wie Anm. 3) gezeigt hat, geht der kanonistische Anhang, der der Metzer Dacheriana folgt, auf eine mit M geteilte Vorlage zurück. Anhand der knappen Notizen von SECKEL (wie Anm. 3), S. 411 Anm. 6 und LE BRAS (wie Anm. 34), S. 406 Anm. 40, die die Metzer Handschrift noch persönlich einsehen konnten, ist immerhin gesichert, dass die Metzer Dacheriana der B-Form entsprach und darüber hinaus in den Kapiteln Dach. 2,59 (Seckel: abweichender Anfang) und 3,111 (Le Bras: *nulla in temptationem semina*) von d'Achery abweichende Lesarten aufwies, die sich auch in M finden.

35 Nach ZECHIEL-ECKES, Concordia canonum 1 (wie Anm. 3), S. 244 ist die genutzte Vorlage „entweder die Handschrift Kr [= Krakau, Biblioteka Jagiellońska, Inv.-Nr. 1894]" oder „ein von Kr abgeleitetes Cresconius-Exemplar" gewesen. Zechiel-Eckes bemerkt, dass dieser Befund zum Entstehungsort von M (Nordostfrankreich) insofern passt, als die von Kr und der eng verwandten Handschrift Berlin, Staatsbibliothek – Preußischer Kulturbesitz, lat. fol. 626 (B₂) gebildete Handschriftenklasse in Nordostfrankreich bzw. der Diözese Lüttich zu verorten ist. Im Anschluss an Cresconius (fol. 59rb–79va) ist in B₂ übrigens ein umfangreicher Auszug aus der Dacheriana (fol. 79va–92rb) enthalten, der nach Einschätzung von Gerhard SCHMITZ, Wucher in Laon. Eine neue Quelle zu Karl dem Kahlen und Hinkmar von Reims, in: Deutsches Archiv 37 (1981), S. 529–558 ebenfalls der B-Redaktion entspricht. Eine Abhängigkeit entweder der Handschrift M von B₂ oder umgekehrt, kann allein schon wegen zahlreicher, im jeweils anderen Codex nicht rezipierten Dacheriana-Kapitel ausgeschlossen werden.

36 JOHN (wie Anm. 3), S. 105 bemerkt zu den Ps.-Remedius-Kapiteln in M: „Der Text hat Nähe zur ältesten Pseudo-Remedius-Schicht in M1 [München, Bayerische Staatsbibliothek, clm 6245; saec. IX$^{ex.}$/X¹, Freising], K [Köln, Dombibliothek, Cod. 118; saec. IX$^{ex.}$, Reims oder Umgebung] und G [Sankt-Gallen, Stiftsbibliothek, Cod. 614; saec. IX–XII, z. T. St. Gallen]."

37 Siehe unten, Kapitel 3 mit Anm. 52.

38 Soweit bekannt, scheint M die Benedictus-Levita-Kapitel keinem vollständigen Exemplar dieser Kapitulariensammlung entnommen zu haben, sondern einer bereits von Seckel erschlossenen Zwischensammlung, die ihrerseits (mittelbare?) Vorlage der Appendix Dacherianae Mettensis (ADM) und der ersten Zwei-Bücher-Sammlung in M war. Jedenfalls sind sämtliche in M enthalte-

wurde außerdem der Großteil zweier Herovalliana-Kapitel (39 und 40) und eine ganze Reihe weiterer Abschnitte aus den Falschen Dekretalen, die nicht bei Ps.-Remedius überliefert sind. Kurioserweise wurde auch jene Schmähschrift aufgenommen, die Florus von Lyon († ca. 860) an den Bischof Modoin von Autun gerichtet hatte. Zu erklären ist die Aufnahme wahrscheinlich damit, dass Florus' eigenwilliges Elaborat formal gesehen ein Kommentar zu römischen und kirchlichen Rechtstexten ist, die den Gerichtsstand der Kleriker zum Thema haben.[39] Diese Rechtsregelungen versah Florus mit kurzen, bissigen Bemerkungen, die an den Bischof der Nachbardiözese Autun gerichtet waren.[40] Florus hielt dem Prälaten darin vor, dass diesem selbst rudimentäre Kenntnisse zentraler Rechtstexte fehlten und er deshalb – sein Ignorantentum mit Boshaftigkeit vermengend – Kleriker an weltliche Gerichte ausliefere, obwohl doch gerade das, wie Florus' Quellenauswahl deutlich machen sollte, von alters her von verschiedenen, allseits anerkannten Autoritäten verboten war. Diese Autoritäten sind in M – und zweifellos auch in der verwendeten Vorlage[41] – mit Inscriptiones versehen, die optisch den Eindruck einer gewöhnlichen Rechtssammlung erwecken (etwa fol. 51v: *EX CONCILIO CARTAGINENSI CAP. XXVI* oder *IMPERATORES VALENTINIANVS, THEODOSIVS ET ARCADIVS*). Da der Traktat der Tendenz des Verfassers entgegenkam, Anklagen gegen Kleriker – erst recht vor weltlichen Gerichten – zu erschweren bzw. zu verunmöglichen, ist seine Aufnahme in die erste Zwei-Bücher-Sammlung nicht verwunderlich.

In der Collectio finden sich zudem vereinzelte Kapitel, die bislang keiner der genannten größeren Korpora zugeordnet werden konnten: Weil die vier Konzilskanones, die in c. 2,77 und 78 untergebracht sind (es handelt sich um Chalkedon c. 21, Elvira c. 75, Toledo VI c. 11 und Sevilla II c. 6), alle der bei Pseudoisidor überlieferten Form entsprechen, erscheint es auf den ersten Blick naheliegend, die Nutzung der pseudoisidorischen Langfassung (A1) anzunehmen, aus der dann nicht nur die zahlreichen Auszüge aus den Falschen Dekretalen, sondern auch die eben genannten Konzilsbeschlüsse entnommen wären. Völlig ausschließen lässt sich das Vorliegen der Langfassung zwar nicht, ein näherer Blick auf die Parallelüberlieferung wird allerdings zeigen, dass die meisten der übrigen Pseudoisidor-Exzerpte aus Zwischensammlungen stammen, weshalb die eben geäußerte Annahme eher unplausibel ist. Anders sieht

---

nen Benedictus-Kapitel auch in der Appendix enthalten, Ausnahme sind allein die beiden von Fournier vermuteten c. 1,36 (= M, 2,14) und 3,281 (= M, 2,15). Womöglich ist es kein Zufall, dass sich nach Seckel (wie Anm. 3), S. 411 zu Beginn eines Textzeugen der ADM, nämlich der heute verlorenen Handschrift Metz, Bibliothèque municipale, 236 (fol. 1r–2r), ausgerechnet Benedictus Levita 1,36 befand (zusammen mit dem Schluss von 1,35).

39 Wie die Edition von Zechiel-Eckes, Florus' Polemik (wie Anm. 3), S. 33–38 zeigt, werden in Florus' Traktat neben einer Auswahl aus den Constitutiones Sirmondianae, die zum Teil in stark abweichender, auch sinnverfälschender Art paraphrasiert werden, auch Zitate von spätantiken afrikanischen Synoden kommentiert, und zwar aus dem Breviarium Hipponense (c. 9b = 2,57) und aus den sog. Registri ecclesiae Carthaginensis excerpta (c. 59 und 104 = 2,58).
40 Zur Identifikation des Autors mit Florus vgl. Maassen (wie Anm. 3), S. 305–308.
41 Vgl. zu dieser weiter unten, Kapitel 4.2.

es mit jenen Kapiteln aus, die – was Textform, Inscriptiones und Rubriken zeigen – der Dionysio-Hadriana entnommen sein dürften (1,27–28, 45, 140, 160 und 163; wohl nicht 2,207). Da für diese Kapitel einstweilen keine alternative Quelle plausibel gemacht werden kann, erscheint es gut möglich, dass der Verfasser unserer Sammlung auch ein Exemplar der Dionysio-Hadriana zu seinen Vorlagen zählte. Auch wenn es sich dabei um eine historisch geordnete Sammlung handelt, wäre der Rückgriff auf selbige vom arbeitsökonomischen Standpunkt her nicht ganz abwegig, weil in vielen Dionysio-Hadriana-Codices ein ausführliches Rubrikenverzeichnis vorangestellt ist, wodurch sich Bestimmungen zu konkreten Themen vergleichsweise leicht ausfindig machen ließen. Einige Kapitel gehen schließlich, wenn auch nur mittelbar, auf Exzerptsammlungen zurück, derer sich Bischof Hinkmar von Laon († 879) bei seinen Streitigkeiten mit Karl dem Kahlen und, kurz darauf, mit seinem gleichnamigen Reimser Onkel († 882) bediente.[42] Bei dem sehr häufig überlieferten Brief des Isidor von Sevilla an Masona von Mérida (2,96) und bei dem Brief des Ps.-Damasus über die Chorbischöfe (1,105.1) ließ sich wegen des Fehlens kritischer Editionen gegenwärtig keine konkrete Vorlage ausmachen.[43]

3. Arbeitsweise des Verfassers und inhaltliche Tendenzen

Auch wenn in der Forschung betont wurde, dass der Verfasser eher ungeordnet vorgegangen sei (Fournier: „sans beaucoup de méthode"), wird man bei näherer Betrachtung der Collectio zumindest ein gewisses Maß an zielgerichteter Planung nicht abstreiten können. Das wird deutlich mit Blick auf die Verwendung der Quellen: Zu Beginn der Sammlung wird ein langes Kapitel aus der Dacheriana zitiert (1,1 = Dach. 3,125). Dass dieser Auswahl bewusste Planung zugrunde lag, sieht man daran, dass das Dacheriana-Kapitel aus einer spätantiken Sammlung stammt, den Statuta Ecclesiae antiqua, wo es als eine Art Prolog fungiert.[44] Hier werden Einzelheiten zur Prüfung eines Kandidaten ausgebreitet, der zum Bischof gewählt wurde und nun, vor der Weihe, auf sei-

---

42 Diese Erkenntnis verdanken wir FUHRMANN (wie Anm. 3), S. 692–696 und SCHMITZ, Appendix (wie Anm. 3).
43 Roger E. REYNOLDS, The ‚Isidorian' Epistula ad Massonam on Lapsed Clerics. Notes on Its Early Manuscript and Textual Transmission, in: Richard H. HELMHOLZ u. a. (Hrsg.), Grundlagen des Rechts. Festschrift für Peter Landau zum 65. Geburtstag, Paderborn 2000, S. 77–92, hier S. 88 Anm. 82, nachgedruckt in: DERS., Studies on Medieval Liturgical and Legal Manuscripts from Spain and Southern Italy, New York 2009, S. 77–92 (I), hier S. 88 Anm. 82, nennt fünf Manuskripte der Dionysio-Hadriana, die den Isidor-Brief enthalten; zu Pseudoisidors Haltung zum Chorepiskopat vgl. Klaus ZECHIEL-ECKES, Der „unbeugsame" Exterminator? Isidorus Mercator und der Kampf gegen den Chorepiskopat, in: Oliver MÜNSCH / Thomas ZOTZ (Hrsg.), Scientia veritatis. Festschrift für Hubert Mordek zum 65. Geburtstag, Ostfildern 2004, S. 173–190.
44 Vgl. zu diesem Kapitel Charles MUNIER, Les Statuta ecclesiae antiqua. Édition – Études critiques (Bibliothèque de l'Institut de Droit Canonique de l'Université de Strasbourg 5), Paris 1960, S. 129–130.

ne Rechtgläubigkeit, Bildung und guten Lebenswandel geprüft werden soll. Auch wenn der Verfasser der Sammlung offenbar davon absah, für sein Werk ein eigenes Vorwort zu verfassen, fand er in seinen Vorlagen dennoch einen passenden Text, der sich als Einleitung zumindest für den Beginn der Sammlung eignet: So handeln die ersten 28 Kapitel von der Bischofswahl und -weihe sowie von verschiedenen Anforderungen, die die Kandidaten zu erfüllen haben. Das Gros der entsprechenden Kapitel entnahm er allerdings nicht der Dacheriana (zwei Kapitel), sondern Cresconius (20 Kapitel); drei weitere Kapitel sind der Sammlung des Ps.-Remedius entnommen und die letzten beiden der Dionysio-Hadriana.

Der Verfasser ging diese vier Vorlagen offenbar von Anfang bis Ende durch und suchte darin thematisch geeignete Bestimmungen, die er in der Anordnung kopierte, in der er sie vorgefunden hatte. Einen zweiten ‚Durchgang' nahm unser Kompilator bei c. 1,29 in Angriff, denn ab hier kopierte er aus seinen Vorlagen elf Kapitel (1,29–39) zur Einberufung und Durchführung von Synoden: eines entnahm er der Dacheriana, acht Cresconius und zwei Ps.-Remedius – die Dionysio-Hadriana konsultierte er dieses Mal offenbar nicht. Für die c. 1,40–48 sah er dann ein weiteres Mal seine Vorlagen durch: Nun galt seine Suche offenbar den Metropoliten und in geringerem Maße den pseudoisidorischen Primaten, wozu er sich in der bewährten Reihenfolge bei der Dacheriana (ein Kapitel), bei Cresconius (zwei Kapitel), Ps.-Remedius (zwei Kapitel) und der Dionysio-Hadriana (ein Kapitel) bediente. Seltsamerweise wich er diesmal von seinem Vorgehen insofern ab, als dass er zum Schluss wieder zur Dacheriana zurückkehrte, woraus er drei weitere Kapitel (1,46–48 = Dach. 3,151, 149 und 150) kopierte, die ebenfalls die Rechte der Metropoliten behandelten.

Das beschriebene Vorgehen – das Durchgehen einzelner Sammlungen zu einem bestimmten Thema – ist auch in den nachfolgenden Kapiteln wiederholt zu beobachten, auch wenn es nicht immer streng durchgehalten wurde. Großenteils, nicht immer, lassen sich daher thematische Schwerpunkte erkennen:

1,1–28	Bischofswahl und -weihe, Voraussetzungen und Auswahl der Kandidaten
1,29–39	Durchführung und Einberufung von Synoden
1,40–48	Metropoliten und Primaten
1,49–67	Bedingungen für den Eintritt in den Klerikerstand, Weihen und Weihehindernisse
1,68–83	Verschiedenes
1,84–103[45]	Translation von Bischöfen und anderen Klerikern, Abwesenheit vom Bistum
1,105.2–150	Auszug aus der Dacheriana zu bisherigen Themen sowie vor allem zur Liturgie
1,151–163	Heilige Messe und Eucharistie

---

45 1,104 scheint thematisch nicht recht in den Kontext zu passen: In diesem kurzen Cresconius-Kapitel (256) geht es um Ehrentitel für Metropoliten oder Patriarchen, die zu vermeiden sind.

1,164–184[46]	Taufe
2,1–149.1[47]	Klagen gegen Bischöfe und andere Kleriker
2,150–209	Regelungen zum Schutz des Kirchenguts und kirchlichen Einnahmen

Es ist auffällig, dass im ersten Buch unserer Sammlung fast nur das dritte Buch der Dacheriana exzerpiert wird, während die Dacheriana-Kapitel im zweiten Buch vorrangig aus Dach. II geschöpft sind; das erste Dacheriana-Buch wird demgegenüber ganz ausgespart. Hintergrund dieser Auswahl dürfte die Charakterisierung der drei Dacheriana-Bücher in der Praefatio dieser Sammlung sein. So heißt es vom zweiten Buch, es handele *maxime de accusatis et accusatoribus, iudicibus ac testibus*, während vom dritten Buch gesagt wird, hierin seien Bestimmungen enthalten *de sacris ordinibus, uel qui promouendi sunt ad clerum quiue remouendi a clero, et de regulis ac priuilegiis omnium clericorum et praesulum*.[48] Mit dieser Inhaltsangabe ist ziemlich genau der Inhalt des ersten Buchs der Collectio duorum librorum prima umschrieben, während das zweite Buch zahlreiche Bestimmungen zu Anklagen gegen Kleriker, Bedingungen für Zeugen und Gerichte enthält und mit der Beschreibung des zweiten Dacheriana-Buchs konform geht.

Von hier rückt nun auch die zweite Zwei-Bücher-Sammlung in den Fokus, die im Ambrosianus auf die hier interessierende Sammlung folgt (fol. 86r–130v). Bereits Paul Fournier hat festgestellt, dass die zweite Sammlung die erste inhaltlich „ergänzt", da jene hauptsächlich Sünden und entsprechende Bußleistungen thematisiere, während die erste Sammlung „keinen diesbezüglichen Text enthält". Die zweite Zwei-Bücher-Sammlung sieht Fournier daher als „ensemble de textes pénitentiels, placé avec intention par le compilateur du manuscrit de Milan à la suite de sa Ire collection".[49] Dass beide Sammlungen nicht nur absichtlich hintereinander gestellt wurden, sondern in der Tat von demselben Verfasser stammen dürften, legt wiederum der Gebrauch der Dacheriana nahe. Wie die erste schöpft auch die zweite Sammlung aus der Dacheriana, allerdings werden ausschließlich Bestimmungen aus dem ersten Buch zitiert, jenes also, das in der ersten Sammlung konsequent ausgespart ist. Naheliegender Grund ist wiederum der Inhalt des Buchs: In der Praefatio der Dacheriana heißt es unter anderem, das erste Buch handele *de poenitentia et poenitentibus*, also exakt von jenem Themenbereich, der Gegenstand der zweiten Zwei-Bücher-Sammlung ist.[50]

Auch die Anlage der beiden Zwei-Bücher-Sammlungen deutet auf denselben Urheber: Analog zur ersten Sammlung, die der Kompilator anstelle eines selbst verfassten Vorworts mit der Praefatio der Statuta Ecclesiae antiqua ein-

---

46 1,185 behandelt den Gebrauch von Weihwasser.
47 2,149.2 handelt von der Restitution bußfertiger Kleriker, eine Thematik, die bereits in 2,96–98 angesprochen wird.
48 Zitat: D'ACHERY (wie Anm. 16), S. 512.
49 Zitat: FOURNIER (wie Anm. 1), S. 386–387.
50 Zitat: D'ACHERY (wie Anm. 16), S. 512.

leitete, lässt er die zweite Sammlung mit einem längeren Abschnitt aus dem Enchiridion ad Laurentium des hl. Augustinus beginnen (c. 64–73, fol. 86r–88v; danach Textverlust durch Lagenausfall). Die Augustinus-Kapitel handeln allgemein von der Notwendigkeit der Buße und Sündenvergebung und umreißen damit die Thematik, die Gegenstand der darauffolgenden Kapitel ist.[51]

Dass auch der dritte Teil der Handschrift (= fol. 131r–151r) von demselben Verfasser stammen dürfte, ist zumindest wahrscheinlich. So greift sowohl die erste Zwei-Bücher-Sammlung als auch der dritte Teil auf die Kapitulariensammlung des Ansegis zurück. Die Ansegis-Kapitel im dritten Teil hat Gerhard Schmitz genau untersucht und dabei festgestellt, dass die Lesarten des Ambrosianus auffallend häufig mit den Handschriften Paris, Bibliothèque nationale de France, Lat. 9654 (bei Schmitz: P) und Vatikan, Biblioteca Apostolica Vaticana, Pal. Lat. 582 (V) übereinstimmen, wenngleich keiner dieser Codices die direkte Vorlage von M gewesen sein kann.[52] Ein Abgleich der Ansegis-Lesarten in der ersten Zwei-Bücher-Sammlung (1,83–84.1, 2,165–185) mit Schmitz' Edition ergibt denselben Befund: Auch hier gehen viele, wenn auch nicht alle Lesarten mit den Handschriften P und V konform. Die Annahme liegt daher nahe, dass die Vorlage, aus denen hier die Ansegis-Kapitel geschöpft sind, dieselbe war wie im dritten Teil der Handschrift.

Seiner Quellenauswahl nach zu urteilen, hat sich der anonyme Verfasser unserer Collectio eine Reihe von Anliegen der pseudoisidorischen Fälscher zu eigen gemacht. Mit ihnen teilte er offenbar die Abneigung gegen Chorbischöfe, denn er hat den Brief des Ps.-Damasus „De uana superstitione" ungekürzt übernommen (1,105.1). Was die Wiedereinsetzung büßender Kleriker angeht, vertritt er eine gemäßigte Position, wie die – wiederum ungekürzte – Wiedergabe des Schreibens Isidors von Sevilla an Bischof Masona von Mérida beweist, die er mit Auszügen aus Ps.-Clemens und Augustinus (2,96–98) verbindet: Hatte nicht sogar Petrus durch seinen Verrat eine schwere Sünde begangen, und war er nicht trotzdem Apostel geblieben, eben deshalb, weil er bittere Tränen geweint und seinen Verrat bereut hatte? Wer wollte also einem Priester, der seine Sünden bekennt und Buße tut, sein Amt verwehren?[53] Was Synoden und ihre Einberufung betrifft, bekommen die spätantiken Regelungen aus Crescconius durch die Verknüpfung mit Texten aus Ps.-Remedius einen pseudoisidorischen Anstrich verpasst: Synoden, so ist vermeintlich bei Papst Hyginus zu

---

51   Fol. 86r–88v: *HAEC QVAE SEQVVNTVR DICTA SVNT SANCTI AVGVSTINI EX LIBRO ENCHIRIDION SVMPTA. LXIIII QVOMODO ETIAM NVNC NOBISCVM ANGELI CONCORDENT ET QVOD REMISSIO PECCATORVM ETIAM BAPTIZATIS PERFECTIS NECESSARIA SIT. Concordant autem nobiscum angeli, etiam – nos dimittimus rogantibus debitoribus nostris.* Entspricht Augustinus von Hippo, Enchiridion ad Laurentium, seu de fide, spe et caritate c. 64–73, ed. Ernest Evans (CCSL 46), Turnhout 1969, S. 83 Z. 1 – S. 89 Z. 61 (gezählt als 1,1–11 der zweiten Zwei-Bücher-Sammlung).
52   Vgl. Schmitz, Kapitulariensammlung (wie Anm. 3), S. 180–182.
53   Augustinus von Hippo, Epistola 185, ed. Alois Goldbacher (CSEL 57), Wien / Leipzig 1911, S. 39 Z. 3 – S. 40 Z. 11. Der Augustinus-Auszug, den der Verfasser Ps.-Remedius entnommen hat, kommt in der Sammlung sogar ein zweites Mal vor (2,149.2), und zwar – an thematisch unpassender Stelle – im Anschluss an das zweite Pseudoisidor-Dossier fol. 68r–71r.

lesen, sind grundsätzlich nur zu Entschlüssen berechtigt, wenn der Metropolit gemeinsam mit seinen Suffraganen anwesend ist (1,39). Wie Ps.-Marcellus einschränkend hinzufügt, seien die Beschlüsse aber auch nur dann gültig, wenn die Erlaubnis des Heiligen Stuhls vorliegt: QVOD SYNODVS NON SIT LEGITIMA ABSQVE AVCTORITATE ROMANI EPISCOPI (1,38, fol. 21r) heißt es in der Rubrik. Auch sonst wird aus Vorbehalten gegen Metropoliten kein Hehl gemacht: An anderer Stelle wird präzisierend Ps.-Damasus zitiert, wonach ein Metropolit nur dann Streitigkeiten anhören darf, wenn auch wirklich alle seine Suffragane anwesend sind „und keiner fehlt", wobei unter den Synodalen außerdem Einstimmigkeit herrschen muss. Urteile – besonders gegen einzelne Bischöfe! – kann die Synode aber auch unter dieser Voraussetzung nicht treffen, hierzu bedarf es der Erlaubnis des Papstes (2,111). Überhaupt, so erfahren wir aus Ps.-Calixt, haben Metropoliten – aber auch Primaten – grundsätzlich keine Befugnisse, die über ihre eigenen Diözesen hinausgehen. Und falls es doch einmal nötig sein sollte, Angelegenheiten von Suffraganen vor einer Synode zu verhandeln, so habe dies *cum omnium consensu prouintialium* [...] *pontificum* zu geschehen, ohne dass hierbei dem „Hochmut" des Metropoliten irgendein Vorrang eingeräumt werde (*non aliquo dominationis fastu*). Nein, dieser habe sich demütig dem Konsens seiner Suffragane zu beugen, andernfalls könne er sein Amt verlieren (1,44, fol. 22r)!

Gezielte Eingriffe in die Vorlage – die noch deutlicher über persönliche Präferenzen des Verfassers und sein Milieu Auskunft geben würden – ließen sich bei der bisherigen Sichtung der Sammlung leider nur sehr wenige finden, womöglich könnte eine tiefschürfende Untersuchung aber noch weitere Beispiele zutage fördern. Interesse verdient der Umgang mit einem Abschnitt aus einem Leo-Brief, der in der ersten Zwei-Bücher-Sammlung an zwei Stellen enthalten ist (1,91 und 1,141). Es handelt sich um eine der häufiger vorkommenden Dubletten, d. h. doppelt angeführte Kapitel, die zum Teil vielleicht absichtlich, in der Regel aber aus Nachlässigkeit in die Sammlung geraten sein dürften.[54] In

---

54 Teilweise sind Doubletten durch Übernahme desselben Kanons aus unterschiedlichen Vorlagen zustande gekommen: z. B. bieten sowohl 1,48 (Dach. 3,150) als auch 1,93 (Cresc. 145) den 16. Kanon des Konzils von Antiochien, wenngleich 1,93 die qualifizierende Einschränkung *cum suffraganeis suis* nicht aufweist, die in 1,48 gemeinsam mit dem Dacheriana-B-Text entnommen wurde. Ähnlich entspricht 2,77 (Dach. 2,16) dem c. 2,95 (Cresc. 245,1); 2,31 entspricht 2,118 (Pontianus J³ † 179); 2,35 (Herov. 40,5) entspricht 2,89 (Cresc. 144,3–4); 1,174 (Cresc. 62,2) entspricht 2,137 (Collectio Quadripartita 4,376) in der zweiten Zwei-Bücher-Sammlung. Andere Doubletten dürften derselben Vorlage entnommen sein, so z. B. 2,98 = 2,149.2 (Ps.-Rem. 79). Auffällig ist, dass die c. 1,3–5 den c. 2,113.2–113.4 entsprechen (Quelle: Cresc. 1,2–5). Die drei Kapitel handeln von der Bischofswahl und haben thematisch nichts mit dem Umfeld von 2,113 zu tun (Anklagen gegen Kleriker); auch sind die drei Doubletten nicht im Inhaltsverzeichnis vermerkt, das wohl nicht von demselben Verfasser erstellt wurde wie die Sammlung (das zeigt Schmitz, Kapitulariensammlung [wie Anm. 3], S. 177–180), aber doch in enger Zusammenarbeit mit diesem – wohl im selben Skriptorium –, gleichsam als zweiter Arbeitsschritt. Das Zustandekommen der drei Doubletten 2,113.2–113.4 ist vielleicht so zu erklären, dass in der Dacheriana-Vorlage an den entsprechenden Kapiteln drei Kopiervermerke standen, die der Schreiber von M versehentlich zum Anlass genommen haben dürfte, die Kapitel ein weiteres Mal zu kopieren.

diesem Fall aber lohnt ein näherer Blick, denn im Gegensatz zu 1,91 ist der Wortlaut von 1,141 verändert:

1,91 (fol. 30r)	1,141 (fol. 40v)
EX DECRETIS LEONIS PAPAE CAPITVLO XXXVIII. Si quis autem episcopus ciuitatis suae mediocritate despecta, administrationem loci celebrioris ambierit, ad maiorem se plebem quacumque sine ratione transtulerit, a cathedra quidem pellatur aliena, sed carebit et propria, ut nec illis praesideat quos per auaritiam concupiuit nec illis quos per superbiam spreuit. Suis igitur terminis quisque contentus sit nec supra mensuram in iuris sui affectet augere.	EX DECRETIS LEONIS PAPAE CAPITVLO XXXVIII. Si quis aut episcopus aut presbyter ciuitatis suae aut ecclesiae mediocritate despecta, administrationem loci celebrioris ambierit et ad maiorem se plebem quamcumque sine ratione transtulerit, a cathedra quidem pellatur aliena, sed carebit et propria, ut nec illis praesideat quos per auaritiam concupiuit nec illis quos per superbiam spreuit. Suis igitur terminis quisque contemptus [!] sit nec supra mensuram iuris sui affectet augeri.

Während in 1,91 nur den Bischöfen verboten ist, ihr Bistum (*ciuitas*) zu verlassen und stattdessen eine prestigeträchtigere (und, so muss man wohl hinzufügen, wohlhabendere) Kathedra zu übernehmen, wird dieses Verbot in 1,141 kurioserweise auf die Priester erweitert. Diese dürfen ihre *ecclesia* nicht aus Geringschätzung zurücklassen und sollen, so sie dies dennoch tun, zur Strafe weder in ihrem neuen Amt belassen noch in ihr altes zurückbefördert werden. Wie das Umfeld zeigt, ist c. 1,91 der Concordia canonum des Cresconius entnommen: Es handelt sich um c. 17,6, das – unterbrochen von zwei Ps.-Remigius-Kapiteln (1,89–90 = Ps.-Rem. 18 und 51) – auf vier weitere Abschnitte aus diesem Kapitel folgt (1,85–88 = Cresc. 17,2–5). Im Unterschied zu allen bei Zechiel-Eckes erfassten Lesarten ist im 1,91 zitierten Cresconius-Kapitel zwischen *quacumque* und *ratione* allerdings die unsinnige Präposition *sine* eingefügt, sodass es vom transmigrierenden Bischof heißt: *ad maiorem se plebem quacumque sine ratione transtulerit*. Dieselbe Korruptele ist auch in 1,141 erhalten, wenngleich der Schreiber hier versucht hat, der Wendung einen Sinn zu geben, der freilich nicht ganz der ursprünglichen Aussage der Leo-Dekretale entspricht: *ad maiorem se plebem quamcumque sine ratione transtulerit* heißt es nun. Die in beiden Fällen anzutreffende Korruptele zeigt, dass in 1,141 auf dieselbe Vorlage zurückgegriffen wurde wie in 1,91. Bei der Erweiterung des Verbots auf ambitionierte Priester handelt es sich also um eine Ergänzung, die auf den Verfasser der Zwei-Bücher-Sammlung zurückgehen dürfte.

Ein weiterer, wohl ebenfalls vom Verfasser der Sammlung vorgenommener Eingriff, betrifft eine liturgische Vorschrift. So schreibt ein nordafrikanischer Kanon den Zelebranten – oder den Teilnehmern allgemein? – Nüchternheit bei der Eucharistiefeier vor, nennt aber auch Ausnahmen, bei denen von dieser Regel abgewichen werden kann.[55] Hierunter fallen der Gründonnerstag sowie Messfeiern anlässlich von Beerdigungen. Um diese Ausnahmen wird der Kanon in M (= 1,163) gekürzt, stehen bleibt allein das Gebot der Nüchternheit

---

55 Siehe oben, Anm. 20.

(Vorlage könnte die Dionysio-Hadriana gewesen sein, möglich wäre auch Cresc. 257). Der Verfasser unserer Sammlung scheint also ein Verfechter strenger eucharistischer Disziplin gewesen zu sein.[56]

4. Das überlieferungsgeschichtliche Umfeld

4.1 Die Pseudoisidor-Dossiers 2,114–137 und 2,138–149.1

Das zweite Buch der Sammlung enthält fol. 65r–71r zwei Reihen von Exzerpten, die vorrangig aus pseudoisidorischen Dekretalen geschöpft sind. Die beiden Exzerptdossiers sind optisch von den vorherigen Stücken abgegrenzt. Das erste beginnt fol. 65r auf einer neuen Lage, die letzte Seite der voraufgehenden achten Lage (fol. 64v) ist freigelassen worden und wurde erst im elften Jahrhundert mit einem kurzen kanonistischen Text beschrieben, der thematisch mit dem übrigen nicht in Zusammenhang steht.[57] Das erste Dossier ist in roter Tinte und Capitalis rustica mit den Worten INCIPIT DE MODIS ACCVSATORVM VEL ACCVSATIONVM überschrieben, das zweite folgt fol. 68r gleich im Anschluss und beginnt mit den Worten: INCIPIVNT CAPITVLA DE EPISTOLIS APOSTOLICIS EXCERPTA DE MODIS ACCVSATIONVM (ebenfalls rote Tinte und Capitalis rustica). Beide Dossiers handeln von Anklagen gegen Kleriker: Während es im ersten Dossier vorrangig um die – im Zweifelsfall nicht vorhandene – Eignung von Zeugen und Anklägern geht, stehen im zweiten Dossier weitere prozessrechtliche Vorschriften im Mittelpunkt. Nimmt man die zum Teil widersprüchlichen Vorschriften zusammen, sind Anklagen gegen Geistliche – und besonders gegen Bischöfe – nahezu unmöglich. Sie sind grundsätzlich nur von Anklägern mit bestem Leumund einzureichen (2,116), nicht von Infamen, Juden, Heiden oder Häretikern (2,117–118, 129), und eigentlich auch nicht von Laien (2,142), zumindest nicht von solchen, die selbst kein Bischofsamt bekleiden dürften (2,119, 122), und auch von Klerikern nur in Ausnahmefällen. Anklagen dürfen nicht von niederrangigen Klerikern gegen höhere vorgebracht werden (2,142), lange Fristen müssen bis Prozessbeginn beachtet werden (2,148), die zahlreich anwesenden Zeugen (beim Bischof mindestens 72; vgl. 2,143) dürfen nicht mit dem Ankläger (noch miteinander?) verwandt sein (2,141) und müssen auch nach weltlichem Recht als Zeugen zugelassen sein (2,133); eine schriftliche Anklage ist nicht zugelassen (2,115), allerdings

---

56 Peter BROWE SJ, Die Nüchternheit vor der Messe und Kommunion im Mittelalter, in: Hubertus LUTTERBACH/Tomas FLAMMER (Hrsg.), Die Eucharistie im Mittelalter. Liturgiehistorische Forschungen in kulturwissenschaftlicher Absicht (Vergessene Theologen 1), Berlin ³2008, S. 33–38, hier S. 35–36 weist darauf hin, dass die Ausnahme für den Gründonnerstag im Frühmittelalter weithin abgelehnt, vom Quinisextum gar als häretisch angesehen wurde.

57 Es handelt sich um Ps.-Gregor: Episcopus missam celebrare – sanctorum patrum, vgl. MORDEK, Bibliotheca (wie Anm. 3), S. 235.

muss die Richtigkeit einer Anklage durch geeignete Dokumente bewiesen werden (2,127) usw.

Anders als man zunächst erwarten würde, gehen diese Exzerptdossiers nicht auf den Verfasser der Zwei-Bücher-Sammlung zurück, sondern er muss sie bereits in seiner Vorlage vorgefunden haben, aus die er sie dann in sein Werk kopierte. Das zeigt ein Blick auf die Parallelüberlieferung, auf die bereits Paul Fournier hingewiesen hat, der die beiden Dossiers auch im Codex Paris, Bibliothèque nationale de France, Lat. 2449, fol. 55v–66v, ausfindig gemacht hat. Wie Rudolf Pokorny im Anschluss an Gerhard Schmitz gezeigt hat, finden sich die Dossiers noch in mindestens zwei weiteren Codices, und zwar Paris, Bibliothèque nationale de France, Lat. 3877, fol. 71v–83v und Vatikan, Biblioteca Apostolica Vaticana, Reg. Lat. 994, fol. 53r–63r (und wohl auch in einem dritten, Leiden, Universiteitsbibliotheek, VLO 29, den ich nicht eingesehen habe).[58] Es handelt sich bei diesen Handschriften allesamt um Codices, die die Capitula des Isaak von Langres[59] überliefern. Im Anschluss sind jeweils mehrere kanonistische Dossiers enthalten, darunter die beiden hier interessierenden.[60] Ein tabellarischer Überblick verdeutlicht Gemeinsamkeiten und Unterschiede zwischen den Handschriften:[61]

---

58 Zur Handschrift Paris, Bibliothèque nationale de France, Lat. 2449 vgl. FOURNIER (wie Anm. 1), S. 357–373; zu Paris, Bibliothèque nationale de France, Lat. 3877 vgl. Semih HEINEN, Nachrichten zu Ansegis von Sens, Isaak von Langres und dem Trierer Kapitular. Beobachtungen zu den Handschriften New Haven, The Beinecke Library, MS 413, Paris, Bibliothèque nationale de France, Lat. 3877 und Trier, Stadtbibliothek, 1362a/110a, in: Analecta Coloniensia 17/18 (2017/2018), S. 117–138, hier S. 126–132; den Zusammenhang mit den übrigen Handschriften hat Gerhard SCHMITZ, Das Konzil von Trosly (909). Überlieferung und Quellen, in: Deutsches Archiv 33 (1977), S. 341–434, hier S. 362–367 herausgearbeitet.

59 Die Capitula Isaaks von Langres bestehen ausschließlich aus Kapitularien, die der Sammlung des Benedictus Levita entnommen sind. Dass die in M enthaltenen Benedictus-Kapitel nicht der Sammlung des Isaak entnommen sind, sieht man schon daran, dass, wie eine Nachprüfung ergab, nur ein kleiner Teil der in M enthaltenen Benedictus-Kapitel in Isaaks Sammlung Eingang gefunden haben. Eine tabellarische Auflistung der bei Isaak rezipierten Benedictus-Kapitel bietet Gerhard SCHMITZ, Die Capitula des Isaak von Langres, S. 2 (Online-Ressource: http://www.benedictus.mgh.de/studien/schmitz/isaak01.pdf; abgerufen am 30. September 2023).

60 Zu den betreffenden Isaak-Handschriften vgl. Rudolf POKORNY, Isaak von Langres, in: Capitula episcoporum 2, edd. DERS. / Martina STRATMANN (MGH Capit. episc. 2), Hannover 1995, S. 161–241, hier S. 169 (Leiden, Universiteitsbibliotheek, VLO 29), S. 171–172 (Paris, Bibliothèque nationale de France, Lat. 2449), S. 172–173 (Paris, Bibliothèque nationale de France, Lat. 3877) und S. 174 (Vatikan, Biblioteca Apostolica Vaticana, Reg. Lat. 994). Nach der Beschreibung Pokornys zu urteilen, sind die beiden Dossiers in Paris, Bibliothèque nationale de France, Lat. 3841 nicht enthalten, wenngleich diese Handschrift eine Reihe von Materialien mit den vorgenannten Isaak-Handschriften teilt.

61 Handschriftensiglen: M = Mailand, Biblioteca Ambrosiana, A 46 inf.; P₁ = Paris, Bibliothèque nationale de France, Lat. 2449; P₂ = Paris, Bibliothèque nationale de France, Lat. 3877; V = Vatikan, Biblioteca Apostolica Vaticana, Reg. Lat. 994. Mit „X" sind vorhandene Kapitel gekennzeichnet, die aber nicht nummeriert sind, mit „–" fehlende Kapitel. Die Reihenfolge der Kapitel ist in allen vier Handschriften dieselbe, auch wenn die Nummerierung bisweilen abweicht.

Kirchenrecht in der späten Karolingerzeit 207

Dossier 1: *De modis accusatorum uel accusationum*[62]

Quelle	Incipit – Explicit	M	P₁	P₂	V
Dach. 2,28	Vt episcopus nullius accusationis causam – praesentia confirmetur	2,114	X	X	1
Calixt I. J³ † 160	Nullus doctor per scripta accusetur – insidias ponat	2,115	X	2	2
Calixt I. J³ † 162	Quaerendum est in iudicio cuius – agat accusationem	2,116	X	3	3
Calixt I. J³ † 162	Qui infamiae maculis sunt aspersi – publice penitentibus	2,117	X	4	4
Pontianus J³ † 179	Accusandi non sunt sacerdotes et – uel arceantur	2,118	5	5	5
Fabianus J³ † 192	Ipsi apostoli et successores eorum – oportet litigare	2,119	6	6	6
Fabianus J³ † 192	Oues accusare pastorem nequeunt. Similiter – non pręsumeretur	2,120	7	7	7
Fabianus J³ † 192	Nemo simul sit accusator testis – et testes	2,121	8	8	8
Stephan I. J³ † 257	Quid[63] sint infames aut qui – possunt accusare	2,122	9	9	9
Eutychianus J³ † 298	Omnibus quoque similiter accusandi uel – persecutionem patiatur	2,123	10	10	10
Damasus J³ † 573	Accusatores sacerdotum et testes super – sed prouehi	2,124	11	11	11
Damasus J³ † 573	Vocatio eius qui inpetitur rationabilibus – non dubitatur	2,125	12	12	12
Stephan I. J³ † 256	Audiuimus enim a quibusdam uos – fuerunt inimici	2,126	13	13	13
Gaius J³ † 315	Si quis episcopus presbyter aut – non licere	2,127	14	14	14
Mâcon 581/3 c. 8	Nullus clericus ad iudicem sęcularem – inclusione multetur	–	15	15	15
Toledo IV c. 13	Inlicita praesumptio usque adeo illicitis – efficiatur extraneus	2,128	16	16	16
Dach. 2,24	Clericos aut laicos accusantes episcopos – existimationis opinio	–	17	17	17
Dach. 2,5	Item placuit ut omnes serui – non deneganda	2,129	18	18	18
Dach. 2,6	Item placuit quotienscumque clericis ab – non admittatur	2,130	19	19	19
Damasus J³ † 573	Accusatores uero et iudices non – consequi ualent	2,131	20	20	20

---

62 INCIPIT DE MODIS ACCVSATORVM VEL ACCVSATIONVM MP₂V; INCIPIT DE MODIS ACCVSATORVM VEL ACCVSANTIVM P₁.
63 *Qui* M.

Quelle	Incipit – Explicit	M	P₁	P₂	V
Fabianus J³ † 192	Nullus umquam praesumat accusator simul – atque testes	2,132	21	21	21
Felix II. J³ † 505	Iudices enim et accusatores tales – promere sententiam	2,133	22	22	22
Telesphorus J³ † 66	Accusatores uero et accusationes quas – etiam innocentes	2,134	23	23	23
Calixt I. J³ † 162	Coniunctiones autem consanguineorum fieri prohibete – eis consentientes	2,135	24	28	24
Pontianus J³ † 180	Suspectos aut inimicos aut facile – auertat pereamus	2,136	25	26	25
Pelagius II. J³ † 2044	Omnes infames cuntosque suspectos uel – funditus submouemus⁶⁴	2,137	26	27	26

Dossier 2: *Capitula de epistolis apostolicis excerpta de modis accusationum*⁶⁵

Quelle	Incipit – Explicit	M	P₁	P₂	V
Fabianus J³ † 192⁶⁶	Deus ad hoc praeordinauit apostolicos – aut repraehendendi	–	1	X	1
Fabianus J³ † 192	Quod sacerdotes expoliati uocari ad – carent suis	2,138	2	2	2
Fabianus J³ † 191	Si quis iratus crimen aliquod – ipse patiatur	2,139	3	3	3

64 In P₂ folgt hierauf in karolingischer Minuskel ein mit anderer Hand geschriebener Auszug aus der 20. Sirmondianischen Konstitution mit dem Kommentar des Florus von Lyon, der ungekürzt nur in M überliefert ist (entspricht: ZECHIEL-ECKES, Florus' Polemik [wie Anm. 3], S. 37 Z. 94–104). Der Abschnitt lautet folgendermaßen (größere Abweichungen zu Zechiel-Eckes, der den Text nach M, der einzig bislang bekannten Überlieferung, ediert hat, sind vermerkt; Ergänzungen fehlender oder unleserlicher Buchstaben in eckigen Klammern): *ECCLESIA IN SACERDOTIBVS ECCLESI-A[E] CONSTAT* [Rubrik fehlt bei Zechiel-Eckes]. *De obnoxiis uero inquiunt: Si quis ambulauerit cum episcopo uel presbitero uel etiam cum diacono, siue in platea siue in agro siue in quolibet loco, nullo pacto eos retineri uel obstringi iubemus* [bei Zechiel-Eckes: *uolumus*; *iubemus* entspricht dem Originaltext der exzerpierten Sirmondianischen Konstitution, vgl. Gustav HÄNEL, Corpus legum ab imperatoribus Romanis ante Iustinianum latarum, Bd. 1, Leipzig 1857, S. 241], *quoniam in sacerdotibus ecclesia constat. K. Reges isti christianissimi, qui tanta reuerentia de ecclesia locuntur, non frustra audierunt: Et nunc reges, intelligite, erudimini, qui iudicatis terram. Seruite Domino in timore et exultate ei in tremore. Mira autem et uera sententia, quod ecclesia non tam in lapidibus quam in sacerdotibus constat. Et ideo iuste nunc et religiose sancitur, ut reuerentia, quę altari et templo exhibetur, eadem sacerdotibus exhibeatur. Et sicut hoc est, ut iuxta templum uel altare* [*hoc – altare* fehlt bei Zechiel-Eckes], *ibi nemo reum et crimini uel etiam morti obnoxium contin[git, ita] neque a latere episcopi, presbiteri et diaconi quolibet loco abripere uel conti[ngere audeant.]* Das zweite Dossier beginnt auf der Rückseite, fol. 79v.

65 *INCIPIVNT CAPITVLA DE EPISTOLIS APOSTOLICIS EXCERPTA DE MODIS ACCVSATIONVM* M, *INCIPIVNT CAPITVLA DE EPISTOLIS APOSTOLICIS DEFLORATA* P₁P₂V.

66 Rubrik in P₁P₂V: *EX EPISTOLA FABIANI PAPAE*. Dann, vor dem nächsten Kapitel (*Quod sacerdotes – suis*), heißt es in P₁P₂V: *ITEM EX EADEM* [*RE* add. V]. In M lautet die Rubrik vor *Quod sacerdotes*: *EX EPISTOLA FABIANI PAPAE*. Das Dossier in M dürfte also gekürzt sein, auch wenn diese Handschrift im Vergleich mit P₁ eindeutig den besseren, und zum Teil wohl auch ursprünglicheren Text liefert.

Quelle	Incipit – Explicit	M	P_1	P_2	V
Eutychianus J³ † 298	Cura pastorali cum omnibus episcopis – similitudo supplicii	2,140.1	4	4	4
Eutychianus J³ † 298	Nulli infami umquam atque sacrilego – christianum inpetere	2,140.2	5	X	5
Calixt I. J³ † 162	Nulli absente accusato per scripturam – impedire solet	2,141	6	X	6
Concilium Silvestri	Vt nullus laicus crimen clerico – accusationem aliquam	2,142	7	8	7
Concilium Silvestri	Summus praesul a nemine iudicetur – in ecclesia	2,143	8	9	8
Melchiades J³ † 355	Primo super omnia diligenter pastores – iudicaueritis iudicabimini	2,144	9	10	9
Eleutherius J³ † 123	Iudicantem oportet cuncta crimina et – accusatore fiat	2,145	10	11	10
Evaristus J³ † 43	Si qui sunt uituperatores aut – molesti extiterint	2,146	11	12	11
Damasus J³ † 573	Tempus enim congruum praeuideri oportet – consequi ualeant	2,147	12	13	12
Damasus J³ † 573	Induciae accusatis in criminalibus sacerdotibus – prohibetur audiri[67]	2,148	X	X	13
Julius I. J³ † 442	Vt omnes episcopi qui inquibusdam – habitum teneatur	–	X	–	–
Felix II. J³ † 505	Vt nemo episcopum penes saeculares – [pontificis auctoritate][68]	2,149	X	–	–

---

[67] Ein Vergleich zwischen P_1 und M zeigt, dass beide Handschriften am Schluss von 2,148 (Ps.-Damasus) voneinander abweichen (vgl. M, fol. 69v bzw. P_1, fol. 63r). Das Damasus-Kapitel endet in beiden Handschriften mit: [...] *criminum reus prohibetur audiri*. Sodann folgt in M: *INCIPIVNT QVAEDAM CAPITVLA EX EPISTOLA FELICIS PAPAE AD ATHANASIVM ET AD VNIVERSOS AEGYPTIORVM THEBAIDORVM LYDIORVM EPISCOPOS SCRIPTA. Vt nemo episcopum penes saeculares arbitros* etc. Es sind dies die ersten 19 ps.-nizänischen Kanones aus der Dekretale Ps.-Felix' II. J³ † 505 („Reuerentissimis atque dilectissimis", vgl. Hinschius [wie Anm. 16], S. 485–488). Von diesen sind in M die c. 1–19a enthalten; diese Textfassung entspricht Ps.-Remedius 74 (= John [wie Anm. 3], S. 180 Z. 1 – S. 185 Z. 126). Der Abschnitt *INCIPIVNT – SCRIPTA* fehlt in P_1 ganz, stattdessen folgen die ebenfalls ps.-nizänischen Kanones des Ps.-Julius J³ † 442 („Decuerat uos", vgl. Hinschius [wie Anm. 16], S. 467–471): *CAPITVLA NICAENI CONCILII. Vt omnes episcopi in quibusdam grauioribus – ordinabiles habitum teneatur*. Dann, auf fol. 65v, heißt es lakonisch: *FELIX*. Es folgen nun, wie in M, die nizänischen Kanones aus der gefälschten Felix-Dekretale: *Vt nemo episcopum penes saeculares arbitros* etc. Die Reihe endet aber bereits nach zehn Kanones mit den Worten *prohibita neglexerint*. Ich vermute Folgendes: M und P_1 greifen auf dieselbe Quelle zurück. M bringt sie hier, soweit ersichtlich, unverändert, P_1 ergänzt den Abschnitt um weitere ‚nizänische' Kanones aus Pseudoisidor. Deshalb ist auch der Abschnitt *INCIPIVNT – SCRIPTA*, den M noch bringt, in P_1 ausgelassen, da er vor den Auszügen aus der Julius-Dekretale sinnlos wäre, danach aber – auf eine Reihe ‚nizänischer' Kanones folgend – überflüssig.

[68] Da in M fol. 71r (unten) Pergament entnommen wurde, ist der Schluss dieses Kapitels nicht erhalten. Der Grund ist sicher, dass auf der Rückseite (fol. 71v) nach 2,149.2 großzügig Platz gelassen

Welche Schlüsse lassen sich aus dem Handschriftenvergleich ziehen? Zunächst fällt auf, dass die Handschriften P_1P_2V neben vielen Gemeinsamkeiten mit M auch Eigenschaften miteinander teilen, die M nicht aufweist. So sind in P_1P_2V im ersten Dossier der 8. Kanon des Konzils von Mâcon 581/583 und Dach. 2,24 enthalten, das zweite Dossier beginnt in diesen drei Handschriften mit einem Zitat aus einer gefälschten Dekretale des Papstes Fabianus (J^3 † 192). Diese drei Kapitel fehlen in M. Nun dürften die fraglichen Texte in P_1P_2V allerdings keine spätere Ergänzung sein, die im Archetyp der Dossiers noch nicht enthalten gewesen wäre: So folgen auf das Kapitel Dach. 2,24 im ersten Dossier zwei weitere Kapitel aus dem zweiten Dacheriana-Buch, die auch in M enthalten sind, und dem Fabianus-Zitat folgt ein weiteres Zitat aus demselben Brief, das wiederum in allen vier Handschriften, auch in M, erhalten ist. Auch der Konzilskanon von Mâcon fügt sich quellenmäßig gut in sein Umfeld ein: ihm folgt ein thematisch verwandter Kanon des vierten Konzils von Toledo, der ebenfalls in allen vier Handschriften enthalten ist (diese Verbindung könnte mittelbar vielleicht auf die Collectio Sancti Amandi zurückgehen; sie ist die einzige heute bekannte Sammlung, in der sowohl das erste Konzil von Mâcon als auch das vierte Konzil von Toledo enthalten sind). Daraus ergibt sich, dass die in P_1P_2V konservierte Abfolge von Texten wohl bereits im Archetyp der beiden Dossiers enthalten war, während sie in M gekürzt ist.

Trotzdem ist M weder mittel- noch unmittelbar von der P_1P_2V-Gruppe abhängig. Denn zu Beginn des ersten Dossiers bringt M als einzige Handschrift die Inscriptio: *CONCILIO AFRICANO TITVLO XIIII*. Diese entstammt offenbar der Dacheriana (2,28), die neben den Falschen Dekretalen zu den Quellen des ersten Dossiers gehört; in P_1P_2V ist die Inscriptio ausgelassen. Falls diese Inscriptio in M nicht nachträglich anhand einer Dacheriana-Handschrift eingefügt wurde – was sehr unwahrscheinlich ist –, dann fassen wir in M eine Überlieferungsstufe der beiden Dossiers, die früher anzusetzen ist als die P_1P_2V gemeinsame Vorlage. In dieser Vorlage müsste dann auch das letzte Kapitel enthalten gewesen sein, das nämlich sowohl in M als auch in P_1 enthalten ist (in M als 2,149 gezählt): die ps.-nizänischen Kanones aus dem gefälschten Schreiben Felix' II., die ebenfalls Anklagen gegen Kleriker zum Thema haben. Ein Vergleich zwischen P_1 und M zeigt, dass M hier den ursprünglichen Textbestand bewahrt haben dürfte (vgl. Anm. 67).

4.2 Bezüge zu den kanonistischen Materialsammlungen Hinkmars von Laon

Eine weitere überlieferungsgeschichtliche Besonderheit sind mehrere Kapitel im zweiten Buch unserer Sammlung, die allerdings bereits im Detail untersucht worden sind. Wir können uns daher auf das Nötigste beschränken und die Ergebnisse der bisherigen Forschung zunächst kurz zusammenfassen.

Die erste Zwei-Bücher-Sammlung geriet in den Fokus Horst Fuhrmanns, als dieser sich mit der frühen Rezeption der pseudoisidorischen Dekretalen

---

wurde, weshalb ein Nutzer das freie Pergament (beschrieben mit dem Pseudoisidor-Text auf der Vorderseite) ausschnitt und wiederverwertete.

beschäftigte. Im Rahmen einer tiefschürfenden Analyse machte er auf signifikante textuelle Übereinstimmungen aufmerksam, die zwischen unserer Zwei-Bücher-Sammlung und einer Exzerptsammlung bestehen, die Fuhrmann dem Bischof Hinkmar von Laon zuordnen konnte. Hinkmar lieferte sich zwischen 868 und 871 Auseinandersetzungen mit dem westfränkischen Herrscher Karl dem Kahlen und seinem gleichnamigen Onkel, dem Erzbischof von Reims (hierbei ging es vor allem um Kirchenbesitz, den Gerichtsstand von Klerikern sowie um Befugnisse von Metropoliten).[69] Der Laoner war der erste, der sich für seine Argumente in großem Umfang bei den Falschen Dekretalen bediente. Auch wenn er sich bitter darin täuschen sollte, glaubte er offenbar, dass er seine Position würde durchsetzen können, wenn er die Autorität der alten Päpste auf seiner Seite hatte. Jedenfalls wappnete sich der jüngere Hinkmar mit umfangreichen Exzerptsammlungen, aus denen er bei Bedarf kirchenrechtliche Autoritäten zitieren konnte (mit Vorliebe solche aus der Feder Pseudoisidors). Mehrere solcher Sammlungen erkannte Fuhrmann in Gestalt des Codex Berlin, Staatsbibliothek – Preußischer Kulturbesitz, Phill. 1764, der im 10. Jahrhundert in Soissons geschrieben wurde. Auch wenn sich, wie Fuhrmann glaubte, die Übereinstimmungen mit der ersten Zwei-Bücher-Sammlung lediglich auf zwei Kapitel beschränken (es handelt sich um die c. 2,156 und 157; diesen entsprechen Teile der vierten Untersammlung in Phill. 1764[70]), sind sie insofern aussagekräftig, als dass die hier begegnenden Textkombinationen unter anderem einer bearbeiteten Version des Synodalschreibens von Tusey 860 entsprechen, als deren Bearbeiter Fuhrmann den jüngeren Hinkmar identifizieren konnte.[71]

Gerhard Schmitz ist es gelungen, in der Appendix Dacherianae Mettensis (ADM) eine weitere Sammlung zu identifizieren, die ebenfalls mit den Materialsammlungen Hinkmars in Beziehung steht bzw. auf eine mit diesen geteilte Vorlage zurückgehen muss (die ADM verdankt ihren Namen einem verlorenen Textzeugen, der Handschrift Metz, Bibliothèque municipale, 236, worin die ADM auf eine Dacheriana folgte; Schmitz hat die Sammlung mit großem detektivischem Gespür aus späteren Abschriften und Fotografien rekonstruiert und ediert[72]). Von hieraus wird die enge Beziehung zwischen M und Hinkmar weit deutlicher erkennbar als anhand von Phill. 1764, da insgesamt 23 Kapitel aus der ersten Zwei-Bücher-Sammlung in die ADM Eingang gefunden haben. Eine Tabelle veranschaulicht die textuellen Übereinstimmungen mit ADM und Phill. 1764 (= B):

---

69 Hintergründe und Verlauf dieser Auseinandersetzungen sind detailliert beschrieben von Jean Devisse, Hincmar, archevêque de Reims 845–882, Bd. 2, Genf 1976, S. 738–785 und Peter R. McKeon, Hincmar of Laon and Carolingian Politics, Urbana (IL) 1978, S. 99–155.
70 Die betreffenden Abschnitte der vierten Untersammlung sind ediert in: Hinkmar von Laon, Materialsammlungen vorwiegend pseudoisidorischen Inhalts, ed. Rudolf Schieffer (MGH Conc. 4, Suppl. 2), S. 39 Z. 9–23 und S. 39 Z. 28 – S. 41 Z. 19.
71 Vgl. Fuhrmann (wie Anm. 3), S. 694–696 und ders., Einfluß und Verbreitung der pseudoisidorischen Fälschungen. Von ihrem Auftauchen bis in die neuere Zeit, Bd. 1, Stuttgart 1972, S. 213.
72 Schmitz, Appendix (wie Anm. 3), S. 172–206.

Quelle	Incipit – Explicit[73]	M	ADM	B[74]
Pontianus J³ † 179	De sacerdotibus autem Domini quos – uel arceantur	2,31	25	–
Sixtus III. J³ † 878	Nec mirum, karissimi, si me – ueritatis uident	2,32	26	41,3–19[75]
Florus v. Lyon 8	Pro sanctis semper ac uenerabilibus – lacte nutritus	2,59	46[76]	–
Florus v. Lyon 9	Continua lege sancimus ut nullus – iudices impelluntur?	2,60	47	–
Florus v. Lyon 13	Iudex pro sua sollicitudine obseruare – fuerat promulgatum	2,64	48	–
BL 3,153	Canonica testante tuba didicimus quod – dubium est	2,66	38	–
BL 3,102	Canones Africanę prouintiae uel etiam – uniuersale prouocare	2,67	39	–
BL 3,109	Si quae causae uel contentiones – omnibus iudicetur	2,68	40	–
BL 3,178	Si quis episcopus a quoquam – consensu delegerint	2,69	41	–
BL 1,315	Pręcipimus atque iubemus ne forte – officia singulorum	2,70	42	–
BL 1,322	Igitur quia constant religionem Christianam – fore alienos	2,71	43	–
BL 1,319	Principaliter itaque totius sanctae Dei – celsior inuenitur	2,72	44	–
BL 3,441	Episcopi a Deo iudicandi sunt – deos discernit	2,73	51	–
BL 2,402	Quod omnibus fidelibus omnibusque ordinibus – sanctae ecclesiae	2,74.1	52	–
BL 2,366	Volumus atque praecipimus ut omnes – obseruare conueniat	2,74.2	45	–
BL 2,403	Constantinus imperator de accusationibus episcoporum – et relinqua	2,75.1	49	–
BL 3,478	Maxime trium ultimorum capitula istorum – aeterna oramus	2,75.2	50	–
Anaklet I. J³ † 15	Priuilegia enim ecclesiarum et sacerdotum – possunt occidere	2,112	29[77]	–

73 Entspricht dem Wortlaut von M; in der ADM und B zum Teil abweichend.
74 Die Übereinstimmungen mit dem Berliner Codex Phill. 1764 (B) sind angegeben mit Verweis auf Seiten- und Zeilenzahlen der Edition Rudolf Schieffers.
75 Die Entsprechung des Sixtus-Kapitels 2,32 mit der vierten Untersammlung erwähnt Fuhrmann zwar nicht, ein Abgleich mit der Edition Schieffers hat allerdings gezeigt, dass sich Rubrik und Texteinschübe in Phill. 1764 in exakt derselben Form auch in M (fol. 49r–v) finden (die betreffenden Einschübe sind in der Edition recte gesetzt).
76 Die Florus-Kapitel 8, 9 und 13 sind in der ADM gekürzt.
77 Der in der ADM überlieferte Ps.-Anaklet-Auszug ist länger als in M.

Quelle	Incipit – Explicit[73]	M	ADM	B[74]
Antiochien c. 24	Quae sunt ecclesiae sub omni – ecclesiam congregantur	2,156.1	–	39,9–12
Nikolaus I. J³ 5958	Quod et Nicholaus memorabilis papa – procul amouimus	2,156.2	–	39,12–20
Gangra c. 7	Cui consonat et illud canonicam – anathema sit	2,156.3	–	39,20–23
Stephan I. J³ † 256	Sed et uenerabilis Stephanus papa – atributa facultas	2,156.4	–	–
Fabianus J³ † 191	Et Fabianus suis in decretis – causis inmisceant	2,156.5	–	–
Symmachus J³ 1423	Quorum auctoritatem a sepe nominando – quae gesserit[78]	2,156.6	–	39,28–40,5
Leo I. J³ 903	Hoc itaque admonitio nostra denuntiat – nouerit denegari	2,157.1	23	–
Hinkmar u. a.[79]	Ergo quid de rerum peruasione – ecclesiis excludantur	2,157.2	8–11	40,6–41,2
BL 2,404	Omnibus sciendum est quod sacrilegi – sanguinem saluatoris	2,159	18	–
BL 2,405	Nulli liceat ignorare quod omne – fur sacrilegus	2,160	19	–
BL 2,407	Omnia quae Deo offeruntur, procul – eius efficiuntur	2,161	20	–
BL 2,111	Quaecumque a singulis regibus circa – arbitrio saeculari	2,162.1	30	–
BL 2,112	Vt priuilegia quae ecclesiis et – maneant incorrupta	2,162.2	31	–
BL 2,115	Si quis in hoc genus – ultiones mereri	2,162.3	32	–
BL 3,207	Synodali decreto sancitum est ne – anathemate feriatur	2,162.4	33	–
BL 3,199	De uiris Deo dicatis uel – attributa facultas	2,162.5	34	–
BL 1,182 u. a.[80]	Vt episcopi potestatem habent res – anathema sit	2,162.6	35	–
BL 2,135	Vt nullus episcoporum aut cuiuslibet – ablata restituat	2,162.7	14	–
BL 2,134[81]	Si quis cuiuscumque munuscula ecclesiae – communione pellatur	2,162.8	15, 36	–

---

78   Textgestalt von Hinkmar von Laon abgeändert, vgl. FUHRMANN (wie Anm. 3), S. 691–692.
79   Kombiniertes Zitat: Einem kurzen, womöglich von Hinkmar von Laon selbst verfassten Einleitungssatz (*Ergo quid de rerum peruasione – patribus prosequamur*; in der ADM ausgelassen) folgen Auszüge aus Anaklet I. J³ † 15 (= ADM c. 8), Urban I. J³ † 171 (= ADM c. 9), Lucius I. J³ † 246 (= ADM c. 10) und Gregor I. J³ 2716 (= ADM c. 11).
80   Kombiniertes Zitat aus: BL 1,182, Nikolaus I. J³ 5958 (ed. Ernst PERELS [MGH Epp. 6], S. 388 Z. 23–26) und BL 1,24.
81   In der ADM wird das Stück doppelt angeführt: einmal als c. 15 und dann als c. 36.

Quelle	Incipit – Explicit[73]	M	ADM	B[74]
BL 2,136	Nec ulli liceat res uel– retenta reddantur	2,162.9	37	–
Urban I. J³ † 171	Vrbanus episcopus omnibus Christianis in – Alexandro VVCCSS	2,186	27	–
Lucius I. J³ † 246	Scriptum est enim: melior est – consentientes comprehendit	2,187	28	–

Auch wenn ADM und M eine Menge Textmaterial miteinander teilen, ist doch, wie Untersuchungen von Seckel und Schmitz gezeigt haben, keine der beiden Sammlungen von der jeweils anderen abhängig. So sind etwa die Florus-Kapitel in der ADM um die Kommentare des Diakons gekürzt, während sie in M vollständig sind, umgekehrt fehlen in M Abschnitte einer gefälschten Dekretale (J³ † 15), die in der ADM vorhanden sind. Beide Sammlungen müssen daher auf eine gemeinsame Vorlage, eine „unbekannte Sammlung X", zurückgehen, in der Schmitz „die Quelle" vermutet, „die Hinkmar wirklich in Händen hatte".[82]

Soweit ich sehe, blieb bisher unbemerkt, dass die Beziehungen zwischen M und dem umfangreichen Textfundus des jüngeren Hinkmar noch enger sind als aus dem mit Phill. 1764 und der ADM geteilten Textmaterial ersichtlich ist. Während zwischen der ADM und den beiden im vorigen Kapitel behandelten Pseudoisidor-Dossiers kein Zusammenhang besteht, lässt sich von diesen Dossiers eine Linie zu einer weiteren Textsammlung ziehen, die im Umfeld des umtriebigen Laoner Bischofs entstand. Gemeint ist jene kurze, von Klaus Zechiel-Eckes entdeckte Kanonessammlung, die auf „rebellische Kleriker" aus Laon zurückgeht. Diese Geistlichen versuchten im Frühsommer 869, ihren unbeliebten Bischof – eben den jüngeren Hinkmar – loszuwerden (Codex unicus: Paris, Bibliothèque nationale de France, NAL 1746).[83] Zu diesem Zweck stellten sie kanonistische und patristische Autoritäten zusammen, mit denen eine Absetzung Hinkmars juristisch zu rechtfertigen war. Der Quellenfundus, aus dem sich die Laoner Kirchenmänner bedienten, weist enge Bezüge zu den beiden pseudoisidorischen Dossiers auf, die in M (und mindestens drei weiteren Handschriften) überliefert sind. Zwar beschränken sich die Entsprechungen lediglich auf vier Kapitel – was bei der jeweils ganz unterschiedlich motivierten Zusammenstellung auch nicht verwunderlich ist. Die textuellen Gemeinsamkeiten auf der einen und die Unterschiede zur ursprünglichen Fassung Pseudoisidors auf der anderen Seite lassen allerdings keinen Zweifel daran, dass es sich bei den Entsprechungen kaum um Zufall handeln kann.[84] Beide Samm-

---

82 Schmitz, Appendix (wie Anm. 3), S. 169–170; Seckel (wie Anm. 3), S. 615–617.
83 Edition: Klaus Zechiel-Eckes, Rebellische Kleriker? Eine unbekannte kanonistisch-patristische Polemik gegen Bischof Hinkmar von Laon in Cod. Paris, BNF, nouv. acq. lat. 1746 (MGH Studien und Texte 49), Hannover 2009, S. 55–84; zum historischen Kontext vgl. ebd. S. 39–52.
84 Coll. P c. 11 (= Zechiel-Eckes [wie Anm. 83], S. 61 Z. 74–78) entspricht 2,120 der ersten Zwei-Bücher-Sammlung; Coll. P c. 12 (= S. 61 Z. 79–82) entspricht 2,121; Coll. P c. 13 (= S. 61 Z. 83–92) entspricht dem in M nicht enthaltenen Ps.-Fabianus-Kapitel *Deus ad hoc – repraehendi*, das in P_1P_2V das zweite Dossier einleitet; Coll. P c. 14 (= S. 62 Z. 93–98) entspricht 2,126.

lungen – die beiden Pseudoisidor-Dossiers in M und die von ihrem Herausgeber Zechiel-Eckes als Coll. P bezeichnete Kompilation – dürften letztendlich auf denselben, in Laon verfügbaren Quellenfundus zurückgreifen. Ein Beispiel möge zur Veranschaulichung genügen:

M, fol. 65r–v (2,120–121)	Coll. P, c. 11–12 (S. 61)	Hinschius (wie Anm. 16)
EX EPISTOLA FABIANI PAPAE CVNCTIS FIDELIBVS DIRECTA.[85]	EPISTOLA FABIANI PAPAE.	
Oues accusare pastorem nequeunt. *Similiter statuentes apostolica auctoritate iubemus, ne pastorem suum oues, quae ei commissae fuerant, nisi in fide errauerit, reprehendere audeant, quia facta* praepositorum *oris gladio ferienda non sunt, neque potest esse discipulus super magistrum, dicente ueritatis uoce: „Non est discipulus super magistrum neque seruus super dominum".*	Oues accusare pastorem nequeunt. *Similiter statuentes apostolica auctoritate iubemus, ne pastorem suum oues, quę ei commisse fuerint, nisi in fide errauerit, reprehendere audeant.*	<S. 165 Z. 22–26> *Similiter statuentes apostolica auctoritate iubemus, ne pastorem suum oues, quae ei commissae fuerant, nisi in fide errauerit, reprehendere audeant, quia facta* propositorum *oris gladio ferienda non sunt, neque potest esse discipulus super magistrum, dicente ueritatis uoce: „Non est discipulus super magistrum* nec *seruus super dominum suum".*
Talia cogitantes sancti apostoli eorumque successores spiritu Dei repleti, malos homines spiritu *uidentes et simplices considerantes, difficilem aut numquam uoluerint esse accusationem, ne a malis potuissent peruerti aut* summoueri*. Quia si hoc facile concederetur sęcularibus et malis hominibus aut nullus aut uix perpauci remanerent. Idcirco, ut* prędictum *est, statuerunt, ut non accusarentur.*		<S. 164 Z. 29 – 165 Z. 3> *Talia cogitantes sancti apostoli eorumque successores spiritu Dei repleti, malos homines* praeuidentes *et simplices considerantes, difficilem aut numquam uoluerunt esse accusationem sacerdotum, ne a malis potuissent peruerti aut* submoueri*. Quia si hoc facile concederetur secularibus et malis hominibus aut nullus aut uix perpauci remanerent, […] idcirco, ut praedictum est, statuerunt ne accusarentur.*
Aut si aliter fieri non posset, perdifficilis fieret eorum *accusatio et a quibus supradictum est, non* pręsumeretur.	*Aut si aliter fieri non posset, perdifficilis fieret* eorum *accusatio* uidelicet a catholicis.	*Aut si aliter fieri non possit, perdifficilis fieret accusatio, et a quibus supradictum est, non praesumeretur, neque a propriis sedibus aut ecclesiis episcopi eicerentur.*

---

85   Die angeführte Rubrik gehört zum voraufgehenden c. 2,119, das ebenfalls der Ps.-Fabianus-Dekretale entlehnt ist. Die Rubrik zu 2,120 lautet: *ITEM EX EADEM*.

M, fol. 65r–v (2,120–121)	Coll. P, c. 11–12 (S. 61)	Hinschius (wie Anm. 16)

ITEM EX EADEM.
Nemo simul sit accusator,
testis et iudex. Nullus
    umquam presumat
accusator simul esse et iudex
et testis, quoniam in omni
iudicio quattuor personas necesse
est semper adesse, id est
iudices electos et accusatores
atque defensores et testes.
	ITEM.
	Nemo simul sit accusator,
	testis et iudex. Nullus
	    umquam praesumat
	accusator simul esse et iudex
	et testis, quoniam in omni
	iudicio IIII personas necesse
	est semper adesse, id est
	iudices electos et accusatores
	atque defensores et testes.
		<S. 165 Z. 20–22>
		
		Nec ullus umquam praesumat
		accusator simul esse et iudex
		uel testis, quoniam in omni
		iuditio quatuor personas necesse
		est semper adesse, id est
		iudices electos et accusatores
		ac defensores atque testes.

5. Ein Blick auf Flodoard

Die Suche nach Anhaltspunkten, das (heute) Mailänder Rechtsbuch topographisch und historisch näher zu verorten, gestaltet sich schwierig. Denn während die Entstehung des Codex aus paläographischen Gründen in Reims lokalisiert wird, spricht der Inhalt der Handschrift eher dagegen, diese ausgerechnet einem Metropolitanbistum zuzuordnen. Der Schreiber mag seine Ausbildung in Reims erhalten haben, vielleicht handelte es sich sogar um eine Auftragsarbeit, die in einem Reimser Skriptorium erstellt wurde – die metropolitenfeindlichen Spitzen der ersten Zwei-Bücher-Sammlung, dazu die vielfältigen Bezüge zu den Sammlungen Hinkmars von Laon, die nicht zuletzt ein kanonistischer Angriff auf die Vorrechte des Reimser Metropoliten waren, verweisen zwar deutlich auf den Reimser Metropolitanverband, aber nicht auf die Metropole selbst. Viel eher dürfte ein Suffraganbistum als Abfassungsort infrage kommen, wo man mit der Loyalität gegenüber dem Reimser Erzbischof seine Probleme hatte.

Nimmt man mit der bisherigen Forschung an, dass wir es bei dem Ambrosianus A 46 inf. mit dem Archetyp unseres spätkarolingischen Rechtsbuchs zu tun haben,[86] dann scheidet die Möglichkeit aus, dass der Streit der beiden Hinkmare irgendetwas mit dessen Entstehung zu tun hat. Wegen der Nutzung der Collectio Anselmo dedicata, die nicht vor 882 entstanden sein kann, ist der Terminus post quem mit Sicherheit erst nach dem Tode Hinkmars von Reims (gestorben am 21. oder 23. Dezember 882) anzusetzen,[87] während die Handschrift nach dem Urteil Bernhard Bischoffs noch vor dem Jahr 900 entstand. Das sich hieraus ergebende Zeitfenster fällt ziemlich genau mit der Amtszeit des Reimser Erzbischofs Fulko (883–900) zusammen, der ebenfalls – nicht anders als sein direkter Vorgänger Hinkmar – in Streitereien mit einigen seiner Suffragane verwickelt war.[88] Bistümer der Reimser Kirchenprovinz, die als

---

[86] Vgl. KERFF (wie Anm. 3), S. 70; MORDEK, Bibliotheca (wie Anm. 3), S. 233.
[87] Vgl. ZECHIEL-ECKES, Quellenkritische Anmerkungen (wie Anm. 3).
[88] Zu den Beziehungen Fulkos zu seinen Suffraganen vgl. Gerhard SCHNEIDER, Erzbischof Fulco von Reims (883–900) und das Frankenreich (Münchener Beiträge zur Mediävistik und Renaissance-Forschung 14), München 1973, S. 183–219.

Kandidaten für den Entstehungsort infrage kämen, gäbe es also durchaus. Nun ist die Quellenlage für den Pontifikat Fulkos insgesamt leider um einiges dürftiger als bei Hinkmar, weshalb an dieser Stelle nur ein paar unverbindliche Indizien zusammengetragen werden können, die zusammengenommen ein eher unklares Bild ergeben. Hierbei sind wir fast ausschließlich auf Flodoard angewiesen, der im vierten Buch seiner Reimser Kirchengeschichte den Briefwechsel Fulkos mit seinen Suffraganen zusammenfasst, aus manchen Briefen auch wörtlich zitiert.

Flodoard berichtet zunächst von Vorwürfen, die der Erzbischof an seinen Suffragan Dodilo von Cambrai (888–901/902) richtete, weil Dodilo auf einer Gerichtssynode, die Fulko gemeinsam mit König Odo veranstaltet hatte, nicht persönlich erschienen war und sich dazu noch von einem Laien habe vertreten lassen.[89] Als Bischof von Cambrai, in dessen Diözese sich die von Graf Balduin II. gewaltsam eingenommene Abtei Saint-Vaast befand, weigerte sich Dodilo außerdem, dem Wunsch seines Metropoliten nachzukommen, Balduin unter scharfen Ermahnungen zu exkommunizieren. Ob hier aber tatsächlich eine grundsätzliche Meinungsverschiedenheit mit Fulko vorlag oder ob Dodilo sich schlicht deshalb weigerte, weil er sich vor Balduin fürchtete, ist unklar.[90]

Nicht weniger unklar ist der Grund für die Auseinandersetzungen mit dem Bischof Honoratus von Beauvais (ca. 883–909), von dem es bei Flodoard heißt, er sei Erzbischof Fulko gegenüber feindlich gesinnt gewesen: *animus ipsius tam contrarius et aduersus sibi existet*.[91] Fulko und Honoratus gerieten unter anderem über einen gewissen Aledramnus in Streit, den Honoratus exkommunizieren wollte. Fulko verweigerte allerdings seine Anerkennung: Kirchliche Gründe für die Exkommunikation sehe er keine, in Wirklichkeit, so Fulko gegenüber seinem Suffragan, sei Honoratus' Verstimmung über Fulkos politische Parteinahme der eigentliche Grund. Fulko hatte sich nämlich von dem anfänglich noch unterstützten Robertiner Odo abgewendet und stattdessen den jugendlichen Karolinger Karl den Einfältigen am 28. Januar 893 in Reims zum König gekrönt. Aledramnus war von Fulko daraufhin zum ostfränkischen Herrscher Arnulf von Kärnten geschickt worden, um für die Anerkennung des jungen Karl zu werben – Honoratus war indes Odo treu geblieben.[92]

Ein Blick nach Laon zeigt, dass auch hier die Konflikte zwischen den Großen unübersehbare Auswirkungen auf die kirchliche Agenda hatten. So gerieten Fulko und sein Suffragan Dido (ca. 886–895) über die Behandlung des Gra-

---

89 Flodoard von Reims, Historia Remensis Ecclesiae 4,6, ed. Martina STRATMANN (MGH SS 36), Hannover 1998, S. 390 Z. 12 – S. 391 Z. 5.
90 Flodoard 4,6 (wie Anm. 89), S. 391 Z. 6–20; Annales Vedastini ad a. 882, ed. Bernhard Eduard VON SIMSON (MGH SS rer. Germ. 12), Hannover / Leipzig 1909, S. 71–72; zur Episode vgl. auch Édouard FAVRE, Eudes. Comte de Paris et roi de France (882–898), Paris 1893, ND Genf / Paris 1976, S. 140–143.
91 Zitat: Flodoard 4,6 (wie Anm. 89), S. 393 Z. 22.
92 Vgl. SCHNEIDER (wie Anm. 88), S 129; zur Königserhebung Karls vgl. Pierre RICHÉ, Die Karolinger. Eine Familie formt Europa, Düsseldorf 2003, S. 288–289; zu den ‚Netzwerken', die Karls Thronerhebung im Verbund mit Fulko unterstützten, vgl. Horst LÖSSLEIN, Royal Power in the Late Carolingian Age. Charles III the Simple and his Predecessors, Köln 2019, S. 39–50.

fen Walcher aneinander. *Reus maiestatis inuentus* war Walcher von König Odo zum Tode verurteilt worden, Bischof Dido tat das Seine hinzu, indem er Walcher das Bußsakrament und die Wegzehrung verweigerte. Fulko erinnerte seinen Suffragan mittels *nonnulla sanctorum patrum* [...] *testimonia* wiederholt daran (Flodoard zitiert unter anderem Gregor den Großen und den 13. Kanon des Konzils von Nizäa), dass einem Bußwilligen im Angesicht seines Todes die Sakramente nicht verwehrt werden dürfen.[93] Auch die Beziehungen zu Didos Nachfolger Rodulf (896–921) scheinen nicht reibungslos gewesen zu sein. Interessant ist der Fall eines nicht näher benannten Gemeindeglieds, dem Rodulf die Appellation in Reims verbot, nachdem er ihn – wiederum aus unbekannten Gründen – verurteilt hatte. Fulko tadelte seinen Suffragan, dass dieser mit solchem Verhalten, von Fulko als persönlicher Racheakt verstanden, die Wertschätzung des Bischofsamts untergrabe. Der Erzbischof hielt es interessanterweise für nötig, seinen Suffragan darauf hinzuweisen, dass die Reimser Kirche „von alters her [...] als Mutter der übrigen Kirchen" das Vorrecht (*priuilegium*) habe, Gemeindegliedern ihrer Suffragane Verzeihung – in diesem Fall also die Aufhebung eines bischöflichen Urteils – zu gewähren.[94]

Insgesamt ist festzuhalten, dass die Historiographie zwar vereinzelte Anhaltspunkte, aber bei weitem keine sichere Grundlage bietet, um die Rechtssammlungen des Mailänder Codex historisch sicher zu verorten. Die Auseinandersetzungen Fulkos mit seinen Suffraganen streifen durchaus einige Rechtsbereiche, die in der untersuchten Zwei-Bücher-Sammlung behandelt werden (Anwesenheitspflicht auf Synoden, Laien als Zeugen, Zuständigkeit des Metropoliten für Suffraganbistümer, Exkommunikation und Buße), Flodoards Regesten bieten allerdings nur dürftige Hintergrundinformationen, weshalb der Versuch einer konkreten Zuordnung allein aufgrund der Historiographie rein spekulativ wäre. Ins Positive gewendet, kann immerhin gesagt werden, dass der historiographische Befund die Möglichkeit durchaus zulässt, in Laon den Entstehungsort der in M überlieferten Rechtssammlungen zu vermuten. Quellenmäßig ist der Bezug zu Laon zumal recht eindeutig, keineswegs nebensächlich ist zudem, dass Laon bereits im 9. Jahrhundert über eine üppig bestückte Kathedralbibliothek verfügte, die für die Abfassung der Rechtssammlungen in M beste Voraussetzungen geboten haben dürfte.[95]

---

93   Zitate: Flodoard 4,6 (wie Anm. 89), S. 392 Z. 25–26 und S. 393 Z. 2.
94   Flodoard 4,6 (wie Anm. 89), S. 396 Z. 3–8: *Item pro quodam ipsius Rodulfi subiecto, sed ab eodem abiecto monens cauendum, ne ledatur in hoc episcopalis opinio, dum, quod agitur, zelo rectitudinis feratur fieri zelo exercende ultionis, inferens ecclesiam Remensem hoc ex antiquo priuilegium habuisse, ut, quicumque diocesaneorum proprios episcopos quolibet offendisse se modo sensissent, ab hanc ceterarum matrem confugerent ecclesiarum auxilium sibi uenie flagitantes ab ipsa.*
95   Zur Laoner Dombibliothek in der späten Karolingerzeit vgl. John J. CONTRENI, The Formation of Laon's Cathedral Library in the Ninth Century, in: Studi Medievali, ser. 3,13 (1972), S. 919–939 sowie DERS., The Cathedral School of Laon from 850 to 930. Its Manuscripts and Masters (Münchener Beiträge zur Mediävistik und Renaissance-Forschung 29), München 1978. CONTRENI, Cathedral School, S. 41–65 hat außerdem plausibel gemacht, dass es vereinzelt Handschriften gibt, deren paläographische Eigenschaften zwar nach Reims verweisen, die – ihrem Inhalt nach zu urteilen – allerdings dennoch in Laon entstanden sein dürften (Auflistung: S. 64 Anm. 90).

6. Fazit

Fassen wir zusammen: In Gestalt des Codex Ambrosianus A 46 inf. haben wir ein großangelegtes Rechtsbuch vor uns, das aus ‚kirchlichen' wie ‚weltlichen' Rechtsquellen gleichermaßen zusammengestellt ist. Paläographie und Quellenauswahl zeigen, dass die Sammlung (und ihr Codex unicus) zwischen 882 und 900 innerhalb des Reimser Metropolitanverbands entstanden sein muss. Das Rechtsbuch ist absichtsvoll in vier Teile gegliedert. Verschiedene Indizien deuten darauf hin, dass die Teile eins bis drei vom selben Verfasser stammen, und es wäre zumindest verwunderlich, wenn dasselbe nicht auch vom vierten Teil (einem Exzerpt aus der Epitome Aegidii) gälte. Der erste Teil, die hier näher untersuchte Collectio duorum librorum prima, weist den Verfasser als überzeugten Anhänger pseudoisidorischer Ideen aus; eines der Kernanliegen seiner Sammlung war denn auch der Schutz der Bischöfe und des übrigen Klerus vor Anklagen jedweder Art. Auch wenn sich die Annahme nicht sicher beweisen lässt, scheint es insgesamt plausibel, dass der anonyme Verfasser in Laon unter Bischof Dido (ca. 886–895) oder unter dessen Nachfolger Rodulf I. (896–921) wirkte. So griff er auf Materialsammlungen Hinkmars von Laon († 879) und darüber hinaus viele weitere Rechtsquellen zurück (unter anderem Ansegis, Anselmo dedicata, Augustinus' Enchiridion, Cresconius, Dacheriana, Dionysio-Hadriana, Florus von Lyon, Herovalliana, Ps.-Remedius, Quadripartita), was eine bestens ausgestattete Bibliothek erforderte, wie sie in Laon zur Verfügung stand.

Abstract

The codex Milan, Biblioteca Ambrosiana, A 46 inf., written in the Rheims area at the end of the ninth century, is the uniquely transmitted copy of a late Carolingian law book, assembling a large array of secular and ecclesiastical legal texts. While parts of the codex have been analysed in great detail, its overall composition, tendencies and motives behind the compilation have been studied much less extensively. In this article, I suggest that the different parts of the law book may well have been assembled by the same author, given the use of overlapping sources and the employment of similar composition techniques. As is clear from his selection of sources, the anonymous author shared quite a few objectives with the forgers of the Pseudo-Isidorian decretals, such as protecting bishops from prosecution and attacking the rights of metropolitans. These traits, taken together with various links to the canonistic materials collected by Hincmar of Laon (d. 879), make it quite likely that the law book was composed in Hincmar's bishopric of Laon, probably during the pontificate of his successors Dido (ca. 886–895) or Rodulf I (896–921). As such, the Milan codex is a fascinating witness to the extensive use and adaption of legal texts at the end of the Carolingian era.

The View from the Margins.
The Antiquarian Annotations of the Lex Romana Visigothorum in Five Medieval Manuscripts*

Matthijs Wibier

This paper is a study of the nature and background of a set of marginal and interlinear notes shared by five manuscripts of the Lex Romana Visigothorum (or: Alaric's Breviary). This legal collection, in its various forms and adaptations, was the most widely circulating repository of Roman legal texts in the Early Medieval West.[1] The glosses under consideration here are to a considerable extent antiquarian in nature, explaining points of Roman history and law and enlightening the reader about Latin usages of earlier times. The remaining notes briefly gloss key terms, summarize points of law, or provide textual variants or textual supplements for the main text. Counting well into the hundreds, the annotations give a precious insight into the engagement of readers with the main text over an extended period of time.[2] Moreover, their appearance alongside versions of the Lex Romana that are not closely related to one another

---

* I would like to thank the editors for the invitation to write for this volume. I am especially grateful to Dominik Trump for the intellectual collaboration. No-one but me is responsible for any mistakes and misconceptions in this paper. Hyperlinks and information from digital databases reflect the state of affairs on 15th July 2024.

1 Its standard sections are: a very generous selection from the Theodosian Code, the post-Theodosian Novellae, the adaptation of Gaius known as Liber Gai, a very generous selection from Pauli Sententiae, brief selections from the Gregorian and Hermogenian Codes, and a single responsum of Papinian. All sections, except the Liber Gai, come with *interpretationes*.

2 The variegated manuscript tradition of the Lex Romana Visigothorum provides many vantage points from which the engagement of users-readers can be studied. Recent scholarship has approached this question primarily by examining the adaptations of the Lex Romana in later historical contexts in the form of epitomes. See, for example, Detlef Liebs, Legis Romanae Visigothorum Epitomen Sangallensem traditam in codice 731 bibliothecae dictae Stiftsbibliothek descripto a Vandalgario mense Octobris anni 793 p. Chr. n. (paginis 1–230), cum praefatione ratiocinans transscripsit, in: Zeitschrift der Savigny-Stiftung für Rechtsgeschichte. Romanistische Abteilung 129 (2012), pp. 1–112; Dominik Trump, Römisches Recht im Karolingerreich. Studien zur Überlieferungs- und Rezeptionsgeschichte der *Epitome Aegidii* (Quellen und Forschungen zum Recht im Mittelalter 13), Ostfildern 2021; Detlef Liebs (ed.), Scintilla de libro legum. Römisches Vulgarrecht unter den Merowingern. Die Fuldaer Epitome der Lex Romana Visigothorum (Freiburger Rechtsgeschichtliche Abhandlungen N.F. 82), Berlin 2022; Laura Viaut, Les écritures du droit romain au Haut Moyen Âge. Le témoignage d'un épitomé du Bréviaire d'Alaric (Théorie et histoire du droit), Paris 2023.

raises intriguing questions about the migration of the annotations from manuscript to manuscript and about their status as a text in their own right.

Attention for the annotations has been limited. A selection of them was published by Gustav Hänel as part of his magisterial edition of the Lex Romana and its best-known epitomes in 1849.[3] Hänel primarily included glosses containing definitions of legal terminology that could be traced to a specific source, often but not exclusively Isidore of Seville. Though a meticulous reader of manuscripts, Hänel appears to have worked mostly on the basis of just one of the manuscripts, with occasional cross-references to two others. Hänel's own selective reporting and my collations of all five manuscripts indicate that his main source was Vatican City, Biblioteca Apostolica Vaticana, Reg. Lat. 1048 (= **V**), while the other manuscripts that were of particular interest to him are: Montpellier, Bibliothèque universitaire Historique de Médecine H 136 (= **M**); and Paris, Bibliothèque nationale de France, NAL 1631 (called Aurelianensis 207 by Hänel) (= **A**).[4] Towards the end of the nineteenth century, Max Conrat (Cohn) added a few observations in his survey of Roman legal writing in the Early Middle Ages.[5] He identified the sources of several further annotations but otherwise disparaged the notes as legally uninteresting. The much more recent work of Detlef Liebs on Roman jurisprudence in Gaul devotes a succinct section to what he calls the "younger glosses" of Alaric's Breviary, which includes a sampling of primary material paired with some contextualization.[6] In the wake of Liebs, scholarship has shown an increasing interest in marginal annotations in legal manuscripts. There is, for instance, the extensive study by Dominik Trump of the annotations of the so-called Epitome Aegidii of the Lex Romana, and he has published the marginalia in a manuscript of the so-called Epitome monachi as well.[7] Laura Viaut has offered a brief study of a small sample of the annotations in a Lex Romana manuscript originally from Bayeux.[8] All these studies underscore the importance of Isidore of Seville for users of texts of Roman law in the eighth to tenth centuries.

---

3   Lex Romana Visigothorum, ed. Gustav Hänel, Leipzig 1849, pp. 459–461.
4   For more details on all manuscripts (including these ones) and a definition of the sigla, see below (section 1).
5   Max Conrat (Cohn), Geschichte der Quellen und Literatur des römischen Rechts im früheren Mittelalter, vol. 1, Leipzig 1891, p. 251.
6   Detlef Liebs, Römische Jurisprudenz in Gallien (2. bis 8. Jahrhundert) (Freiburger Rechtsgeschichtliche Abhandlungen N.F. 38), Berlin 2002, pp. 212–217. I do not know whence the label "younger glosses" arose.
7   Trump (as n. 2), pp. 221–290; idem, Rezeptionsspuren in der Handschrift Paris, Bibliothèque nationale de France, latin 4419 (Epitome monachi), in: Zeitschrift der Savigny-Stiftung für Rechtsgeschichte. Romanistische Abteilung 138 (2021), pp. 607–615.
8   Laura Viaut, Les protoglossateurs en Normandie au premier Moyen Âge (IXe siècle), in: Annales de Normandie 70 (2020), pp. 3–14. As Viaut herself indicates, the analysis remains a first sketch. A fuller analysis will have to take into account that the manuscript (Paris, Bibliothèque nationale de France, latin 4413) contains a set of annotations that it shares with another Parisian manuscript (now in two parts: Bibliothèque nationale de France, latin 9652 + latin 4406, fol. 60–67). Liebs (as n. 6), pp. 209–212 calls these the "older glosses". See also Hänel (as n. 3), pp. 462–463 and Conrat (as n. 5), pp. 241–250.

The aim of this paper is to offer an analysis of the transmission of the shared notes in the five manuscripts on the basis of the full evidence. It will be helpful at the outset to highlight some of the complexities in dealing with the philology of marginal glosses.[9] First of all, the glosses under investigation occur in a number of manuscripts, but not all glosses occur in all manuscripts. Every manuscript in fact contains unique glosses as well as glosses shared by one or a few other manuscripts – but not necessarily by all. We will also see that a study of the manuscript tradition of the glosses themselves indicates that the archetype of the tradition, which is likely to have been the 'original', does not survive. In addition, the tradition can only be provisionally mapped. This means that we can often not decide on stemmatic grounds whether notes that are unique or occur in only two manuscripts featured in the archetype or are later additions. For this reason, it is not possible to define the 'original' set with precision: while we can get a fairly good impression of what annotations the original possessed, we are not in a position to pin this down precisely.[10] The appendix to this paper presents the text of and some background information about 350 glosses that can reasonably be assigned to the 'original' set. It is not meant to be a full and definitive critical edition, but it is supposed to be a useful and useable 'beta version'. Importantly, the appendix also shows the coverage of each textual witness and reveals the varying density of annotation over the span of each manuscript.

The first task in establishing the background of the shared glosses is to map their transmission. This will allow us to assess in more detail when they were first produced, and it will give us some indication of where this was done. We will see that the annotations originate in the same setting that produced the version of the Breviarium Decurtatum that inserted into its text the stemma graduum, the additional chapter *de substitutionibus et faciendis secundis tabulis* of the Liber Gai, and version B of the subscriptio Aniani. Mapping the tradition will also provide us with insights about the use of the notes by copyists-readers. An analysis of how the glosses travelled from manuscript to manuscript, and the different selections and clustering patterns, will shed light on the various users of the collections and the notes.

The findings will permit us to make an important point of method. Whereas the transmission of the annotations is complex and 'open' in many ways, the stemmatic method appears to hold up well in this particular case. To put it differently, the evidence, thin and complicated as it may be, does allow us to draw up a genealogical model without the need to face evidence that is truly distorting and destructive. The stemmatic method is of course only one way of

---

9   Here and in the remainder of this paper, I use "marginal" as a shorthand for "marginal and interlinear". This is not to deny that a close analysis of positioning patterns could lead to valuable insights. The shorthand used here is meant to acknowledge that many notes are placed in the margin of one ms. and interlinearly in another, or in a position that is both marginal and interlinear.
10 See already the suggestion at Liebs (as n. 6), p. 213.

approaching the background of the notes,[11] but its value lies in showing two key points. First, the existence of a core set of annotations throughout the tradition indicates that the scribes of each manuscript copied the annotations they added primarily from a single source, although some scribes clearly supplemented notes as well (and occasionally subtracted some). Second, the stemmas present a chronological model of the spread of the annotations, which is how it must have happened historically as well. The evidence is such that we are in a position to trace that process.

Once we are on firmer ground about the knowns and unknowns of the textual tradition, we can turn to a second aspect of the background of the annotations, namely their sources. We will see that a substantial portion of the annotations are drawn from Isidore, Nonius Marcellus, Paul the Deacon, Boethius, Servius, Cassiodorus, and others. The Explanationes titulorum are also a popular source. Other annotations derive from the Lex Romana itself, cross-referring readers to other parts or giving textual supplements at points where a manuscript has left something out accidentally or as part of the epitomizing process. The analysis of the sources will allow us to see more of the scholarly library behind the annotations as well as the use of the manuscripts in question.[12]

I will cap the paper with a brief discussion of the types of glosses and the work they are doing in the margins of the primary text. Since I am primarily interested in the nature of the shared set of notes, I will not be offering detailed studies of the interplay between marginalia and main text in all five manuscripts. That is beyond the task of this paper, and it would require a treatment equivalent to several papers or chapters. This paper's more modest aim is to do some of the essential groundwork for any analyses along these lines.

1. The manuscripts

Five manuscripts are known to transmit the shared notes to a greater or lesser extent. I have listed them in the order in which they feature in the appendix, which corresponds loosely to their filiation. All are written on parchment.[13]

---

11 For a stimulating discussion of a network-analysis approach (in the arguably more complex case of annotations to Isidore of Seville), see Evina STEIN / Gustavo FERNÁNDEZ RIVA, Parallel Glosses, Shared Glosses, and Gloss Clustering: Can Network-Based Approach Help Us to Understand Organic Corpora of Glosses?, in: The Journal of Historical Network Research 9 (2023), pp. 36–100.

12 On approaching marginal notes as a form of scholarship, and on their complex textuality, see Mariken TEEUWEN, Marginal Scholarship: Rethinking the Function of Latin Glosses in Early Medieval Manuscripts, in: Patricia LENDINARA / Loredana LAZZARI / Claudia DI SCIACCA (eds.), Rethinking and Recontextualizing Glosses: New Perspectives in the Study of Late Anglo-Saxon Glossography, Turnhout 2011, pp. 19–37.

13 The information about dating and location is primarily derived from the digest of scholarship on the Bibliotheca legum web portal (https://www.leges.uni-koeln.de/en/). The overviews there also

V Vatican City, Biblioteca Apostolica Vaticana, Reg. Lat. 1048, fol. 21v–224r (annotated fol. 36r–224r); 9th–10th century (France; Orléans under bishop Walter [870–891] has been suggested)[14] (notes in similar ink and hand, different pen)
https://www.leges.uni-koeln.de/en/mss/codices/vatikan-bav-reg-lat-1048/
https://digi.vatlib.it/view/MSS_Reg.lat.1048

A Paris, Bibliothèque nationale de France, NAL 1631 (formerly Aurelianus 207 = Orléans, Bibliothèque municipale, 207 [249]), fol. 103r–173v + 27r–98v (annotated fol. 38v–83r); 9th–10th century (Orléans or Fleury) (notes in different ink?, hand, pen)
https://www.leges.uni-koeln.de/en/mss/codices/paris-bn-nouv-acq-lat-1631/
https://gallica.bnf.fr/ark:/12148/btv1b10033625z

M Montpellier, Bibliothèque universitaire Historique de Médecine H 136, fol. 1r–156r (annotated fol. 17r–90r); 9th–10th century (France, perhaps the South) (notes in similar ink and hand, different pen)
https://www.leges.uni-koeln.de/en/mss/codices/montpellier-biu-h-136/
https://ged.scdi-montpellier.fr/florabium45/jsp/nodoc.jsp?NODOC
=2013_DOC_MON1_MBUM_82

P Paris, Bibliothèque nationale de France, latin 4409, fol. 10v–120r (annotated fol. 17r–24v + 33r–35r + 25r–32v + 36r–120r); 9th–10th century (France, perhaps the North) (notes in similar ink?, different pen)
https://www.leges.uni-koeln.de/en/mss/codices/paris-bn-lat-4409/
https://gallica.bnf.fr/ark:/12148/btv1b10034412s

R Vatican City, Biblioteca Apostolica Vaticana, Reg. Lat. 1128, fol. 4r–190vb (annotated fol. 4va–12vb); ca. 900 (France or Sankt Gallen) (notes in different ink, hand)
https://www.leges.uni-koeln.de/en/mss/codices/vatikan-bav-reg-lat-1128/
https://digi.vatlib.it/view/MSS_Reg.lat.1128

---

provide information about the various texts contained in the manuscripts, of which the annotated LRV is often only one section.

14 Fol. 225r carries a marginal note that mentions a bishop Walter (*Gualtirius*). It is written in the same hand, it seems, as the rest of the marginal annotations, which clearly did not originate in this manuscript. Note, however, also that fol. 224v reads *Rotbertus comes duxque Manasses* at the top of the page (late 10th – early 11th century). The identification with Walter of Orléans was first proposed by Paul M. MEYER, in: Theodosiani libri XVI cum constitutionibus Sirmondianis et Leges novellae ad Theodosianum pertinentes, vol. 2, edd. Theodor MOMMSEN / Paul M. MEYER, Berlin 1905, pp. XXXIV–XXXV. See also Chauncey E. FINCH, Three Textual Notes, in: Illinois Classical Studies 3 (1978), pp. 262–272, at p. 262.

Hänel, Conrat, and Liebs all allude to further manuscripts containing the notes or a portion of them. However, my collations of the tradition have allowed me to exclude several manuscripts from consideration. Let me offer a brief explanation for each case. First, manuscript Paris, Bibliothèque nationale de France, latin 4419.[15] This manuscript is one of the witnesses of the so-called Epitome monachi. It is equipped with what is essentially a different set of annotations. There are two Isidore-based notes that occur in this manuscript as well as in our set. Given the popularity of Isidore for clarifying legal terminology and institutions, I consider it plausible that some of the definitions were extracted independently more than once.[16] Hänel in his edition included a list of Isidore-based glosses from fol. 1r of this manuscript, but none of them coincides with our set.[17] Second, manuscript Gotha, Forschungsbibliothek, Memb. I 84.[18] The notes simply do not overlap with our set, except for one short definition drawn from Isidore. Third, manuscript Lyon, Bibliothèque municipale, 375 (formerly 303).[19] Possibly written in the hand of Florus of Lyon himself (ca. 800–860 CE),[20] this witness contains the so-called Epitome Lugdunensis of the Lex Romana. It comes with a substantial body of annotations, including antiquarian ones that are similar in character to the notes in our set. However, I have not been able to identify notes that feature in both our set and the Lyon set. I have therefore excluded the Lyon glosses from the present analysis.[21]

2. The transmission of the shared marginal annotations

The examination of the textual tradition of the annotations comes, as mentioned, with a number of challenges. One of these problems is the modest amount of text overall and the limited textual variation between witnesses. For this reason, it may seem seductive to turn to the relationships between the manuscripts for their primary texts first, given that, as we will see below, our knowledge is sufficiently detailed. Yet to avoid the risks of confirmation bias, the most productive approach to the annotations will in fact be to focus on the

---

15   Included by Hänel (as n. 3), p. 459; compare Liebs (as n. 6), p. 213. A digital reproduction of this manuscript can be found at: https://gallica.bnf.fr/ark:/12148/btv1b6001331k.
16   See the excellent study of Trump, Rezeptionsspuren (as n. 7). A cursory comparison of his list of annotations with the edition below shows that there is virtually no common ground. For Isidore's presence in yet another set of notes, see Viaut (as n. 8).
17   Hänel (as n. 3), p. 461.
18   Not clearly excluded at Conrat (as n. 5), pp. 240–241. A digital reproduction of this manuscript can be found at: https://dhb.thulb.uni-jena.de/rsc/viewer/ufb_derivate_00010754/Memb-I-00084_0001r.tif.
19   Included by Hänel (as n. 3), p. 459; see also Liebs (as n. 6), p. 213. A digital reproduction of this manuscript can be found at: https://florus.bm-lyon.fr/visualisation.php?cote=MS0375&vue=1.
20   The Bibliotheca Legum page for this manuscript presents this as the current consensus (https://www.leges.uni-koeln.de/en/mss/codices/lyon-bm-375/, with further references).
21   I hope to return to the Lyon glosses in future work.

annotations first, ignoring for now any possible relations between the primary texts. The working assumption here is that the transmission of the shared notes is largely or entirely a mechanical process, and that 'contamination' was minimal. In other words, the following is an attempt to solve the filiation question by means of a stemmatic analysis. We will see that this approach yields useful insights, even though it is also very clearly the case that scribes of specific manuscripts added notes of their own.[22]

The mapping of lacunae, especially lacunae shared by groups of manuscripts, is particularly useful evidence for establishing filiation. However, given the open-ended nature of annotation practices, I will not treat completely omitted glosses in one (or two) manuscript(s) as lacunae. As the table in the appendix indicates, all manuscripts regularly leave out notes included in others. In many cases, it is simply very hard to decide whether omissions are due to their absence in the manuscript's source manuscript or whether the scribe decided to skip a note deliberately. The table gives some indication of how frequently notes are missing from each of the manuscripts. Relatively speaking, manuscript **M** is much more sparsely annotated than **V** and **P**, while **R** is sparser too. It is therefore possible that the scribes of two manuscripts occasionally decided to leave out the same annotation and that this might well have arisen by chance: this must have come about every so many times. This warns us strongly against treating this type of coincidental omission as a stemmatically meaningful shared lacuna (or a so-called 'conjunctive error'). Most important, however, is that it is generally not possible to see if it did in fact happen by chance. For these reasons, I will focus on glosses that occur in all manuscripts that have coverage – that is, on lacunae and textual variants inside notes that are certainly there. Otherwise, the risk of false positives or even circularity is simply too great. The approach taken here will put us in the best position to be confident that the omissions were mechanical rather than a matter of economical selection habits.

It will be convenient to start our analysis by focusing on manuscripts **VMP**, since their extensive overlapping coverage provides us with most material to work with. All three manuscripts annotate the entire Theodosianus section and the beginning of the Novellae. The notes in **M** drop off at NTh. 8, while **VP** continue until the end of the Gregorianus. The shared annotated primary text spans 90 folios in **V**, 73 in **M**, and 52 in **P**. On the other hand, the two remaining manuscripts each annotate smaller parts of the primary text. **R** glosses the beginning of the Theodosianus until 2.4.3. Discussion of this textual witness therefore belongs with **VMP**. On the other side, **A** starts annotating at NVal. 35 and stops at PS 5.16 (45 folios ~ 67 folios in **V**, with annotations being much sparser for this part of the Lex Romana). Considering that **M** and **A** do not overlap, and that their relations cannot be established and are textually irrelevant (though not historically uninteresting), we should treat the part covered by **A** separately and draw up its own stemma.

---

22   This is also the order in which I carried out my data collection. I collated the notes and studied textual variation before looking into the filiation of the manuscripts as regards the main text.

I have consulted all manuscripts from digital reproductions. In the case of **V**, **M**, and **R**, these were high definition photographs; in the case of **A** and **P**, digitized microfilms.

2.1 The Theodosianus part: towards a stemma for witnesses VMP

Evidence allowing us to establish the manuscript relations is neither straightforward nor overwhelming. After collating the glosses in full, I submit that it is possible to draw up a stemma. The considerations in this section are meant to justify the graphic representation below (p. 235).

To begin with, I propose that the following three shared omissions in the text of **V** and **M** qualify as 'conjunctive errors' that set **VM** apart from **P**:

ad CTh. 3.5.5(4):   priuatus est extraneus ab officio publico uel a curia absolutus] **P**
                    priuatus est extraneus (-is **V**) ab officio publico --------------------] **VM**
ad CTh. 4.22(20).1: in uadum ruere N(ONIUS) M(ARCELLUS)] **P**
                    in uadum ruere ----------------------------] **VM**
ad CTh. 12.1.1:   confert curiam appellat N(ONIUS) M(ARCELLUS)] **P**
                    confert curiam appelat (-uit **V**) -------------------] **VM**

All three are cases in which **P** has a superior or preferable reading and the omissions should be considered lacunae that are shared by **VM**. The first case is a note glossing the headword *priuatus*, which features in the main text. The gloss is based on Isidore of Seville, with **P**'s longer gloss condensing Isidore's full lemma: *priuati sunt extranei ab officiis publicis. est enim nomen magistratum habenti contrarium, et dicti priuati quod sint ab officiis curiae absoluti* (Isid. Etym. 9.4.30).[23] We should note that, since **P**'s entire formulation is based on a single locus in Isidore, and since **P** preserves more of it than do **VM**, it is highly likely that **P**'s version is more complete and that the omissions in **V** and **M** are corruptions of a fuller note. In other words, **VM** have a lacuna in common while **P** contains a superior and more complete reading.

Similar points can be made for the other two cases. Both revolve around the omission of the letters *n m*. The text of the full notes can be traced back to Nonius Marcellus, which indicates that the letters should be understood as a reference to this author.[24] The annotations offer several parallels: the name Isidore,

---

23 Isidore's lemma has been incorporated by the late 7th-century glossary known as the Liber Glossarum, lemma PR1384 (*priuati*), cf. Anne GRONDEUX/ Franck CINATO (eds.), Liber Glossarum Digital, Paris 2016, http://liber-glossarum.huma-num.fr. While this technically prevents us from concluding that the gloss under discussion drew from Isidore directly, the presence of further glosses from Isidore that did not make it into the LibGloss and/or are marked with a note along the lines of *Isidorus dicit* indicate strongly that Isidore was used (more) directly. See below.

24 This is substantiated by their occurrence in several further glosses that derive from Nonius. Since these further glosses survive only in **P** and **V** (which, however, never has the letters) or in **P** alone, i.e. in places where **M** omits the note altogether, they are not immediately useful for establishing the filiation between **VMP**.

usually in abbreviated form, closes off a number of glosses,[25] and there is at least one note that opens with the name (Vegetius) Renatus.[26] We must, therefore, take it that **P** is here carrying more complete versions of the notes while **V** and **M** share lacunae. It is imaginable that the letters were at some point no longer understood and therefore left out. It appears far less plausible to posit that the scribe of **P** checked the sources of the notes and marked some, but not all, of the ones deriving from Nonius with the letters *n m*. At any rate, if we accept these points, the conclusion is that **VM** have an ancestor manuscript in common that **P** did not have. This ancestor manuscript had the lacunae that **V** and **M** share.

Before moving to the relations between and **V** and **M** themselves, it is worth explaining in some detail why other potentially shared omissions should not be considered 'conjunctive errors'. This will also give some impression of how the placement of annotations on the page as well as their concatenation might differ from manuscript to manuscript. Here are the most important and illustrative cases:

ad CTh. 2.19.5:	inofficiosum testamentum est quod sine officio naturalis pietatis in extraneas personas hereditas redigitur liberis exheredatis] **VP**
	note followed by dictum autem inofficiosum quasi inactuosum id est sine affectu] **M**
ad CTh. 3.4.1:	emptio dicta quasi a me tibi sit] **VP**
	note followed by quia minus quam inter duos non potest fieri] **M**
ad CTh. 3.11.1:	id est denuntiationes et reclamationes] **MP**
	note followed by nominarum] **V** (*second hand*)
ad CTh. 8.5(2).5(1):	genera sunt uehiculorum ad onera in itinere uehenda] **VP**
	note followed by id est portanda] **M**
ad CTh. 8.15(8).2(1):	numerarii uocantur qui publicum nummum aerario inferunt] **MP**
	note preceded by damus prouintialibus facultatem ut] **V**
ad CTh. 9.29(22).2(1):	actores et curatores unum sunt ab agendo et curando officia sibi commissa uocati] **MP**
	note ends in sibi commissa sic uocati] **V**

---

25 It so happens that the glosses ending with Isidore's name reveal no shared lacunae between any of the mss.

26 It should be noted, however, that the note with Vegetius' name only occurs in **P** (fol. 115v: *Renatus de re militari non pandit apertius*, "Vegetius Renatus, in the book on military matters, does not explain in more detail"). In my best judgement, based on the digitized microfilm, the note is likely to be written in a hand different from that of the shared notes in **P**. I have therefore excluded it from the set printed in the appendix. My considerations are as follows: the Vegetius note is written in larger, possibly rounder, script, and the ink has faded or was lighter from the start (this is hard to judge from the microfilm). The ink and ductus appear similar, if not identical, to other annotations that only occur in **P**, for example fol. 112r *mortem intulerint* and *i · si fraude*, fol. 115r *i · si uinolente* and *i · furtum*. Compare in particular the -d- of Vegetius note *de re* with the notes on fol. 112r, and contrast Vegetius note *pandit* with *expendissimum* lower on the same fol. 115v and fol. 109v *interdictum*. Finally, while this cannot prove anything, we should note that no other annotation *starts* with the name of an ancient authority.

The first of these may seem to suggest a shared omission in **V** and **P**. Upon closer inspection of the manuscript pages, however, we can see that **M**'s longer note consolidates two notes that **V** and **P** also carry (no. 108 below). **P** has the two notes on the same page but separates them spatially, **V** has the second, shorter note on the next page. Furthermore, the first gloss in **V** and **P** is based on Isidore's Etymologies 5.24.9. The second note (and **M**'s extension) derives from the lemma *intempesta* at Etymologies 5.31.10, a passage from the second half of book 5 no longer about law but known as *De temporibus*. Whereas Isidore lifted the second passage verbatim from Servius's commentary on the Aeneid (3.587) and the Liber Glossarum includes it and credits it to Isidore,[27] our marginal annotation features a textual corruption (*affectu* for *actu*) that is only reported for a single manuscript of Isidore, ms. Reims, Bibliothèque municipale, 425 (9th century, France).[28] The source must thus have been Isidore in a manuscript containing that reading (see below at n. 51 for some complications). The fact that the glosses were culled from different parts of Isidore's work and have different headwords indicates that they may very well have had different origins – and that there is no positive evidence to tip the balance in favour of viewing them as originally a single, unified gloss. For this reason, the textual omission, or rather the textual displacement, in **V** and **P** cannot be seen as a shared corruption and has virtually no heuristic value for establishing the filiation between **VMP**.[29]

The other cases run into similar issues. First, **M**'s addition to the gloss ad CTh. 3.4.1 is unsourced. The base note comes from Isidore, but **M**'s supplement cannot be traced to any known source, including Isidore, and may therefore be an ad hoc addition. This is exactly the opposite situation of the first shared lacuna discussed above (ad CTh. 3.5.5[4]). **M** does something very similar ad CTh. 8.5(2).5(1). Second, **V**'s additional *nominarum* in the gloss ad CTh. 3.11.1 is written in different ink and by a different hand, indicating no omissions in any of the mss. here. Third, **M**'s addition ad CTh. 8.5(2).5(1) is unsourced and in all likelihood an ad hoc addition. Fourthly, **V**'s note ad CTh. 8.15(8).2(1) has an additional clause at the beginning. However, closer examination reveals that **V** begins with a textual supplement of the primary text, which is followed by a gloss. **MP** only have the gloss. There is no omission or lacuna in **MP**'s gloss. Finally, **V**'s version of the annotation ad CTh. 9.29(22).2(1) has a superfluous *sic*: not only is it unnecessary for the sense, but the source of the gloss also does not have it (Isid. *Etym.* 9.4.34). In sum, then, while the cases just listed might at first seem to contradict the filiation hypothesis developed above, the analysis sug-

---

27 LibGloss (as n. 23) IN1720 (*intempestum*).
28 See the critical apparatus ad loc. in: Isidorus Hispalensis, Etymologiae V. Introducción, edición crítica, traducción y notas, edd. Francisco ANDRÉS SANTOS / Valeriano YARZA URQUIOLA, Paris 2013, p. 103. Their siglum for this manuscript is *f*. Given the immense number of manuscripts carrying Isidore, the textual variant may of course occur more widely. A digital reproduction of this manuscript can be found here: https://gallica.bnf.fr/ark:/12148/btv1b8449010b.
29 For a similar case of separation and agglutination of glosses, see **V** and **P** ad CTh. 4.17.1. **M** does not carry these annotations.

gests strongly that none of them should in fact be considered lacunae, let alone shared lacunae that can serve as 'conjunctive errors'.

If it is indeed the case that **VM** share an ancestor that **P** did not have, that means that **P** is not a descendant of either of them. We can similarly exclude the opposite, namely that **P** is a direct ancestor of **VM**. In a number of annotations shared by **P** and **VM** (either or both), **P** has unique lacunae that exclude the possibility that **VM** got their more complete text from or via **P**. The most important ones are:

ad CTh. 6.5(1).2:   sacrilegium (est **M**) sacrarum rerum furtum] **VM**
   sacrilegium dicitur sacrorum --- furtum] **P**
ad PS 1.18.1:   ercisunde antiqui diuidere dicebant unde et familia ercisunde dicta diuisio hereditatis inter heredes] **V**, **A**; **M** *has stopped annotating*
   herciscunde antiqui diuidere dicebant unde et familia herciscunde dicta diuisio hereditatis ----------------] **P**
ad PS 5.21.3   mathematici sunt magi magi autem dicti quasi magni a magnis rebus quas gerunt uel agunt] **V**
   matematici sunt magi magi autem dicti quasi magni a magnis rebus quas ------------ agunt] **P**

In the first place, the gloss ad CTh. 6.5(1).2 of **P** leaves out the word *rerum*, which **VM** and the source of this gloss all have (Isid. *Etym.* 5.26.12). **P**'s smoothing of stand-alone *sacrarum* to *sacrorum* makes it less likely that readers would have suspected that the text needed fixing here: it is hard to believe that **VM**'s shared ancestor would have arrived at the correct text if it had to rely on **P**. Second, the note on the *familia herciscundae* ad PS 1.18.1 shows a clear lacuna in **P** since the omitted words *inter heredes* also feature in Isidore, the source of this gloss (5.25.9). The final case is slightly less mechanical. The source of the second part of the gloss, Porphyrio's commentary on Horace's Epistles 2.2.208, does not include the words *gerunt uel* but has the same reading as **P**.[30] Considering the positioning of *gerunt uel* inside the gloss rather than at the end, these two words seem less likely to be an ad hoc appendage to the formulation (of which we have seen instances above) and may therefore have been part of the archetypal gloss – although this point cannot be pressed too hard. The pattern can be further substantiated by looking at unique corruptions in **P** (where **V** and/or **M** carry the same annotation). An important case is the note ad PS 3.4b.6 starting with *digitus est*, where **P** has a textual variant that is clearly a corruption: *inter* for *habet* (only in **V** as **M** no longer annotates here). This textual variant, in my view, is not very straightforwardly 'correctable', even by a knowledgeable and thoughtful copyist. In other words, **V** is highly unlikely to have gotten its correct text from **P**. Overall, then, the evidence just reviewed suggests that **VM**'s latest shared ancestor did not rely on **P** and must have been **P**'s 'sibling'.

---

30   On this commentary, see James E. G. ZETZEL, Critics, Compilers, and Commentators. An Introduction to Roman Philology, 200 BCE–800 CE, Oxford / New York 2018, pp. 149–156.

The evidence presented so far also allows us to conclude that **V** and **M** are 'siblings' as well. The much more extensive coverage of **V**'s notes indicate that **M** cannot have been its source. We can add annotations that occur in **P** and **V** but not in **M**, such as the gloss ad CTh. 1.34(11).3(2) starting with *domus est* and the long antiquarian gloss at CTh. 4.8.5(1) starting with *priscis temporibus*. Moreover, **M** carries a condensed version of the Nonius-based note ad CTh. 3.8.2 starting with *mater dicta* that **P** and **V** have in full, and **M** has a unique lacuna in the note ad CTh. 4.8.5(1) starting with *peculium proprie*. On the other side, there are several instances of notes that **M** and **P** include but that **V** has left out, which means that **V** cannot have been **M**'s source. They are the glosses ad CTh. 4.20(18).1 starting with *cessio proprie*, ad CTh. 5.1.4 starting with *gener dictus*, ad CTh. 9.1.1 starting with *damnabile dicitur*, and ad CTh. 9.27(22).4(2) starting with *repetundarum rerum*. Lacunae and corruptions within **V**'s annotations can be added as well, for example an omitted word in ad CTh. 2.1.1 starting with *priuum est*, an omitted word in ad CTh. 3.5.5(4) *priuatus est*, an omitted source indication (Isidore) in ad CTh. 8.2(1).5(1), and a word omitted from ad CTh. 13.1.13(1) *tale est*. All of this indicates that **V** and **M** did not rely on each other for their text but derive from a common ancestor.

2.2 *The place of R*

The last step in mapping the transmission of the glosses to the first part of the Lex Romana concerns the place of **R**. Its limited coverage shows that it was not the source of any of the other manuscripts. What more can be said?

The table at the end of this paper reveals that **R** glosses the beginning of the Theodosianus (until 2.4.6), which is the most heavily annotated part of the Lex Romana in all witnesses save **A**. It is interesting to note that **R**'s annotations end at the point where **V** has its first occurrence of note-free pages (fol. 43v, 44r, 44v), **P** has its first note-free page (fol. 20v), and **M** has three note-free pages as well (fol. 24r, 24v, 25r). Annotation is noticeably sparser when **VMP** pick up again. It is possible that the beginning of the Theodosianus and/or the Lex Romana were of most interest to the annotators, or perhaps the decreasing intensity of annotation reflects a process of glossing fatigue on the part of the marginal scribe or scribes.[31]

R shares notes with **VMP**, with **VM**, with **V**, with **P**, and very occasionally and in peculiar circumstances with **M**. This patterning suggests that none of the other manuscripts was the direct source of **R**. And while each manuscript

---

31 Without pressing the comparison too much, it is interesting to note the point made by Raffaella CRIBIORE, Gymnastics of the Mind. Greek Education in Hellenistic and Roman Egypt, Princeton 2001, pp. 194–197 that the first two books of the Iliad are very strongly overrepresented in papyri preserving "school exercises" and "school books". Anecdotally, I can confirm that collating the glosses of the stretch covered by **R** was immensely laborious and required much concentration because the notes are partly marginal, interlinear, and squeezed in on the spine side of the page. It would have been daunting and extremely time consuming to have to keep up the levels of concentration and the extremely slow pace for the remaining folios, which in **V** alone amount to 180+ folios.

regularly shows unique lacunae and corruptions, the types of shared variation that would allow us to see 'conjunctive errors' are so rare that, upon repeated inspection of the manuscripts, I have not been able to identify any that involve **R**. Considering the absence of evidence for a filiation of **R** with any of the other manuscripts, I propose to treat **R** as a separate descendant of the archetype. This may in fact not be correct, but it introduces the fewest possible auxiliary hypotheses, which on the current evidence would have to remain unsupported. Let us nonetheless look at a number of variants in **R**, to get a clearer picture of its nature and challenges, and to understand more precisely on what considerations my hypothesis of **R**'s place rests. The first group suggests commonalities between **M** and **R**:

CTh. 1.2.6 *primary text + notes*:
 LRV: inducias impetrauerit beneficium quod obtinuerit
 P   indut\c/ias <u>obtinuerit</u> beneficium quod <u>impetrauerit</u>
 V   [-------------] <u>obtinuerit</u> beneficium quod <u>impetrauerit</u>   *note*: indutias *at lacuna*
 M   inducias [------------------------------------] <u>impetrauerit</u>   *note*: optinuerit beneficium quod
 R   inducias impetrauerit beneficium quod obtinuerit   *note*: obtinuerit *at* imp-

CTh. 2.3.1 *note*:
 PV   preiudicata res (praeiudicatores P) ... ad plenum definita
 MR   preiudicata res ... ad plenum diffinita

CTh. 2.4.5 *primary text + notes*:
 LRV: elicitam
 PV   <u>electam</u>   *note*: uel elicitam
 MR   elicitam   *note*: uel electam

The first of these is the most complicated. The situation in the main text is that **P** and **V** have swapped the verbs of the two clauses without affecting the meaning overly much. Moreover, **V** has a lacuna of its own, which it shares with the very closely related but unannotated manuscript Bern, Burgerbibliothek, 263. Other than the Bern manuscript, however, **V** carries an interlinear note filling that lacuna. On the other hand, **M** and **R** at first sight both preserve the word order of the Theodosian Code, namely *inducias* immediately followed by *impetrauerit*. **M** clearly has a lacuna of its own, but its precise placement deserves some attention. In light of the stemmatic relations uncovered above, we should hypothesize that **M**'s exemplar had, like **P** and like **V**'s ancestry, *inducias obtinuerit beneficium quod impretrauerit*.[32] This means that the lacuna should be located immediately after *inducias*, not after *impetrauerit*. The word order in the corrective note, with *optinuerit* in first position, is strongly in line with this.

---

32 Since there are textual issues in both **V** and **M**, which according to the stemma share a hyparchetype (α in the graphic below), it is possible that the hyparchetype had a damaged, repaired, or otherwise somewhat messy text at this point.

Otherwise, the corrected text would include *impetrauerit optinuerit*, which is simply not plausible at all.

Overall, this case illustrates how a similar (or similarly looking) textual variation in two manuscripts (**M** and **R**) may on occasion have arisen independently and by different routes. Further evidence from the collations suggests that, at a few points, we should accept the same hypothesis, namely that the textual variant was independently noted in the interlinear space in both manuscripts **M** and **R**. The strongest evidence in favour of this view, and against the view that **M** and **R** share a unique ancestor, is the occurrence of three annotations that are shared between **P** and **R** but omitted by **VM**:[33]

CTh. 1.16(6).9(2): *primary text*: inponendam **MVPR**   *note*: impendendam **PR**
CTh. 2.1.2:   pulsatum dicimus percussum aut (*om.* **P**) uerbere (-bo **R**) aut uerbo (-ere **R**) **PR**
CTh. 2.1.12:   *primary text*: capitali **MVPR**   *note*: de (*om.* **R**) criminali culpa (*om.* **R**) **PR**

If the stemma for **VMP** developed above holds up, we should conclude that the shared ancestor of **VM** left out the notes, and that they can thus not have passed through a common ancestor that only **M** and **R** would have shared. The alternative would be to assume that the notes were in fact there but that on five occasions **V** and **M** independently decided to leave them out. This is of course not impossible: given **M**'s tendency to annotate relatively sparsely, any decision of **V**'s scribe to leave out a note must have coincided with **M**'s omissions every so many times. Yet, as we have already seen, **V** tends to annotate copiously, which makes five a large number. Finally, the point about coincidence can also be reversed: given the interest of all manuscripts, including **M** and **R**, in correcting the main text and noting down variants and supplements, the scribes of **M** and **R** must have provided the same information every so many times. The note with *obtinuerit* and *impetrauerit* that we encountered on the previous page indicates clearly that they were looking at a source manuscript channelling, in one way or another, the reading found in **V**, **P**, and the archetype.[34]

---

33 The cases listed here concern proposed corrections of the main text, hence the inclusion of the tags *primary text* and *note*. The exception is the second case (ad CTh. 2.1.2, starting with *pulsatum dicimus*), where the issue is occurrence (and non-occurrence) of the explanatory note, not the interplay with the primary text.

34 A third option would be to posit that 'contamination' (the use of more than one source manuscript) took place and that the situation at CTh. 1.2.6 (the note with *obtinuerit* and *impetrauerit*) points to such 'contamination'. However, I do not think that there is any strong positive evidence to suggest this here, unless one thoroughly disagrees with my sense of the probability of an independently produced textual correction. Note that the discussion so far has shown that a mechanical copying model that assumes a single source for the shared notes in each manuscript works well. Although I cannot prove the following, I would also think that **R**'s extremely limited coverage suggests use of a single source, and that the fullness of **P** and **V** in combination with their overlapping relationship for both main text and annotations suggests use of a single source manuscript as well. In other words, the burden of proof is on those wishing to posit 'contamination': A single case, and especially one as ambiguous and problematic as the present one, cannot easily persuade.

The other two cases of this section's first list are more straightforward. Let us start with the third one, CTh. 2.4.5. The situation is similar to the case just discussed, except that we can here be confident that the archetype did in fact contain a note *uel elicitam*. **M** and **R** have flipped this note: seeing the reading of the note in the main text, they transferred the reading of their model manuscript(s) to the note. Considering the original note served as a flag, and considering the interest of the scribes of **M** and **R** in noting down variants, corrections, and supplements, it is relatively straightforward to see how both scribes might have flipped the note independently. To be sure, there are instances of **M** and **R** flipping notes individually.[35] Finally, the case of *definita* and *diffinita* is one about variant spellings of the same word. I maintain that *diffinita* may have been turned with ease into the more mainstream form *definita* and that this may have happened independently more than once. Alternatively, the top-heavy letters -e- and -f- in most of our witnesses could suggest that an ambiguously drawn *def-* (*dff* or *dff*)[36] was read as *d(i)ff-* more than once. I am not convinced that these last two cases amount to 'conjunctive errors' of **M** and **R** against the tradition.

All things considered, then, I do not think that there is compelling evidence to see a filiation of **R** with any specific manuscript or manuscript grouping in the stemma. Nor do we have any positive indication that **VMP** as a group share an ancestor that **R** does not share. While the case remains problematic and uncertain, I propose to consider **R** as an independent descendant of the archetype.

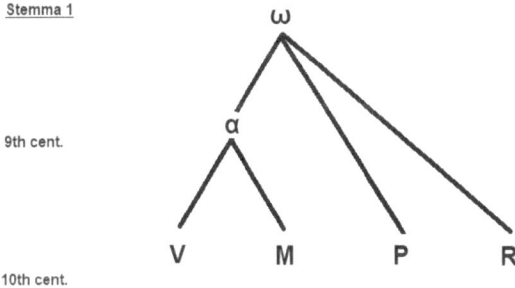

Stemma 1

9th cent.

10th cent.

2.3. The second part of the LRV: towards a stemma for witnesses VAP

We have already seen that **M** stops annotating in the Novellae of Theodosius and that **A** starts towards the end of those of Valentinian. The most solid way forward is to treat the second part of the Lex Romana glosses as having a transmission profile of its own, with its own stemma, that needs to be established separately. This does not mean that the relationship between **V** and **P** that we

---

35 E.g. **R** ad CTh. 1.29(10).8(3): **VP** (*primary text*) uilitatem (*note*) uenalitatem] **R** (*primary text*) uenalitatem (*note*) uilitatem. E.g. **M** ad CTh. 8.12(5).9(2): **P** (*primary text*) huius (*note*) uel usus] **M** (*primary text*) usus (*note*) uel huius.

36 This is a very general approximation based on the unicode character set.

clarified above does not continue to hold: it rather means that we should investigate how **A** relates to these two 'siblings' while removing **M** from the picture. Any potential historical relationship between the sources of the notes in **M** and **A** would be illuminating and stimulating to know, but the current state of the evidence simply does not allow any analysis in this direction.

V and **P** remain descendants of a common ancestor. **A** has a number of notes in common with both of them but also with either of them alone.[37] This means that neither **V** or **P** could have been the source of **A**. The text of the shared annotations shows little variation, with each manuscript occasionally featuring unique variants and lacunae. I have been able to identify one shared textual variant between **V** and **A** that qualifies as a 'conjunctive error'. I am adding two rather weak cases that, although they cannot establish anything on their own, might hint in the same direction:

ad NMar. 1:	forum sex modis … quinto locus in naui sed] **P**
	forum sex modis … quinto locus in (~~nau~~ add. **A**) mari sed] **VA**
ad PS 3.4b.6:	digitus est pars … in latitudine clxx duo aripennes] **P**
	digitus est pars … in latitudine clx duo aripennes] **VA**
ad PS 4.11.5:	consobrini dicti quasi consororini] **P**
	consobrini dicti quasi consoronini (-sorini **A**)] **VA**

The full note in the first case is derived from Paul the Deacon's *De significatu uerborum* (p. 59, ed. Lindsay). As Paul's text reads *naui*, **V** and **A** are sharing a corruption. The most straightforward interpretation of this evidence is that **V** and **A** derived the corrupted text from the same source, namely a shared ancestor that **P** did not have. It is worth noting that the scribe of **A** began writing *naui*, crossed out the almost completed word, and then wrote the variant *mari* in its place. The scribe's exposure to the superior reading indicates that his source manuscript persuaded him, through its textual make-up, that he should prefer *mari* and cancel *nau*. It is likely that the word *naui* was at some point misread as *mari*, given the similarity of the words in a Carolingian hand. **A**'s exemplar may have carried a slightly ambiguously drawn word or perhaps a correction. But it must have made clear that *mari* should be read: **A**'s scribe, in crossing out the letters *nau*, diverged from his usual practice of adding glosses and annotations rather than actively choosing and striking through text. The fact that the same reading ended up in **V** can hardly be a coincidence: it is much more plausible that both manuscripts ultimately go back to the same source, whose descendants adopted the reading *mari*. On the other hand, **P**'s scribe was probably not faced with the same textual situation: the reading in his exemplar must have been (unambiguously) *naui*. Given **P**'s annotational habit, the absence of a gloss in **P** suggests that its model also did not carry one.

The other two cases are more tenuous and merit some attention in light of the preceding. The first of these concerns a note on measuring land. The

---

37 See the table below.

numeral underscored above features in an explanation of the half-*iugerum*. As the sources of this note, Columella and Isidore, explain, *iugera* measure 240 x 120 feet, half-*iugera* 120 x 120 feet. The notes in all witnesses preserve the length of the half-*iugerum* at 120 feet accurately but set the width at 170 in **P** and 160 in **VA**. Both these numbers are corrupt, but we might see **P** as carrying only a minimal distortion (c̲lxx instead of cxx) whereas **VA**'s numeral has corrupted further and in tandem (clx_ < clxx < cxx). Finally, the note on *consobrini* shows small, non-identical corruptions in both **V** and **A**. The sources of this note, Nonius Marcellus and Isidore, both unambiguously feature **P**'s *consoro̲rini*. While the textual variations in **V** and **A** are truly minimal, it is possible that both arose at the same point in the text as a result of a textual issue in a shared ancestor. This latter case has virtually no cogency and cannot establish filiation by itself. It nonetheless fits the pattern discussed above.

In sum, it emerges that **V** and **A** have an ancestor in common that **P** did not have. A graphic representation of the relationships can be found below. To be sure, the lack of textual overlap between the notes in **A** and in **M** makes it impossible to speculate on whether the shared ancestor of **VM** and **VA** was the same manuscript or what, if any, the relationship between **A** and **M** was and is.

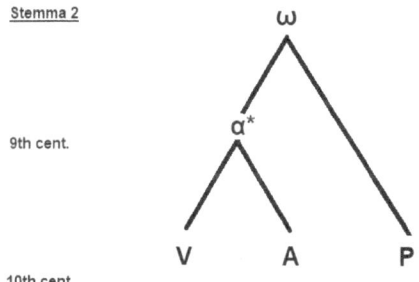

Stemma 2

9th cent.

10th cent.

2.4 The glosses and the LRV tradition: some light on the archetype and user copies

With the stemmas for the annotations in place, it is worth comparing them briefly with the stemma for the main text in the manuscripts under consideration. This comparison will allow us to see whether the transmission processes of the primary text and the glosses overlap or not. The key question here is whether (and to what extent) the annotations came down purely and mechanically as an accompaniment of the main text – or migrated from (pre-existing) manuscript to manuscript and were valued as textual enhancements in and of themselves. I have held off discussion of this until after the analysis of the notes themselves, so as not to prejudice the linear reader of this paper about manuscript relations.[38]

In the absence of a full study of the tradition of the Lex Romana, we will have to rely primarily on Theodor Mommsen's detailed observations about our manuscripts in his prolegomena to the Theodosian Code. As is well known, Mommsen paid considerable attention to the manuscript tradition of the Lex Romana, for the purpose of reconstructing the Code's first five books. Although he does not clarify the relations fully, his observations, amplified with a number of observations made above already, allow us to draw up the following graphic representation:

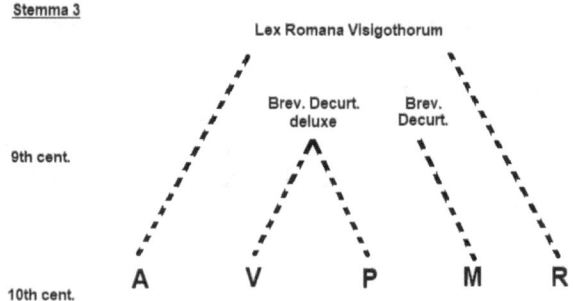

Let us consider several informative aspects. To begin with, the relationship between **V** and **P** is very close for the main text. Mommsen calls them "gemelli", but there is a third very similar manuscript, namely ms. Bern, Burgerbibliothek, 263, that appears to be closer to **V** than to **P**. All three manuscripts carry a Breviarium Decurtatum, a condensed version of the Breviary that tends to preserve the inscriptions and subscriptions of imperial constitutions but replace their text with the text of their interpretatio.[39] The manuscripts share several features that set them apart as a group from other manuscripts of the Breviarium Decurtatum. For instance, they all prepend an epitome of Isidore of Seville's treatment of legal terminology,[40] they include a so-called stemma graduum, they carry an additional chapter in book 1 of the Liber Gai (entitled *de substitutionibus et faciendis secundis tabulis*),[41] and they append a small dossier including Formula extravagans 1.5, a Merovingian king list, the subscriptio

---

38 As mentioned above, this is also the order in which I carried out my data collection. I collated the notes and studied textual variation before looking into the filiation of the manuscripts as regards the main text.
39 Theodosiani libri XVI cum constitutionibus Sirmondianis et Leges novellae ad Theodosianum pertinentes, vol. 1,1, edd. Theodor Mommsen / Paul M. Meyer, Berlin 1905, p. XCV.
40 For a detailed discussion, see E. Joseph Tardif, Un manuel élémentaire de droit romain à l'époque carolingienne. Extraits et abrégés juridiques des Étymologies d'Isidore de Séville, Paris 1896.
41 For a detailed discussion, see Dario Mantovani, Sul Liber Gai. Trasmissione, forma, contenuti e storia degli studi, in: Ulrike Babusiaux / Dario Mantovani (eds.), Le Istituzioni di Gaio: avventure di un bestseller. Trasmissione, uso e trasformazione del testo (Pubblicazioni del CEDANT 17), Pavia 2020, pp. 577–638.

Aniani version B, and a glossary (supposedly) listing terms in Latin, Hebrew, and Greek. **P** contains all of these, while **V** and the Bern manuscript omit the subscriptio Aniani. **V** and Bern also share a lacuna at CTh. 1.2.6 (see above), and they both render the genitive of Papinian's name at the end of the Breviarium as Pa*u*iani rather than Papiani. (The latter is the form found in **P** and possibly the archetype of the entire tradition of the Lex Romana). Given its close connection to **V** as well as to **P**, it is noteworthy that the Bern manuscript does not have the glosses. On the other hand, the close connections between **V** and **P** indicate that both their main text and the annotations came from the same source, which must have been an annotated manuscript carrying the same version of the Breviarium Decurtatum. This manuscript is the archetype of the tradition of the annotations. In this connection, we should note that, for the Theodosianus part, the headwords in the primary text to which the annotations attach either occur in both the constitution and the interpretatio texts or in the interpretatio text alone.[42] This indicates strongly that the notes were made to accompany a Breviarium Decurtatum, which for the Theodosianus part only preserves the interpretationes (though with the paratextual apparatus of the constitutions themselves). The archetype must have predated all surviving manuscripts. Given that it may have been the direct ancestor of **P**, it should be dated to the mid-ninth century or earlier, while its production setting is France, perhaps the northern half.[43]

Can the archetype's textuality be characterized further? First, the modest textual variation throughout the tradition of the notes, and in particular the virtual absence of shared corruptions across multiple branches of the stemma, indicates that the archetype was almost entirely free from 'errors'. This suggests that the archetype may well coincide with the manuscript in which the shared annotations originated. This is an attractive hypothesis as it pairs the creation of the marginal notes with the tradition, and perhaps the production, of the version of the Breviarium Decurtatum featuring the specialized materials listed above. It suggests that the archetype manuscript was a codex produced by specialists and for specialists. Second, manuscripts **V** and **M** carry the same annotation in the bottom margin of their pages on at least four occasions, thus inviting the conjecture that their share hyparchetype (α) had them in the same place (ad CTh. 2.1.2 *cives dicti* and *ciuilia negotia*; CTh. 4.1.tit. *cretio est*; CTh. 4.6.4[1] *naturales filii*). We cannot postulate that the archetype used the lower marginal space for annotation as well, because **P** never puts any of the

---

42 Examples of headwords only occurring in the interpretatio: CTh. 1.2.2(1), 4(2) *principes/um*; CTh. 2.1.1 *coloni, priuum*; CTh. 2.3.1 *preiudicium*; CTh. 4.23(21).1 *momentum*; CTh. 9.1.15(9) *mandatum*.

43 See the overview above (section 1), based on the digested scholarship in the Bibliotheca legum database. For a discussion of several of our manuscripts in relation to a hypothesized Leges scriptorium, see Thomas FAULKNER, Law and Authority in the Early Middle Ages. The Frankish *leges* in the Carolingian Period (Cambridge Studies in Medieval Life and Thought, Fourth Series 104), Cambridge 2016, pp. 193–247. For a well-supported sceptical view about the scriptorium's existence, see Karl UBL, Gab es das Leges-Skriptorium Ludwigs des Frommen?, in: Deutsches Archiv 70 (2014), pp. 43–65.

notes there. But it is a possibility. Third, the appendix makes clear that the archetype contained a considerable number of glosses. Yet, as we have seen above, not all glosses in all manuscripts can be traced to the archetype. The stemmatic method allows us occasionally to identify annotations that must have been added later. The reverse in principle also holds: now that we know that **P** stands apart from **VM**, glosses present in **P** but missing in **VM** may have come down from the archetype while the shared ancestor of **VM** omitted them.[44] All in all, then, the shared annotations form a fairly steady set of notes, but selection and further addition did take place.

It is with **M**, **R**, and **A** that the annotations make an appearance in manuscripts whose main text is not closely connected to that of **P** and **V**. While **M** carries a version of the Breviarium Decurtatum at some remove from that in **P**, **V**, and the Bern manuscript, manuscripts **R** and **A** are textual witnesses of the full Lex Romana. Neither manuscript stands particularly close to the other. As Mommsen points out, **R** has variant readings and a sizeable lacuna in common with mss. Berlin, Staatsbibliothek – Preußischer Kulturbesitz, Phill. 1761; Munich, Bayerische Staatsbibliothek, Clm 22501; and Paris, Bibliothèque nationale de France, latin 4405.[45] On the other hand, **A** is closer to ms. Paris, Bibliothèque nationale de France, latin 4403.[46] This indicates that the primary text and the annotations in these manuscripts were not sourced from the same exemplar: the main text must have been copied from some exemplar, the notes added from another codex to a text that was already there. As we have seen in the case of the annotated variant readings in **R** and **M** in particular, this process at times did encourage the scribe to check main text against main text as well. The migration of notes to other parts of the Lex Romana tradition reveals that the annotations were considered valuable in themselves. Rather than being merely treated as garnish to the main text, they amounted to a modestly sought-after explanatory apparatus that was worth the trouble of copying down.

3. The sources of the shared annotations

Now that we have a clearer picture of the earliest phases of the set of annotations under study, it is time to turn our attention to another aspect of their compilation, namely the use of sources. The table at the end of this paper lists the details about sources for each individual gloss – to the extent that I have

---

44 In light of the stemma, these omissions, if they can be pinned down with confidence, would qualify as lacunae. I have not used any such cases in establishing the stemmas above to avoid circularity.
45 MOMMSEN (as n. 39), pp. LXXX–LXXXI.
46 Ibid., pp. LXXVIII–LXXIX; Matthijs WIBIER, The so-called Appendices to the Lex Romana Visigothorum. Compilation and Transmission of Three Late Roman Private Legal Collections, in: Athenaeum 108 (2020), pp. 158–162.

been able to identify specific sources.[47] This section will not repeat that information in continuous prose but will lift out two larger points that emerge from studying the sources.

In the first place, the prominence of Isidore as a source brings up the question in what form Isidore might have been accessed. As was mentioned above, manuscripts **V** and **P**, and therefore in all probability also the archetype, carried an epitome of Isidore on legal matters on the first several folios – prepended to the Lex Romana. This epitome consists, in these specific manuscripts, of parts of Etymologies books 5 and 9.[48] Did the annotator use the epitome in composing his notes? The answer is probably no. On the one hand, a quick glance at the table below suffices to see that the glosses contain passages of Isidore that are not found in the epitome. This is most evidently the case for glosses based on book 15 and other books beyond 5 and 9. Another point to note is that the annotations regularly adapt Isidore by slightly reformulating him or inverting the order of two sentences.[49] I have checked several of these cases against the epitome, but the epitome tends to stay close to Isidore's full version. The editing and reformulation may therefore have been the work of the annotator (or an intermediary source other than the epitome). Obviously, this does not prove in any way that those adaptations could not have been made on the basis of the epitome rather than the full book 5, but the lack of further closeness also does not provide evidence that they did. I am at present not aware of positive evidence that links the glosses to the epitome. A final point to note, which is something that makes reliance on the epitome less likely, is the textual variant *affectu* for *actu* in the gloss *inofficiosum dictum* (ad CTh. 2.20.tit.) that we have seen above. The presence of this reading suggests that the annotator relied on a text of Isidore that diverged from the text in the epitome and that aligns with the text of the Reims manuscript.[50] I have not found further instances of variant readings that the notes and the Reims manuscript share, so we cannot justify the conclusion that this manuscript was the annotator's source.[51] Yet it suggests that the annotator probably did not rely on the epitome.

---

47 That is to say, I fully expect further identifications in the future. I have carried out two extensive rounds of source hunting by means of the digital databases available in late 2023 and early 2024 (primarily Brepols' Library of Latin Texts, the Corpus Glossariorum Latinorum Online at the Bayerische Akademie der Wissenschaften [https://publikationen.badw.de/en/cglo/index], and Amanuensis [developed and maintained primarily by Günther Rosenbaum and Peter Riedlberger]).

48 While this can be easily seen in the manuscripts themselves, TARDIF (as n. 40), pp. 7–12, provides a succinct overview of the various versions of the epitome and its occurrence in specific manuscript groups.

49 For example, ad CTh. 2.19.7 *testamentum dictum*; ad CTh. 4.6.4(1) *untia est*; ad CTh. 8.2(1).5(1) *tabularii uocantur*.

50 Reims, Bibliothèque municipale, 425. See n. 28 above.

51 For example, the gloss *tribuni plebis* (ad NVal. 1[7].3) contains the numeral *XVI*. While modern editions print *sexto* following the manuscript tradition, Arévalo's edition of 1798 prints *XVI*, like our gloss, but claims that it has corrected the reading *sexto* of "all manuscripts" ("omnes codices") on the basis of Asconius and Pomponius. Our note suggests that the reading *sexto decimo* should

A second question is whether the annotator accessed Isidore directly or utilized a glossary or lexicon of sorts that might have included entries drawn from further authors and texts as well. One reason for raising this question is that some of the glosses occur more than once – or rather, that some technical terms are glossed more or less the same way at various points. An example is *fideicommissum* at CTh. 2.4.6 and 4.4.7. The reverse also happens, as occasionally we encounter notes that look like concatenations of two (or more) standalone definitions of their headwords. Examples are the note ad NVal. 27(8), where *infiteutica res* (read: *emphyteutica*) is briefly defined, which is then followed by a lengthy exposé about the ancient *res publica* drawn from Augustine. It is not immediately obvious how all of this comes together: it is clear that both terms occur in the primary text, but the enumeration of types of legal title at NVal. 27(8).4, among which *rei publicae*, suggest the term is used in different sense than Augustine's. The connection between *res publica* and *res* in the sense of property in a separate note to this section of the novella remains vague as well. Another example is the elucidation of *fiscus* beyond *saccus publicus* to include scrotum and basket (ad NVal. 33[11]), combining definitions from Isidore's *Etymologies* books 20 and 11. Cases like these could be taken as signs that the annotator relied on a lexicon: he may have simply copied all the information he found about the headword, even if that meant including less relevant definitions; or he may have copied too much because he was not quite sure where to stop.[52]

A final clue comes from ms. Paris, Bibliothèque nationale de France, latin 4419 (9th–10th century, France, perhaps Sens).[53] This codex opens on fol. 1r with a list of terms and definitions that are similar in character to the annotations studied here. Even though there is no textual overlap, Hänel found them so similar that he included the list among the glosses of our set. We should note further that items in the list have been sourced to non-consecutive passages in Isidore and Macrobius.[54] It is imaginable that such lists were compiled and circulated on their own as well. This could then also be an explanation for the occurrence of one or two matching notes, but not more than incidental matches, between the manuscripts with our set and say the Epitome monachi in the same ms. Paris, Bibliothèque nationale de France, latin 4419, or the notes in ms. Gotha, Forschungsbibliothek, Memb. I 84.[55]

---

be taken seriously. To be sure, the Reims manuscript has *sexto* and is therefore almost certainly not the source of our note.

52 For example, the Liber Glossarum features our note's first two definitions of *fiscus* (public purse and testicular pouch) in two immediately consecutive lemmas, FI297 and FI298.
53 See https://www.leges.uni-koeln.de/en/mss/codices/paris-bn-lat-4419/.
54 Hänel (as n. 3), p. 461.
55 On both manuscripts, see above (section 1). On the notes in the Parisian Epitome monachi, see Trump, Rezeptionsspuren (as n. 7).

All in all, however, this remains one view among many. I am not currently aware of truly compelling evidence in support of positing an intermediary glossary at the source of our annotations.⁵⁶

4. Text and types of annotation

At the end of this investigation, we might wonder what the glosses themselves are like and how they read in interaction with the main text. The appendix to this paper provides the text of all the notes that can reasonably be placed in the archetypal set – although, as mentioned, the open-ended nature of annotational practices leaves some uncertainty. The table uses the stemmatic method to reconstruct the text of each note as it is likely to have appeared in the archetype, it equips each note with an English translation, and it lists in which textual witnesses each note occurs.⁵⁷ It also adds a minimal critical apparatus in cases in which there is relevant textual variation between witnesses. Since the interest of this paper is in the shared set, the table tends to leave out glosses that only occur in one manuscript, although I have occasionally included Isidore-based notes that only occur in **P** on account of **P**'s stemmatic weight.⁵⁸

The best way to get an informed sense of what the glosses do is to consult the appendix. Generally speaking, the annotations fall into four broad categories: definitions that include antiquarian information (including ancient-style etymologies), explaining points of Roman history and law and enlightening the reader about Latin usages of earlier times; short notes offering synonyms of key terms; summaries of points of law; and reports of textual variants or textual supplements for the main text.⁵⁹ Although the glosses tend not to go into much technical legal detail, they provide a window onto how readers-users of the Lex Romana and its epitomes tried to connect a text in their present to the Roman past.⁶⁰

---

56 The citational tags (Isidore, Nonius Marcellus) that we occasionally find in our notes cannot help us much. On the one hand, the short glossary at the opening of Paris, Bibliothèque nationale de France, latin 4419 does not carry such source indications. On the other, the Liber Glossarum does. This means that an occurrence of a source tag does not imply that an author's 'original' work was used.

57 An edition of the full annotations of each individual manuscript will contain more notes than included here and will need to lay out clearly which notes are shared and which ones occur more limited.

58 See above (pp. 235, 237). As mentioned above (n. 26), the note with Vegetius cannot with confidence be located in the archetypal set. **P** contains a few brief legal explanations in the earlier books of the CTh., which I have left out because all other mss. leave them out. E.g. fol. 24r *si frater alicui ...* (ad CTh. 2.18.1) and fol. 34r *id commodum est quod nostri iuris ...* (ad CTh. 2.29.1).

59 Cf. Conrat (as n. 5), p. 251, who distinguishes three types ("Summen, Wortübertragungen und ausführliche Erklärungen des Textes"). His decision to leave out textual supplements probably results from the observation that these tend to be limited to one single manuscript.

60 For an attempt to assess the quality of the annotator, see Liebs (as n. 6), pp. 212–217, who calls him an engaged Christian but a poor lawyer.

Several noteworthy things emerge from the table. First, it is immediately clear that the first two books of the Theodosianus are the most heavily annotated part. The appendix shows that book 1 accounts for ca. one-sixth of all glosses while books 1 and 2 together are home to ca. thirty-five percent of the annotations. Many of the notes in these books are one- or two-word vocabulary glosses rather than technical definitions of legal concepts. It is nonetheless occasionally possible to glimpse some of the interests of the annotator. For example, **P** and **V** clearly imagine a specific case involving a woman at CTh. 2.19.3, where the gender of a key term in the main text (*institutus*) has been changed to feminine and the gloss explains that the instituted heir was the deceased's mother (*scilicet mater*).[61]

The first two books are particularly densely annotated up until CTh. 2.4.6. It is at this point that **V** and **M** first feature a few unannotated pages, **P** has one unannotated page, and **R** drops off completely. The annotations for the remainder of the Lex Romana tend to be longer and of a more antiquarian character, attempting to explain legal concepts and language and providing etymological and historical reflections. It is possible to identify sources for many of these notes, in contrast to the short vocabulary glosses that dominate the early books. Despite the differences in character and their spatial patterning, however, I do not think this is sufficient evidence to posit different layers or different authors within the archetypal set of notes. We should observe in this connection that other small clusters exist too, for example the notes ad CTh. 9.19(15).1 *tabellio est* and 9.29.(22).2(1) *actores et* (nos. 233 and 235 in the table). Both of these use a formulation with *unum sunt* ("are one and the same thing"), which does not occur in their source, Isidore. Yet this need not point to a different annotator: it could simply be a quirk of the annotator at the moment he was writing these notes, especially if we keep in mind that the entire annotational process must have taken an extended period of time. Similarly, within the glosses in books 1 and 2, several notes begin with the letter s, which I have interpreted as *scilicet* (ad CTh. 1.2.5(3), 1.2.7(5), 1.4.3(1), 1.5.3(1); nos. 12, 16, 27, 29, 32 in the table).[62] Even though this formulation does not occur frequently further on, I would hesitate to consider this sufficient evidence for identifying a distinct layer or authorial hand.

Further characteristics of the notes are that they at times string together separate glosses that have little meaningful connection, while at other times they appear to have misunderstood the term they are glossing. We have already seen the notes ad NVal. 27(8) that are structured around various meanings of the word *res*, and we have encountered the somewhat baffling combined gloss for *fiscus* (ad NVal. 33[11]). On the other hand, outright misunderstanding appears to be at play in, for instance, the note *sortes* (ad 2.1.12; no. 66): while the primary text deals with sortition as a selection procedure for judges, the note takes the word to refer to one's lot, one's standing and

---

61 Cf. the case at CTh. 2.19.2.
62 For *scilicet* written out in full, see for example the note in the top margin of P, fol. 53r (ad CTh. 9.19[15].1).

position in life. The most puzzling note in the entire set is probably *conluo gargarizo* ("to wash thoroughly, to gargle"; ad CTh. 1.2.2[1]; no. 6 in the table). There is no word in the primary text that refers to washing, cleaning, or the like. Perhaps the note can be explained on account of the presence of the note *conludium est* (ad CTh. 1.2.7[5]; no. 19) on the same page in manuscripts **V** and **P**. This latter note is a differentia that explains the difference between *conludium* ("collusion") and *conluuium* ("dregs"). Apparently, the glossator or his source considered these two terms potentially confusing and drafted a note explaining the difference once and for all. The note *conluo gargarizo* could reflect the potential for confusion: perhaps the annotator meant to add a note about collusion but selected the wrong word from a lexicographical source. It is striking that the legal provision to which the note is attached deals with "foul play" or "trickery", namely rescripts obtained from the emperor *contra leges*. On this reading, the note that was needed here was *conludo*, not *conluo*.[63]

This paper does not pretend to be the final word on the antiquarian glosses and their compilation. A more detailed contextualization of the production of these glosses will benefit greatly from work in future years on the Breviarium Decurtatum, especially the special version to which they can be linked. That work will also be essential for developing an informed understanding of the intended audiences of the Breviarium Decurtatum, this set of annotations, and the set of notes shared by manuscripts Paris, BnF, latin 4413 and 9652 + 4406.

***

The edition includes headwords (between round brackets) as little as possible: only in places where it would help much for understanding the annotation. Headwords correspond to the standardized text of the Lex Romana Visigothorum (LRV) unless the apparatus indicates otherwise. References in the CTh. part are to the full CTh., with the LRV CTh. references in brackets. A minimal critical apparatus is placed between braces { }.The sigla are defined on p. 225. In the coverage apparatus on the right-hand side, a hyphen (-) means that a manuscript has no coverage for the marginal notes at that point; an open space means that the note is missing in a manuscript with coverage. I have not standardized, classicized, or enforced consistency on Latin spellings. I have occasionally consulted the Pharr translation of the CTh. when orienting myself around the primary text.

---

63 In both **V** and **P**, the note has sunk rather close to the next provision, CTh. 1.2.4(2). However, I do not at present see any other way to explain the note's presence. It is imaginable that the note was incomprehensible to the scribes of the surviving manuscripts and became therefore less tightly attached to a fixed spot in the primary text.

Abstract

Dieser Beitrag bietet eine Analyse und Edition (mit englischer Übersetzung) der antiquarischen (zu Unrecht: „jüngeren") Glossen zum Breviar, die in fünf Handschriften des 9. bis 10. Jahrhunderts überliefert werden. Es kann gezeigt werden, dass die Glossen von einer Handschrift abstammen, deren Text den Archetyp der Version des Breviarium Decurtatum beinhaltete, der auch den Titulus *De substitutionibus et faciendis secundis tabulis* und die sogenannte Subscriptio Aniani B (samt weiteren Bruchstücken) inkorporierte. Dies deutet darauf hin, dass sich der Glossator, vermutlich des 9. Jahrhunderts, in Kreisen mit Zugang zu einzigartigen Texten des römisch-visigothischen Rechts bewegte. Eine Auswahl dieser Glossen wurde erstmals von Gustav Hänel in seiner Edition der Lex Romana Visigothorum aus dem Jahr 1849 gedruckt. Im Anhang werden diejenigen Glossen, die für den Archetyp postuliert werden können, geboten, d. h. es werden nicht alle Glossen in allen Handschriften verzeichnet.

No.	Primary Text	Annotation Text	V	A	M	P	R	Sources
1	CTh. 1.1.1	lex proprie dicitur ex eo quod animos nostros liget suisque teneat obnoxios institutis (*law is properly so called on account of what binds our minds and holds them subjected to its institutions*) {ex *om.* **R**}	36r	-		17r	4va	Cass. *Exp. Ps.* 1.13; cf. NVal. 27(8)
2	CTh. 1.1.3	(constituunt) id est praecipiunt (*establish: that is, enjoin*) {id est *om.* **V**}	36r	-		17r		
3	CTh. 1.1.4	(non uacuet) id est non pro nihilo ducat (*does not void: does not consider as without value*) {id est *om.* **V**}	36v	-	17r	17r		
4	CTh. 1.2.2(1)	principes in hac lege reges intellege (*emperors, in this law understand kings*) {hac lege: hoc loco **R**; intellege reges **P**; intellige **M**}	36v	-	17r	17r	4vb	
5	CTh. 1.2.2(1)	(obtenta) id est impetrata (*got hold of: that is, obtained*) {id est *om.* **VM**}	36v	-	17r	17r		
6	CTh. 1.2.2(1)?	conluo gargarizo (*to wash thoroughly, to gargle*)	36v	-		17r		
7	CTh. 1.2.4(2)	(principum) id est regum (*of emperors: that is, of kings*) {id est *om.* **VR**}	36v	-	17r	17r	4vb	
8	CTh. 1.2.4(2)	(successoribus) heredibus (*to the successors: to the heirs*) {id est h- **M**}	36v	-	17r	17r	4vb	
9	CTh. 1.2.5(3)	(moratoria) quae moras innectit (*dilatory: what brings delays*) {moratoria dicta q- **VM**, id est q- **P**}	36v	-	17v	17r	5ra	
10	CTh. 1.2.5(3)	(peremptoria) quae funditus causam extinguit (*peremptory: what extinguishes a case completely*) {peremptoria q- **V**, id est q- **R**}	36v	-	17v	17r	5ra	
11	CTh. 1.2.5(3)	(litigator) incentor litis (*litigant: instigator of a lawsuit*) {id est i- **P**}	36v	-	17v	17r	5ra	
12	CTh. 1.2.5(3)	(causam) scilicet legis (*case: that is, at law*) {scilicet *om.* **M**}	36v	-	17v	17r	5ra	
13	CTh. 1.2.5(3)	(per rescriptum principis) per epistulam regis (*through a rescript of the emperor: through a letter of the king*) {id est p- **P**}	36v	-	17v	17r	5ra	

No.	Primary Text	Annotation Text	V	A	M	P	R	Sources
14	CTh. 1.2.6(4)	(fraus) deceptio per mendacium (*fraud: deceit through lying*) {id est d- **P**}	36v	-		17r	5rb	
15	CTh. 1.2.7(5)	(feriantur) percutiantur (*are hit: are struck*) {id est p- **P**; (multabuntur) feriuntur **R**}	36v	-	17v	17r	5rb	
16	CTh. 1.2.7(5)	(damno) scilicet rerum (*with a penalty: that is, in money*)	36v	-	17v	17r	5rb	
17	CTh. 1.2.7(5)	(contempserint) pro nihilo duxerint (*have disregarded: have considered of no value*) {id est p- **P**}	36v	-		17r	5rb	
18	CTh. 1.2.7(5)	(distulerint) protelauerint (*have put off: have delayed*) {id est p- **P**}	36v	-		17r	5rb	
19	CTh. 1.2.7(5)	conludium est iurgium rixae. conluuium uero collectio sordium (*collusion is a legal proceeding with little respect for proper procedure; dregs, on the other hand, are an accumulation of dirt*) {uero om. **R**}	36v	-	17v	17r	5rb	LibGloss (as n. 23) CO1145, CO1148
20	CTh. 1.2.8(6)	differe est spatium temporis dare (*deferring is to provide a period of time*) {temporis spatium **P**}	37r	-		17r	5rb	
21	CTh. 1.2.8(6)	(cautionem) scriptionem debiti sui (*acknowledgment of obligation: that is, a written bond of his debt*) {id est s- **P**}	36v	-	17v	17r	5rb	
22	CTh. 1.2.8(6)	(cogatur) compellatur (*is forced: is compelled*) {id est c- **P**}	37r	-		17r	5rb	
23	CTh. 1.2.10(7)	(negotio) id est causa (*suit: that is, case*) {id est om. **VM**}	37r	-	17v	17v	5va	
24	CTh. 1.2.10(7)	(litem contestatus) denuntiasse (*having acknowledged joinder of issue: to have announced the lawsuit*) {id est d- **P**}	37r	-	17v	17v	5va	
25	CTh. 1.2.10(7)	(pulsati) mallati uel in iudicium prouocati (*of the defendant: of him summoned or called to trial*) {id est m- **P**}	37r	-	17v	17v	5va	
26	CTh. 1.3.1	asserere dicere uel affirmare (*asserting, to say or to affirm*) [asserere est d- **P**; agere est ass- **R**; (adserat) affirmat cett. om. **M**]	37r	-		17v	5va	

No.	Primary Text	Annotation Text	V	A	M	P	R	Sources
27	CTh. 1.4.3(1)	(inserti) scilicet eorum dicta (included: that is, their words)	37v	-		17v		
28	CTh. 1.5.3(1)	id est ut contra iudicium quis non facile ueniat (that is, in order that no-one goes against a judgment easily)	37v	-		17v		explanatio titulorum
29	CTh. 1.5.3(1)	(pro ipso) scilicet negotio (in his favour: namely the case)	37v	-	18v		6rb	
30	CTh. 1.5.3(1)	(addictus) superatus (turned down: overpowered)	37v	-	18v	17v	6rb	
31	CTh. 1.5.3(1)	addictum dicimus quasi deuotum uel obnoxium (turned down, we say, as though doomed or subjected {uel obnoxium om. P}	37v	-		17v		Non. Marc. 2 s.v. (69M = 1.96L)
32	CTh. 1.5.3(1)	(mediam) scilicet partem (middle: namely part) {(medietatem) LRV; (medium) uel mediam s– V}	37v	-	18v	17v		
33	CTh. 1.16(6).1(7)	hoc est ut causam publice discutiant (that is, in order that they treat the case in public) {hoc est om. V}	38r	-		17v		explanatio titulorum
34	CTh. 1.16(6).1(7)	iustitiae uenditores (sellers of justice) {id est i– M}	38r	-	18v	17v	6vb	
35	CTh. 1.16(6).9(2)	(inponenendam) impendendam (to be threatened: to be imposed) {lemma inv. R}		-		18r	7ra	
36	CTh. 1.16(6).9(2)	ordo ueritatis est quando intentionem pulsantis sequitur responsio depellentis. ad ultimum sententia promittur iudicis (an orderly account of the truth exists when the response of the defendant follows the plaintiff's statement of the case; the decision of the judge is foreboded in the strongest way) {id est o– P; ordo est ueritatis P}	38r	-		18r		
37	CTh. 1.16(6).10(3)	(libellos) id est cartulas (booklets: that is, sheets) {id est om. R}		-	19r	18r	7ra	
38	CTh. 1.16(6).11(4)	officium iudicum est ministri omnes qui curiae deseruiunt (the office of judges is all the officials who serve the court)	38r	-		18r		

No.	Primary Text	Annotation Text	V	A	M	P	R	Sources
39	CTh. 1.16(6). 14(5)	(actores) exactores et receptores publici debiti (*stewards: tax collectors and receivers of public debt*) {actores sunt e- **V**, id est e- **P**; et: uel **VM**}	38v	-	19r	18r	7rb	
40	CTh. 1.20(7).1	(non salutent) id est munus non offerant (*do not pay their respects: that is, do not offer a gift*) {hoc est **R**}	38v	-	19v	18r	7va	
41	CTh. 1.20(7).1	(mulctam) id est damnum (*fine: that is, penalty*)	38v	-	19v	18r	7va	
42	CTh. 1.21(8).1	hoc est ut nulli in ciuilibus causis militare studium uel executio deputetur (*that is, in order that military favour and enforcement are granted to no-one in civil cases*) {id est **VM**}	38v	-	19v	18r		explanatio titulorum
43	CTh. 1.22(9).1	hoc est ne matronam uel pupillos siue aegrotos per executionem abstrahi liceat (*that is, that it is not permitted that a matron or wards or ill people are dragged off during the execution of a summons*)	38v	-		18r		explanatio titulorum
44	CTh. 1.22(9).4(3)	praetor dicitur iudex, praetorium uero iudiciaria sedes (*praetor means judge; praetorium, however, means the seat of the court*) {sedes iudiciaria **R**}	39r	-	20r	18v	8rb	
45	CTh. 1.29(10).7(2)	uerberare non solum a uerberibus dictum est sed et a uerbis (*scourging is not only so called from scourges but also from words*) {a uerberibus: cum u- **V**}	39v	-		18v		Non. Marc. 1. s.v. (45M = 1.64L)
46	CTh. 1.29(10).8(3)	(per uilitatem) uel per uenalitatem (*on account of meanness; or on account of venality*) {lemma inv. **R**; uel om. **R**}	39v	-		18v	8vb	
47	CTh. 1.34(11).tit	assessor dictus qui assidet ad gesta publica transcribenda (*assessor means the person who attends to writing up public acts*)	39v	-		18v	8vb	
48	CTh. 1.34(11).2(1)	(adsenserit) uel adhaeserit (*agreed: or stuck with*) {assesserit **R**}	39v	-		18v	8vb	

No.	Primary Text	Annotation Text	V	A	M	P	R	Sources
49	CTh. 1.34(11).3(2)	**domus est unius familiae habitaculum. domesticus autem dicitur omnia quae intra domum geruntur sciens** (*a house is the dwelling place of one family; moreover, a householder is the person who knows everything that is being done inside the home*)	39v	-		18v		Isid. *Etym.* 9.4.3
50	CTh. 2.1.1	**coloni cultores agrorum sunt dicti** (*coloni means tillers of fields*)	40r	-		19r	9rb	
51	CTh. 2.1.1	**priuum est proprium uniuscuiusque unde et res priuata** (*private means exclusive to one's own, hence also private property*) {res om. **V**}	40r	-		19r	9rb	Non. Marc. 1 s.v. (35M = 1.51L)
52	CTh. 2.1.2	**ciues dicti quasi concives quod communiter uiuant. ciuilia negotia quae inter se ciues communi ratione decernunt** (*citizens are so called as though fellow members of the community because they live together; civic affairs are the things that citizens decide among themselves through collective reasoning*) {conuiues **V**; communicatione **P**}	40r	-	20v	19r	9va	Isid. *Etym.* 9.4.2
53	CTh. 2.1.2	**pulsatum dicimus percussum uerbere aut uerbo** (*a charged person means one struck by scourge or word*) {aut uerbo aut uerbere **R**}				19r	9va	cf. Non. Marc. 4 s.v. (372M = 2.593L)
54	CTh. 2.1.3	**(pudicitiam) castitatem** (*chastity: purity*) {pudicitia dicitur castitas **V**}	40v	-			9vb	
55	CTh. 2.1.3	**uiolare est uim inferre uel corrumpere** (*violating is to import violence or to injure*) {(maculare) uiolare cett. om. **R**}	40v	-			9vb	
56	CTh. 2.1.3	**(direptionem) id est rapinam** (*robbery: that is, rapine*) {id est om. **P**}	40v	-	21r	19r		
57	CTh. 2.1.5	**ordinatores publicarum rerum iudices dicti** (*administrators means governors of public money*) {(ordinatoris) publici iudicis cett. om. **R**}	40v	-	21r	19r	10ra	
58	CTh. 2.1.6	**(aderint) adheserant** (*were present: had stuck around*) {(adherent) **MR**; uel a- **V**}	41r	-	21v		10rb	

No.	Primary Text	Annotation Text	V	A	M	P	R	Sources
59	CTh. 2.1.8	**crimina a carendo bono nomine dicta** (*crimes are so called from the lack of a good reputation*) {crimina dicta **P**; bono *om.* **V**}	41v	–		19v	10va	
60	CTh. 2.1.8	**ordinarii uocantur milites uel iudices qui in ordine quo ingrediuntur militant uel iudicant** (*ordinaries are soldiers or judges who serve or adjudicate in the order in which they enter*)	41v	–		19v	10vb	
61	CTh. 2.1.8	**dampnum dicitur diminutio rei** (*damage means deterioration of a thing*) [dicitur *om.* **V**, dicitur post rei **R**]	41v	–		19v	10vb	
62	CTh. 2.1.9	**exilio dampnatur qui extra solum mittitur** (*exile is the sentence of him who is sent out of his country*) {dampnantur **P**; mittuntur **P**}	41v	–		19v	10vb	Isid. *Etym.* 5.27.28
63	CTh. 2.1.10	**(ciuili negotio) communi uel leuiori causa** (*civil suit: a common or lesser case*) {ciuili negotio c– **V**}	41v	–	22r	19v	11ra	
64	CTh. 2.1.11	**(actoris) domini uel defensoris** (*of the overseer: of the master or defender*) [id est do– **M**]	42r	–	22r	19v	11rb	
65	CTh. 2.1.11	**subdere dicimus summittere uel supponere** (*subjecting means to submit or to place under*) {(subdi) summitti cett. om.* **R**}	42r	–		19v	11rb	
66	CTh. 2.1.12	**sortes intellegamus probitatem uitae et natalis** (*as lots we should understand uprightness of life and birth*) [intellegimus **M**; natale **M**]	42r	–	22r	19v		
67	CTh. 2.1.12	**(studio) industria et datione muneris** (*through partisanship: by design and through the presentation of a gift*) {(studio) studio nocendi cett. om.* **P**}	42r	–		19v	11rb	
68	CTh. 2.1.12	**(capitali) de criminali culpa** (*capital: concerning criminal fault*) {criminali cett. om.* **R**}		–		19v	11rb	

Antiquarian Annotations of the Lex Romana Visigothorum 253

No.	Primary Text	Annotation Text	V	A	M	P	R	Sources
69	CTh. 2.3.1	**preiudicata res dicitur non ad plenum diffinita. preiudicium uero ante iudicium dampnatio** (*a prejudiced case is one not developed in full; prejudgment, however, is a judgment before a judgment at trial*) {praeiudicatores dicuntur **P**; definita **VP**}	42r	-	22v	19v	11va	
70	CTh. 2.4.1	**(ipsorum) scilicet minorum** (*of them: namely of the minors*)	42r	-	22v	19v	11vb	
71	CTh. 2.4.1	**(aliquis) id est tutor uel curator** (*someone: that is, a guardian or caretaker*) {id est om. **P**}	42r	-		19v		
72	CTh. 2.4.1	**id est tutelam uel procurationem minorum** (*guardianship or superintendence of minors*) {id est om. **P**; minorum om. **M**}	42r	-	22v	19v		
73	CTh. 2.4.1	**(intentio) id est questio de re** (*charge: that is, an investigation concerning the case*) {id est om. **MR**}	42v	-	22v	20r	12ra	
74	CTh. 2.4.2	**contestatio dicitur denuntiatio** (*acknowledgment of joinder of issue means announcement of the lawsuit*) {(contestatione) id est de- **M**; denuntiari cett. om. **R**}	42v	-	23r	20r	12ra	
75	CTh. 2.4.3	**(cautione) ratione** (*warranty: or account*) {cyrografo cet. om. **P**; uel + lemma inv. **V**}	42v	-	23r	20r		
76	CTh. 2.4.4	**(agnouerit) uel agnitus fuerit** (*acknowledged: or was apprised*) {(cognouerit) **R**}	42v	-	23r	20r	12rb	
77	CTh. 2.4.5	**(elicitam) uel electam** (*called for: or selected*) {lemma inv. **VP**}	42v	-	23r	20r	12va	
78	CTh. 2.4.5	**legitimum cursum appellat inducias quattuor aut v mensium in lege concessas** (*the statutory course of time is the name he uses for the delay of four or five months granted by the law*) {quinque **V**; mensuum **R**}	43r	-		20r	12va	
79	CTh. 2.4.5	**(differre) id est longius protelare** (*to defer: that is, to put off longer*) {id est om. **R**; prolongare **R**}	43r	-	23r	20r	12va	cf. no. 18

No.	Primary Text	Annotation Text	V	A	M	P	R	Sources
80	CTh. 2.4.6	fideicommissum est ut fiat quod a defuncto committitur quasi fides dicitur eo quod fiat (*a trust exists so that happens what has been intrusted by the deceased, as though trust is so called because it happens*) [fideicommissum est om. **M**; quasi: quod **P**; eo: ideo **M**]	43r	-	23v	20r	12vb	Isid. *Etym.* 5.24.17; cf. no. 177
81	CTh. 2.4.6	agere est intendere inquirere (*undertaking legal action is to charge, to investigate*) [agere id est **V**; intendat uel inquirat cett. om. **M**]	43r	-	23v	20r	-	
82	CTh. 2.8.26(3)	commoueri uel precibus flecti (*to be stirred up or to be moved by means of entreaties*) [promoueri **V**]	45v	-		21r	-	cf. ps-Acr. sch. Hor. *Epod.* 17.8; Ti. Cl. Don. *Intp. Virg.* 1.2; cf. no. 116
83	CTh. 2.9.3(1)	infamis dicitur uilis siue ignobilis uel certe sine bona fama (*an infamous person means a base or lowly person or certainly one without a good reputation*)	46r	-		21v	-	Isid. *Etym.* 5.27.25, 26
84	CTh. 2.9.3(1)	pactum dictum quasi ex pace factum aut pactum quod quisque uolens facit (*a pact is so called as though made on the basis of amity, or it is a pact because everyone is acting willingly*) [factum est **P**]	46r	-		21v	-	Isid. *Etym.* 5.24.18-19
85	CTh. 2.10.4(1)	(aduocati) hoc est de eis qui causas suscipiunt alienas (*advocates: that is, those who take on the cases of other people*) [id est qui **V**; alienas om. **M**]	46r	-	25v		-	explanatio titulorum
86	CTh. 2.10.6(3)	castrense peculium est quod in castris adquiritur uel proficiscenti ad militiam datur (*the "camp allowance" is what is acquired in the camp or what is given to someone departing for military service*)	46v	-	25v	21v	-	PS 3.4a.3
87	CTh. 2.11.1	(suscepti) scilicet hominis (*taken on as client: namely a person*)	46v	-	26r	21v	-	
88	CTh. 2.11.1	(in praeiudicium) id est dampnum rei (*to the prejudice: that is, the harm of the case*)	46v	-	26r	21v	-	
89	CTh. 2.12.2	consortes sunt socii quasi simili sorte notati (*partners are associates, as though marked by a similar lot*)		-		22r	-	

No.	Primary Text	Annotation Text	V	A	M	P	R	Sources
90	CTh. 2.13.1	exigere est ui extorquere et exigere est debitum repetere (*exacting is to extort with violence, and exacting is to demand what is owed*) {et exigere est: uel **V**; debitum exquirere **P**}	48r	-		22r	-	Non. Marc. 4 s.vv. (290M = 2.449L)
91	CTh. 2.14.1	(notari) id est obprobrio haberi. nota dicitur probrum et nota dicitur signum et nota distinctio (*to be branded: that is, to be held in disgrace; mark of ignominy means dishonour, and mark means sign and setting apart*) {habent **P**; et dicitur signum **P**; nota dicitur...distinctio om. **M**}	48r	-	27r	22v	-	Non. Marc. 4 s.vv. (354M = 2.561L)
92	CTh. 2.15.tit.	(de dolo malo) hoc est de falsis scripturis (*about evil intent: that is, about falsification in writing*) {scripturas **P**}	48v	-		22v	-	explanatio titulorum
93	CTh. 2.18.1	deferre est adducere uel adferre (*referring is to direct to or to convey*) [abducere **P**; afferre **P**}	51v	-		24r	-	Non. Marc. 4 s.vv. (289M = 2.447L)
94	CTh. 2.18.1	(data relatione) id est manifestatione scripti (*a report given: that is, through a declaration in writing*) {data relatione i- **V**}	51v	-	28v	24r	-	
95	CTh. 2.18.1	(suggestio) id est commemoratio (*report: that is, account*)	51v	-	28v	24r	-	
96	CTh. 2.19.1	emancipatio fit filio ut sit liber a potestate patris sicut manumissio seruo (*emancipation happens in the case of a son so that he is free from his father's power, much like manumission in the case of a slave*)	52r	-	29r	24r	-	Isid. *Etym.* 9.5.17; cf. nos. 111, 225
97	CTh. 2.19.2	(agat) id est intendat (*takes action: that is, she sues*)	52v	-	29v	24r	-	
98	CTh. 2.19.3	(exstitit) uel esse debuerat (*exists: or should have existed*) {debuerant **P**}	52v	-		24v	-	
99	CTh. 2.19.3	(fratribus) scilicet inofficiosis (*brothers: namely those affected by an inofficious testament*)	52v	-		24v	-	
100	CTh. 2.19.3	(praetor) uel propraetor (*praetor: or governor*) {(per turpitudinem) *LRV*}	52v	-		24v	-	

No.	Primary Text	Annotation Text	V	A	M	P	R	Sources
101	CTh. 2.19.3	(instituta) scilicet mater (instituted heir: namely the mother) [(institutus) LRV]	52v	-		24v	-	
102	CTh. 2.19.3	(alieni) id est non agnati nec consanguinei (outside: that is, not agnatic nor related by blood)	52v	-		24v	-	
103	CTh. 2.19.3	(defuncti) scilicet fratris (deceased: namely the brother)	52v	-		24v	-	
104	CTh. 2.19.3	(proferans) uel properans (bringing forth: or rapid) [(perperam) LRV]	52v	-		24v	-	
105	CTh. 2.19.4	quoniam de omnibus bonis paternis quartam portionem ad pecuniam redegit iusta taxatio (because a just appraisal has turned a fourth part of all paternal goods into money) [iuxta **MP**, iuxsta **V**]	53r	-	30r	24v	-	cf. CTh. 2.19.4
106	CTh. 2.19.5	inofficiosum testamentum est quod sine officio naturalis pietatis in extraneas personas hereditas redigitur liberis exheredatis (an inofficious testament is so called because the inheritance is routed to people outside the household without any observance of natural loyalty and with the children disinherited) [est: id est **P**]	53v	-	30r	24v	-	Isid. *Etym.* 5.24.9
107	CTh. 2.19.7	testamentum dictum quasi testatoris monumentum, quia non ualet nisi post mortem testatoris (a testament is so called as though a funerary monument of the testator, because it is not valid until after the death of the testator)	53v	-	30r	24v	-	Isid. *Etym.* 5.24.2
108	CTh. 2.20.tit	inofficiosum dictum quasi inactuosum, id est sine affectu (inofficious is so called as though inactive, that is, without affection) [dictum autem inoff-: **M**; actu Isid.]	54r	-	30r	24v	-	Isid. *Etym.* 5.31.10 (f)
109	CTh. 2.21.tit	dotem dicimus quasi do item, quia praecedentem in nuptiis donationem dos sequitur (dowry is so called as though "I give likewise", because the dowry follows a prior donation in the context of marriage)	54r	-		33r	-	Isid. *Etym.* 5.24.25
110	CTh. 2.21.2	lex Papia a Papio auctore dicta (the lex Papia is named after its proposer Papius) [a Papia **VM**]	54r	-	31r	33r	-	Isid. *Etym.* 5.25.11

Antiquarian Annotations of the Lex Romana Visigothorum 257

No.	Primary Text	Annotation Text	V	A	M	P	R	Sources
111	CTh. 2.22.1	(**emancipati**) **id est extra manum patris missi** (*emancipated: that is, those sent out of the father's hand*) {patris manum **V**; glossa bis adiecta **P**}	54v	-	31r	33r	-	*cf. nos.* 96, 225
112	CTh. 2.23.1	**calumnia a caluendo, id est decipiendo, dicta** (*a baseless charge is so called from being a trickster, that is, deceiving*) {id est a- **P**}	54v	-	31v	33r	-	Isid. *Etym.* 5.26.8
113	CTh. 2.23.1	(**improbus**) **id est inlaudabilis** (*dishonest: that is, unworthy of praise*)	54v	-	31v	33r	-	
114	CTh. 2.25.tit	**communi diuidendo est inter eos quibus communis res est** (*the action for partitioning of commonly owned things happens among those who have property in common*)	55v	-		33v	-	Isid. *Etym.* 5.25.10
115	CTh. 2.26.tit	**finium regundorum actio dicta eo quod per eam regantur fines utrique ne dissipentur. Isidorus dicit** (*the action for defining boundaries is so called because the plots of land on both sides are delineated by means of it, to prevent them from dissipating; Isidore says this*) {legendorum **P**; regant **V**}	55v	-		33v	-	Isid. *Etym.* 5.25.11
116	CTh. 2.27.1	**conuenire dicimus precibus flectere** (*addressing means to move by entreaties*)	56r	-	32v	34r	-	*cf. no.* 82
117	CTh. 2.29.1	**suffragia dicuntur quaedam munuscula uel auxilia** (*favours means small gifts or support of sorts*) {auxilia uel munuscula cett. om. **M**}	56v	-	33r	34r	-	*colloc. common in eccl. Latin*
118	CTh. 2.30.2	(**obliget**) **id est tradat uel obnoxiam faciat** (*binds: that is, surrenders or makes liable*) {facit **P**}		-	34r	34v	-	
119	CTh. 2.33.1	**usura enim ab usu crediti aeris est dicta. est autem incrementum fenoris** (*interest, indeed, is so called from the profit of money given in loan; moreover, it is the increased amount of the return on a loan*) {id est lucri add. **P**}	58r	-		34v	-	Isid. *Etym.* 5.25.15

No.	Primary Text	Annotation Text	V	A	M	P	R	Sources
120	CTh. 2.33.1	centesima mensura est quae et emiolia (*the one-percent rate is what is also called hemiolia*) {dicitur add. **V**; id est dimidia add. **M**}	58v	-	34v	35r	-	cf. source of Aeg. of Lessinia, Buch. of Worms
121	CTh. 2.33.4	senatoribus aetas nomen dedit eo quod seniores essent. alii a sinendo dictos putant. ipsi enim agendi facultatem dabant (*senators take their name from their age because they are elders; others think they are so called from permitting; for they themselves used to grant the power of taking action*) {sinen **P**; habent **M**}	58v		34v	35r	-	Isid. *Etym.* 9.4.8
122	CTh. 3.1.1	contractus est emptio uel uenditio uel rerum commutatio ex conuenientia ueniens (*contract is a purchase or a sale or an exchange of things based on an agreement*)	59r	-	35r	25r	-	Isid. *Etym.* 5.24.23
123	CTh. 3.1.2	(qua) id est ubi (*whereby: that is, where*) {(quia) *LRV*}	59v	-	35v	25r	-	
124	CTh. 3.1.3	id est minus quam decem et octo annos habentes (*that is, younger than eighteen years*)	59v	-	35v	25r	-	
125	CTh. 3.1.4	(uendita) uel uendenda (*sold: or to be sold*) {*lemma inv.* **P**}	60v	-	36r	25v	-	
126	CTh. 3.3.1	ingenui dicti quia in genere habent libertatem non in facto (*the freeborn are so called because they possess freedom on account of their birth, not on account of someone's deed*) {dicuntur **VM**}	61r	-	36v	26r	-	Isid. *Etym.* 9.4.46
127	CTh. 3.4.1	emptio dicta quasi a me tibi sit (*purchase is so called as though something becomes yours from me*) {quia minus quam inter duos non potest fieri add. **M**}	61r	-	37r	26r	-	Isid. *Etym.* 5.24.24; for **M**'s supplement, cf. Aug. *Q.Ev.* 2.14.5, Isid. *Etym.* 3.28.2, Grg.M. *Hom. in* 1.17.1
128	CTh. 3.5.1	donatio est cuiuslibet rei transactio. dicta autem donatio quasi doni actio (*donation is the handover of any thing whatsoever; moreover, donation is so called as though the presentation of a gift*)	61v	-	37r	26r	-	Isid. *Etym.* 5.24.25

No.	Primary Text	Annotation Text	V	A	M	P	R	Sources
129	CTh. 3.5.2	(ad ius) alicuius (*under legal title: of something*)		-	37v	26v	-	
130	CTh. 3.5.2	(sponte) postea (*out of his own will: afterwards*)		-	37v	26v	-	
131	CTh. 3.5.5(4)	priuatus est extraneus ab officio uel a curia absolutus (*private means free from official duty or released from public business*) {priuatus est om. **M**; uel a curia absolutus om. **VM**}	62r	-	37v	26v	-	Isid. *Etym.* 9.4.30
132	CTh. 3.5.11(6)	calumnia est malitiosa et mendax infamatio. calumnia rursum calliditas (*false accusation is a malicious and mendacious allegation; furthermore, false accusation is slyness*)	63r	-	38v	27r	-	Non. Marc. 4 s.v. (263M = 2.402L)
133	CTh. 3.5.11(6)	dicta autem arra a re pro qua traditur conplenda (*we say earnest money, moreover, from making up for the thing for which it is handed over in exchange*) [dicta est **VM**]	63v	-	39r	27r	-	Isid. *Etym.* 5.25.21
134	CTh. 3.7.1	uidua dicta quasi idua, id est a uiro diuisa. unde et iduare antiqui diuidere dicebant. unde et idus dicimus (*a widow is so called as though separated, that is, divided from her husband; hence the ancients also used to say that iduare is to divide; hence we also say Ides*) [diuisa iduare **V**; dicebat inde **M**]	64v	-	40r	28r	-	cf. Macr. *Sat.* 1.15
135	CTh. 3.8.1	(notabilem) id est uituperabilem (*infamous: that is, blameworthy*)	66v	-	41r	28v	-	
136	CTh. 3.8.1	(adeo) id est in tantum (*so much: that is, to such an extent*)	66v	-	41r	28v	-	

No.	Primary Text	Annotation Text	V	A	M	P	R	Sources
137	CTh. 3.8.2	mater dicta quasi materia, quod exinde aliquid efficiatur. frater dictus quod sit ex eodem fructu, soror ex eodem semine, Isidorus dicit. Nonius Marcellus dicit quod fratrum proprietatem Nigidius acutissime dicit. frater, inquit, dictus quasi fere alter. Antistius Labeo dicit: soror appellata est quod quasi seorsum nascitur separaturque ab ea domo in qua nata est (*a mother is so called as though she is natural matter, because something grows from there. A brother is so called because he is from the same fruit, a sister from the same seed, Isidore says. Nonius Marcellus reports what Nigidius very acutely defined as the essence of brothers. A brother, he said, is so called as though more or less a second self. Antistius Labeo says: a sister is so called because she is born, as it were, outside and is removed from the household in which she was born*) [acutissime dixit **V**; antistitius **V**; adnotationem multum decurtat **M**]	67r	-	41r	28v	-	Isid. *Etym.* 9.5.6, 9.6.5.12, Non. Marc. 1 (35M = 52L) (< Gell. 13.10)
138	CTh. 3.10.1	et est sensus: primo copulentur uoluntate parentum, dein iussu maiestatis (*and the meaning is: they should first be joined in marriage with the consent of the parents, then by order of the sovereign*) [copulantur **M**; dehinc **M**]	68v	-	42v	29v	-	*paraphrase with diction of intp.*
139	CTh. 3.10.1	(expetant) id est inquirant (*submit a petition: that is, file a request*) [(experiant) **V**; uel experiantur id e- **P**]	68v	-	42v	29v	-	
140	CTh. 3.10.1	(pactas) id est firmatas (*agreed: that is, affirmed*) [(pactis) *LRV*]	68v	-	42v	29v	-	
141	CTh. 3.11.1	(pondo) uel libras (*pound of weight: or pounds*) [libras **M**; (libras) **V**]		-	43r	30r	-	
142	CTh. 3.11.1	id est perdita dignitate iudicis et administratoris (*that is, with the loss of the office of judge and administrator*)	69r	-	43r	30r	-	
143	CTh. 3.11.1	(contestationes) id est denuntiationes et reclamationes (*acknowledgments of joinders of issue: that is, announcements of disputes and claims*)	69r	-	43r	30r	-	

Antiquarian Annotations of the Lex Romana Visigothorum 261

No.	Primary Text	Annotation Text	V	A	M	P	R	Sources
144	CTh. 3.11.1	(patrociniis) id est auxiliis (*protection: that is, assistance*) [id est om. **V**]	69r	-	43r	30r	-	
145	CTh. 3.11.1	(priuata) id est populi (*private law: that is, of the people*)	69r	-	43r	30r	-	
146	CTh. 3.11.1	(alter) uel alius (*other: or another*) [(alius) **V**]	69r	-	43r	30r	-	
147	CTh. 3.11.1	(domestica) id est regalia (*imperial law: that is, royal*) [(dominica) LRV; dominica id e- **M**]	69r	-	43r	30r	-	
148	CTh. 3.12.tit	incestam dicit incastam, quoniam qui talibus personis miscentur, incesti habentur (*by incestuous he means unchaste, because those who sleep with such persons are considered to be incestuous*)	69r	-		30r	-	Isid. *Etym.* 5.26.24
149	CTh. 3.12.3	testandi dicit testamentum faciendi (*by providing by will he means making a testament*) (testandi dicit om. **V**)	70r	-		30v	-	
150	CTh. 3.13.1	(maleficio) id est aut ueneno aut incantatione (*of sorcery: that is, either through poison or a magical charm*)	70v	-	44r		-	cf. Isid. *Etym.* 8.9.9
151	CTh. 3.13.2	uel de retentationibus, id est quid unusquisque retinere debeat (*or withholdings, that is, what everyone is able to retain*) [retentantibus **P**, retantibus **V**, (de retentationibus) id est q- **M**; id est om. **P**]	70v	-	44r	31r	-	
152	CTh. 3.13.2	in libro secundo Pauli (*in the second book of Pauli Sententiae*)	70v	-		31r	-	*ref. to* PS 2.21b(22)
153	CTh. 3.13.3	refusio est quando res quae iuste possidetur alteri habenda ceditur nulla praecedente sollemni donatione (*return is when a thing that is held in possession justly, is given back to the other person to have, without any prior formal donation*)	70v	-	44v	31r	-	cf. intpp. CTh. 3.5.2, 3.13.3

No.	Primary Text	Annotation Text	V	A	M	P	R	Sources
154	CTh. 3.13.4	**stipulatio est promissio dicta a stipula quam ueteres frangebant quando inter se aliquid promittebant uel stipulatio dicitur firmitas quia antiqui stipulum firmum dicebant** *(stipulation is a promise so called from the stalk that the ancients used to break when they were making promises about something among each other, or stipulation means steadfastness because the ancients used to say that stipulus means firm)* [uel om. **M**; quia: quod **P**; firmum om. **M**]	71r	-	44v	31r	-	Isid. *Etym.* 5.24.30; PS 5.8.1
155	CTh. 3.13.4	**iuridica uerba sunt quae in iure, id est in Paulo iuridico, leguntur: haec ita dico, ita lego, etcetera** *(legally prescribed words are those that can be read in the law, that is, in Paul the jurist: "these things I say thus", "I read thus", etc.)* [id: hoc **P**; paulo: pacto **M**; iuridica... leguntur cett. om. **M**]	71r	-	44v	31r	-	cf. Isid. *Etym.* 5.24.12, 30 (incl. *Paulus iuridicus*)
156	CTh. 3.16.2	**quicquid maritus mulieri tribuit tempore coniugii sponsalis largitio appellatur in lege. quod uero mulier ad uicem rependit marito dos dicitur. apud antiquos enim uir et mulier in uicem se emebant donando sibi, ne sola donatione uiri mulier libera uocaretur ancilla, id est empta a uiro** *(whatever a husband apportions to his wife at the time of marriage is called spousal donation in the law. But what the wife in turn transfers to the husband is called dowry. For among the ancients, husband and wife used to buy each other by making donations to each other, in order that a free-status wife would not be called a slave girl because there only was a donation from the husband, that is, she would have been bought by her husband)* [~~conttribuit~~ **V**; empta uiro **M**]	72r	-	45v		-	Isid. *Etym.* 5.24.26
157	CTh. 3.17.1	**id est si de qualibet actione fuerint questione pulsati** *(that is, if charged in an investigation concerning whatever action)*	72v	-		32r	-	
158	CTh. 3.17.1	**sicut in praecedenti libro dicitur** *(as is said in the preceding book)* [dicit **V**]	72v	-		32r	-	ref. to CTh. 2.4.1

No.	Primary Text	Annotation Text	V	A	M	P	R	Sources
159	CTh. 3.17.3	(primi patriae) id est nobiliores (*those of the first rank in the polity: that is, the nobility*) [id est om. **V**]	73r	-		32r	-	
160	CTh. 3.17.4	(deceptus) id est deminutus (*misled: that is, lesser*) [id est om. **V**]	73v	-	46v	32v	-	
161	CTh. 3.18.1	auus ab aeuo maiore dictus (*a grandfather is so called from his greater age*) [auus om. **M**]	73v	-	46v	32v	-	Isid. *Etym.* 9.5.9
162	CTh. 3.18.1	testamentarii filii dicuntur quibus non hereditate sed testamento aliquid dimittitur (*testamentary children means those to whom something is left not through the inheritance but by means of a testament*) [heredita testamento **P**]	73v	-	46v	32v	-	
163	CTh. 3.18.1	(luctuosa) ideo luctuosa quasi legitimi moriuntur heredes (*mournful: mournful therefore, as though the lawful heirs died*) [ideo om. **P**; luctuosa est **P**; heredes om. **P**]	73v	-	47r	32v	-	
164	CTh. 3.30(19).2	(cogitur) scilicet tutor (*is forced: namely the guardian*)	74r	-	47r	36r	-	
165	CTh. 3.30(19).5(3)	(tenuerint) scilicet tutores (*held: namely the guardians*)	74r	-	47r	36r	-	
166	CTh. 3.30(19).6(4)	id est exinde breuem faciant (*that is, on account of this they make a list*)	74v	-	47v	36r	-	
167	CTh. 3.30(19).6(4)	(praedictorum) scilicet primatum (*of the aforementioned: namely of the highest rank*)	74v	-	47v	36r	-	
168	CTh. 4.1.tit	cretio est certus dierum numerus adeundae hereditatis. dicta autem cretio quasi decretio, id est constitutio quia infra constitutum numerum dierum heres aut capiebat hereditatem aut excludebatur ab ea (*formal acceptance consists of a specified number of days to accede to an inheritance; moreover, formal acceptance is so called as though a decision, that is, a settlement, because within a set number of days the heir either took the inheritance or was excluded from it*)	74v	-	47v	36v	-	Isid. *Etym.* 5.24.15–16

No.	Primary Text	Annotation Text	V	A	M	P	R	Sources
169	CTh. 4.1.1	**bonorum possessio est ius possessionis certo ordine et titulo adquisita** (*taking possession of the estate is the right of possession; it is acquired under a certain order and title*) [bonorum autem **M**]	75r	-	47v	36v	-	Isid. *Etym.* 5.25.6
170	CTh. 4.1.1	**praetores et consules proprie uocantur quod praeeant et consulant populis auctoritate** (*praetors and consuls are properly so called because they lead and look after the people while holding positions of authority*)	75r	-	48r	36v	-	Non. Marc. 1 s.v. (23M = 1.35L)
171	CTh. 4.1.1	(cui) scilicet minori (*whom: namely the minor*)	75r	-		36v	-	
172	CTh. 4.4.3	(subscriptione firmandum) scilicet ualere permissum est (*must be confirmed with a subscription: namely it allows it to be valid*)	76r	-	48v	37r	-	
173	CTh. 4.4.3	**impedire est implicare, inuoluere. et impedire est sordidare, ad probrum ducere. Nonius Marcellus** (*embarrassing is to confound, to entrap; and embarrassing is to defile, to lead to dishonour; Nonius Marcellus*) [n m **P**, om. **V**]	76r			37r	-	Non. Marc. 4 s.vv. (331M = 2.520L)
174	CTh. 4.4.4	(firmari) id est subscriptionibus (*be confirmed: that is, through subscriptions*) [id est om. **V**]	76r	-	49r	37v	-	
175	CTh. 4.4.4	(actis) scriptis (*acts: written documents*)	76v	-		37v	-	
176	CTh. 4.4.7	**nuncupatio est palam nominare et confirmare heredem. Isidorus dicit** (*oral appointment of an heir is to mention by name openly and to establish someone as heir; Isidorus says this*) [Isidorus dicit om. **M**]	77r	-	49v	37v	-	Isid. *Etym.* 5.24.12
177	CTh. 4.4.7	**fideicommissum ut fiat quod a defuncto committitur** (*a trust is in order that happens what has been intrusted by the deceased*) [fideicommissum om. **M**]	77r	-	49v	37v	-	Isid. *Etym.* 5.24.17; cf. no. 80
178	CTh. 4.5.1	(contractibus) id est, simulationibus uel industriis (*by means of a contract: that is, through deception or intentionally*)	77r	-	49v	38r	-	

Antiquarian Annotations of the Lex Romana Visigothorum 265

No.	Primary Text	Annotation Text	V	A	M	P	R	Sources
179	CTh. 4.6.4(1)	naturales filii dicuntur ingenuarum concubinarum filii quos sola natura genuit, non honestas coniugii (*natural children means the children of freeborn female partners whom nature alone has brought forth, not the honourable institution of marriage*)	77r	-	49v	38r	-	Isid. *Etym.* 9.5.19
180	CTh. 4.6.4(1)	untia est trium digitorum mensura secundum geometricos. digitus autem est minima mensura inter agrestes (*an ounce is a measure of three finger-breadth inches according to the geometers; moreover, an inch is the smallest measure among the field measurements*) {autem est: est om. M}	77v	-	50r	38r	-	Isid. *Etym.* 15.15.2; cf. no. 325
181	CTh. 4.8.5(1)	id est prodesse per ostensionem cartae (*that is, to be helpful by showing a written document*)	78r	-	-	38r	-	
182	CTh. 4.8.5(1)	priscis temporibus apud Romanos tribus modis dabatur libertas, censu scilicet uindicta et testamento. censu quoniam institutio fuerat Romanorum ut nullus ex seruili genere infra VII miliaria in circuitu ciuitatis commaneret nisi seruitutis uinculo solueretur. et hoc erat censu fieri liberum: in coloniam transire Romanorum eos qui quondam censum soluebant ut dato censu ciuis diceretur Romanus. erat etiam pars altera adipiscendae libertatis quae uindicta uocabatur. uindicta erat quaedam uirgula quam lector ei qui liberandus erat a seruitio capiti inponens eundem seruum in libertatem uocabat ac uindicabat dicens quaedam uerba solempnia. et ideo illa uirgula uindicta uocabatur eo quod uindicabat in libertatem seruum. illa etiam pars faciendi liberi est, si quis supprema uoluntate in testamenti serie seruum suum liberum scripserit, quod et modo fieri solet. unde Cicero in Topicis uolens monstrare eum quem seruum esse constiterit non esse liberum factum huiusmodi proponit syllogismum: si neque censu neque uindicta neque testamento liber factus est, non est liber. at nulla earum partium liber factus	78r	-	-	38v	-	Boeth. *Comm. in Cic. Top.* 1.2.10; Isid. *Etym.* 9.4.52

No.	Primary Text	Annotation Text	V	A	M	P	R	Sources
		est. non est igitur liber (*in ancient times, among the Romans, freedom was given in three ways, namely by census, rod, and testament. By census – because it had been an established practice of the Romans that no-one of servile birth could remain within a seven-mile radius around the city unless they had been relieved of the shackle of servitude. And to become free by census was this, namely that those would move to a colony of Roman citizens who paid census-related taxes in the past and, when the census was carried out, were said to be a Roman citizen. There was also another way of obtaining freedom, which was called "by rod". The rod was a stick with which the lictor touched the head of the person who was to be freed from servitude, and he called the same slave to freedom and elevated him to freedom saying certain official words. And that stick was called rod because it elevated the slave to freedom. There is also this way to make someone free: if someone by last will, in the list of provisions in their testament, has written that their slave is free, which commonly happens even now. Hence Cicero in his Topica, when he wanted to point out that someone who was without doubt a slave had not become free, proposed a syllogism of this kind: if someone has not become free by census, rod, or testament, they are not free. But here is a person who has become free through none of these routes. Therefore, he is not free*) {scilicet: uidelicet **P**; vii: vii\ tem/ **V**; erat etiam **P** *Boeth*: er autem **V**; illa virgula: illa **V**; unde cicero: unde et cicero **P**; constituerit **V**; at *Boeth*: ad **P**, at qui **V**}						
183	CTh. 4.8.5(1)	**peculium proprie minorum personarum est uel seruorum a pecudibus dictum in quibus ueterum constabat uniuersa substantia** (*an allowance belonging to people of minor age or slaves is properly so called from cattle, in which the general assets of the ancients consisted*) {uel seruorum *om.* **M**; dictum a pecudibus **M**}	78v	-	51r	38v	-	Isid. *Etym.* 5.25.5

No.	Primary Text	Annotation Text	V	A	M	P	R	Sources
184	CTh. 4.8.6(2)	(distractus) id est uenditus (retailed: that is, sold) [id est om. M]		-	51v	39r	-	
185	CTh. 4.8.7(3)	(promulgata) id est in iudicium deducta (promulgated: that is, adduced before a court)	79v	-	51v	39r	-	
186	CTh. 4.9.1	mancipium dictum quasi manu captum sicut seruus a seruando (a slave is so called as though captured by hand, much like a servant from preserving) [seruitus P]	80r	-	52r	39v	-	Isid. Diff. 525; cf. Don. Comm. in Ter. Ad 2.181.2
187	CTh. 4.14(12).1	abrogare est abolere delere (repealing is to terminate, to nullify) {abrogare delere est uel abolere P}	80v	-	52v	40r	-	
188	CTh. 4.15(13).1	consultum dicitur consilium uel responsum (resolution means measure or considered opinion)	81v	-		40r	-	
189	CTh. 4.17(15).3(1)	(deliberata) determinata (considered: resolved) [id est d- M]	81v	-	53v	40v	-	
190	CTh. 4.17(15).3(1)	(partibus) id est et pulsati et pulsantis (parties: that is, of both the defendant and the plaintiff) [id est om. M]	81v	-	53v	40v	-	
191	CTh. 4.18(16).1	iurgium et lis habent distantiam, quod iurgium leuior res est. et inter propinquos concertatio iurgium potest dici. inter inimicos dissensio lis appellatur (dispute and conflict differ from each other, because a dispute is a less serious affair; and it is possible to call a fight between relatives a dispute; a disagreement between foes is called a conflict) [iurgium potest dici om. M]	82r	-	54r	40v	-	Non. Marc. 5 s.v. (p. 430 M = 3.695 L)
192	CTh. 4.18.2	(non petiit) uel non periit (did not claim: or did not die)	82v	-		40v	-	
193	CTh. 4.19(17).1	centesima est tantum et dimidium tantum. duplicatur uero centesima quotiens in triplum redditur quod accipitur (the one-percent rate is that amount plus another half that amount; however, the one-percent rate is doubled every time the sum that was taken in loan is returned threefold [with three months' delay?]) [centesima est: id est V]	83r	-		41r	-	cf. source of Murethach in Don A.mai. 1.36.97; cf. CTh. 4.19.1.intp.

No.	Primary Text	Annotation Text	V	A	M	P	R	Sources
194	CTh. 4.20(18).1	**cessio proprie est rei concessio. nam propria concedimus, aliena restituimus. Isidorus dicit** (*cession properly means the surrender of a thing; for we surrender our own things, we give back the things that belong to another; Isidore says this*) {est proprie **P**; dicit om. **M**}		-	55r	41r	-	Isid. *Etym.* 5.25.32
195	CTh. 4.22(20).1	**inuadere est appetenter incipere. rursum inuadere est quasi in uadum ruere. Nonius Marcellus** (*entering upon something is to take in hand greedily; furthermore, entering upon something is as though to rush down into the shallows; Nonius Marcellus*) {n m **P**, om. **VM**}	84r	-	55v	41v	-	Non. Marc. 4 s.vv. (323M = 2.507L)
196	CTh. 4.22(20).2	**(conueniat) id est pulset** (*summons: that is, sues*) {pulsat **M**}	84v	-	55v	41v	-	
197	CTh. 4.22(20).4	**interpellare est adire commonere uel dicere. Nonius Marcellus** (*filing a request is to approach, to impress upon, or to state; Nonius Marcellus*) {commere **V**; n m **P**, om. **V**}	84v	-		42r	-	Non. Marc. 4 s.v. (330M = 2.519L)
198	CTh. 4.22(20).5	**(conueniri) commoneri** (*be summoned: to be notified*)	85r	-	56v	42v	-	
199	CTh. 4.23(21).1	**momentum dictum a breuitate temporis, quasi sine ulla mora. Isidorus dicit** (*temporary possession is so called from the shortness of time, as though without any delay; Isidore says this*) {isidorus m- **M**; dicit om. **V**, isidorus dicit om. **M**}	85r	-	56v	42v	-	Isid. *Etym.* 5.25.25
200	CTh. 4.23(21).1	**non constringatur conscriptione legali** (*he is not restricted by having to provide a legal document*) {nec **M**}	85r	-	56v		-	
201	CTh. 5.1.1	**ius liberorum est coniugum sine liberis in uicem cum maritis loco filiorum hereditatis alterna conscriptio** (*the right of children is a reciprocal arrangement for inheriting in the case of spouses without children, with each spouse in turn taking the place of the children*) {ius dicitur quod iustum est. sed ius liberorum e- **P**, prox. adnot. adiu. **VM**}	85v	-	56v	43r	-	Isid. *Etym.* 5.24.13

No.	Primary Text	Annotation Text	V	A	M	P	R	Sources
202	CTh. 5.1.1	**ius dicitur quia iustum est. et re uera iustum est ut mater in aliqua parte hereditatis morienti filio succedat** (*law is so called on account of being just; and it is truly just that a mother should succeed her dying son for some part of the inheritance*) [*ius...est praec. adnot. adiu.* **P**]	85v	-	57r	-	-	Isid. *Etym.* 5.3.1
203	CTh. 5.1.4	**intestatus est qui sine testamento perit. rursus intestatus dicitur cuius uerbis fides non abhibetur uel non habetur** (*intestate is the person who dies without testament; furthermore, intestate is the person to whose words no faith attaches or whose words are not trusted*) {*rursum* **V**; *uel non habetur om.* **M**}	86v	-	57r	43v	-	Non. Marc. 4 s.v. (323M = 2.507L)
204	CTh. 5.1.4	**patruus est frater patris. nepos autem filius filii. dictus nepos quasi natus post, id est post filium** (*a paternal uncle is a father's brother; moreover, a grandchild is the child of a child; a grandchild is so called as though born after, that is, after the child*) {*dictus autem* **M**}	87r	-	58r	43v	-	Isid. *Etym.* 9.6.16, 9.5.26
205	CTh. 5.1.5	**gener dictus qui ad augendum genus euocatur** (*a son-in-law is he who has been called upon to enlarge the family*)		-	58r	43v	-	Serv. *in Verg. Aen.* 11.472; Isid. *Etym.* 9.6.9
206	CTh. 5.1.5	**(nepotes) id est filios filiae** (*grandchildren: that is, the children of a daughter*) {*id est om.* **P**}	87r	-	59r	44r	-	
207	CTh. 5.1.8	**(filios habeant) scilicet illi qui moriuntur** (*have children: namely those who die*) {*mortui sunt* **M**}	88r	-	59r	44r	-	
208	CTh. 5.2.1	**(subducitur) id est moriendo subtrahitur** (*is led off: that is, is removed by dying*) {*id est om.* **V**; *id est abstrahitur cet. om.* **P**}	88r	-	59r	44v	-	
209	CTh. 5.8(6).1	**tyrannus est qui per uim alterius terram inuadit** (*a tyrant is he who invades another's land by force*)	89r	-	60r	45r	-	
210	CTh. 5.8(6).1	**(addicti) id est obnoxii seruituti facti** (*bound: that is, having been subjected to servitude*) {*id est om.* **V**; *id est adtributi uel adiudicati cett. om.* **M**}	89r	-	60r	45r	-	

No.	Primary Text	Annotation Text	V	A	M	P	R	Sources
211	CTh. 5.9(7).1	**expositus dicitur extra parentum postestatem positus** (*exposed means placed outside parental power*)		-		45r	-	
212	CTh. 5.18(10).1	**distat inter inquilinos et colonos, quod inquilini sunt qui alterius terram incolunt, sed non in ea perpetuo durant, sed migrant de loco ad locum. coloni uero colunt alterius terram quasi suam et non migrant, sed in ea perdurant** (*there is a difference between inquilini and coloni, for inquilini are those who till someone else's land but do not remain on it forever, but they move from place to place. Coloni, on the other hand, till someone else's land as though it was their own, and they do not move but remain on that land*) {terram incolunt: incolunt **V**; durant perpetuo **P**; et non: sed non **V**; migrant sed: migrant de loco ad locum sed **P**}	90r	-	60v	45v	-	cf. Isid. *Etym.* 9.4.36–38
213	CTh. 5.20(12).1	**uocatur consuetudo quia in communi usu est. est autem consuetudo ius quoddam moribus institutum quod pro lege habetur** (*customary practice is so called because it is something in common use; moreover, customary practice is a kind of law founded on usages that is considered on a par with written law*) {quoddam ius **M**; habentur **P**}	90v	-	61r	46r	-	Isid. *Etym.* 5.3.3–4 (cf. 2.10.2–3)
214	CTh. 6.5(1).1	(nota) **id est obprobrio** (*with a mark: that is, with disgrace*) {obprobria **P**}	90v	-	61v	46r	-	
215	CTh. 6.5(1).2	**sacrilegium dicitur sacrarum rerum furtum** (*sacrilege is theft of sacred objects*) {dicitur: est **M**, *om*. **V**; sacrorum furtum **P**}	91r	-	61v	46r	-	Isid. *Etym.* 5.26.12
216	CTh. 8.2(1).5(1)	**tabularii uocantur portitores tabularum quia ante membranarum et cartarum usum et testamenta et epistulae in tabulis scribebantur. Isidorus** (*scribes means tablet carriers, because before the use of parchment and papyrus, both testaments and letters were written on tablets; Isidore*) {ususm **P**; isidorus *om*. **V**}	91r	-	61v	46v	-	Isid. *Etym.* 5.24.4

No.	Primary Text	Annotation Text	V	A	M	P	R	Sources
217	CTh. 8.5(2).5(1)	(paraveredum aut parangariam) genera sunt uehiculorum ad onera in itinere uehenda *(extra postal horse or extra postal wagon: these are modes of transportation for carrying loads on the road)* [ionera **P**, honera **M**; id est portanda add. **M**]	91v	-	62r	46v	-	
218	CTh. 8.5(2).5(1)	fiscus proprie saccus regius uocatur *(fiscus is the proper name for the royal purse)*	91v	-	62r		-	Isid. *Etym*. 20.9.7; cf. no. 287
219	CTh. 8.11(4).5(1)	gaudia publica appellantur ordinatio regis uel natalis eius, triumphus de hostibus, subiugatio rebellium *(public celebrations is the name for the installation of the king or its anniversary, a triumph over enemies, the subjection of those who rebelled)* [subiugant in rebellium **V**]	92r	-	62r			
220	CTh. 8.12(5).1	conditiones proprie testium sunt dictae a condicendo quasi condictiones, quod ibi duo uel plures iurent testes uel quod inter se conueniat sermo testium *(conditions in relation to witnesses are properly so called from speaking in concert, as though joint statements, because in this case two or more witnesses swear or because the accounts of the witnesses align)* [conducendo **P**; testes iurent **P**]	92r	-		47r	-	Isid. *Etym*. 5.24.29
221	CTh. 8.12(5).9(2)	(huius) uel usus *(this: or usulfruct)* [lemma inv. **M**]		-	63v	47v	-	
222	CTh. 8.13(6).3(2)	bona sunt honestorum seu nobilium hominum. dicta autem bona quia non habentur per iniquum usum, sed ea homines ad res bonas utuntur *(goods are the things that belong to upright and noble people; moreover, goods are so called because they cannot be possessed for unjust use, but people use them for good things)* [siue **M**]	93v	-	63v	47v	-	Isid. *Etym*. 5.25.4
223	CTh. 8.15(8).2(1)	numerarii uocantur qui publicum nummum aerario inferunt *(accountants is the name for those who enter public money into the treasury)* [nummum om. **V**]	94r	-	64r	48r	-	Isid. *Etym*. 9.4.19

Antiquarian Annotations of the Lex Romana Visigothorum 271

No.	Primary Text	Annotation Text	V	A	M	P	R	Sources
224	CTh. 8.18(9).6(3)	familia a femore dicta (*family is so called from the loins*) [dicta a femore M]	95r	-	65r	48v	-	Isid. *Etym.* 9.5.11
225	CTh. 8.18(9).9(5)	emancipati filii uocantur a seruitio patris liberati, cui more seruorum seruire debuerant (*emancipated children designates those freed from the servitude of their father, whom they had to serve in the manner of slaves*) [liberti V]	96r	-	66r		-	cf. Isid. *Etym.* 9.5.17; *cf. nos.* 96, 111
226	CTh. 9.1.1	damnabile dicitur damno dignum (*damnable means worthy of condemnation*) [dicitur: est M]		-	66v	49v	-	
227	CTh. 9.1.15(9)	mandatum dictum quia antiqui in commissis negotiis alter alteri manum dabat (*a mandate is so called because the ancients used to give each other a hand when entering upon business*)	98r	-		50r	-	Isid. *Etym.* 5.24.20
228	CTh. 9.1.18(10)	carcer [est] ab arcendo dicimus, quod intra seclusos arceat, id est prohibeat egredi (*a prison is so called from enclosing, because it encloses those shut up inside, that is, it prevents them from going out*) [carcer est om. **V**; dicimus om. **V**; arcet **M**]	98v	-	67v	50r	-	*common etym.*; cf. Cass. *Exp. Ps.* 141.145
229	CTh. 9.6(3).2(1)	in maiestatis crimine detinentur qui regiam potestatem uiolauerunt uel rem publicam prodiderunt uel cum hostibus consenserunt (*for the crime of treason those are detained who have injured royal power or have handed over the state or have conspired with enemies*)	99r	-	68r	50v	-	Isid. *Etym.* 5.26.25
230	CTh. 9.7.tit.	quid sit uis uel quid uis publica et priuata Isidorus dicit (*what violence is and what public and private violence are is described by Isidore*)		-		51v	-	*ref. to* Isid. Epitome, **P** *fol.* 5v (< *Etym.* 5.26.5–6)? For the type of note, *cf.* CTh. 2.15.tit., 2.19.4, 13.1.tit., LG 17.15

No.	Primary Text	Annotation Text	V	A	M	P	R	Sources
231	CTh. 9.14(11).tit.	sica est genus gladii. inde sicarii dicuntur gladiatores qui hoc gladio utuntur (a dagger is a type of sword; hence murderers (dagger-wielders) is a word for swordsmen who make use of said sword)	-	-	70v		-	the note's character and inking make inclusion tempting; perhaps the occasional note-skipping in V and in P coincide here
232	CTh. 9.16(13).4(2)	malefici sunt qui utuntur uictimis et sanguine et sepe contingunt corpora mortuorum. incantatores sunt qui solis uerbis inmituntur, qui et arioli uocantur. magi qui de singulis rebus philosophantur. Chaldei qui mathematicorum more de secretis creaturarum disputant (mongers of black magic are those who use beasts of sacrifice and blood and often touch the bodies of the dead; enchanters are those who lean on mere words, and they are also called soothsayers; magi are those who philosophize about specific things; Chaldaeans are those who in the manner of astrologers have discussions about the hidden nature of things in the world) {malefici qui V; chaldei qui: quique V; gloss. in text. LRV interpol. P}	103r	-	71r	52v	-	Isid. Etym. 8.9.10.15; cf. no. 349
233	CTh. 9.19(15).1	tabellio et tabularius unum sunt, id est exceptor et scriba. publicis a tabulis sic uocatur in quibus ea quae gestis publicantur scribit (scrivener and scribe are one and the same thing, that is, clerk and secretary; he is so called from the public tablets on which he writes the things that are published in the acts) {tabularium P; publicus scriptor V; tabula V; uocatus VM}	103r	-	71v	53r	-	Isid. Etym. 9.4.27
234	CTh. 9.27(21).4(2)	repetundarum rerum accusatur qui pecunias a sociis accepit. Isidorus (extortion is the charge for him who has taken money from allies; Isidore) [accusator M]		-	73r	54r	-	Isid. Etym. 5.26.23

273

No.	Primary Text	Annotation Text	V	A	M	P	R	Sources
235	CTh. 9.29(22).2(1)?	actores et curatores unum sunt, ab agendo et curando officia sibi commissa uocati. procurator uice curatoris positus sicut proconsul uice consulis (*administrators and curators are one and the same thing, so called from administering and taking care; a procurator is in place to act for a curator, just as a proconsul for a consul*) {unum: idem **M**; sic uocati **V**; positus: ponitur **M**; proconsulis **P**}	105v	-	73v	54r	-	Isid. *Etym.* 9.4.34
236	CTh. 9.34(24).1	derogare est detrahere. detrahere uero est laudem alicuius uelle diminuere (*disparaging is to detract; detracting, however, is to want to shatter someone's good name*) {deminuere **V**, minuere **M**}	106r	-	73v	54r	-	cf. Non. Marc. 4 (287M = 2.444L); Paul. Diac. p. 61.3L
237	CTh. 9.36(26).1	(mulctabitur) id est dampnabile (*will be fined: that is, subjected to a penalty*) {id est om. **M**; multare est dampnare **V**}	106v	-	74r	54v	-	
238	CTh. 9.37(27).tit	abolitio est obliuio obiecti criminis (*annulment is the forgetting of a criminal charge*) {est om. **V**}	106v	-	74v	54v	-	
239	CTh. 9.41(31).1	(priuatas) id est extraneas (*private: that is, belonging to a third party*) {id est om. **P**}	108v	-	76r	55v	-	
240	CTh. 9.42(32).17(4)	proscriptus dicitur quasi palam scriptus, id est manifeste dampnatus. unde proscriptio quasi porro scriptio, id est procul dampnatio (*proscribed is so called as though openly written, that is, manifestly condemned; hence proscription as though a document written at a distance, that is, a condemnation from afar*) {id est om. **P**}	109r	-	76v	56r	-	Isid. *Etym.* 5.27.30
241	CTh. 9.45(34).4(1)	uis est celer impetus et uis est fortitudo (*force is swift impulse and force is strength*)	110r	-	77r		-	
242	CTh. 10.4(3).1	hoc est de his qui causas ad se non pertinentes prosequuntur (*that is, about those who pursue cases that do not pertain to themselves*)	110v	-		56v	-	explanatio titulorum
243	CTh. 11.1.15(1)	(pro rata canonis) id est iuxta mensuram regulae (*in proportion to the prescribed tax payment: that is, in accordance with the set amount*) {iusta **P**}	113r	-	80r	58r	-	

No.	Primary Text	Annotation Text	V	A	M	P	R	Sources
244	CTh. 11.1.15(1)	inlatio est importatio (*delivery is conveyance*)	113r	-	80r	58r	-	
245	CTh. 11.3(2).3(1)	functiones dicuntur officia (*functions means official duties*) [functiones om. **P**]	113v	-	80r	58v	-	
246	CTh. 11.16(6).11(1)	(redditione) uel redibitione (*by return: or by handing back*) {(redhibitione) *LRV*}	114v	-		59r	-	
247	CTh. 11.16(6).11(1)	(ordinationem) uel inquisitionem (*regulation: or investigation*) {(inquisitionem) *LRV*}	114v	-		59r	-	
248	CTh. 11.26(7).tit.	hoc est de fiscalibus exactionibus (*that is, about levies for the fiscus*)		-		59r	-	explanatio titulorum
249	CTh. 11.26(7).2(1)	(emissas) id est datas (*released: that is, given out*)	115r	-	81v	59v	-	
250	CTh. 11.26(7).2(1)	id est breues tributi et exactionis (*that is, lists of tax contributions and levies*) [actionis **P**]	115r	-	81v	59v	-	
251	CTh. 11.26(7).2(1)	poliptici intelleguntur libelli diuersarum prouintiarum in quibus exactiones continentur tributorum secundum morem uniuscuiusque prouintiae, quibus nil addere cuiquam licitum erat. dictus autem polipticus quasi populi actus uel, ut quidam uolunt, poliptypus quasi populi typus, id est consuetudo (*under polyptychs we understand the documents of various provinces containing the tax levies according to the customary practice of each province, and nobody is allowed to add or remove anything in them; moreover, polyptych is so called as though a people's act or, as some want, polyptych as though a people's typicalness, that is, customary usage*)	115r		81v		-	
252	CTh. 11.30(8).15(2)	(appellationum) uel appellantium (*of appeals: or of those appealling*) {(appellantium) *LRV*}	115v	-		59v	-	
253	CTh. 11.30(8).15(2)	(ad iudices) uel a iudicibus (*to the judges: or from the judges*) {(a iudiciis) *LRV*}	115v	-		59v	-	

No.	Primary Text	Annotation Text	V	A	M	P	R	Sources
254	CTh. 11.30(8).15(2)	(liberum obseruat) uel liber abscedat *(observes a free person: or walks away as a free person)* [(liber obseruet) LRV]	115v	-		59v	-	
255	CTh. 11.36(11).20(3)	(studiose) studuisse *(eagerly: to have eagerly wished)*	116v	-		60v	-	
256	CTh. 11.36(11).20(3)	manifestum constat *(it is very clearly so)*	116v	-	82v	60v	-	
257	CTh. 11.36(11).26(5)	(scribere) uel praebere *(write down: or give)*	117r	-		60v	-	
258	CTh. 11.36(11).26(5)	hoc est restituto momento intra annum causae meritum ex integro debere cognoscere *(that is, with the restoration of temporary possession, they must hear the merits of the case afresh within a year)*	117r	-	83r	60v	-	explanatio titulorum
259	CTh. 12.1.tit	decurio uocatur quod sit de ordine curiae uel curiae administret, qui etiam curialis a procurando munera ciuilia solet appellari *(a decurion is so called because he belongs to the order of the town council or does services for the council; he is also usually called curial, from discharging civic duties)*	118v	-	84r	61v	-	Isid. *Etym.* 9.4.23.24; *cf. nos.* 262, 275
260	CTh. 12.1.1	curiam a cura dictam Varro designat libro II de uita populi Romani. itaque propter curam locus quoque quo suam quisque domum senator confert curiam appellat. Nonius Marcellus *(senate house, Varro says in* On the Life of the Roman People *book 2, is so called from governmental duty. Thus, on account of this duty, there is also the place where every senator runs his household – he also calls that a senate house)* [appellauit **V**, appellatur *Non.*; n m **P**, *om.* **VM**]	118v	-	84v	61v	-	Non. Marc. 1 s.v. (57M = 1.79L)
261	CTh. 12.1.19(3)	(nominati) uel dominati *(nominated: or brought under control)*	119r	-		61v	-	

No.	Primary Text	Annotation Text	V	A	M	P	R	Sources
262	CTh. 12.1.124(7)	curiales in hac lege aequiuoce intelliguntur sicut et milites. nam non solum qui praesunt curiae sed et qui seruitia debent curiales uocantur. seruiebant enim in ordinem more militum nec eis fas erat de ciuitate ad aliam, nisi cui subditus erat, nec de suo officio ad aliud transmigrare. testandi autem in extraneas personas facultas nulla erat. sed qui ei succedere uellet in eodem ordine seruiebat (*curial persons should in this law be understood in more than one sense, just as with soldiers. For not only those who head the council but also those who are obliged to do services are called curials. For they served in an order in the manner of soldiers; and it was not allowed for them to go from their city to another one unless he had permission, and he could not move over from one duty to another. Moreover, there was no possibility to leave one's estate to people outside the household. But he who wanted to succeed him would serve in the same order*) {enim: autem **M**; suo cedere **M**}	119v	-	85r		-	*cf. nos.* 259, 275
263	CTh. 13.1.tit.	hoc est si aliquis rem quam non emit uendat (*that is, if someone sells a thing that he did not buy*)	120r	-	85v	62v	-	explanatio titulorum
264	CTh. 13.1.13(1)	(donata) uel commodata (*donated: or given in loan*) {(ei nata) LRV; commendata **V**}	120r	-		62v	-	
265	CTh. 13.1.13(1)	tale est quod dicit: negotiatores qui emendi uendendique gratia per prouincias discurrunt soluant tributa. qui uero rem quam possidet aut petus quod nutriuit uendiderit, non constringatur ad solutionem auri (*the following is what he is saying: traders who roam through the provinces to buy and sell goods should pay taxes; but he who has sold a thing he possesses or herd animals he has reared, he should not be bound to payment of gold*) {gratia om. **V**}	120r	-	85v		-	

No.	Primary Text	Annotation Text	V	A	M	P	R	Sources
266	CTh. 14.7(1).1	collegiati dicuntur quod ex eorum collegio deputentur illis custodes qui aliquod facinus commiserunt. est enim sordidissimum genus hominum patre incerto progeniti *(members of a guild are so called because they, out of their guild, are assigned as overseers over those who have committed some crime; for they are an utterly disgraceful class of men, the offspring of an unknown father)* [aliquot **P**; est et **P**]	120v	-	86r	63r	-	Isid. *Etym.* 9.4.29
267	CTh. 15.2.7(1)	(more) consuetudine *(by customary practice: by established custom)*	121r	-	86v	63v	-	
268	CTh. 16.2(1).2(1)	(adlectos) id est uilicos *(tax collectors: that is, superintendents)*	121v	-	86v	63v	-	
269	CTh. 16.2(1).39(5)	(conludio) id est declinatione uel effugio *(for collusion: that is, for shirking or flight)* [id est om. **P**]	122v	-		64r	-	
270	NTh. 1	ius ciuile est quod quisque populus uel ciuitas sibi proprium in humanis diuinisque rebus constituit. Cicero dicit in Topicis quod ius ciuile est aequitas constituta his qui eiusdem ciuitatis sunt ad res suas obtinendas. eius autem aequitatis utilis cognitio est. utilis est igitur iuris ciuilis scientia *(the civil law is what every people or civic community establishes as specific to itself in human and divine affairs. Cicero says in the Topica that civil law is the equity established among members of the same civic community to acquire things of their own. Moreover, knowledge of that equity is beneficial. Therefore, knowledge of the civil law is beneficial)* [eius: ei **P**]	124r	-	-	65r	-	Isid. *Etym.* 5.5; Cic. *Top.* 2 (Boeth. *in Cic. Top.* 1.9)
271	NTh. 1	(lucubrationum) id est uigiliarum *(of nightwork: that is, of the nightwatch)*	124v	-	-	65v	-	
272	NTh. 5(-)	questores erant pecunie publice procuratores. questarii uero procuratores dicuntur *(quaestors were managers of public money; quaestorians, however, means overseers)*		-		66v	-	cf. Asc. *in Cic. Div.* 32

No.	Primary Text	Annotation Text	V	A	M	P	R	Sources
273	NTh. 5(–)	prouintia quasi porro uincta a prouincendo dicta. est autem quaecumque patria redacta sub tributo (*province, as though shackled from afar, so named from conquering beforehand; moreover, it is whatever country has been placed under tribute payments*)		-		66v	-	cf. *comm. in Don. Art. mai.* of Remig. Aut. and Sed. Scot.
274	NTh. 11(5)	hoc est si mater tutelam filiorum susceperit et ad alias nuptias postea transierit, ipsa et maritus teneantur obnoxii (*that is, if a mother has taken the care of the children upon her and at a later point has moved on to another marriage, she herself and the husband are kept responsible*) {filiorum tutelam **P**; obnoxio **M**}	125r	-	88v	67v	-	explanatio titulorum
275	NTh. 15(8).1	curialis a curia dictus in qua residebat uel seruiebat. dictus propter curam communem (*a curial person is so called from the council in which he had a seat or was serving; he is so called on account of his public service*) {residet **M**}	127r	-	90r	69r	-	cf. nos. 259, 262
276	NVal. 23(5)	distat inter relegatum et deportatum, quod relegatus est quem bona sua in exilium secuntur, deportatus est quem non secuntur (*there is a difference between a relegated and a deported person; for a relegated person is followed by his belongings, a deported person is not*) {legatum **P**}	132r	-	-	72r	-	Isid. *Etym.* 5.27.28, 29
277	NVal. 23(5)	inlustris est splendidus lucidus electus probus moratus (*distinguished means brilliant, bright, excellent, honourable, mannered*) {inlustris splendidus probus cett. om. **V**}	132v	-	-	72r	-	
278	NVal. 25(6)	(prae rogatiua) uel pro gratia (*given in advance: or to do a favour*) {(pro gratia) *LRV*}	133r	-	-	72v	-	

No.	Primary Text	Annotation Text	V	A	M	P	R	Sources
279	NVal. 1(7).3	**tribuni plebis XVI anno post reges exactos a Romanis creati sunt. uocati quod militibus siue plebibus opem tribuant** (*tribunes of the plebs were created by the Romans sixteen years after the expulsion of the kings; they are so called because they give support to the soldiers or the common people*) {XVI: sexto Isid., decimo sexto ed. Arévalo}		-	-	73r	-	Isid. *Etym.* 9.4.18, 29
280	NVal. 1(7).3	**collega a coniunctione dicitur, id est socius in consultu. nam duo consules erant apud antiquos** (*a colleague is so called from conjunction, that is, an ally in counsel; for there were two consuls in ancient times*)	134v	-	-	73v	-	
281	NVal. 1(7).3	**patres conscripti inde dicti quia dum Romulus senatores in curia elegisset, nomina eorum praesenti populo in tabulis aureis detulit scripta** (*senators-conscript are so called because, when Romulus had selected the senators in the senate building, he took down their names in the presence of the people and wrote them on golden tablets*)	135r	-	-	73v	-	Isid. *Etym.* 9.4.11
282	NVal. 1(7).3	**patricii inde dicti sunt eo quod sicut patres filiis ita prouideant rei publicae. est autem patricius pater patriae, tribunus, praeses, propugnator, praefectus** (*patricians are so called because they look after the commonwealth just as fathers after sons; moreover, a patrician is a father of the fatherland, tribune, superintendent, defender, prefect*)	135r	-	-	74r	-	Isid. *Etym.* 9.3.25

No.	Primary Text	Annotation Text	V	A	M	P	R	Sources
283	NVal. 27(8)	infituetica res est quae de fisco transit in proprium. res publica est, ut Varro breuiter definit, res populi. quae definitio si uera est, numquam fuit res Romana res publica, quia numquam fuit res populi, quam definitionem uoluit esse rei publicae. populum enim esse definiuit coetum multitudinis iuris consensu et utilitatis communione sociatum. ac per hoc, si res publica res est populi et populus non est qui consensu non sociatur iuris, non est ius ubi nulla est iustitia, procul dubio colligitur ubi iustitia non est non esse rem publicam. iustitia porro ea uirtus est quae sua cuique distribuit. igitur iustitia non est quae ipsum hominem domino uero tollit et in mundis demonibus subdit *(a property under emphyteusis is what moves from the fiscus to a particular individual. The commonwealth, as Varro briefly defines it, is the cause of the people. If this definition is correct, the Roman state was never a commonwealth, because it never was a cause of the people, which he wanted to be the defining element of a commonwealth. For he defined the people as a multitude coming together through consensus about what is right and as an association based on a community of interest. And therefore, if the commonwealth is the cause of the people and there is no people – one that does not come together through consensus about what is right – [if] there is no law where there is no justice – then beyond doubt the conclusion is that, where there is no justice, there is no commonwealth. Yet justice is that virtue that distributes to each his own. Therefore, there is no justice that removes man himself from the true lord and subjects him to demons throughout the world)* (noluit **V**; enim esse definiuit: e(ss)ę definiuit esse **P**; definiunt **V**; est iustitia: iustitia est **P**; mundos **V**; infiteutica...proprium *ad CTh.* 3.19.3 *adnot.* **M**)	136r	-	-	74v	-	Aug. *De Civ. Dei* 19.21; Isid. *Etym.* 9.4.5

No.	Primary Text	Annotation Text	V	A	M	P	R	Sources
284	NVal. 27(8)	res publica regnum uocatur. res sunt quae in nostro iure consistunt. iura autem quae a nobis iuste possidentur nec aliena sunt (*commonwealth means sovereign government; wealth is the things that exist under our legal title; moreover, legal titles are what is justly held in possession by us and does not belong to anyone else*)	137r	-	-	-	-	Isid. *Etym.* 5.25.2
285	NVal. 27(8)	**praefecti dicti quod praetoria potestate praesint** (*prefects are so called because they superintend with praetorian power*)	138r	-	-	75v	-	Isid. *Etym.* 9.3.26
286	NVal. 32(10)	administrare est publicum officium gerere, quia administratio est rei publicae functio (*administering is to carry out public duties, because administration is the performance of the duties of the commonwealth*) [quam ministratio **P**]	139r	-	-	76v	-	
287	NVal. 33(11)	fiscus dictus est saccus publicus uel pellis in qua testiculi sunt uel uas de uiminibus (*fiscus is the public purse or the sack that holds the testicles or a woven basket*)	140v	-	-	77v	-	Isid. *Etym.* 20.9.7, 11.1.105; cf. no. 218
288	NVal. 35(12)	originarius est qui ex origine seruitium debet. seruus uero qui in bello captus seruatur ad uitam uel ad seruitium (*a birth-slave is he who owes servitude from birth; but a slave is a person who was taken captive in war and is preserved for his life or for servitude*) [seruitio debet **P**; seruatus **P**; captus ret seruatur **A**; ad uitam uel ad seruitium om. **A**]	141v	39r	-	78r	-	Isid. *Etym.* 5.27.32
289	NVal. 35(12)	**postliminium est post captiuitatem** (*the right of return exists after captivity*)	142v	39r	-	79r	-	cf. Paul Diac. p. 245.4L
290	NVal. 35(12)	praedium dicitur agrorum possessio (*estate means property consisting of land*) [dicitur: est **V**]	143v	40r	-	79v	-	glossographical (see Georg Goetz, Corpus glossariorum Latinorum vol. 7, Leipzig 1901, p. 116)

No.	Primary Text	Annotation Text	V	A	M	P	R	Sources
291	NMar. 1	forum sex modis intellegitur in scripturis. primo negotiationis locus, ut forum Flamineum, forum Iulianum, ab eorum nominibus qui ea fora constituerunt, quod etiam in locis priuatis et in uiis et in agris fieri solet. secundo in quo iudicia fieri et cum populo agi contiones solent. tertio cum his qui prouintiae praeest forum agere dicitur, cum ciuitates uocat et de controuersiis eorum cognoscit. quarto cum id forum antiqui appellabant quod nunc uestibulum sepulcri dici solet. quinto locus in naui, sed tum masculini generis est et plurale. sexto fori significant circensia spectacula ex quibus etiam minores forulos dicimus. inde etiam et forare, foras dare et fores et foreculae, id est hostia, dicuntur (*forum can mean six things in written texts. First, the place of business transactions, such as the Forum Flaminii, the Julian Forum, from the names of those who established these forums, what usually also happens in the case of private places and roads and fields. Second, the place in which judicial trials ordinarily take place and speeches are held before the people. Third, in the case of a person who is in charge of a province. He is said to run a forum when he calls cities and holds inquiries about their disputes. Fourth, when the ancients called that a forum which we are now used to calling the vestibule of a tomb. Fifth, a place in a ship, but then it is of the masculine gender and plural. Sixth, fori means circus spectacles, from which we also say the lesser and lower row of seats. Hence, we also say to pierce, to publish and outside and little doors, that is, doorways*) {sex: vi **P**; intelligitur **A**; locus om. **V**; flaminium **A**; ea forum **P**; ...quod **A**; contiones actiones **V**; antituersiis **A**; agnoscit **V**; antiqua **P**; naui: mari **VA** (mær mari **A**); dicuntur om. **A**)	144r	41v	-	80r	-	Paul. Diac. p. 74.23L
292	NMai. 7(1)	munium idem est quod et munus, id est officium (*public service is the same thing as obligation, that is, public duty*)		-	-	81r	-	

No.	Primary Text	Annotation Text	V	A	M	P	R	Sources
293	NMai. 7(1)	**patrimonium patris possessio** (*patrimony, estate of one's father*)	146r		-	81v	-	
294	LG 1.7	**pedagogus dicitur nutricius ab eo quod pedibus agat. id est, ductet puerum** (*pedagogue means nurse, from what he does on foot; that is, he guides a boy*)			-	83r	-	
295	LG 1.7	**conlactaneus similiter lactans, id est eodem lacte nutritus** (*a foster brother was suckled in parallel, that is, reared on the same milk*) {*praec. adnot. adiung.* **P**}			-	83r	-	cf. *source of* Dion. Cartus.
296	LG 2.2	**consules appellati a percontando uel requirendo sicut reges a regendo sicut leges a legendo** (*consuls are so called from questioning strictly or holding an inquiry, just like rulers from ruling and laws from reading*) {regendo et **V**}	149r		-	83v	-	Isid. *Etym.* 9.3.6
297	LG 6.4	**inpubes libripens esse non potest, id est iudex neque antestari, id est testis esse** (*someone underage cannot serve as a holder of the balance, that is, as judge, nor can he be summoned to give testimony, that is, be a witness*)	152r	51r	-	85r	-	cf. L. Ael. Sti. *ap.* Prisc. *Inst. gr.* 8 (GL 2, p. 382.1)
298	LG 6.4	**(stateram tenens)** scilicet iudicii (*holding the scales: namely of justice*) {scilicet om. **A**}	152r	51r	-	85r	-	
299	LG 6.4	**(antestatus)** scilicet testimonium adhibet (*the antestate witness: namely having it witnessed*) {scilicet om. **P**}	152v	51r	-	85r	-	
300	LG 11.1	**reddit uero causam quare filius praetermissus rumpit testamentum filia uero praetermissa non rumpit** (*to be sure, he is giving the reason why a passed-over son invalidates the testament but a passed-over daughter does not*) {reddit uero: uero om. **A**}		52v	-	86r	-	

No.	Primary Text	Annotation Text	V	A	M	P	R	Sources
301	LG 13.1	legare proprie est destinare uel dare. unde et legatum dicimus destinatum uel datum ab eo quod est lego legas, inde delego delegas. legatum pro rei negotio intellegamus uel hominem uel rem ipsam (*bequeathing is properly to destine or to give; hence we also call a bequest a thing destined or given because it is: "I bequeath", "you bequeath", hence "I delegate", "you delegate"; as commissioned, in the context of transacting business, we should understand a person or the affair itself*) {est proprie A}	156v	53r	-	86v	-	
302	LG 14.tit	Falcidia lex ab auctore Falcidio dicitur qui fuit tribunus plebis sub Octauiano Cesare (*the lex Falcidia is so called from its proposer Falcidius, who was tribune of the plebs under Octavian Caesar*)	157v	54r	-	87r	-	Isid. *Etym.* 5.15.2
303	LG 16.1	postumus proprie dicitur post humationem patris natus (*posthumous properly means born after the father's burial*) {proprie dicitur om. V; proprie dictus A}	159v	54v	-	87v	-	Isid. *Etym.* 9.5.22; cf. M fol. 76v ad CTh. 9.32.2
304	LG 17.tit	obligatio est uerborum uel litterarum aut etiam muneris uel consensu manifesta et ineuitabilis constrictio uel ad redibitionem iusta dampnatio (*an obligation is a manifest and inescapable tie based on words or writing or even a favour or it results from agreement, or it is a just condemnation to return something*) {constructio A}	160v	55v	-	88r	-	cf. LG 2.9
305	LG 17.15	requirendum in libris Pauli quid sit locatum et conductum (*it is to be looked up in the books of Paul what letting and hiring is*) {sit condcutio locatum A}		56v	-	89r	-	*ref. to* PS 2.18.1 (*no.* 233)
306	PS 1.1.2	pactiones dicuntur conditiones. pacisci uero est definire (*pacts means agreements; working out an agreement, however, is to settle*)		57r	-	89v	-	
307	PS 1.7.1–2	integri restitutio est cause uel rei reparatio (*restitution to the former state is the restoration of a situation or a thing*)		58v	-	90v	-	Isid. *Etym.* 5.25.36

No.	Primary Text	Annotation Text	V	A	M	P	R	Sources
308	PS 1.11.1	**satisdatio est complementum** (*satisfaction of a creditor is fulfilment*)	168r	59v	-	91v	-	
309	PS 1.12.1, 5	**hoc est qui cartam uitiauerit uel uirginem uiolauerit** (*that is, he who spoiled a document or assaulted a young woman*) {hoc est om. **A**}		60r	-	91v	-	*explanatio titulorum*
310	PS 1.18.1	**herciscunde antiqui diuidere dicebant, unde et familia herciscunde dicta diuisio hereditatis inter heredes** (*by dividing the ancients meant to split; hence also familia herciscunda means the division of the inheritance among the heirs*) {inter heredes om. **P**}	169v	61r	-	92v	-	Isid. *Etym.* 5.25.9
311	PS 1.18.1	**infitiatio est negatio debitae rei cum a creditore reposcitur** (*denial is the negation of a thing owed when it is demanded back by the lender*)	170r	61r	-	92v	-	Isid. *Etym.* 5.26.20
312	PS 2.4.1	**depositum est pignus commendatum ad tempus quasi diu positum. deponere autem ille dicitur qui aliquid custodiae causa deponit apud alium propter metum furti, incendii, naufragii, et cetera** (*a deposit is a valuable thing entrusted for some time as though long placed; moreover, depositing is said of the person who deposits something for the sake of safekeeping with another out of fear of theft, fire, shipwreck, and so on*) {cause **P**}	171r	62r	-	93r	-	Isid. *Etym.* 5.25.19
313	PS 2.7.1	**leges Rodiae sunt naualium commerciorum a Rodo insula nominatae in qua antiquitus mercatorum usus fuit** (*the Rhodian laws are about maritime commerce; they are named after the island of Rhodes, which in ancient times was a meeting place for merchants*) {rodii **P**}	171v	62v	-	93r	-	Isid. *Etym.* 5.17.1
314	PS 2.8.tit	**institores sunt negotiatores dicti quod instent mercimoniis et lucris** (*agents are businessfolk so called because they aggressively press their wares and pursue profits*)	172r	62v	-	93v	-	cf. *source of* Gerh. Reichsp. Laud. Fid. 5

No.	Primary Text	Annotation Text	V	A	M	P	R	Sources
315	PS 2.10.tit	senatus consultus a consulendo et tractando est dictus quasi sic fit ut consuleat et nocere non possit (*a senate decree is so called from counselling and transacting, as though it happens in such a way that it shows care and cannot be harmful*) [consulat **A**]	172v	63r	-	93v	-	Isid. *Etym.* 9.4.9, 9.5.12
316	PS 2.11.tit.	senatus consultum est quod tantum senatores populis consulendo decernunt (*a decree of the senate is what the senators on their own decide by taking care for the people*)	172v	63r	-	93v	-	
317	PS 2.13.8	(prior) uel potior (*prior: or stronger*)	173v		-	94r	-	
318	PS 2.14.6	(deputanda) uel deponenda (*to be assigned: or to be taken care of*)	174v		-	94v	-	
319	PS 2.18.tit	locatio est res ad usum data cum definitione mercedis. conductio est res in usum accepta cum constituta mercede (*letting is the handing over of a thing for use with a defined price; hiring is receiving a thing for use with an established price*) [ad usandum **V**; rem suius **P**]	176r		-	95r	-	Isid. *Etym.* 5.25.12–13
320	PS 2.24.1	(exposcit) uel extorsit (*demands: or forces*)	178r		-	96r	-	
321	PS 2.24.6	(non poterit) uel non debet (*cannot: or must not*)	178r		-	96r	-	
322	PS 2.27.2	(ad causam) uel ad curam (*to the case: or to the care*) [lemma inv. **A**]	179r	66v	-	96v	-	
323	PS 2.31.8	furtum est rei alienae clandestina contrectatio. dictum furtum quasi furuum quia in obscuro fit (*theft is the secret appropriation of a thing that belongs to someone else; theft is called as though dark, because it happens in obscurity*) [contestatio **A**]	180r	67r	-	97r	-	Isid. *Etym.* 5.26.18
324	PS 2.31.23	Aquilis fuit auctor qui legem condidit quae actenus Aquilia nuncupatur (*Aquilius was the proposer who drafted the law that until today is called Aquilia*) [Aquilius *Isid.*; non cupatur **V**]	180v	67v	-	97r	-	Isid. *Etym.* 5.15.2

No.	Primary Text	Annotation Text	V	A	M	P	R	Sources
325	PS 3.4b.6	digitus est pars minima agrestium mensurarum. inde untia habet digitos tres. palmus autem quattuor digitos habet. pertica pedes X. passus habet pedes V. actus minimus latitudinis pedes IIII, longitudinis pedes CXX. actus duplicatus iugerum facit. climata quaque uersum pedes XC. iugerum in longitudine pedes CCXL, in latitudine CXX. aripennis est semiiugerum, in longitudine pedes CXX, in latitudine CXX. duo aripennes iugerum faciunt, qui est et centuria (*a finger-breadth inch is the smallest unit of the field measurements; next, an ounce consist of three inches; moreover, a palm consists of four inches; a pertica is ten feet; a pace is five feet; a small actus has a width of four feet, a length of 120 feet; a double actus is an acre; climata on all sides ninety feet; an acre 240 feet in length, 120 in width; an aripennis is a half-acre, 120 feet in length, 120 in width; two aripennes is an acre, which is also a century*) {habet: inter **P**; iiii **P**: decem **A**; quia ter **P**; cxx duo: cxx ego ope Colum., clxx ω **P**, clx **VA**}	183bis-r	69v	-	98v	-	Isid. *Etym.* 15.15.2, 4–5; Colum. *RR* 4; *cf. no.* 180
326	PS 3.4b.11	(inmiscere) uel inmiscuit (*to meddle: or meddled*) {*lemma into.* **A**}		70v	-	99r	-	
327	PS 3.5.tit	senatus dici possunt consiliatores et senatus dicitur concilium uel nobilium cura (*senat[or]s can be called counsellors, and senate means council or governmental duties of the nobles*) {consilium **A**}	183bis-v	70v	-	99r	-	
328	PS 3.6.2	(adeat) uel audeat (*accedes: or dares*)		71r	-	99v	-	
329	PS 3.6.67	(suppellectile) uel suppellectilis (*of the household: or of the household*) {uel super perlectuli **A**}		73v	-	101r	-	
330	PS 4.2.tit	a nominibus senatorum et consulum qui auctores fuere legum uocitantur hae leges Trebelliana, Pegasiana, Sila<n>iana, Tertulliana, et cetera. consultus dicitur boni consilii perspicax uel qui consulitur (*after the names of the senators and consuls who were the proposers of the laws, these laws are called Trebelliana, Pegasiana, Silaniana, Tertulliana, and so on; a counsel is someone sharp-sighted when it comes to good judgment or who is asked for advice*) {senatorum		76r	-	103r	-	(**P**'s addition: *cf.* LibGloss [as n. 23] CO1641 + 1642}

Antiquarian Annotations of the Lex Romana Visigothorum 289

No.	Primary Text	Annotation Text	V	A	M	P	R	Sources
331	PS 4.8.20	(Voconia) uel uocania (*Voconian: or Vocanian*) [(uocinia) **VP**, uel uocinia **A**}	196r	77v	-	104v	-	
332	PS 4.9.4	(alienus) uel aliquatenus (*of someone else: or to a certain degree*)	197r		-	105r	-	
333	PS 4.9.5	(munere) uel numeri (*gift: or numbers*)	197r		-	105r	-	
334	PS 4.9.8	ius Quiritum, hoc est, ciuitatem Romanam consecuta (*Quiritary law, that is, the rights that come with Roman citizenship*) [hoc est ciuitatem romanam cett. om. **A**}	197v	78r	-	105r	-	
335	PS 4.11.5	consobrini dicti quasi consororini quod de singulis nascuntur sororibus (*cousins are so called as though co-sisters because they are born from different sisters*) [consororini: consororini **V**, consorоrini **A**; nascantur **VA** }	199v	78v	-	105v	-	cf. Non. Marc. 20 (557M = 3.894L); Isid. *Etym.* 9.6.14
336	PS 4.14.1	(istius liberto) istis libertatem do (*to his freedman: to those I give liberty*) [(stichus liber esto) *LRV*, (cur liber sto) **A**; istius liberto **A**]		80r	-	107r	-	
337	PS 4.14.4	a Fufia consule Caninia cognomine dicta est lex Fufia Caninia (*after the consul Fufia with the surname Caninia was called the Lex Fufia Caninia*)			-	107v	-	
338	PS 5.2.tit	usucapio est adeptio dominii per continuationem iustae possessionis uel biennii aut alicuius temporis (*usucaption is the acquisition of ownership through uninterrupted just possession either for two years or some other span of time*) {pre **P**, aut om. **A**}		80v	-	107v	-	Isid. *Etym.* 5.25.30
339	PS 5.5a.10	(falsi instrumenti) uel falsis instrumentis (*false document: or through false documents*)	206v		-	109v	-	

No.	Primary Text	Annotation Text	V	A	M	P	R	Sources
340	PS 5.6.tit	**interdictum est quod a iudice non in perpetuum sed pro reformando momento ad tempus interdicitur salua propositione actionis eius** (*an interdict is what has been blocked by a judge not forever but temporarily to restore temporary possession without the loss of the action that has been brought*) [hoc quod **A**]	206v	83r	-	109v	-	Isid. *Etym.* 5.25.33
341	PS 5.7.10	**(quatuor) uel auctor** (*four: or author*) [(quam auctor) LRV; actor **V**]	208r	-	-	110v	-	
342	PS 5.12.9	**(iactauerat) uel proferebat** (*had boasted: or had put forth*)	212v	-	-	112v	-	
343	PS 5.13.1	**deferre est fiduciam non habere uel desperare** (*denouncing is to have no faith or to be beyond hope*)	212v	-	-	112v	-	
344	PS 5.15.5	**(prouideantur) uel prodiderunt** (*are prepared: or talked deceitfully*)	213v	-	-	112v	-	
345	PS 5.18.1	**abactor seductor uocatur. abactor est proprie fur iumentorum** (*a rustler is someone who leads astray; a rustler is properly a thief of draught animals*) [abactorem proprie **P**; iubmentorum **P**]	215r	-	-	113v	-	Isid. *Etym.* 10.14
346	PS 5.18.3	**(renuntiandus) uel remittendus** (*to be declared: or to be despatched*)	215r	-	-	113v	-	
347	PS 5.18.3	**(dantur) uel dampnantur** (*are given: or are sentenced*) [dampnatur **P**]	215r	-	-	113v	-	
348	PS 5.20.6	**id est qui nocte fructiferas arbores inciderint** (*that is, those who cut down fruit-bearing trees at night*) [hoc est quae **P**]	215r	-	-	113v	-	*explanatio titulorum*
349	PS 5.21.3	**mathematici sunt magi. magi autem dicti quasi magni, a magnis rebus quas gerunt uel agunt** (*astrologers are magicians; moreover, magicians are so called as though great, from the great things they make happen and carry out*) [gerunt uel om. **P**]	215v	-	-	113v	-	Porph. *Comm. in Hor. Epist.* 2.2.208; *cf. no.* 232
350	PS 5.33.2	**(expetissimum) uel expendissimum** (*desirable: or very much*)	219bis-v	-	-	115v	-	

Register der Handschriften und Archivalien

Albi, Bibliothèque municipale,
   38bis: 157, 166

Bamberg, Staatsbibliothek,
   Jur. 35: 59

Barcelona, Arxiu de la Corona d'Aragó,
   Ripoll 77: 197

Berlin, Staatsbibliothek – Preußischer Kulturbesitz,
   Hamilton 132: 153–154, 166
   Lat. fol. 626: 197
   Lat. qu. 931: 47, 52
   Phill. 1761: 240
   Phill. 1764: 211–214

Bern, Burgerbibliothek,
   263: 233, 238

Bonn, Universitäts- und Landesbibliothek,
   S. 402: 62

Brüssel, KBR,
   8780–8793: 154, 171–185
   10127–44: 165, 176

Cambrai, Bibliothèque municipale,
   625: 64

Cambridge, Corpus Christi College,
   265: 81–100

Cambridge, University Library,
   KK.5.16: 157–158, 166

Cava de' Tirreni, Biblioteca Statale del Monumento Nazionale Badia di Cava,
   4: 32–36

Colmar, Archives Départementales du Haut-Rhin,
   Grand Document 139: 117

Cologny, Fondation Martin Bodmer,
   Cod. Bodmer 107: 62

Den Haag, Museum Meermanno – Huis van het boek,
   10 D 2: 194

Einsiedeln, Stiftsbibliothek,
   205: 165

Frankfurt, Universitätsbibliothek Johann Christian Senckenberg,
   Barth. 50: 156

Gotha, Forschungsbibliothek,
   Memb. I 84: 50, 52, 59, 226, 242

Heiligenkreuz, Stiftsbibliothek,
   217: 41–42, 45

Ivrea, Biblioteca Capitolare,
   XXXIII: 59
   XXXIV: 32

Karlsruhe, Badische Landesbibliothek,
   Cod. Aug. CCLV: 158, 166

Köln, Erzbischöfliche Diözesan- und
   Dombibliothek,
   Cod. 91: 165
   Cod. 115: 167–169
   Cod. 118: 197
   Cod. 122: 149

Kopenhagen, Kongelige Bibliotek,
   Fabr. 84: 115, 123, 130–131
   GKS 1943 4°: 116
   NKS 58: 99

Krakau, Biblioteka Jagiellońska,
   Inv.-Nr. 1894: 197

Leiden, Universiteitsbibliotheek,
   BPL 114: 117, 132
   VLO 29: 206
   VLO 86: 58, 116

London, British Library,
   Cotton Otho E. XIII: 81–100
   Harley 4978: 158, 166

Lyon, Bibliothèque municipale,
   375: 59, 226

Mailand, Biblioteca Ambrosiana,
   A. 46 inf.: 14, 187–219
   O. 55 sup.: 33–37
   S. 33 sup.: 149

Merseburg, Domstift,
   100: 197

Metz, Bibliothèque municipale,
   236: 197–198, 211

Modena, Archivio Capitolare,
   O. I. 2: 50, 59

Montpellier, Bibliothèque universitaire
   Historique de Médecine,
   H 136: 91, 221–290

München, Bayerische Staatsbibliothek,
   Ana 553 A,I: 102
   Clm 3851: 46, 51–53
   Clm 3853: 14, 41–54
   Clm 4460: 46, 51
   Clm 6243: 146
   Clm 6245: 197
   Clm 14780: 178
   Clm 19410: 117
   Clm 22501: 240

New Haven, Yale University,
   The Beinecke Rare Book and Manuscript Library,
   442: 159

Nürnberg, Stadtbibliothek,
   Cent. V, App. 96: 59, 96

Orléans, Bibliothèque municipale,
   221: 81–100

Oxford, Bodleian Library,
   Hatton 42: 81–100

Paris, Bibliothèque nationale de France,
   Lat. 1454: 154, 173
   Lat. 1455: 153–155, 166
   Lat. 1458: 173
   Lat. 1564: 181
   Lat. 1594: 110
   Lat. 1603: 165
   Lat. 2123: 14, 115–139, 153, 166
   Lat. 2449: 206–210
   Lat. 3182: 81–100
   Lat. 3841: 206
   Lat. 3842A: 173
   Lat. 3846: 153–154, 166
   Lat. 3848B: 122, 136, 152–153, 166
   Lat. 3877: 206–210
   Lat. 3878: 41–42
   Lat. 4280A: 156
   Lat. 4281: 153, 166
   Lat. 4403: 240

Lat. 4404: 62, 97
Lat. 4405: 117, 240
Lat. 4409: 116–117, 221–290
Lat. 4412: 99
Lat. 4413: 222, 245
Lat. 4416: 9
Lat. 4418: 58
Lat. 4419: 222, 226, 242–243
Lat. 4613: 14, 17–39
Lat. 4626: 59
Lat. 4627: 14, 91, 101–114, 116–117, 124
Lat. 4628A: 59–60
Lat. 4631: 59–60
Lat. 4632: 58, 62
Lat. 4638: 194
Lat. 4758: 58
Lat. 4759: 58
Lat. 4787: 59
Lat. 4995: 59
Lat. 5227: 157, 166
Lat. 5227A: 158, 166
Lat. 9629: 159
Lat. 9652: 222, 245
Lat. 9654: 49, 52, 59, 202
Lat. 10588: 165
Lat. 10754: 59–60, 64, 73
Lat. 10756: 124
Lat. 10758: 64
Lat. 12021: 81–100
Lat. 12048: 111
Lat. 12943: 158, 166
Lat. 18238: 59
NAL 137: 85
NAL 204: 58, 116–117
NAL 1631: 221–290
NAL 1746: 214

Poitiers, Bibliothèque municipale,
  6 [121]: 153

Reims, Bibliothèque municipale,
  425: 230, 241

St. Gallen, Stiftsbibliothek,
  277: 159
  550: 117
  614: 197
  673: 12
  675: 165
  682: 157, 166
  728: 58, 64
  731: 91

St. Paul im Lavanttal, Stiftsbibliothek,
  4/1: 12, 59

St. Petersburg, Rossijskaja Nacional'naja Biblioteka,
  Q.v.II.11: 59, 62, 96

Stuttgart, Württembergische Landesbibliothek,
  HB. IV. 109: 165
  HB. VI. 112: 165
  HB. VI. 113: 165

Vatikan, Biblioteca Apostolica Vaticana,
  Barb. Lat. 477: 158, 166
  Chigi F.IV.75: 32–36
  Pal. Lat. 582: 49, 202
  Reg. Lat. 263: 25–39, 153, 166
  Reg. Lat. 469: 113
  Reg. Lat. 612: 113, 117
  Reg. Lat. 852: 117
  Reg. Lat. 980: 50
  Reg. Lat. 991: 59
  Reg. Lat. 994: 206–210
  Reg. Lat. 1036: 60, 62
  Reg. Lat. 1048: 221–290
  Reg. Lat. 1050: 116–117
  Reg. Lat. 1128: 59, 221–290
  Reg. Lat. 1728: 60
  Vat. Lat. 630: 159
  Vat. Lat. 857: 59, 116
  Vat. Lat. 1341: 159
  Vat. Lat. 3827: 154

Warschau, Biblioteka Uniwersytecka,
  Gabinet Rękopisów,
  1: 116–118, 135

Wien, Österreichische Nationalbibliothek,
  Lat. 2171: 165

Wolfenbüttel, Herzog August Bibliothek,
  BA I, 325: 74
  BA II, 709: 72
  Cod. Guelf. 50.2 Aug. 4°: 14, 55–79, 96

Cod. Guelf. 83.21 Aug. 2°: 155
Cod. Guelf. 130 Blank.: 32, 56, 59
Cod. Guelf. 299 Gud. Lat.: 56, 64
Cod. Guelf. 327 Gud. Lat.: 56, 59
Cod. Guelf. 1062 Helmst.: 10
Cod. Guelf. 30 Weiss.: 74
Cod. Guelf. 35 Weiss.: 74
Cod. Guelf. 97 Weiss.: 56, 73

Würzburg, Universitätsbibliothek,
  M. p. j. q. 3: 59
  M. p. th. q. 31: 143

Register der Personen und Rechtstexte

Alderich, Ebf. von Sens 108–109
Ansegis, Abt von St. Wandrille
    Collectio capitularium 29, 31, 44–51, 88, 98, 188, 191–197, 202, 219
Anselm, Bf. von Lucca
    Collectio canonum 189
Appendix Dacherianae Mettensis 188, 198, 211–214
Arnulf von Kärnten, Ks. 217
Augustinus, Bf. von Hippo 176, 185, 242
    Enchiridion 202, 219

Balduin II., Gf. von Flandern 217
Baluze, Étienne 17, 41, 71, 101
Benedictus Levita
    Collectio capitularium 36, 44, 50, 117, 159, 181, 188, 191–198, 206
Bieler, Ludwig 82–83, 91, 94
Bignon, Jérôme 101
Binius, Severinus 159
Bischoff, Bernhard 73, 85, 102–105, 109–110, 175, 190, 216
Bischofskapitularien 117, 206
Boretius, Alfred 19, 21, 28–29, 64
Breviarium Alarici, *s. Lex Romana Visigothorum*
Briefe 43, 85, 94, 107–109, 114, 116, 119, 122, 125, 127–128, 130–132, 135–138, 145–148, 151, 153–154, 156–157, 171, 174, 181–182, 190–192, 199, 202–203, 210, 217
    Briefformeln 113, 123–124, 130, 136
Burchard, Bf. von Worms
    Decretum 10, 14, 149, 155–156

Canones apostolorum 174, 176, 179, 182, 185
Cartae Senonicae 104, 108

Codex Gregorianus 221, 227
Codex Hermogenianus 221
Codex Theodosianus 92–93, 221–290
Collectio 91 capitulorum 181
Collectio 250 capitulorum 175
Collectio Ambrosiana, *s. Collectio duorum librorum prima*
Collectio Andegavensis, *s. Collectio Vetus Gallica*
Collectio Anselmo dedicata 188, 190–191, 216, 219
Collectio Augustana 14, 41–54
Collectio Bellovacensis 153–154
Collectio Burgundiana 14, 153–154, 171–185
Collectio Dacheriana 43, 46, 142, 149, 165, 187, 191–201, 203–204, 210–211, 219
Collectio Dionysiana 118, 142
Collectio Dionysiana (Bobbio) 149
Collectio Dionysiana adaucta 151
Collectio Dionysio-Hadriana 74, 88, 94, 142, 149–150, 159, 164–165, 167–169, 192–196, 199–200, 205, 219
Collectio duorum librorum prima 187–219
Collectio duorum librorum secunda 190
Collectio Frisingensis secunda 146
Collectio Herovalliana 115, 119–122, 139, 146–147, 149, 152–153, 155, 161, 164, 166, 188, 192–196, 198, 219
Collectio Hibernensis 81–100, 143, 178
Collectio Hispana 119, 145
Collectio Hispana Gallica Augustodunensis 159
Collectio in V libris (Fünf-Bücher-Sammlung) 23–24, 31, 35
Collectio Mediolanensis, *s. Collectio duorum librorum prima*

Collectio Pataviensis 117
Collectio Pithouensis 180–181
Collectio Quadripartita 187–188, 203, 219
Collectio Quesnelliana 142, 145, 154, 173
Collectio Sancti Amandi 149, 151, 153–155, 164, 166, 210
Collectio Senonica 49–52
Collectio Thuana 14, 17–39
Collectio Vetus Gallica 14, 121, 141–169, 178
Collectio Walcausina 10
Conrat, Max 222, 226
Constitutiones Sirmondianae 92, 198, 208
Cossart, Gabriel 159
Cresconius
   Concordia canonum 187–188, 191–197, 200, 202–204, 219

Dido, Bf. von Laon 217–219
Dodilo, Bf. von Sens 217

Ebroin, Ebf. von Bourges 107
Eckhardt, Karl August 56, 61–62, 67, 73, 78
Epistola de gradibus consanguinitatis 155, 164, 166
Epitome Aegidii 11, 187, 189–190, 219, 222
Epitome Fuldensis (Scintilla) 10
Epitome Gai 87–88, 92, 221, 223, 238
Epitome Hispana 43, 46
Epitome Iuliani 11
Epitome Lugdunensis 226
Epitome monachi 222, 226, 242
Erispoë, Hz. der Bretagne 86
Etherius, Bf. von Lyon 146, 151, 153
Ewa ad Amorem 91
Excarpsus Cummeani 145, 151–152, 163–164
Excerpta de libris Romanorum et Francorum 14, 81–100

Flodoard, Chronist 216–218

Florus von Lyon, Diakon 188, 192–196, 198, 208, 212–214, 219, 226
Formulae Flaviniacenses 105, 121, 136
Formulae Marculfi 105, 107, 115–139
Formulae Senonenses recentiores 102, 104–105, 109
Formulae Turonenses 115–139
Fournier, Paul 178–179, 187, 191, 199, 201, 206
Franco I., Bf. von Le Mans 107
Fulko, Ebf. von Reims 216–218

Gaius, röm. Jurist 88, 92
Godescalc, Schreiber 103–104
Gregor I. der Große, Papst 122, 146–148, 151, 153, 160, 162, 218
   Libellus responsionum 43, 145, 153–154
Gregor II., Papst
   Konzil von Rom (721) 141–169
Gregor III., Papst 156

Hadrian I., Papst 116, 120
Halitgar, Bf. von Cambrai
   Paenitentiale 42–43, 159
Hänel, Gustav 222, 226, 242, 246
Heinemann, Otto von 72–73
Hinkmar, Bf. von Laon 187–188, 191, 199, 210–216, 219
Hinkmar, Ebf. von Reims 211, 216–217
Honoratus, Bf. von Beauvais 217
Hrabanus Maurus, Ebf. von Mainz 43, 156

Innozenz I., Papst 98, 147, 176, 181–182, 184–185
Isidor, Bf. von Sevilla 119, 121, 137, 146, 148, 155, 158, 192, 199, 202, 222, 224, 226, 228–232, 237–238, 241–244, 247–290
Iudicia Theodori G 156, 158
Iudicia Theodori U 143–144, 146, 151–152, 154, 156, 158, 163–164

Register der Personen und Rechtstexte

Jeremias, Ebf. von Sens 108–109, 112, 114

Kapitularien 10–11, 13–14, 17–39, 41–56, 59–60, 63–67, 69–72, 75, 78–79, 88, 98, 102, 108, 116, 134, 187, 190, 194
Karl III. der Einfältige, westfränk. Kg. 217
Karl IX., frz. Kg. 110
Karl der Große, Ks. 13, 17–21, 28–30, 34, 36, 44, 50, 55, 59, 78–79, 88, 90–91, 98, 103–104, 115, 166, 187
Karl der Kahle, Ks. 86, 187, 190, 194, 199, 211
Karlmann II., westfränk. Kg. 44
Konzilien 29–30, 32, 35, 42–47, 50–51, 53, 88, 94, 117–119, 121, 141–169, 173, 175–176, 178–183, 187, 190, 194, 196, 198–200, 202–203, 210–211, 217–218

Labbe, Philippe 159
Lambert, Ks. 30–31, 34–35
Leges Langobardorum 12, 17–19, 24, 26, 32–34, 36, 52, 93
Leo I. der Große, Papst 119, 122, 145, 148, 203–204, 213
Lex Alamannorum 43, 45–46, 51
Lex Baiwariorum 43, 45–46, 52
Lex Frisionum 12
Lex Ribuaria 52, 91, 95
Lex Romana Visigothorum 87–88, 92–93, 221–290
    Breviarium Decurtatum 223, 238–240 245–246
Lex Salica 11, 14, 52, 55–79, 81–101, 105, 112, 116–118
Lex Saxonum 91
Lex Suavorum 91
Lex Thuringorum 12, 91
Liber ex lege Moysi 97, 99
Liber Gai, s. *Epitome Gai*
Liber Papiensis 10, 12, 25, 33, 36, 38–39
Liebs, Detlef 10, 222, 226
Lindenbruch, Friedrich 101

Lothar I., Ks. 19–20, 22–24, 28–29, 31–34, 44, 47, 52
Ludwig II. der Deutsche, Ks. 17, 19, 25, 28–31, 35
Ludwig der Fromme, Ks. 13, 19–21, 29, 31, 36, 55, 58, 102, 104, 109
Lupus, Rechtsgelehrter
    Liber legum 50–52

Magnus, Ebf. von Sens 107–109
Mansi, Giovanni D. 145, 149, 159–163
Migne, Jacques-Paul 145, 149, 159–163
Milchsack, Gustav 72
Mommsen, Theodor 238, 240
Mordek, Hubert 11, 17, 21–23, 25, 32, 38, 59, 102–104, 107, 143–144, 146–147, 151–154, 160, 164, 178, 180

Nominoë, Hz. der Bretagne 86
Novellen 92, 221–290

Paenitentiale Additivum Ps.-Bedae-Egberti 157–158
Paenitentiale Burgundense 172, 175, 177, 184
Paenitentiale Martenianum 155, 157–158
Paenitentiale mixtum Ps.-Bedae-Egberti 43
Paenitentiale Remense 145
Papinian, röm. Jurist 92, 221, 239
Pauli Sententiae, s. *Paulussentenzen*
Paulussentenzen 92, 221–290
Pertz, Georg Heinrich 72
Petau, Alexandre 25
Petau, Paul 25
Pippin, Kg. von Italien 19, 44
Pippin III., fränk. Kg. 44, 49
Pithou, Pierre 101
Pseudoisidorische Fälschungen 145, 149, 159, 161, 165, 187, 192–200, 202–211, 214–215, 219
Ps.-Remedius
    Collectio canonum 187–188, 192–198, 200, 202, 209, 219

Quinisextum 162–163, 205

Rançonnet, Aimar de 110
Ratgoz 75–76
Regino, Abt von Prüm
   Libri duo de synodalibus causis 10, 52–53, 149
Rodulf I., Bf. von Laon 218–219

Salomon, Kg. der Bretagne 86
Schmitz, Gerhard 202, 206, 211, 214
Scintillae de canonibus vel ordinationibus episcoporum 173, 176, 182–184
Statuta ecclesiae antiqua 174, 176, 179–180, 182, 185, 199, 201
Synoden, s. *Konzilien*

Theodosius II., oström. Ks. 30, 198, 235
Thou, Jacques-Auguste de 17, 25

Valentinian III., weström. Ks. 30, 125, 190, 198, 235

Wenilo, Ebf. von Sens 108–109
Wibrat 76–77
Wido, Ks. 28, 30
Wizil 75, 77

Zechiel-Eckes, Klaus 191, 204, 214–215
Zeumer, Karl 107, 117